Bodo Müller / Jürgen Straßburger

Binnengewässer zwischen Elbe und Oder

Elbe · Mecklenburgische und Märkische Gewässer · Berlin · Oder

Edition Maritim

Die Autoren und der Verlag übernehmen für Irrtümer, Fehler oder Weglassungen keinerlei Gewährleistung oder Haftung. Die Pläne dienen zur Orientierung und nicht zur Navigation; sie ersetzen also keinerlei Seekarten und Seehandbücher.

Impressum

CIP-Titelaufnahme der Deutschen Bibliothek
Müller, Bodo:
Binnengewässer zwischen Elbe und Oder: Elbe, mecklenburgische und märkische Gewässer, Berlin, Oder/Bodo Müller; Jürgen Strassburger. – Hamburg: Ed. Maritim, 1991
ISBN 3–89225–214–9
NE: Strassburger, Jürgen:

© DK Edition Maritim GmbH
Stubbenhuk 10, 2000 Hamburg 11

Umschlag: Jan Buchholz und Reni Hinsch, Hamburg
Satz und Karten: Peter Appelt Grafik-Design & Fotosatz, Hamburg
Lithografie: O.R.T., Hamburg
Druck: W. Kohlhammer, Stuttgart
Bindearbeiten: Böge, Celle

Bildnachweis
Heinrich von der Becke, Berlin: S. 282
Bernt Federau, Hamburg: S. 174 o., 202
Gesamtdeutsches Institut, Bonn: S. 50
Wilfried Große-Berg, Hamburg: S. 44 u., 45 u., 61 u., 81, 92, 100, 102 u., 109 u., 113

Klaus Lehnartz, Berlin: S. 283 o.
Harald Mertes, Koblenz: S. 15 o., 30 u., 31, 98 o., 101, 102 o., 104, 108, 109 o., 112, 116, 117, 120, 124 u., 126, 135, 140, 141
Bodo Müller, Travemünde: Titelfoto, S. 51 o., 159 o., 167, 169, 174 u., 176, 177, 182, 186-189, 194, 195, 203-208, 212, 213, 216, 217, 220, 221, 228, 230, 231, 234, 236, 237, 243, 251, 253, 258, 264, 266-268
Kurt Schwarz, Berlin: S. 210, 280
Jürgen Straßburger, Hamburg: S. 15 u., 44 o., 45 o., 51 u., 60, 61 o., 66, 80, 86, 87, 92, 93, 98 u., 99, 103, 124 o., 143, 152, 153, 155, 158, 159 u., 162
Egon Teske, Hamburg: S. 30 o., 97
Ullstein Bilderdienst, Berlin: S. 278, 283 u.

Titelfoto zeigt: Schleuse Eichhorst am Werbellinkanal
Rückseitenfoto zeigt: Kummerower See

Printed in Germany 1991

Inhalt

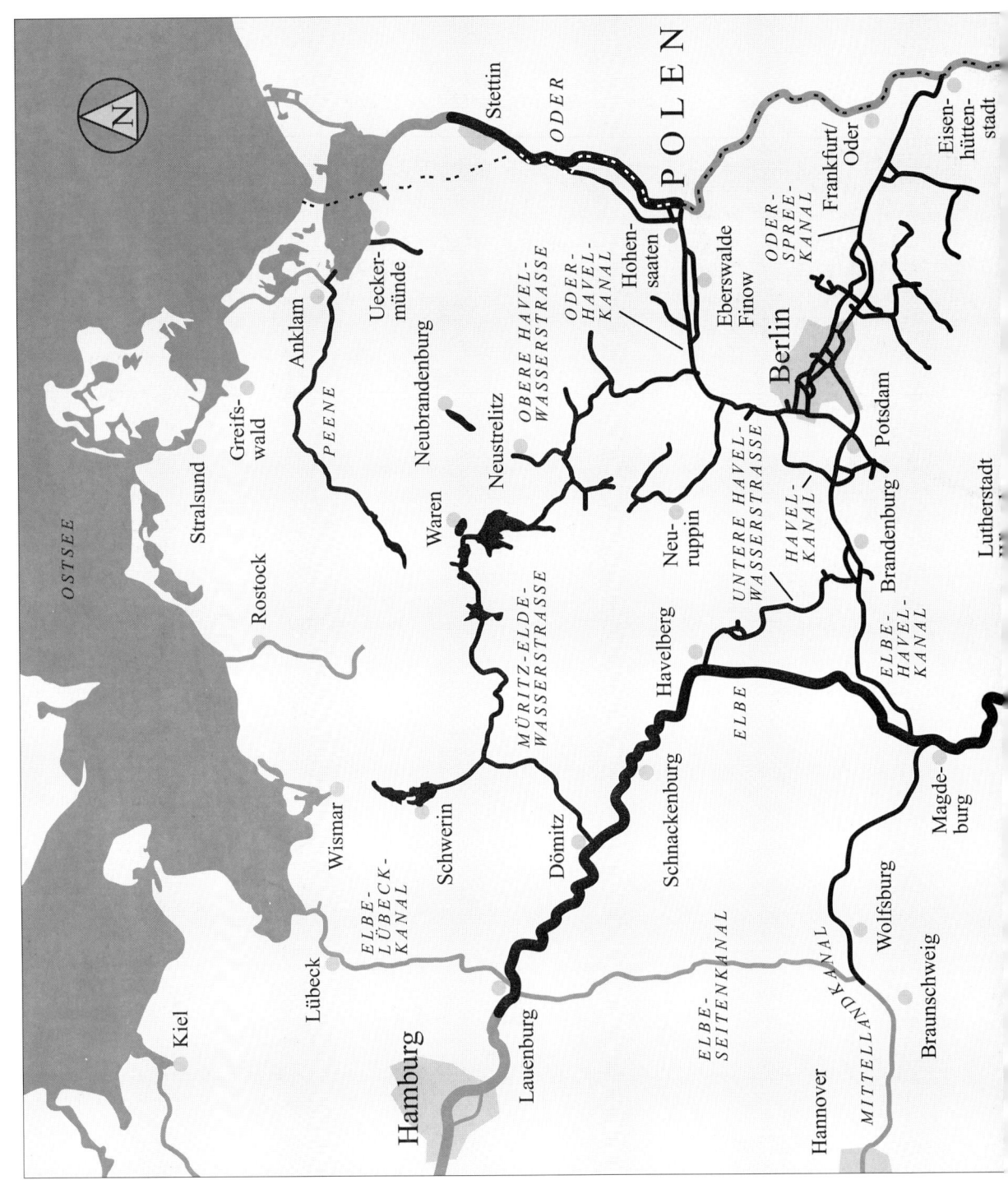

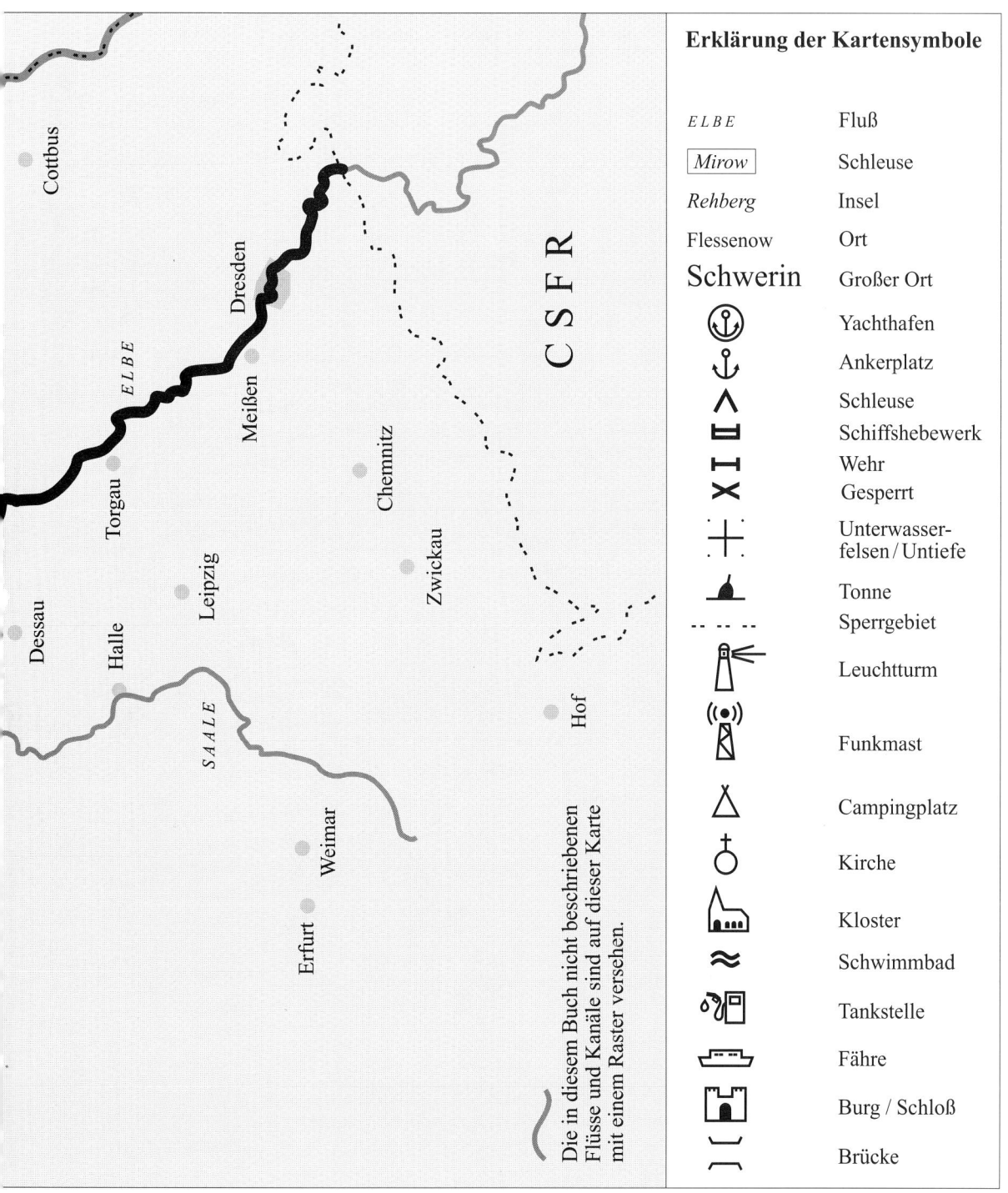

Erklärung der Kartensymbole

ELBE	Fluß
Mirow	Schleuse
Rehberg	Insel
Flessenow	Ort
Schwerin	Großer Ort
⚓	Yachthafen
⚓	Ankerplatz
>	Schleuse
Ⅱ	Schiffshebewerk
X	Wehr
✕	Gesperrt
⊥	Unterwasser-felsen / Untiefe
⬤	Tonne
- - - - -	Sperrgebiet
🗼	Leuchtturm
((•))	Funkmast
△	Campingplatz
⚲	Kirche
⛪	Kloster
≈	Schwimmbad
⛽	Tankstelle
🚢	Fähre
🏰	Burg / Schloß
)(	Brücke

Die in diesem Buch nicht beschriebenen Flüsse und Kanäle sind auf dieser Karte mit einem Raster versehen.

Cottbus
Dresden
ELBE
Meißen
Chemnitz
Torgau
Zwickau
Leipzig
Dessau
Halle
SAALE
Hof
Weimar
Erfurt

CSFR

Binnenreviere zwischen Elbe und Oder

Zu neuen Ufern

Eines der schönsten Wassersportreviere Europas liegt im östlichen Teil Deutschlands, der ehemaligen DDR. Am 9. November 1989 fielen die bis dahin nahezu unüberwindlichen Landgrenzen zwischen den beiden Teilen Deutschlands. Am 1. April 1990 war es auch auf dem Wasser so weit: Ostdeutschlands Seen, Flüsse und Kanäle standen endlich wieder offen für den nationalen und internationalen Segel- und Motorboottourismus. Rund 2500 Kilometer lang ist das Binnenwasserstraßennetz. Den Skippern zwischen Elbe und Oder ist es eng vertrautes Heimatrevier, den Wassersportlern aus dem Westen der Republik aber so unbekannt, wie Amerika einst für Columbus gewesen sein muß. Daß der Osten der neuen Bundesrepublik über ein so großes und relativ dichtes Netz von Binnenwasserstraßen verfügt, steht im engen Zusammenhang mit der Entwicklung Preußens und insbesondere der Entwicklung seiner Metropole, dem Wirtschaftszentrum Berlin.

Die Berliner Kaufmannschaft suchte schon früh den Anschluß zum Meer. Oder und Elbe gaben die Nord-Süd-Richtung vor; sie mußten durch Ost-West-Verbindungen verknüpft werden. Und auch dabei kamen die natürlichen Flußläufe und Seen den Wasserbauern entgegen: Die Untere Havel und ihre Seen verbanden Berlin mit der Elbe, die Spree und die Finow legten einen natürlichen Grundstein für den Ausbau der Wasserstraßen Richtung Osten, zur Oder.

Obere Havel und die Mecklenburgische Seenplatte schufen ideale Voraussetzungen für eine nördliche Verbindung zwischen Berlin und der Elbe. Der Traum eines „mittleren Durchstichs" von Schwerin (Schweriner See) zum Ostsee-

hafen Wismar blieb allerdings Bruchstück: Der seit dem 30jährigen Krieg bestehende Wallensteingraben zwischen Schwerin und Wismar ist später nicht mehr ausgebaut worden und heute nur noch für Paddelboote befahrbar.

Die Einbeziehung natürlicher Flußläufe und Seen in den Bau eines letztlich künstlichen Wasserstraßennetzes ist das typische Kennzeichen der Märkischen und Mecklenburgischen Gewässer. Und es ist genau dieses Zusammenspiel, das diesen Revieren den wirklich traumhaft schönen Charakter gibt.

Daß dieser bis heute weitgehend so erhalten blieb, ist dem Umstand „realsozialistischer Unterentwicklung" zu verdanken. Die Binnengewässer der ehemaligen DDR sind touristisch kaum erschlossen, die Uferzonen kaum bebaut. Städte und Dörfer in der Provinz haben ihr Bild seit Jahrzehnten nicht verändert. Einerseits ein paradoxer Glücksfall der Geschichte, andererseits aber auch ein Bild der Trostlosigkeit: Kaum zu fassen, was an architektonischen Schätzen dem Verfall anheim gegeben wurde.

Was dem einen als Abgeschiedenheit und Rückständigkeit mißfallen könnte, wird ein anderer aber dennoch als Erinnerung an Bilder einer längst vergessenen Zeit genießen.

Die vielerorts noch völlig unberührt erscheinende Natur sollte uns jedoch nicht darüber hinwegtäuschen, daß die Umweltzerstörung in der ehemaligen DDR gigantische Ausmaße hatte (und wohl teilweise noch immer hat) und daß darunter in fast allen Revieren die Wasserqualität erheblich gelitten hat. Diese Feststellung kann in einem Törnführer über Ostdeutschlands Reviere leider nicht fehlen, will man nicht falsche Illusionen wecken.

Allzu hoch dürfen die Erwartungen des Wasserwanderers auch hinsichtlich der Service-Einrichtungen nicht sein: Große Yachthäfen und Marinas nach westlichem Standard wird man östlich der Elbe ebenso wenig finden wie Hotelkomplexe, moderne Bootswerkstätten oder Tankstellen am Wasser.

Hierzu ein Wort in eigener Sache: Die Autoren haben die Informationen über Häfen, Anlegestellen, Klubhäuser, Tankstellen, Gaststätten und sonstige Versorgungsmöglichkeiten während ihrer Törns im Sommer 1990 zusammengetragen. Nach dem Beitritt der DDR zur Bundesrepublik Deutschland, am 3. Oktober 1990, hat in den neuen Bundesländern auch auf dem Sektor Wassersport ein neues Zeitalter begonnen: Schon jetzt sind vielerorts neue Service-Firmen entstanden, Marinas und Feriensiedlungen sind geplant, mancherorts bereits im Bau. Die generelle Versorgungssituation, sei es im Lebensmittel-Einzelhandel, sei es in der Gastronomie, hat sich entscheidend verbessert. Neue Gaststätten und Supermärkte haben ihre Pforten geöffnet. An den Tankstellen gibt es sogar bleifreien Kraftstoff.

Viele dieser rasant vor sich gehenden Veränderungen konnten für diesen Törnführer nicht mehr erfaßt werden. Wir bitten deshalb um Verständnis, wenn Sie bei Ihrem Törn manches anders vorfinden, als die Autoren. Wir sind sicher, daß der Benutzer dieses Buches mit diesem Mangel wird leben können: Er wird nämlich im Zweifelsfall mehr vorfinden, als die Autoren während ihrer Törns. Schlimmer wäre es, wenn hier Leistungen gepriesen würden, die der Skipper vergeblich suchen müßte.

Aber auch diese Situation mag im Einzelfall eintreten: Viele Clubhäfen der einstigen „Betriebssportgemeinschaften" der DDR waren großzügig mit einem fest angestellten „Objektleiter" ausgestattet, der sowohl als Hafenmeister als auch als allseits beliebter Wirt des Klubhauses fungierte. Bezahlt wurde das ganze vom „Trägerbetrieb". Nun sind die Sportgemein-

schaften, soweit sie als Vereine fortbestehen, sich selbst überlassen und müßten ihren Hafenmeister aus eigener Tasche bezahlen. Das wird bei vielen Klubs nicht gehen, und so wird wohl auch so manches von uns als „bewirtschaftet" beschriebene Klubhaus zumindest tagsüber geschlossen bleiben. Bleibt zu hoffen, daß wenigstens die Häfen und sonstigen Anlagen in den neuen Vereinsbestand hinübergerettet werden können.

Vielen Benutzern dieses Buches wird auffallen, daß wir bei der Beschreibung von Clubhäfen auf die Namensangabe des Clubs verzichtet haben. Auch das hängt mit den zuvor beschriebenen Veränderungen zusammen: Die Umwandlung der Betriebssportgemeinschaften zu eingetragenen Vereinen war bei Redaktionsschluß längst nicht abgeschlossen und damit auch nicht die neue Namensgebung. Uns erschien die genaue Lagekennzeichnung eines Hafens wesentlich wichtiger als die Namensnennung des dazugehörigen Vereins, der morgen ohnehin ganz anders heißen wird als gestern.

Beim Erscheinen dieses Törnführers wird also manche Situation vor Ort schon wieder anders sein als hier beschrieben. Die Autoren bitten dafür um Verständnis und sind für jeden Hinweis auf Neuerungen dankbar. Natürlich sind auch Anregungen, die den Inhalt des Buches betreffen, jederzeit willkommen.

Verkehrsvorschriften

Mit dem Beitritt der DDR zur Bundesrepublik Deutschland am 3. Oktober 1990 trat in den neuen Bundesländern auch auf dem Wasser bundesdeutsches Schiffahrtsrecht in Kraft.

Konkret gilt seitdem auf den Binnenschiffahrtsstraßen der neuen Bundesländer die Binnenschiffahrtstraßen-Ordnung (BinSchStrO). Für die Skipper aus dem Westen Deutschlands also nichts Neues. Aber auch für die ostdeutschen Wassersportler ist die Einführung der BinSchStrO kein Buch mit sieben Siegeln: Zumindest im Bereich der Schiffahrtszeichen, Schallsignale und der Tag- und Nachtbezeichnungen der Wasserfahrzeuge bringt das neue Gesetz nur ganz unwesentliche Veränderungen gegenüber den bisher geltenden Vorschriften.

Neu dürfte für die Skipper zwischen Elbe und Oder sein, daß es ein besonderes Sportschiffahrtsrecht, wie es die alte „Sportbootanordnung" (SBAO) der DDR darstellte, nun nicht mehr gibt. Die Binnenschiffahrtsstraßen-Ordnung ist für Berufs- und Sportschiffahrt gleichermaßen verbindlich.

Logischerweise enthielt die BinSchStrO zum Zeitpunkt der Vereinigung keine Sonderbestimmungen für Wasserstraßen, die sich auf dem Territorium der neuen Bundesländer befinden. Deshalb wurde im Einigungsvertrag festgelegt, daß die Sonderbestimmungen für Elbe, Saale, Mittellandkanal, Elbe-Havel-Wasserstraße, Untere Havel-Wasserstraße, Teltowkanal und die Spree-Oder-Wasserstraße, Havel-Oder-Wasserstraße und die Peene, soweit sie sich aus den Kapiteln X bis XVII der „Binnenwasserstraßen-Verkehrsordnung" (BWVO) der ehemaligen DDR ergeben, weiterhin Geltung haben. Diese Sonderbestimmungen betreffen vorwiegend die Belange der Berufsschiffahrt.

Pikant für Sportbootfahrer ist aber die Tatsache, daß der Einigungsvertrag auch die Anlage 13 der BWVO („Zulässige Geschwindigkeiten") weiterhin gelten läßt. Bei gleichzeitiger Abschaffung der SBAO, die früher die Höchstgeschwindigkeit für Sportboote festlegte, gelten demnach zur Zeit in Ostdeutschland für Berufs- und Sportschiffahrt die gleichen Höchstgeschwindigkeiten.

Das sieht im einzelnen wie folgt aus:

Wasserstraße	Höchstgeschwindigkeit km/h gegenüber dem Ufer
Elbe	ohne Begrenzung
Saale	12
Mittellandkanal	9
– für Fahrzeuge und Verbände mit einem Tiefgang von weniger als 1,30 m	10
Elbe-Havel-Wasserstraße	9
Untere Havel-Wasserstraße	9
– km 82 bis km 147 für Talfahrer mit einem Tiefgang von weniger als 1,50 m und bei einem Wasserstand von mehr als 1,30 m am Unterpegel der Schleuse Rathenow	12
Teltowkanal	7,5
Griebnitz-Kanal	7,5
Havel-Oder-Wasserstraße	9
Spree-Oder-Wasserstraße	9
– km 6,5 bis km 23,5	7,5
Berlin-Spandauer-Schiffahrtskanal	6
– km 0,0 bis km 7,5	12
Westhafenkanal	7,5
Charlottenburger Verbindungskanal	7,5
Landwehrkanal	7,5
Britzer Zweigkanal	7,5
Gosener Kanal	8
Rüdersdorfer Gewässer km 0,0 bis km 9,77	8
Müggelspree	8
Oder	ohne Begrenzung
Westoder	12
Obere Havel-Wasserstraße	6
– von Kreuzbruch bis km 23,5	9
Peene	12
Seen und seenartige Verbreiterungen (Gewässerbreite mehr als 250 m Breite)	12
Auf Binnenwasserstraßen, die nicht aufgeführt sind	6

Bei Redaktionsschluß war völlig offen, ob die Schiffahrtsverwaltung beabsichtigt, für Sportboote andere als die hier vorgegebenen Höchstgeschwindigkeiten einzuführen.

Weiterhin ist offen, was mit den zahllosen Sonderregelungen passiert, die von „örtlichen Organen" der zu Ende gehenden DDR im Sommer 1990 verhängt wurden. Formal haben sie keinen Bestand mehr, denn die Rechtsgrundlage, nach der sich Städte und Gemeinden in Angelegenheiten des Schiffahrtsrechts einmischen konnten, besteht nicht mehr.

Allein zuständig für diese Fragen ist jetzt die Schiffahrtsverwaltung des Bundes (Wasser- und Schiffahrtsdirektionen sowie Wasser- und Schiffahrtsämter). Die Frage ist also, ob die Schiffahrtsverwaltung wieder Fahrverbote zu bestimmten Zeiten oder gar Sperrungen ganzer Gewässer verfügen wird, wie beispielsweise der Magistrat von Berlin im Sommer 1990 für den Müggelsee.

Im neuen Bundesland Berlin ist die schiffahrtsrechtliche Situation zur Zeit besonders kompliziert: Während im ehemaligen Westteil der Stadt neben der Binnenschiffahrtsstraßen-Ordnung die „Verordnung zur Anwendung und Ergänzung der Binnenschiffahrts-Ordnung" vom 15. Juli 1988 Anwendung findet, gilt im Ostteil momentan lediglich die BinSchStrO. Es bleibt abzuwarten, ob die zuständige Wasser- und Schiffahrtsdirektion Ost die „Anwendungs- und Ergänzungsverordnung" auch auf den Ostteil der Stadt ausdehnt. Ein einheitliches Schiffahrtsrecht im gesamten Bundesland Berlin wäre sicher wünschenswert (zu den Bestimmungen in Berlin siehe ausführlich im entsprechenden Kapitel).

Offen ist zur Zeit auch, ob es auf den Gewässern Ostdeutschlands zu einer amtlichen Kennzeichnungspflicht für Sportboote kommen wird. Eine entsprechende Anordnung müßte ebenfalls von der WSD Ost erlassen werden. (Im ehemaligen Westberlin besteht grundsätzlich amtliche Kennzeichnungspflicht für Sportboote mit Antriebsmaschine).

Bootsführerscheine

Auf den Gewässern Ostdeutschlands gilt seit dem 3. Oktober 1990 die Sportbootführerscheinverordnung-Binnen vom 22. März 1989. Führerscheinfrei sind danach nur Sportboote, die von Motoren mit *weniger* als 3,69 kW angetrieben werden. Skipper, die stärkere Motoren im Boot haben, müssen im Besitz des Sportbootführerscheins-Binnen sein. Der Einigungsvertrag legt fest, daß die „nach den bisherigen Vorschriften der DDR erteilten Befähigungsnachweise für Sport- und Hausboote" als Sportbootführerscheine im Sinne der o.a. Verordnung anerkannt werden (Sonderregelungen in Berlin beachten; siehe im entsprechenden Kapitel).

Schleusen

Fahrzeuge der Berufsschiffahrt haben generell Vorrang. Das Überholen im Schleusenbereich ist nicht gestattet. Den Anweisungen des Personals ist Folge zu leisten. Die Schleusenzeiten liegen in der Regel zwischen 8 und 18 Uhr, wobei mancherorts eine etwa einstündige Mittagspause einkalkuliert werden muß. An einigen Nebenwasserstraßen kann es möglich sein, daß an Sonn- und Feiertagen nur bis 16 Uhr geschleust wird. Entsprechende Hinweise in den Beschreibungen der jeweiligen Reviere. Zur Zeit der Bearbeitung des Buches war das Passieren der ostdeutschen Schleusen noch kostenlos (man beachte aber: im früheren West-Berlin werden Schleusengebühren erhoben!)

Fahrwassertiefen

Auf den Hauptwasserstraßen betragen die Solltiefen im allgemeinen 2,50 m und mehr (Tauchtiefen 1,80 bis 2,00 m). In den Nebenwasserstraßen liegen die minimalen Wassertiefen bei

1,40 m (Mindesttauchtiefe 1,20 m). Da einige Nebenstrecken zum Teil jahrelang nicht mehr gepflegt wurden, kann die Tiefe stellenweise auch geringer sein. (Nähere Hinweise bei der Beschreibung des jeweiligen Reviers).

Man sollte beachten, daß die Fahrwassertiefe sehr von den Witterungsbedingungen abhängig ist. Bei einem trockenen Frühjahr und Sommer können die Wassertiefen mitunter 0,30 bis 0,40 m niedriger sein. Dies gilt jedoch nicht für die Hauptschiffahrts-Kanäle. Sehr extreme Schwankungen der Fahrwassertiefe treten bei der Elbe auf (siehe Abschnitt Elbe).

UKW-Sprechfunk

Das Mitführen einer von der Post zugelassenen UKW-Sprechfunkanlage ist erlaubt. Der Benutzer muß ein entsprechendes Sprechfunkzeugnis nachweisen können.

Auf den ost-deutschen Binnenrevieren erfolgt die Gesprächsabwicklung auf folgenden Kanälen:

– 10   Anruf und Sicherheitskanal, nach Kontaktaufnahme auf Arbeitskanal gehen

– 11   Verkehr Schiff – Schiff

– 12 und 14   Verkehr Schiff – Land (mit Schiffahrtsstellen)

– 13   Verkehr Schiff – Schleuse (dabei sind die Schleusen über Kanal 10 anzurufen, erst auf Anweisung auf Kanal 13 umschalten)

– 69   Verkehr mit Ausflugschiffen

– 71   Verkehr Schiff – Schiff (insbesondere als Wahrschauerfunk vom Bug zum Heck)

– 73   Verkehr mit Dienststellen der Wasserstraßenverwaltung.

Kontakt zur Wasserschutzpolizei über Kanal 10, dann nach Anweisung auf Arbeitskanal gehen. Die Kanalzuweisung (Gesprächsführung) übernimmt entweder die Landfunkstelle bzw. der angesprochene Partner, wenn es sich um ein Schiff handelt.

Bodo Müller / Jürgen Straßburger
Hamburg, im März 1991

Jürgen Straßburger
Elbe, Mittellandkanal und Märkische Gewässer westlich von Berlin

Die Elbe

Von Artlenburg bis Schöne

Vom kleinen Elbedorf Artlenburg bis hinauf zur deutsch-tschechoslowakischen Grenze bei Schöna liegen 574 abwechslungsreiche Elbekilometer vor dem Skipper.

Unsere Streckenbeschreibung beginnt an einem der wichtigsten Wasserstraßenkreuze Norddeutschlands: In Artlenburg zweigt der Elbe-Seitenkanal Richtung Süden ab und verbindet bei Wolfsburg die Elbe mit dem Mittellandkanal. In Lauenburg, nur vier Stromkilometer oberhalb von Artlenburg, führt der Elbe-Lübeck-Kanal auf kürzestem Weg zur Ostsee.

Das norddeutsche Flachland prägt das Bild der Elbe bis weit südlich von Magdeburg. Satte Weiden und Ackerland, soweit das Auge reicht. Kleine Dörfer verstecken sich hinter den Elbdeichen, und selbst die größeren Ansiedlungen geben sich bescheiden: Lauenburg, Hitzacker, Schnackenburg, Wittenberge, Tangermünde. Magdeburg dann, die erste richtige Großstadt. Endlos die Hafen- und Industrieanlagen am linken Elbufer. Erst ab Schönebeck kann man die Elbe wieder genießen. Dichte Baumgruppen, aber auch aus-

gedehnte Auwälder säumen jetzt immer wieder die Ufer, an denen zahllose Graureiher und vereinzelt auch Störche auf Beute hoffen. Aken, Rosslau, Coswig und Wittenberg sind die Stationen dieses Elbabschnitts.

Von dürftigem Reiz ist die Elbe zwischen Wittenberg und Riesa: „Schnell durch und vergessen" – zumal es auf diesem Stück ohnehin keinen vernünftigen Liegeplatz gibt.

Schloß Hirschstein ist der Punkt, an dem die Elbufer allmählich zu Hügeln werden, sich bei Zadel zu Steinbrüchen erheben und in Meißen bereits zu ausgewachsenen Weinbergen geworden sind. Tatsächlich: In Meißen wächst Wein, und die Elbe fließt von nun an durch ein Tal, das die Konkurrenz mit dem Rhein nicht zu fürchten braucht.

Dann Dresden, das einstige Elbflorenz. Viel ist davon nicht übrig geblieben. Aber dennoch: Der Blick von der Elbe auf Brühl'sche Terrasse, Hofkirche und Semperoper kann sich sehen lassen. Der Zwinger allerdings ist nur per Landgang zu bewundern; er ist vom Wasser aus nicht zu sehen. Wunderschön die rechtselbischen Villenvororte Dresdens, die, wie beispielsweise

Loschwitz, alle auf -witz enden und sich vornehm in den bewaldeten Hügeln oberhalb der Elbe verstecken. Vorbei geht's an Schloß Pillnitz.

Dann Heidenau und Pirna: das Tor zur Sächsischen Schweiz. Schluchtartig hat sich hier die Elbe in den Sandstein gefressen. Das Flußbett ist schmal, und die senkrecht ansteigenden Berge, „Steine" genannt, ragen 200 bis 300 Meter hoch in den Himmel.

Keine Frage: Die Fahrt durchs Elbsandsteingebirge ist ein absoluter Höhepunkt des Elbetörns! Der weite Weg dorthin wird vielfach belohnt.

Fahrhinweise

Oberhalb der Schleuse Geesthacht ist die Elbe tidenfreies Gewässer. Die Strömungsgeschwindigkeit der Elbe ist stark vom Wasserstand abhängig und liegt zwischen 3 und 5,5 km/h. Bei mittlerem Wasserstand (Mittelwasser = MW) beträgt die Wassertiefe in der Fahrrinne etwa 3 Meter.

Der Sommer 1990 hat aber wieder einmal gezeigt, daß durchaus Niedrigwasser-Perioden vorkommen, in denen selbst in der Fahrrinne unter 1 Meter Wasser steht. In diesen Zeiten sollte jeder Skipper unbedingt die täglichen Tauchtiefenangaben der Rundfunkstationen beachten. Die Tauchtiefen werden amtlich festgesetzt und täglich bekanntgegeben. Tauchtiefen werden in Zentimetern angegeben und legen die höchstzulässigen Tiefgänge der Schiffe innerhalb der Fahrrinnen bestimmter Streckenabschnitte fest. Vernachlässigen Sie die ebenfalls angegebenen Pegelstände, denn diese sagen für den Laien nichts über die tatsächlich vorhandenen Wassertiefen aus!

In Ostdeutschland ist die Elbe in folgende Tauchtiefenstrecken eingeteilt:

Strecke	von – bis	(Elbe-km)
1	Schöna – Dresden	0,0 – 56,8
2	Dresden – Riesa	56,8 – 109,4
3	Riesa – Elster Mündung	109,4 – 200,0
4	Elster – Saale-Mündung	200,0 – 290,5
5	Saale-Mündung – Mündung Abstiegskanal Rothensee	290,5 – 332,8
6	Abstiegskanal Rothensee – Niegripp	332,8 – 344,5
7	Niegripp – Dom-Mühlenholz (Schleusenkanal Havelberg)	344,5 – 422,8
8	Mühlenholz – Cumlosen	422,8 – 473,8
9	Cumlosen – Boizenburg	473,8 – 566,3

Für den Bereich der ehemaligen Bundesrepublik setzt die Wasser- und Schiffahrtsdirektion Nord die Tauchtiefen folgender Strecken fest:
Lauenburg – Bleckede
Bleckede – Tiessau
Tiessau – Schnackenburg.

Folgende öffentliche Einrichtungen informieren über die Wasserstandssituation und die Tauchtiefen der Elbe:
Ansagedienst der Deutschen Bundespost: Telefon (040) 11 58.
Ansage des Wasser- und Schiffahrtsamtes Hamburg: Telefon (040) 44 11 03 30.
Nautischer Informationsfunk: Geesthacht Revier UKW-Kanal 22. Hitzacker Revier Kanal 18. Lauenburg Revier UKW-Kanal 22.
Rundfunkdurchsagen des ostdeutschen Senders „DS aktuell": UKW 89,0; 89,2; und 89,4 MHz, täglich 7.55 und 12.55 Uhr.

Kennzeichnung der Fahrrinne

Der Verlauf der Fahrrinne ist auf der Elbe durch zwei völlig unterschiedliche Systeme von Schiffahrtszeichen markiert: Von Hamburg bis Elbe-km 121 (unterhalb Strehla) durch Land-

Teilung überwunden: Die zerstörten Elbbrücken bei Dömitz (oben).
Die Brühlsche Terrasse in Dresden (unten).

baken am Ufer, ab km 121 bis km 0,0 durch im Strom liegende Schwimmstangen, sogenannten Balkenbober.

Die unterschiedlichen Landbaken haben folgende Bedeutung:

Übergangsbaken kennzeichnen den Wechsel der Fahrrinne von einer zur anderen Uferseite. Am rechten Ufer (Bestimmung der Uferseite immer in Stromrichtung!) wird der Übergangspunkt durch ein gelbes, stehendes Kreuz, am linken Ufer durch ein gelbes, liegendes Kreuz markiert. Übergangsbaken haben also für An- und Abfahrt auf der gleichen Uferseite stets die gleiche Form.

Zwischen den Übergangspunkten wird deshalb die Lage der Fahrrinne durch *Lagebaken* zusätzlich markiert: Am rechten Ufer durch ein rotes, quadratisches Lattenwerk (Seiten waagerecht und senkrecht), am linken Ufer durch ein grünes, quadratisches Lattenwerk (auf der Spitze stehend).

Zwischen den Übergangsbaken stehen nur in Ausnahmefällen mehr als zwei Lagebaken. Aus der Aufeinanderfolge von Übergangs- und Lagebake läßt sich erkennen, ob es sich um eine An- oder Abfahrt von einer bestimmten Uferseite handelt! Die Reihenfolge Lagebake/Übergangsbake markiert immer eine Abfahrt, die Reihenfolge Übergangsbake/Lagebake immer eine Anfahrt.

Stehen zwei Übergangsbaken auf demselben Ufer nahe beieinander, bezeichnet die näher liegende die Anfahrt, die nachfolgende die Abfahrt. Stehen zwei Übergangsbaken unmittelbar beieinander, fallen An- und Abfahrt zusammen. Auf bestimmten Flußabschnitten ist die Fahrwassergrenze zum Ufer hin außerdem noch durch Tonnen gekennzeichnet. Am linken Ufer stehen grüne Spitztonnen oder Tonnen mit spitzem Aufsatz, am rechten Ufer rote Spierentonnen oder Stumpftonnen mit zylindrischem Aufsatz.

Dieses System der Fahrrinnen-Kennzeichnung erscheint in der Theorie sehr kompliziert, ist in der Praxis aber außerordentlich einfach. Vor allem ist die Orientierung – gute Sicht vorausgesetzt – wirklich leicht.

Ab km 121 ist die Fahrrinne der Elbe durch Schwimmstangen – „Strombober" – markiert. Sie tragen am rechten Ufer bzw. Fahrrinnenrand einen rot-weißen, am linken einen grün-weißen Anstrich.

Da die Schwimmstangen sich relativ flach auf die Wasseroberfläche neigen können, sind sie auch bei guter Sicht oft nur schwer auszumachen. Bei Unsicherheit über den Verlauf der Fahrrinne sollte man deshalb sofort mit der Geschwindigkeit heruntergehen und für Orientierung sorgen.

Die Elbe oberhalb von Strehla gilt insbesondere bei niedrigem Wasserstand als problematisches Gewässer, das unbedingte Fahrwassertreue verlangt! Je größer der Tiefgang des Bootes, um so ernster sollte man diese Mahnung der sächsischen Elbskipper nehmen.

Fähren

Ein besonderes Schiffahrtshindernis auf der oberen Elbe sind die immer noch eingesetzten Gierfähren. Es handelt sich dabei um Fahrzeuge, die, einem Pendel vergleichbar, an einem langen, im Fluß verankerten Seil hängen und durch die Strömung in „Gierstellung" von Ufer zu Ufer bewegt werden. Da das Seil dicht unter der Wasseroberfläche verläuft, darf es nicht überfahren werden. Dafür sorgen gelbe Bojen, die den Seilverlauf weithin sichtbar machen.

Bei den meisten Gierfähren ist die Vorbeifahrt nur erlaubt, wenn das Fahrzeug auf einer bestimmten Uferseite festgemacht hat. Das ist in der Praxis für den Revierunkundigen nicht immer eindeutig zu erkennen. Man nähere sich also den Gierfähren mit besonderer Vorsicht.

Bei Bergfahrt ist die Sache noch relativ einfach: Man erreicht als erstes ja immer die Fähre und sieht dann sehr schnell, ob das Seil die Fahrrinne versperrt oder nicht. Schwieriger ist es bei Talfahrt. Da erreicht man zunächst den Ankerpunkt des Seiles und sieht vor sich eine Abfolge gelber Bojen, die auf die Fähre zulaufen. Da ist auf den ersten Blick oft nicht klar, ob man das Seil backbord oder steuerbord passieren muß.

In solchen Fällen sollte man aufstoppen und die Lageveränderung des Seiles beobachten. Liegt die Fähre an einem Ufer fest, ergibt sich aufgrund des Seilverlaufs und der Lage der Fahrrinne fast automatisch, ob man fahren darf oder nicht. Also auch hier ist die Praxis mal wieder einfacher als die Theorie. Nur: Blindes Drauflosfahren kann sehr unangenehme Folgen haben!

Liegeplätze/Versorgung

Bei den in unserer Streckenbeschreibung angegebenen Liegeplätzen handelt es sich ausschließlich um Anlagen, die speziell für Sportboote eingerichtet wurden. Häfen oder Kaianlagen der Berufsschiffahrt, an denen auch Sportboote liegen dürfen, wurden nur berücksichtigt, wenn sie auch wirklich für Sportboote geeignet sind und wenn es in dieser Region keine Sportbootanlage also Alternative gibt.

Die Ausstattung der Liegeplätze und Sportboothäfen ist sehr unterschiedlich. Es ist auch schwer abzuschätzen, wie sich die Sportbootanlagen bzw. Wassersportklubs in den neuen Bundesländern entwickeln werden. So können wir hier nur beschreiben, was wir im Sommer 1990 vorgefunden haben.

Kraftstoff

Die Kraftstoffversorgung ist auf der Elbe, wie auf den meisten anderen Gewässern Ostdeutschlands auch, ein erhebliches Problem. Tankstellen am Wasser, die alle Kraftstoffarten führen, gibt es nicht. Dafür aber immerhin drei Diesel-Bunkerstationen (Wittenberg, Magdeburg und Borschütz unterhalb von Strehla). Die Anlage in Wittenberg ist ein Handpumpen-Betrieb, während Magdeburg und Borschütz für die Berufsschiffahrt eingerichtet sind und deshalb auch nur große Yachten betanken können (Hochdruckbetrieb).

Wegen der insgesamt schwierigen Tanksituation geben wir zu allen Liegeplätzen, in deren erreichbarer Nähe eine Straßentankstelle ist, die Tankstelle mit Entfernung an.

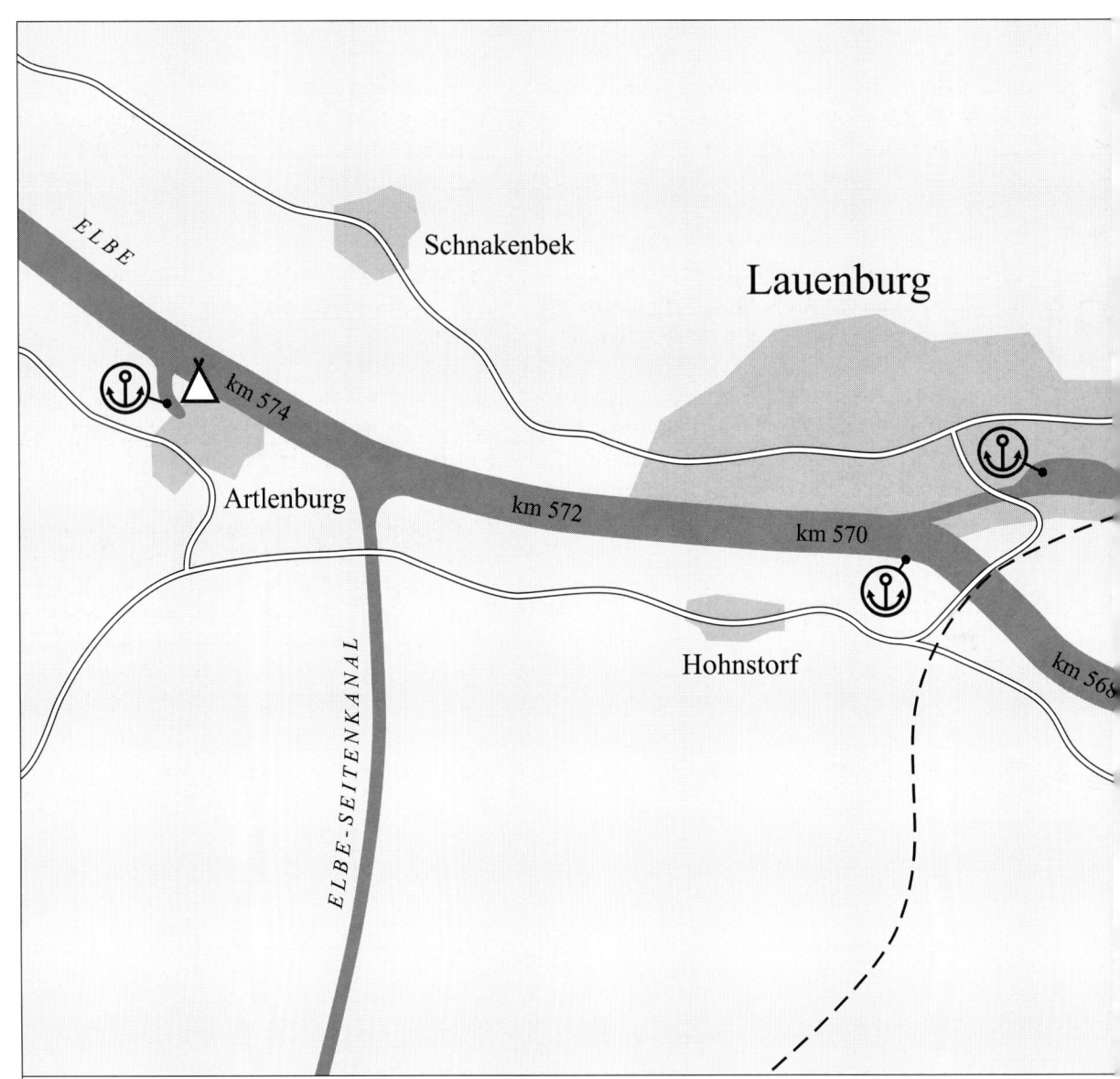

km 574,5 LU: Sportboothafen Artlenburg. Vorsicht bei der Einfahrt: Neigt zur Versandung. Auf Kennzeichnung des Fahrwassers achten, einlaufend dicht am rechten Ufer halten. Im Hafen: Wasser, Strom, Sanitärcontainer mit Duschen und WC. Slipanlage. Tankstelle im Ort (200 m). Ab 100 l kann Tankwgen angefordert werden. Alle Versorgungsmöglichkeiten im Ort.

km 573,0 LU: Mündung des Elbe-Seitenkanals, Verbindung zum Mittellandkanal bei Wolfsburg. Distanz: 115,2 km.

km 569,2 RU: Abzweig des Elbe-Lübeck-Kanals, Verbindung zur Ostsee bei Travemünde. Distanz: 88,6 km. Im Elbe-Lübeck-Kanal rund 1,5 km nach Abzweig aus Elbe: Sportboothafen Lauenburg: Wasser, Strom, Sanitäranlagen, Slip. Nächste

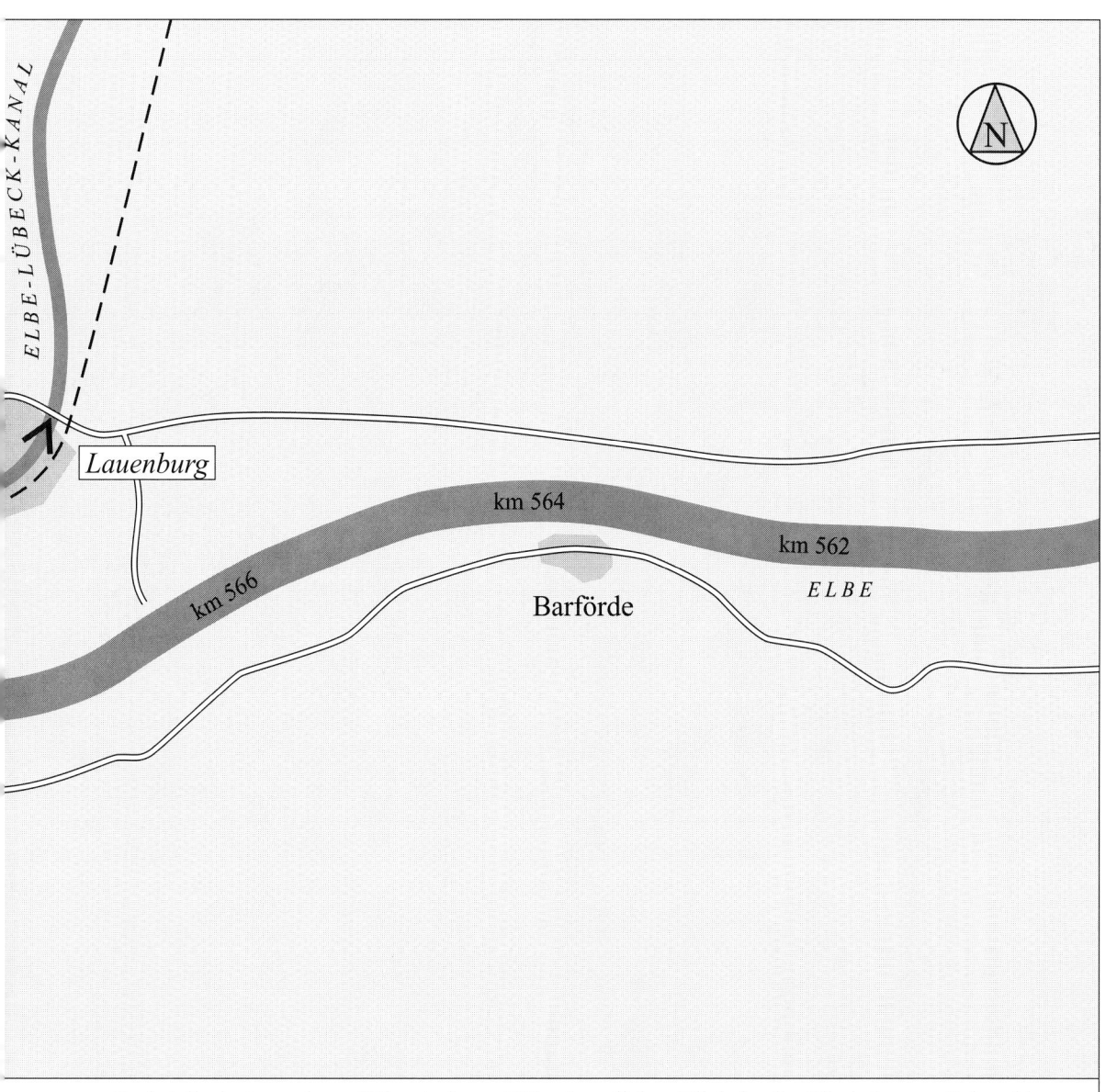

Tankstelle in Lauenburg (Oberstadt ca. 500 m). Dort alle Versorgungsmöglichkeiten.

Lauenburg ist eine malerische alte Schifferstadt: Elbuferpromenade mit alten Fischerhäusern, Elbstraße mit Bürgerhäusern aus vier Jahrhunderten; Elbschiffahrtsmuseum, Mühlenmuseum; Schloß und Schloßturm in der Oberstadt. Von hier herrlicher Blick in die Elbniederung. Palmschleuse: Älteste Kammerschleuse Europas.

km 569,2 LU: Sportbootsteg Hohnstorf. Einfache Anlage (nur Strom). Herrlicher Blick auf das Stadtpanorama Lauenburgs. Öffentliche Slipanlage. Gaststätte „Café Koch" auf dem Elbdeich 100 m Richtung Elbbrücke.

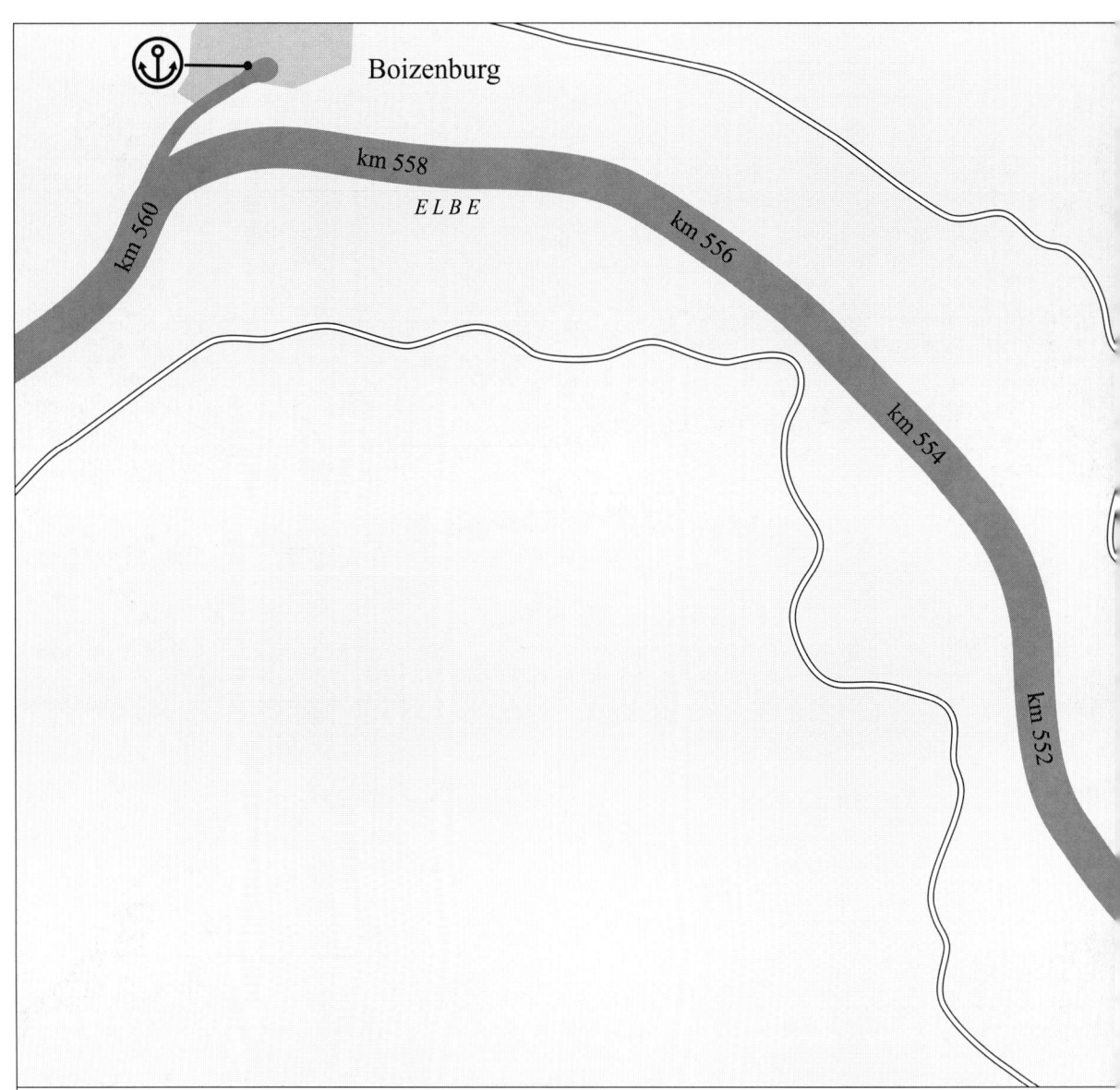

km 559,5 RU: Boize-Mündung und Zufahrt zum Hafen Boizenburg. Zur Zeit nur provisorische Anlegemöglichkeiten für Sportboote am Ende des Handelshafens.

Boizenburg plant den Bau eines Sportboothafens an der Mündung der Sude in die Boize. Tankstelle mit allen Kraftstoffarten an der Fernstraße 5 Richtung Ludwigslust, Entfernung zum Hafen: 4 km. Alle Versorgungsmöglichkeiten im Stadtzentrum (300 m).

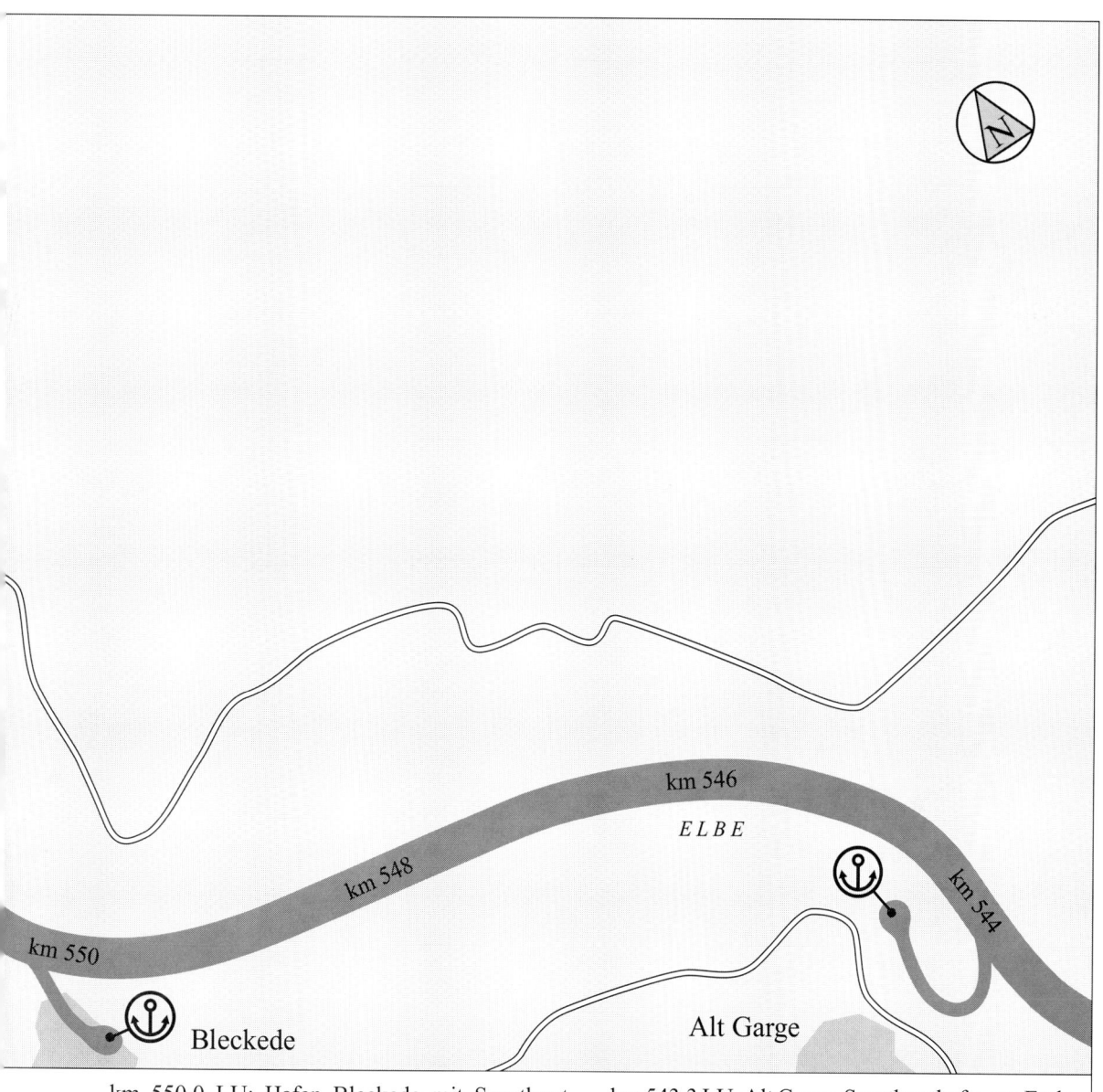

km 550,0 LU: Hafen Bleckede mit Sportboothafen. Wasser, Slip. Tankstelle und alle Versorgungsmöglichkeiten im Ort. Gaststätten „Fährhaus" und „Landhaus" in Hafennähe.

km 543,3 LU: Alt Garge, Sportboothafen am Ende
eines 1,5 km langen Nebenarmes der Elbe. Gilt
als einer der schönsten Naturhäfen dieses Elbabschnitts. Wasser, Strom. Slipanlage. Tankstelle
und Versorgung im Ort (1,5 km).

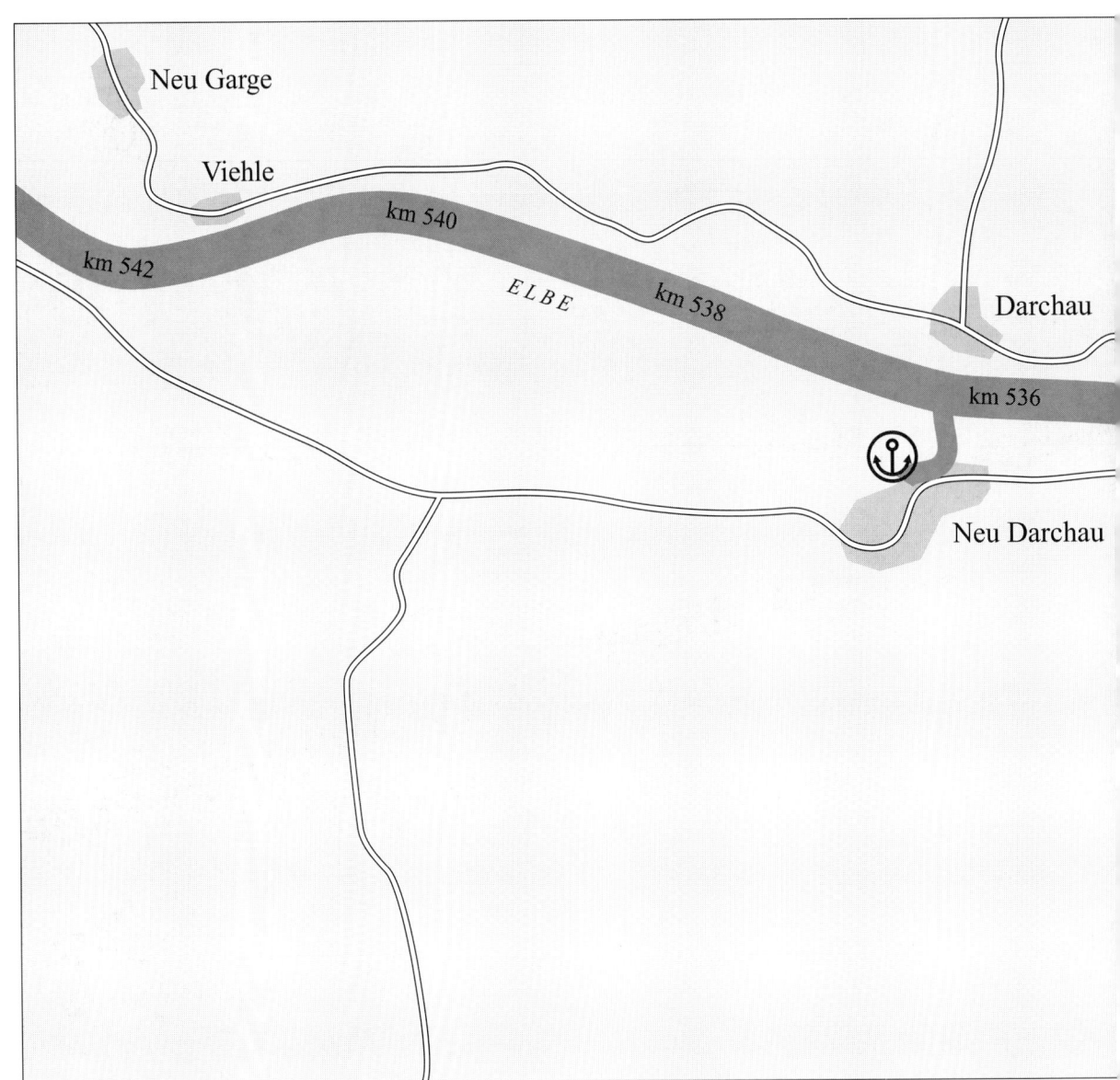

km 536,5 LU: Sportboothafen Neu Darchau am „Kateminer Mühlenbach". Wasser, Strom, Sanitärcontainer mit Dusche und WC. Öffentliche Slip-anlage. Supermarkt 200 m. Gaststätte „Fährhaus" unmittelbar beim Hafen.

Oberhalb von Neu Darchau geht das linke Elbufer in eine sanfte Hügellandschaft über.
„Die Klötzie" heißt der Höhenzug zwischen Neu Darchau und Tiessau. Touristisch besonders attraktiv ist der Aussichtspunkt Kniepenberg, der

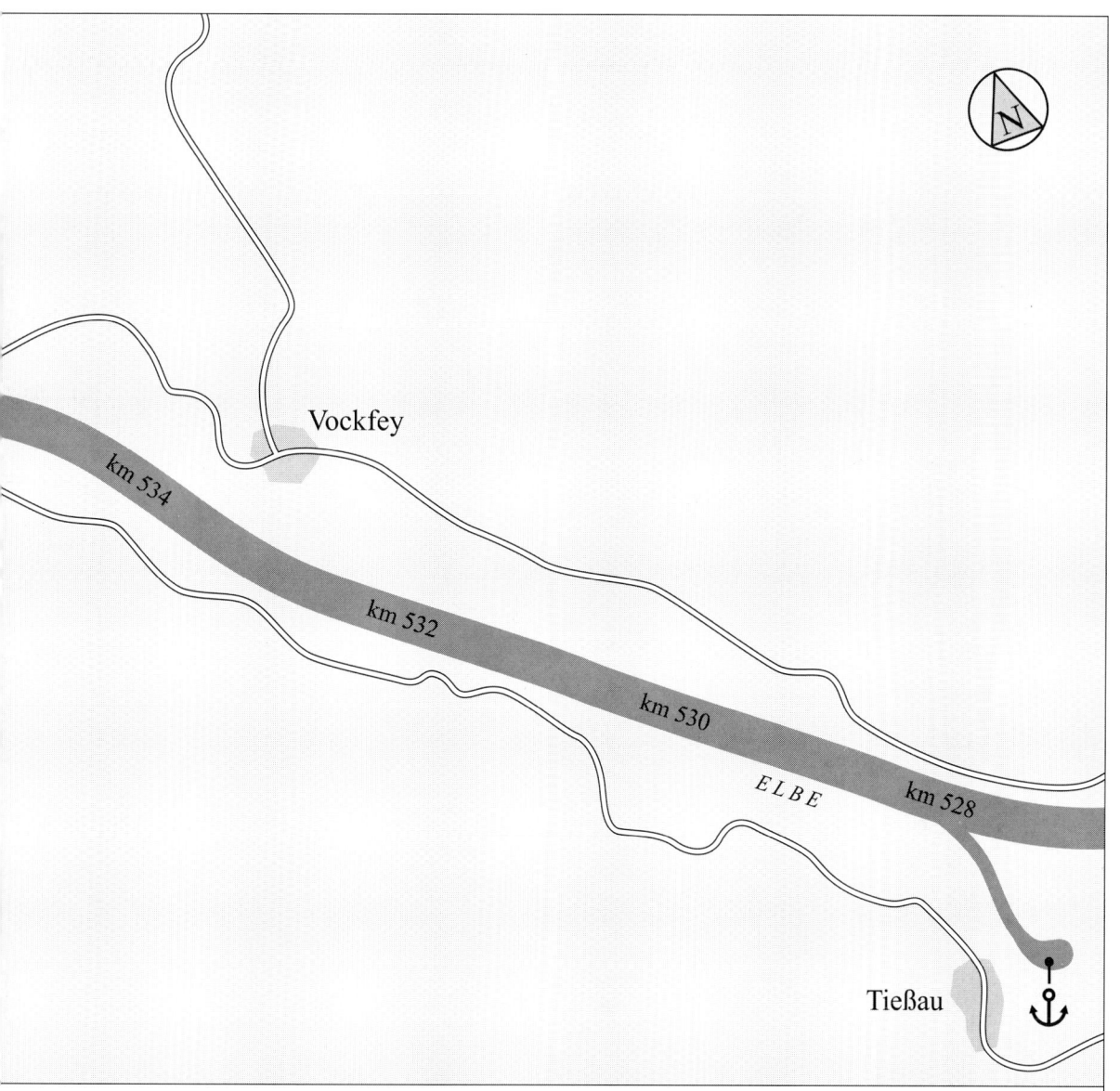

aus 85 m Höhe einen herrlichen Blick über die
Elbe tief hinein nach Mecklenburg bietet.
km 528,1 LU: Schutzhafen Tiessau. Nur im Notfall
anlaufen! Keine Einrichtungen für Sportboote.

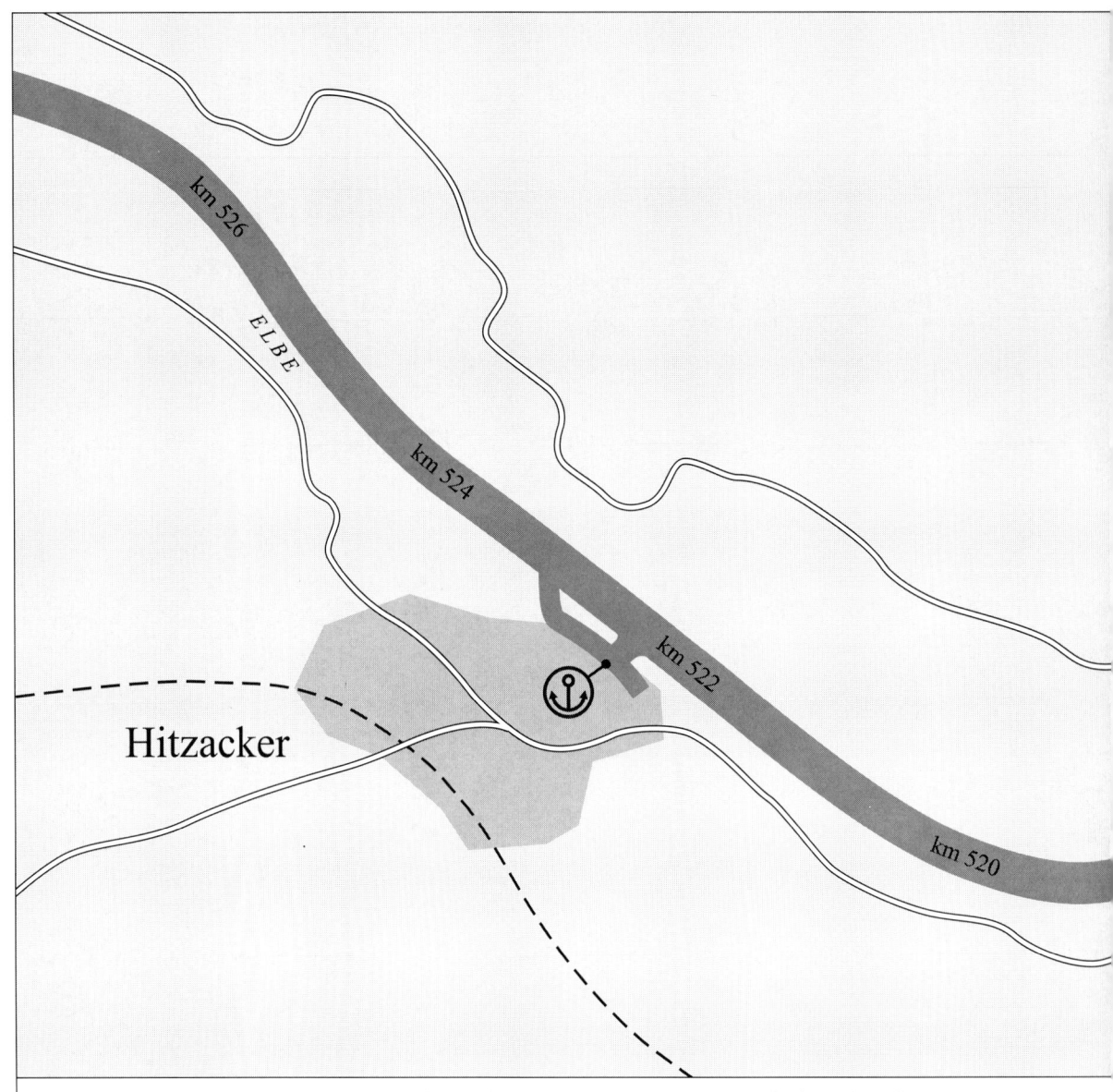

km 523,0 LU: Mündung der Jeetzel. Bei ausreichendem Wasserstand mit kleinen Booten befahrbar bis zu „Hiddo's Arche", einem schwimmenden Café mit Anlegemöglichkeit.

km 522,3 LU: Sportboothafen Hitzacker. Wasser, Strom, Sanitäranlage, Slip. Sämtliche Versorgungsmöglichkeiten im nahen Stadtzentrum. Tankstelle im Ort.

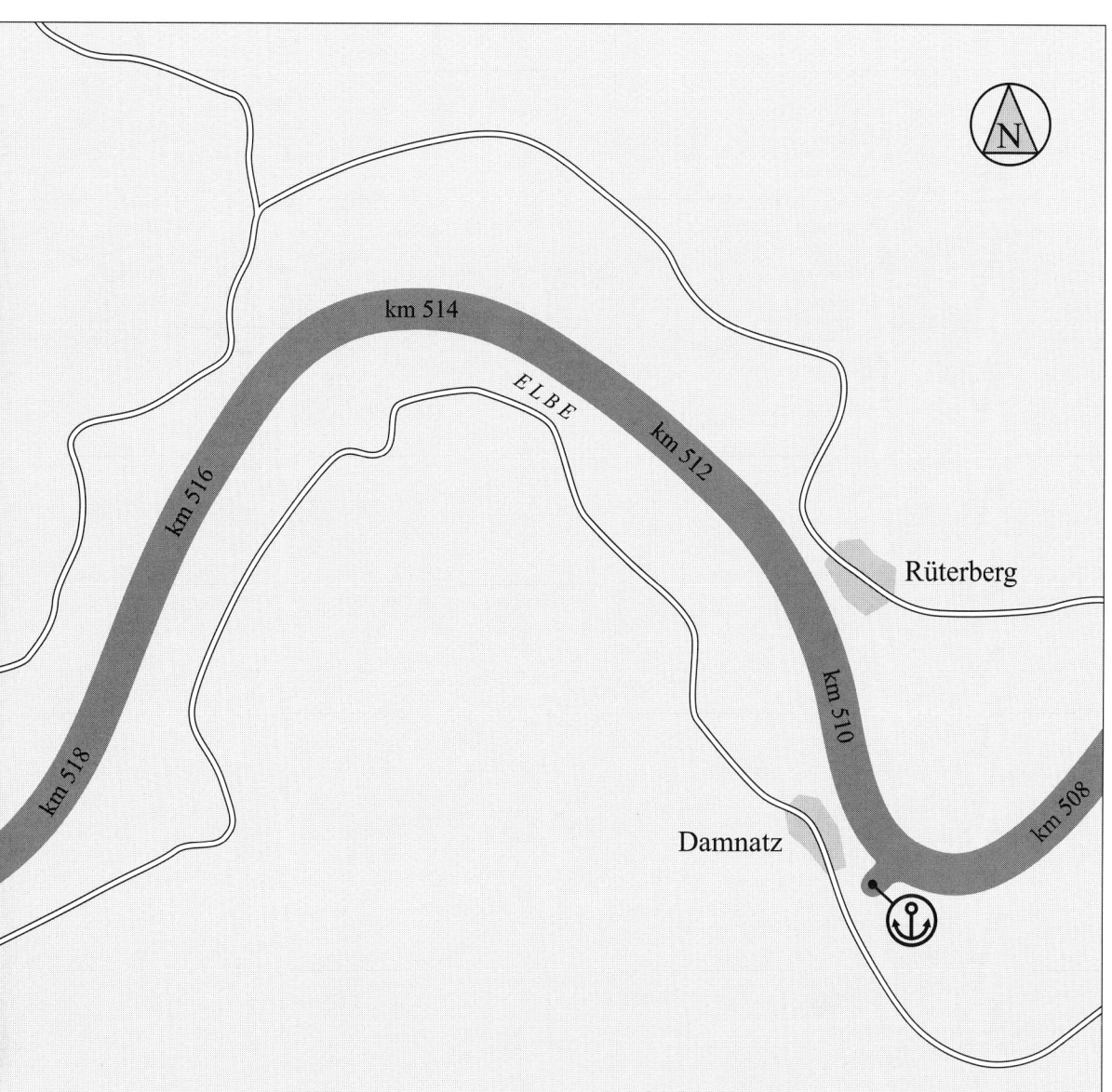

Hitzacker ist staatlich anerkannter Luftkurort. Sehenswert der mittelalterliche Stadtkern mit seinen Fachwerkhäusern: Altes Zollhaus von 1598 mit Heimatmuseum. 350 Jahre alte Kastanie am „Weinberg".

km 509,0 LU: Sportbootsteg Damnatz. Kleine Anlage für Boote bis max. 6 m Länge. Öffentlicher Slip. In der Nähe Gasthof „Fischerkrug". Sonst keine Versorgung.

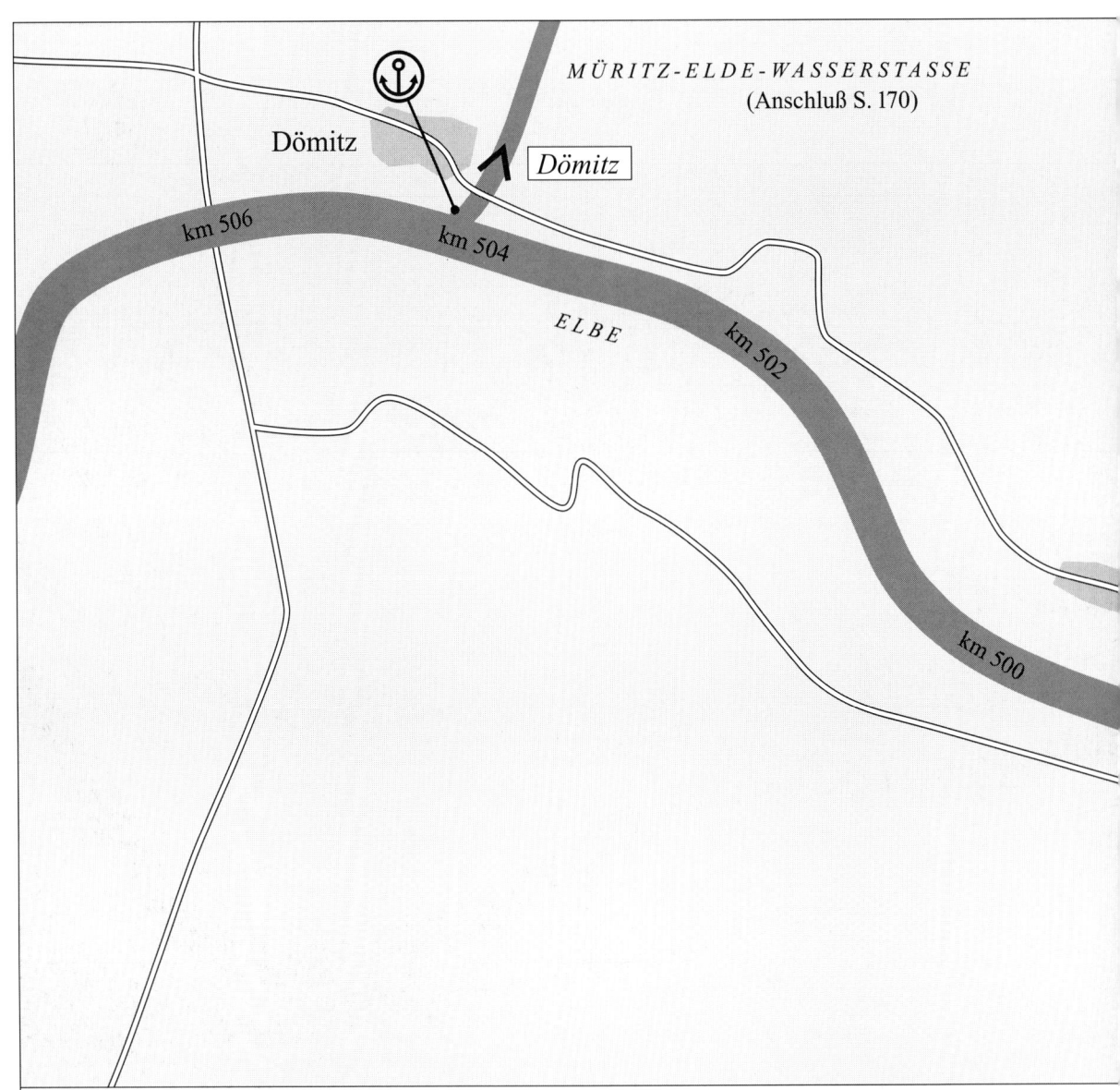

MÜRITZ-ELDE-WASSERSTASSE
(Anschluß S. 170)

Dömitz

Dömitz

km 506

km 504

ELBE

km 502

km 500

km 504,1 RU: Mündung der Müritz-Elde-Wasserstraße und Zufahrt zum Hafen Dömitz. Einfache Anlegemöglichkeit kurz hinter Hafeneinfahrt an Backbord. Ohne jeden Service.

Tankstelle (nur Benzin) an der Fernstraße 191 Richtung Ludwigslust (2,9 km). Versorgungsmöglichkeiten im Ort (400 m).

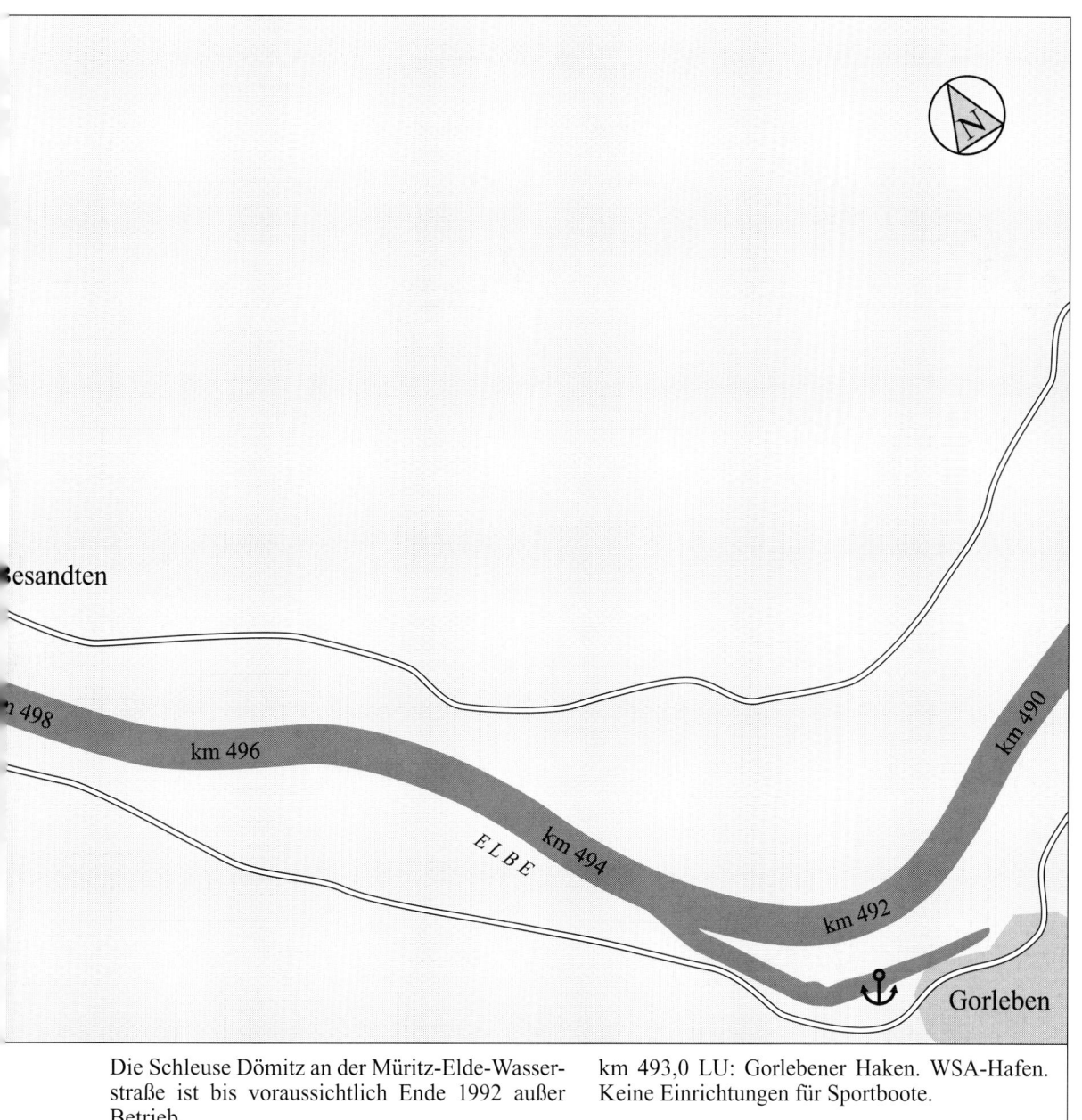

Die Schleuse Dömitz an der Müritz-Elde-Wasser-straße ist bis voraussichtlich Ende 1992 außer Betrieb.

km 493,0 LU: Gorlebener Haken. WSA-Hafen. Keine Einrichtungen für Sportboote.

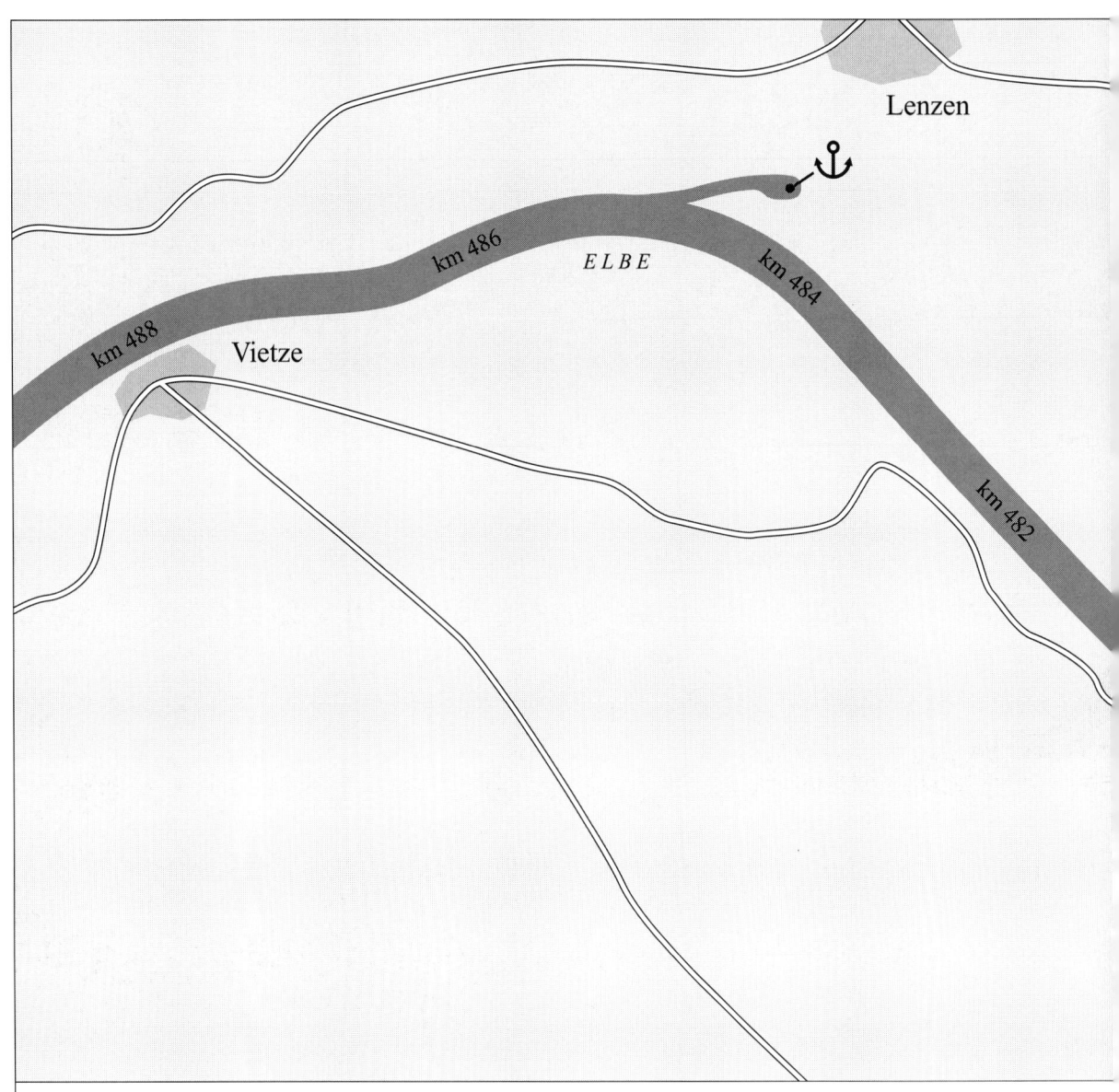

km 484,6 RU: Hafen Lenzen. Schutzhafen, zum
Ankern geeignet. Sonst keine Einrichtungen für
Sportboote. Zum Ort 2 km.

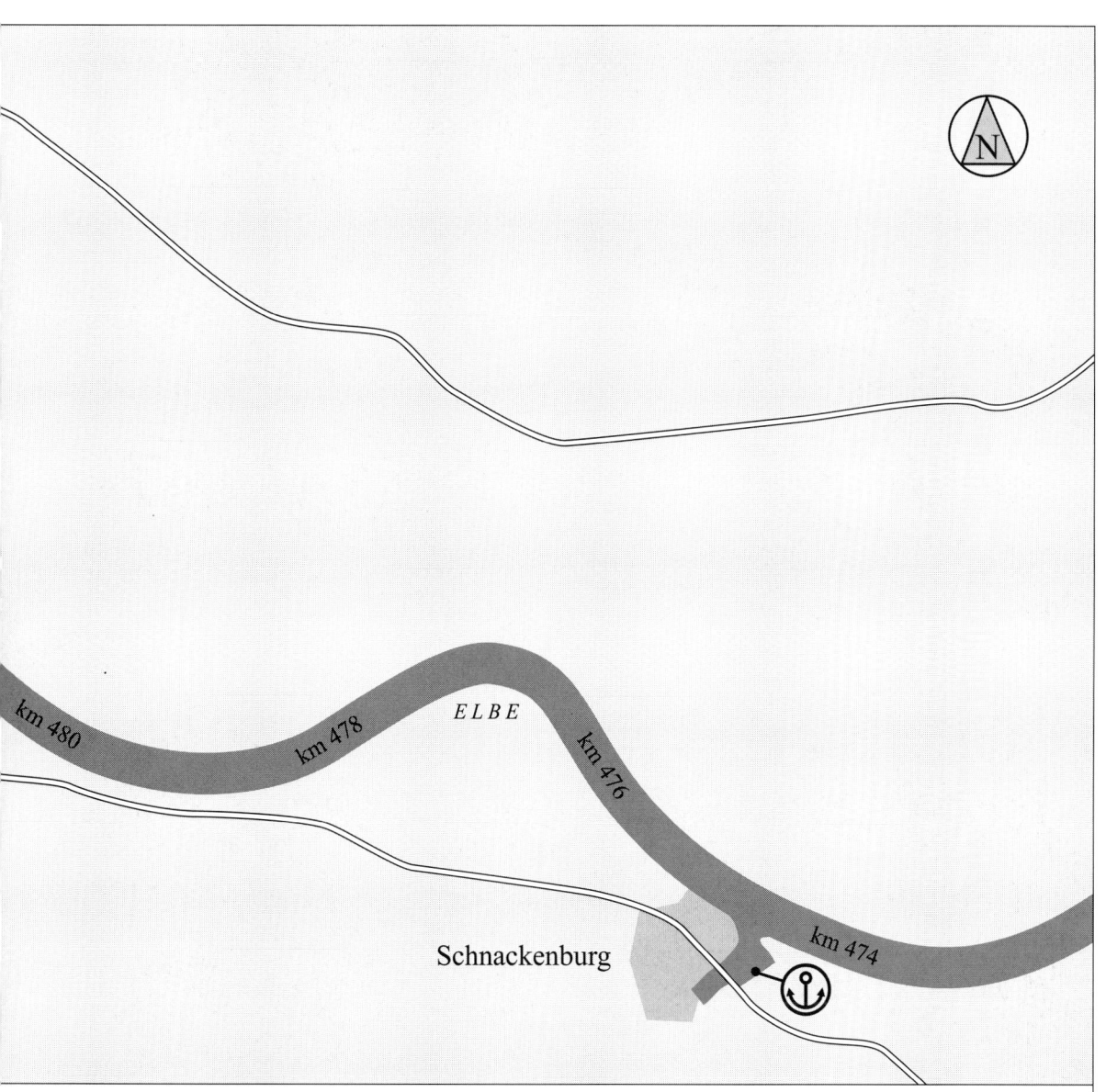

km 474,6 LU: Hafen Schnackenburg. Sport-
bootstege im hinteren Teil des Hafens. Wasser,
Strom, Versorgungsmöglichkeiten im nahen Ortszentrum.

Herrlicher Elbstrand unterhalb Schnackenburg(oben).
Fähre in Lenzen (unten).

Vor der Kulisse des Industriehafens Wittenberge (oben).
Elbdeich oberhalb des neuen Sportboothafens Wittenberge (unten).

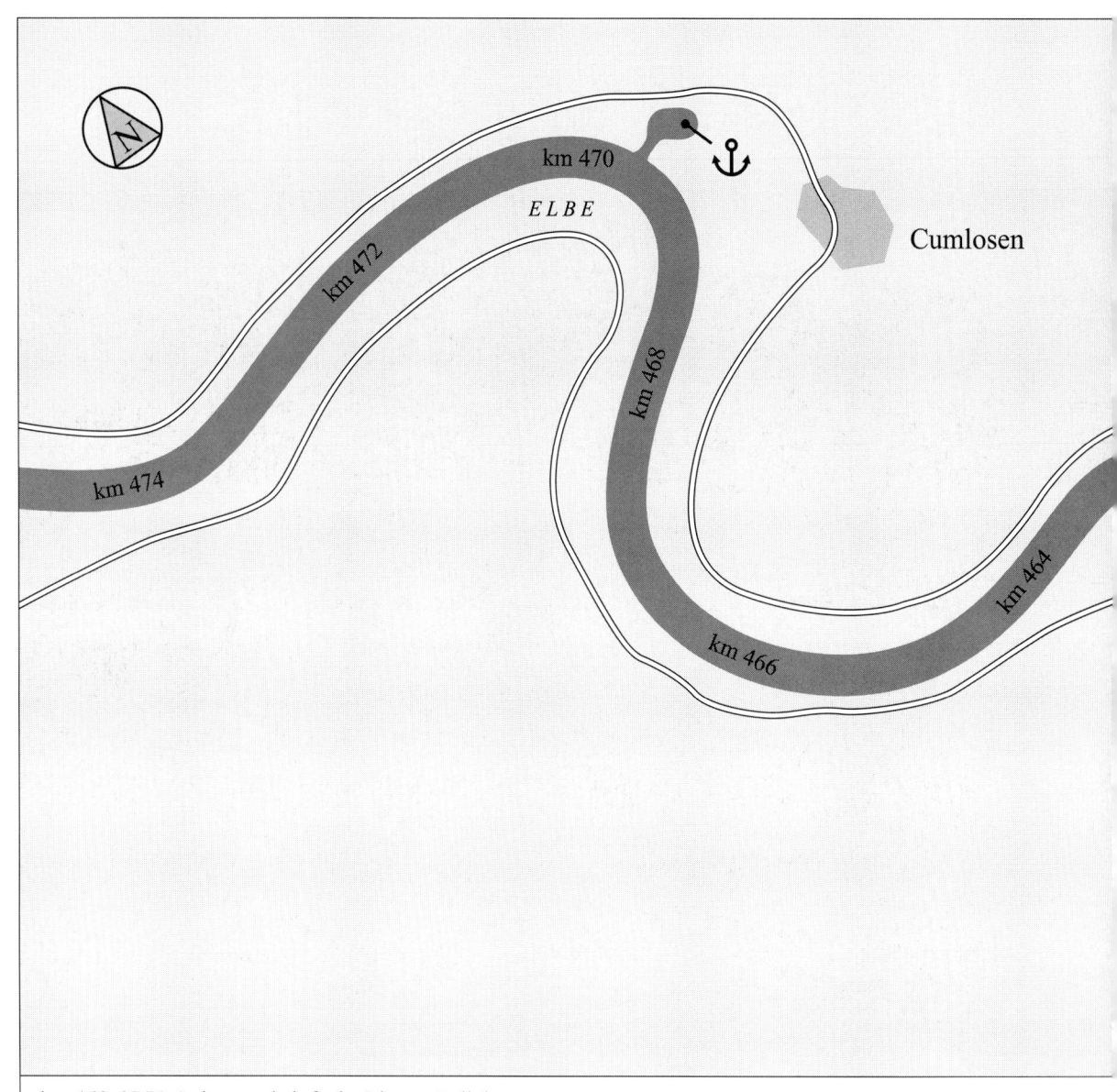

km 469,6 RU: Anker- und einfache Liegemöglichkeit im ehemaligen Grenzkontrollhafen Cumlosen. Keine Versorgungseinrichtungen. Zum Ort Cumlosen 2,3 km.

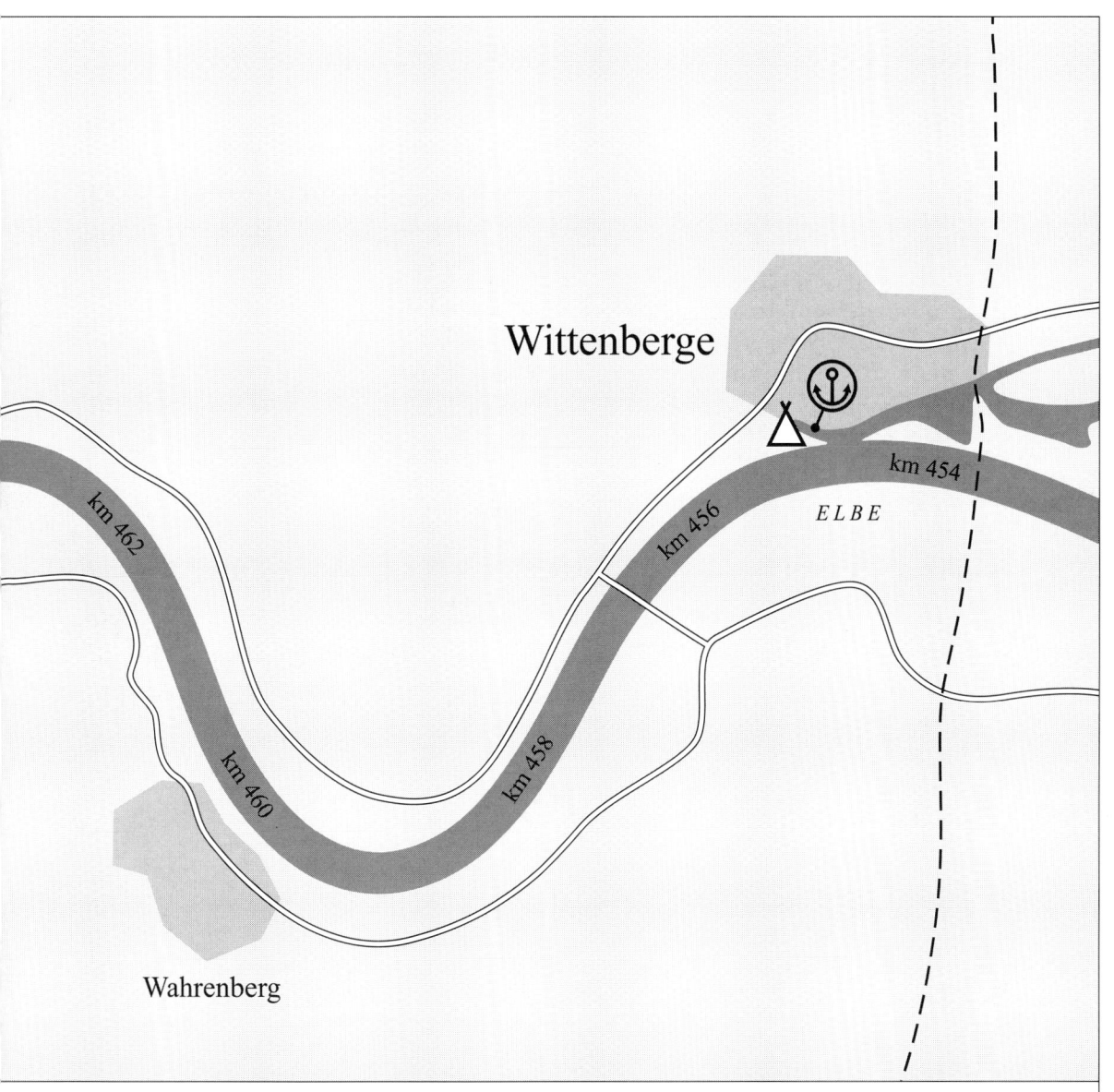

km 454,9 RU: Hafen Wittenberge. Seglerhafen einlaufend an Steuerbord. Ein neuer Sportboothafen entsteht einlaufend an Backbord. Wasseranschlüsse und Sanitäranlagen sollen 1991 fertig sein. Alle Versorgungsmöglichkeiten im Ort. Gaststätte „Elbterrasse" direkt am Hafen. Tankstelle (alle Kraftstoffarten): Parkstraße (1,9 km). Im Industriehafen gibt es eine skurrile Diesel-Bunkerstation: Der Kraftstoff befindet sich in einem Schwimmponton, an dem man auch anlegt. Da keine Tankuhr vorhanden ist, wird der Diesel per Handpumpe erst in ein Faß und dann ins Boot umgefüllt. Längst verschwunden sind die „weißen Berge", die Sanddünen dieser Gegend, die der Stadt den Namen gaben. Heute ist Wittenberge ein wichtiger Verkehrsknotenpunkt.

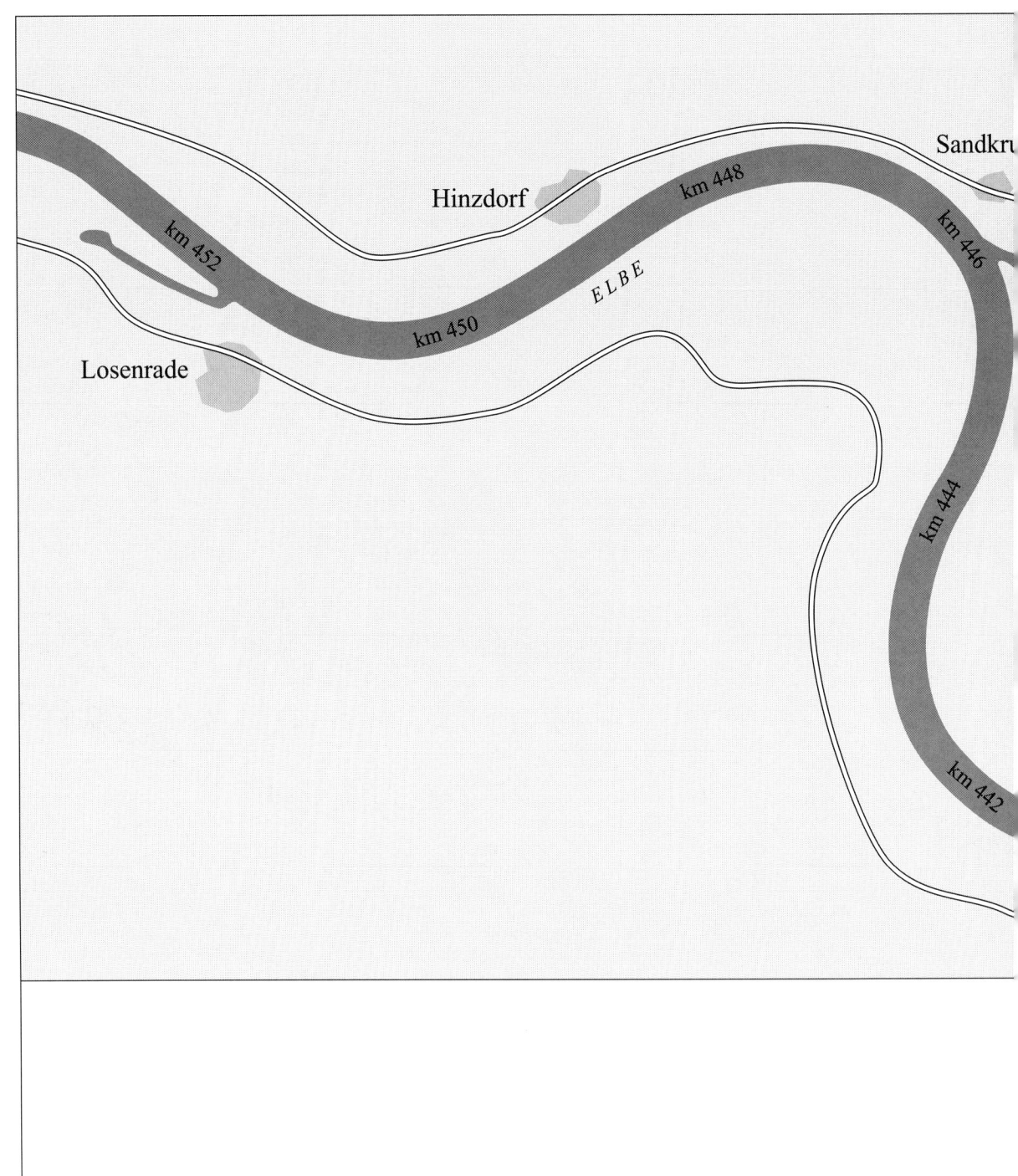

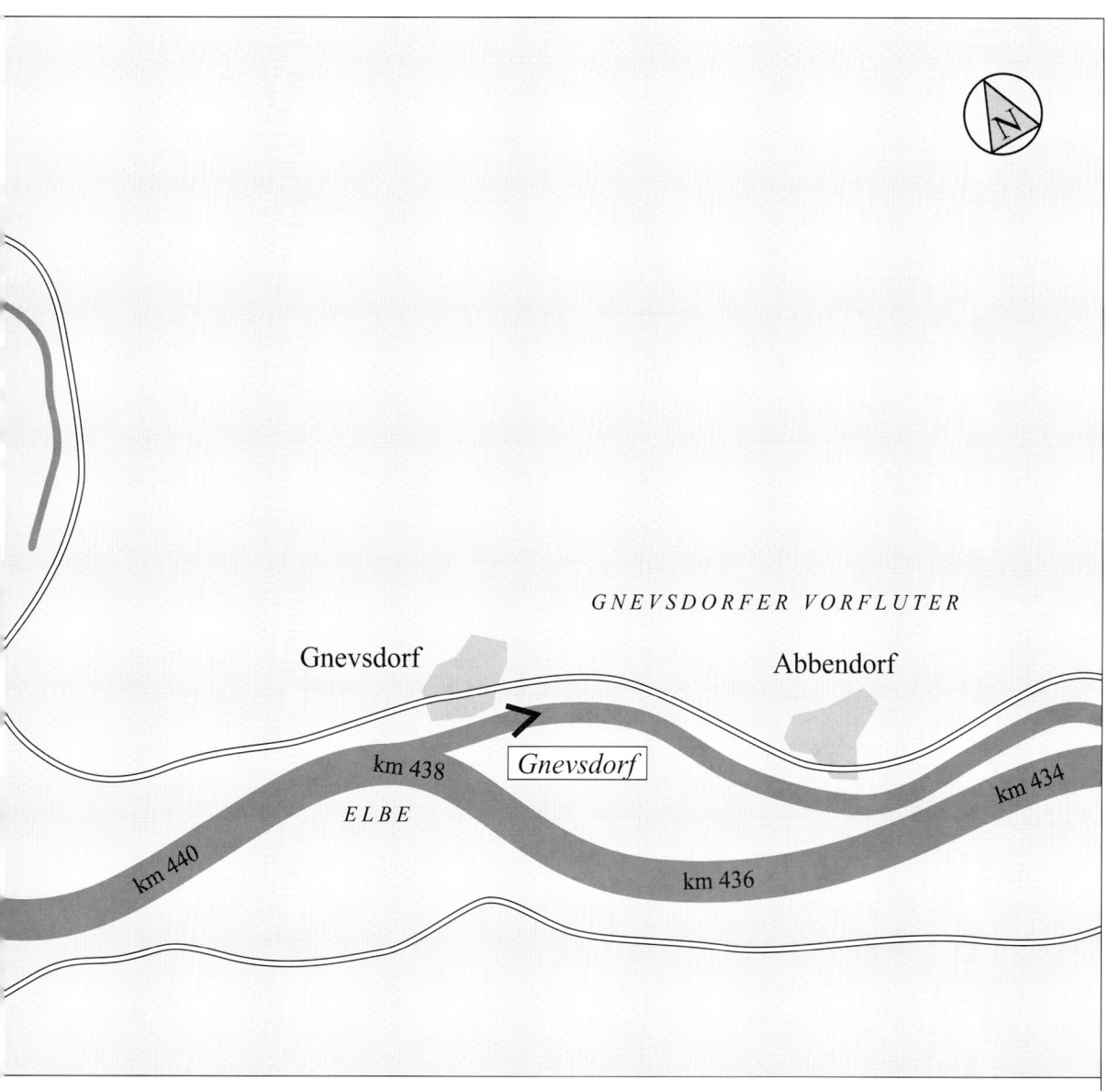

km 438,0 RU: Mündung des Gnevsdorfer Vor-
fluters. Über die Sportbootschleusen Gnevsdorf
und Quitzöbel ist die Mündungsstrecke der Unteren Havel Richtung Havelberg erreichbar.
Abmessung der Schleusen: Kammerlänge: 22,00
m, Kammerbreite: 5,30 m. Wassertiefe im Vorfluter: Mindestens 1,00 m.

Der Gnevsdorfer Vorfluter ist keine offizielle
Wasserstraße. Informationen über die Befahrbarkeit und die Bedienung der Schleuse Gnevsdorf
beim Schleusenwärter. Telefon: (85491)-7223
oder 7226; Schleuse Quitzöbel Telefon: (9227)-
532 oder 391.

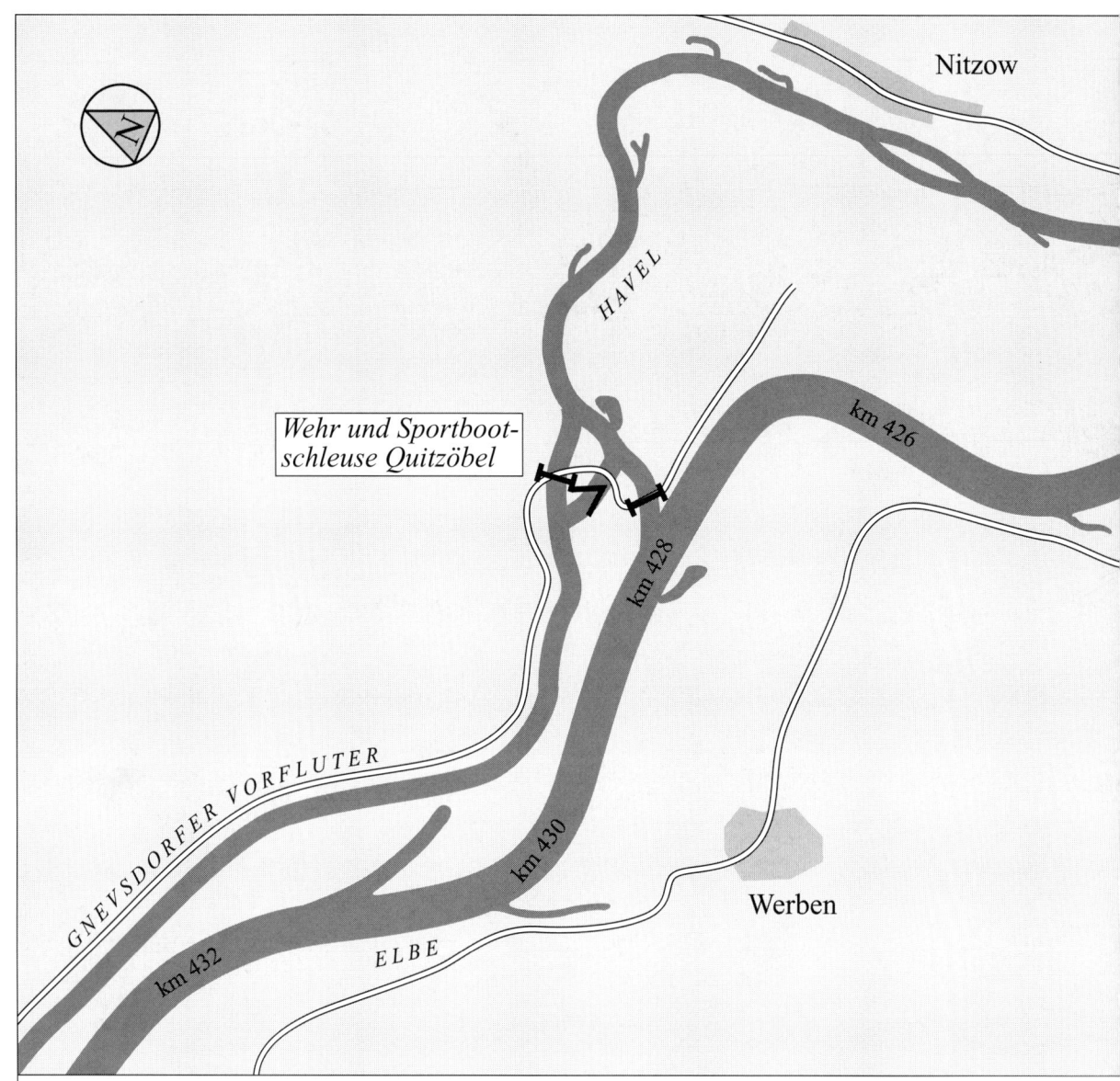

*Wehr und Sportboot-
schleuse Quitzöbel*

km 427,8 RU: Mündung der Unteren Havel. Das Wehr Neuwerben kann nicht passiert werden. Nebenstrecke: Vom Gnevsdorfer Vorfluter geht es über die Sportbootschleuse Quitzöbel in die Mündungsstrecke der Unteren Havel Richtung Havelberg. Das Wehr Neuwerben wird dabei im Oberwasser passiert.

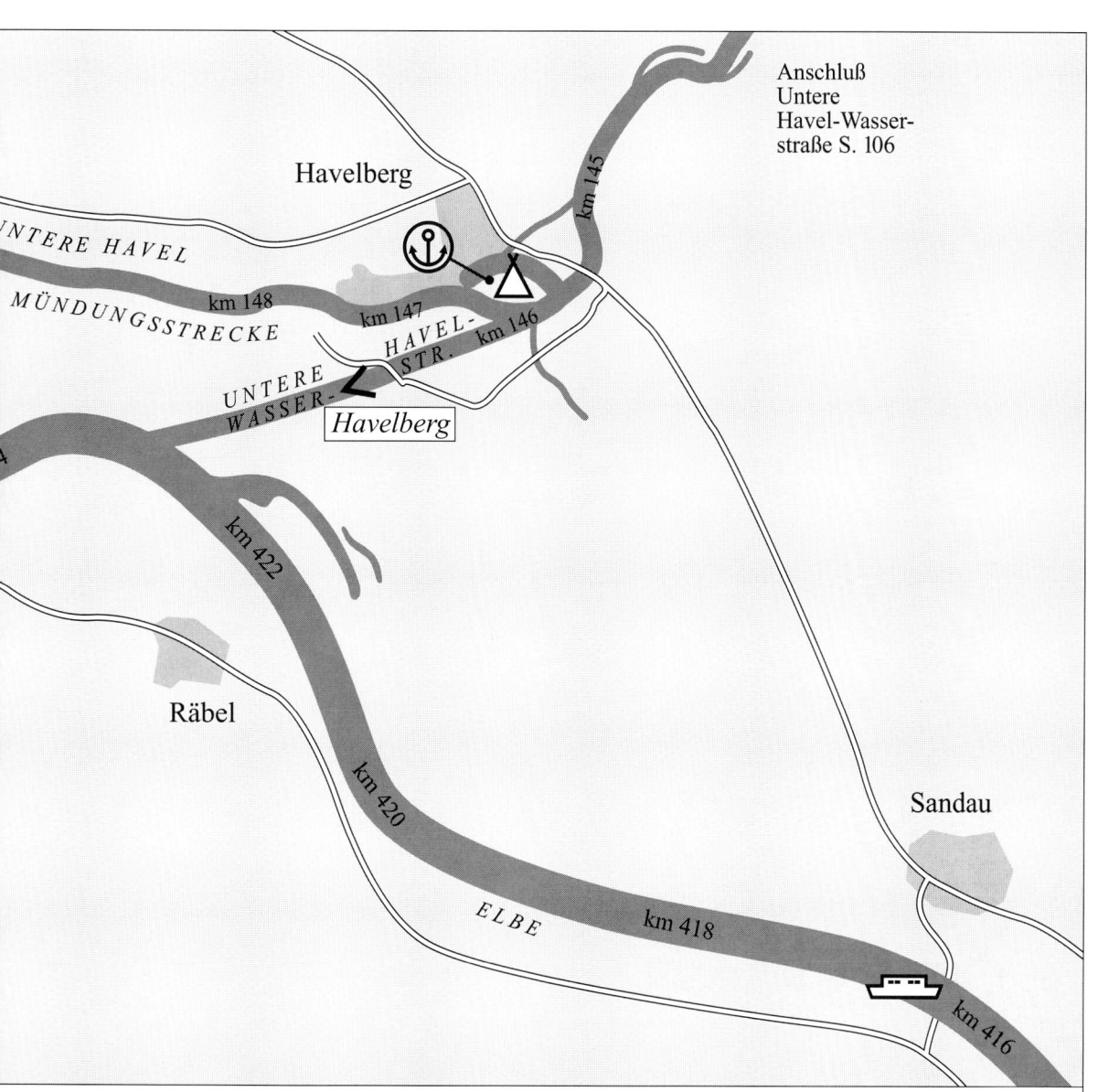

km 422,8 RU: Mündung der Unteren Havel-Wasserstraße (Havelberger Schleusenkanal).
km 422,2: Gierfähre Räbel.
km 416,2: Gierfähre Sandau.

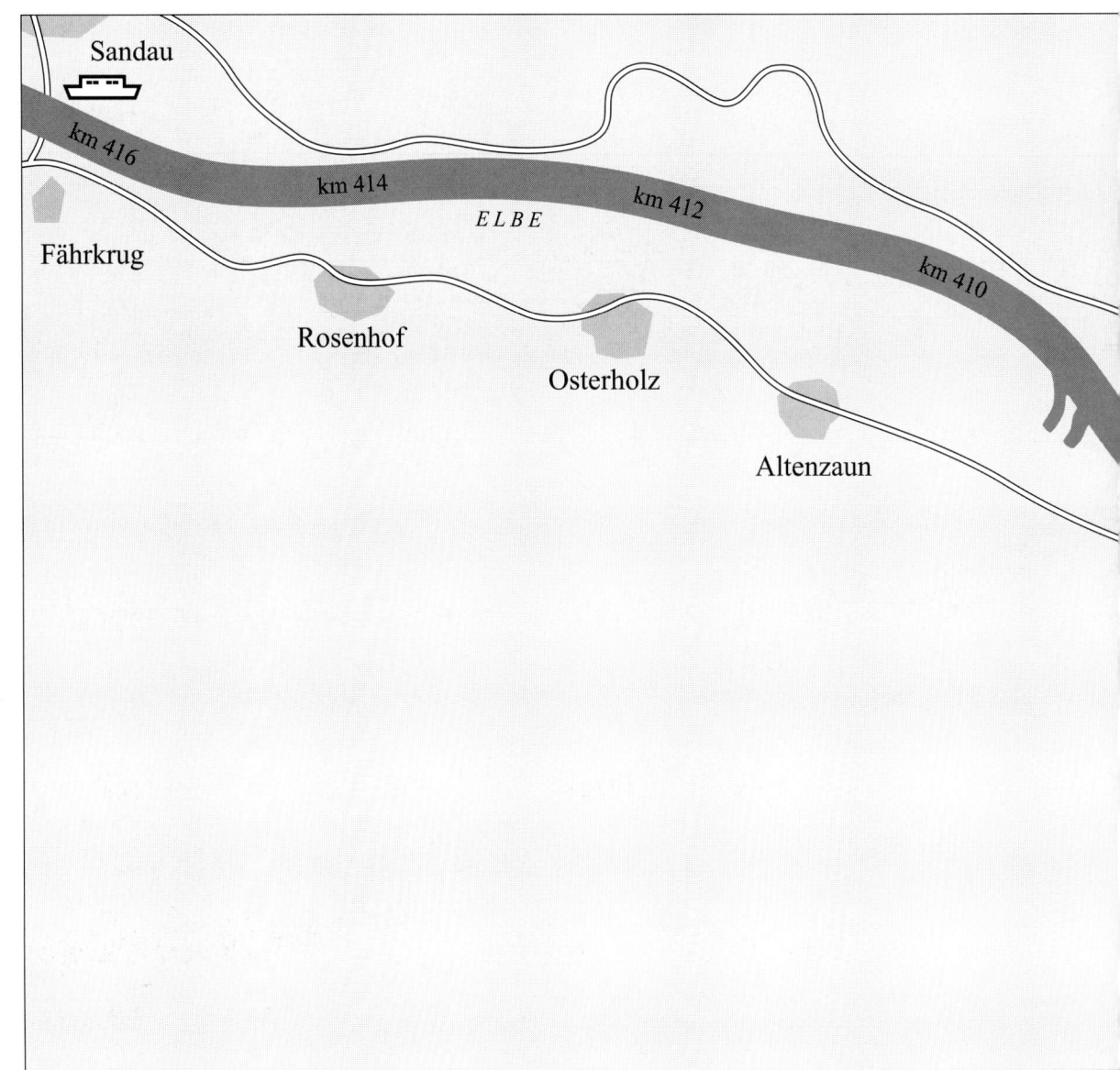

km 416,2: Gierfähre Sandau.

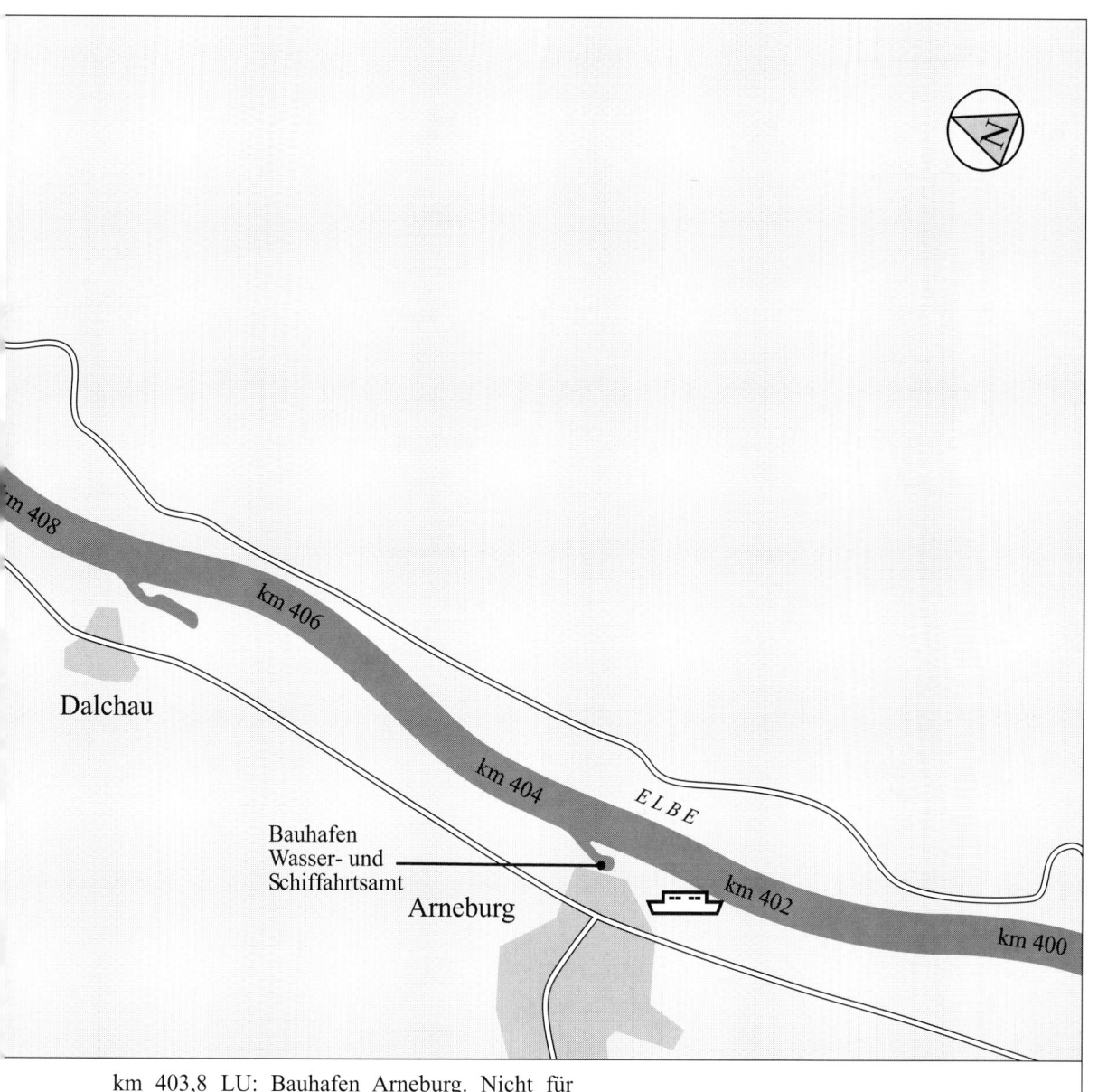

km 403,8 LU: Bauhafen Arneburg. Nicht für
Sportboote geeignet.
km 402,4: Fähre Arneburg.

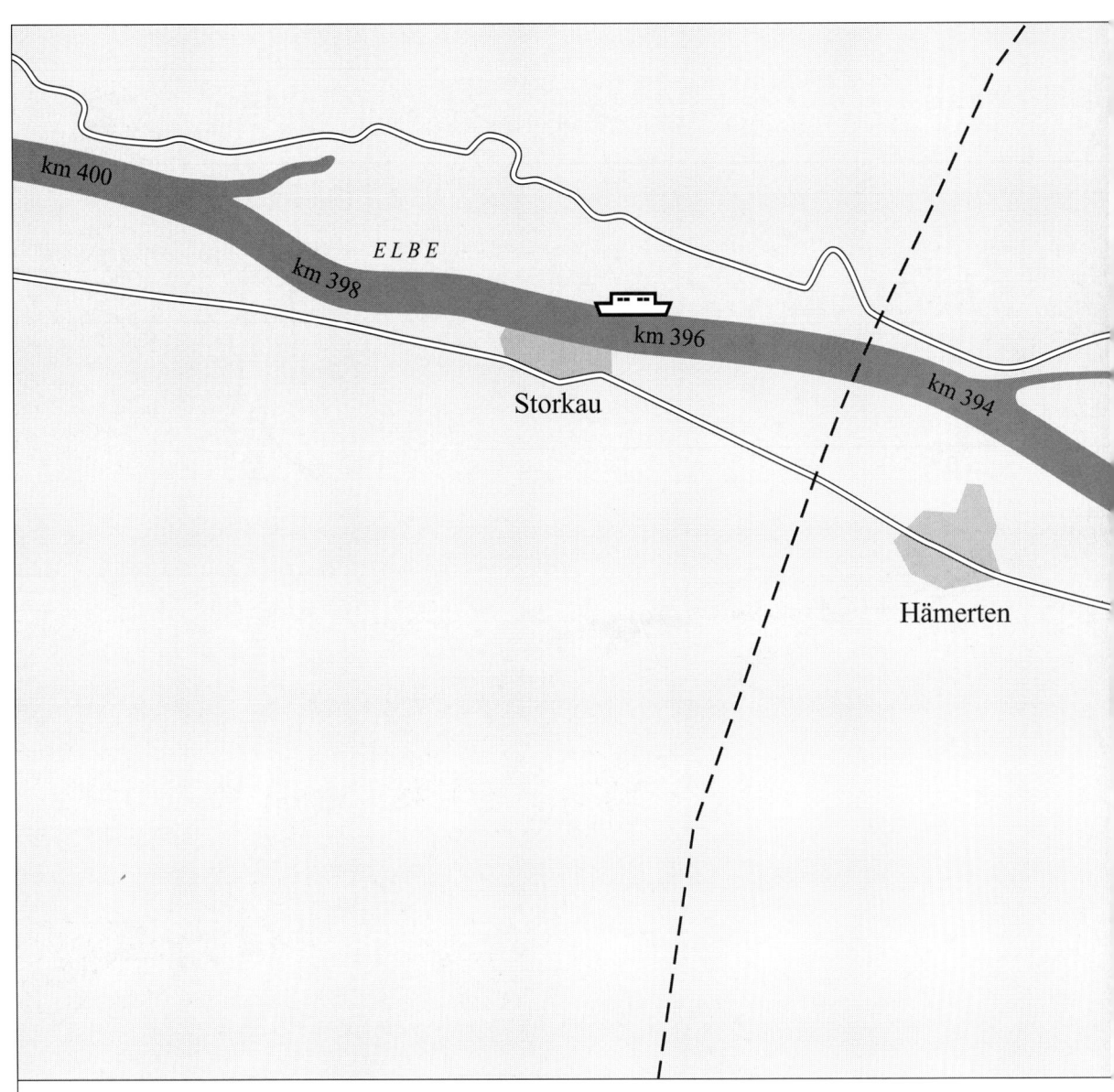

km 396,6: Fähre Storkau (nur zeitweise in Betrieb).

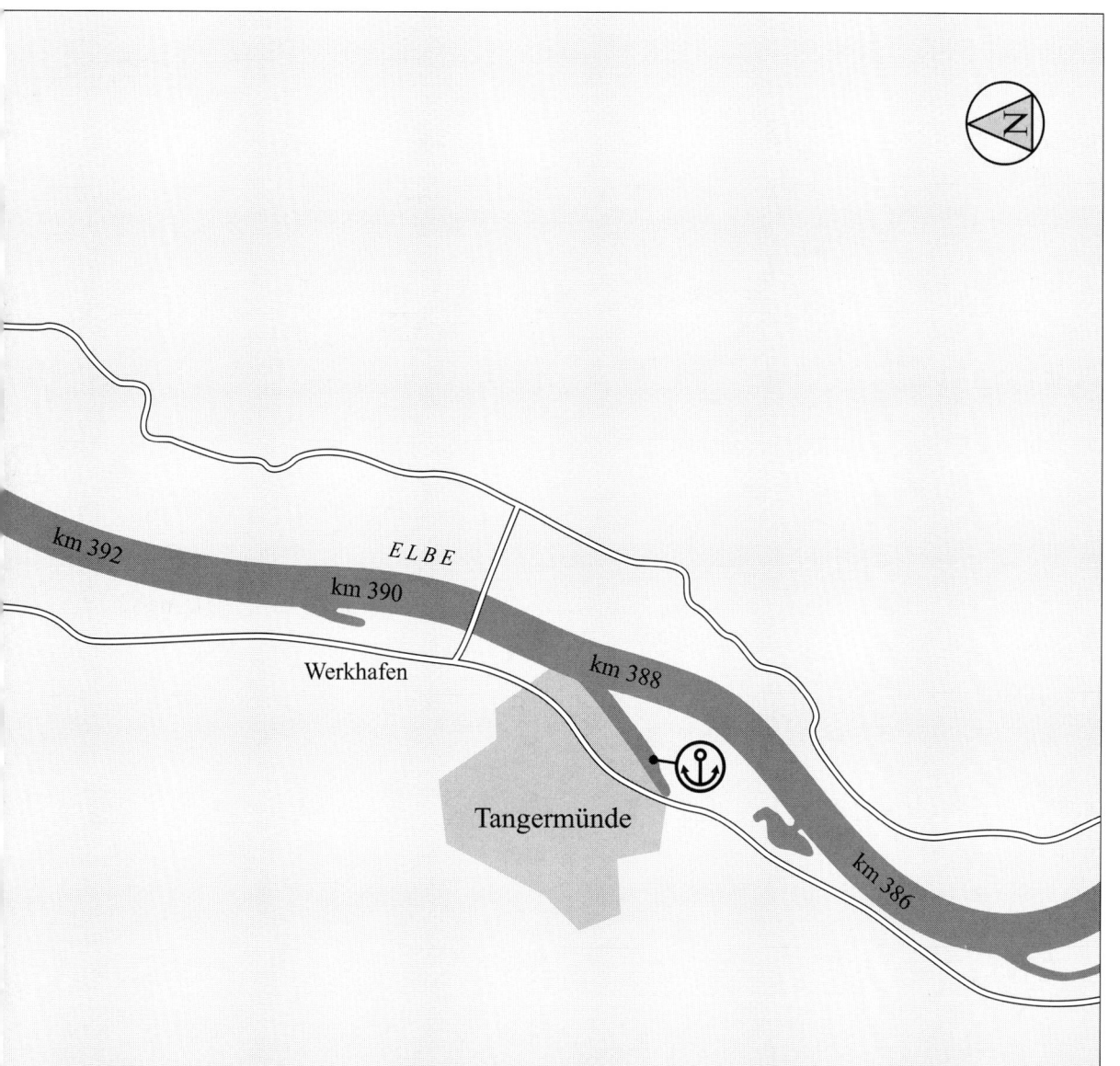

km 388,2 LU: Mündung der Tanger und Zufahrt zum Hafen Tangermünde. Sportboothafen im hinteren Teil der Hafenanlage. Klubhaus mit Waschgelegenheit und WC. Freiland-Dusche. Gute Einkaufsmöglichkeiten im Stadtzentrum (800 m). Grundversorgung am Tangerplatz (400 m). Gaststätten „Zur Palme" und „Utischer", beide Leninstraße (550 bzw. 600 m). Tankstelle (Diesel/ Benzin): Bahnhofstraße/Stendaler Straße (800 m). Tangermünde gilt als „Norddeutsches Rothenburg" und gehört sicher zu den schönsten Städten an der Elbe. Im Jahr 1009 erstmals urkundlich erwähnt, war Tangermünde Hansestadt und sogar kaiserliche Nebenresidenz von Prag. Bedeutendste Stadt der Backsteingotik mit einem gut erhaltenen, mittelalterlichen Stadtkern. Reste

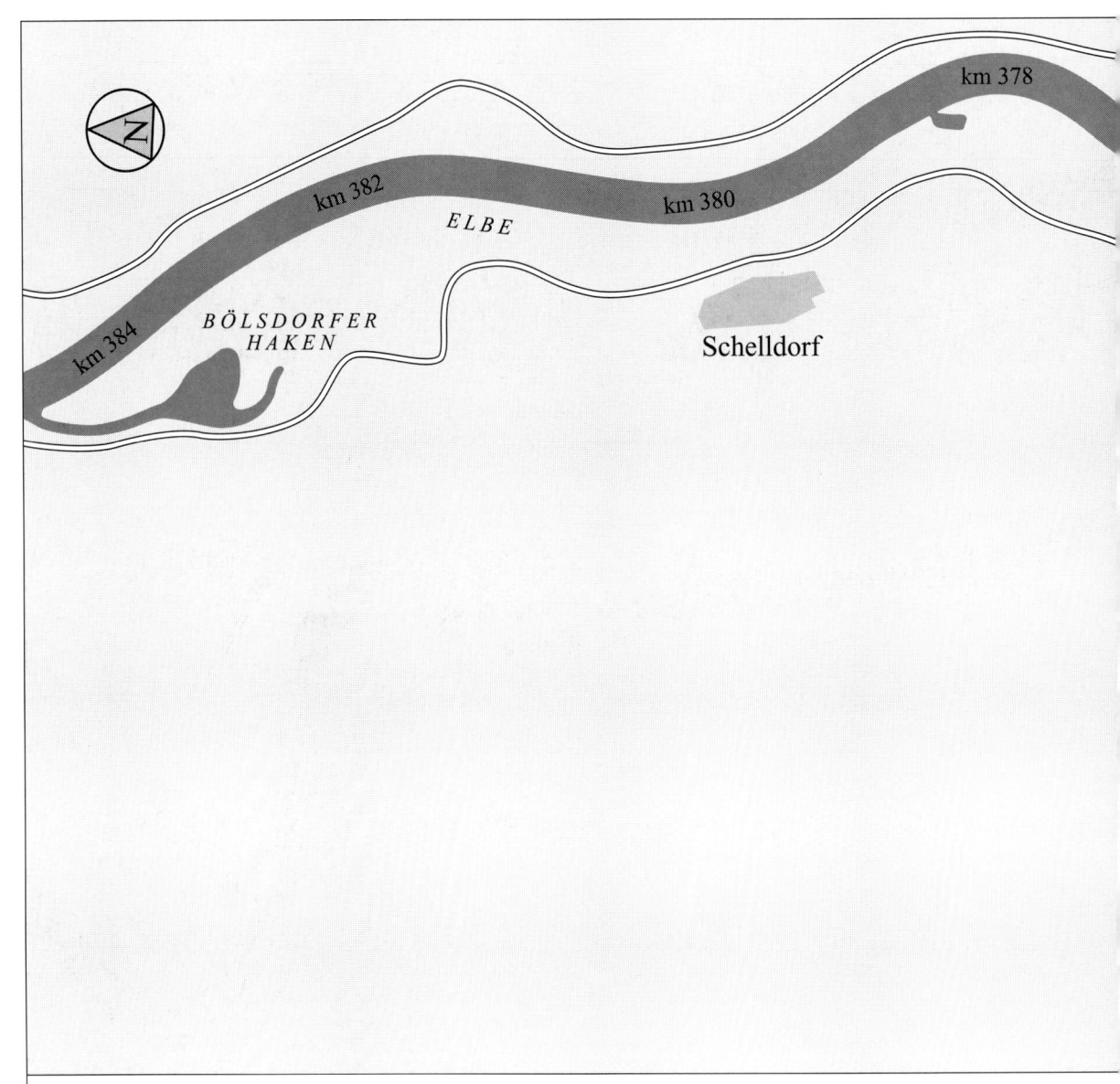

der Stadtmauer aus dem 14. Jahrhundert mit mächtigen Ecktürmen: Der „Schrotturm" ist besonders sehenswert. Bemerkenswert auch die Stadttore: Wassertor (16. Jh.), Neustädter Tor und Hühnerdorfer Torturm (15. Jh.). Spätgotisches Backstein-Rathaus aus dem 15. und 16. Jh. Heimatmuseum im Rathaus. Pfarrkirche St. Stephan (14. und 15. Jh.).

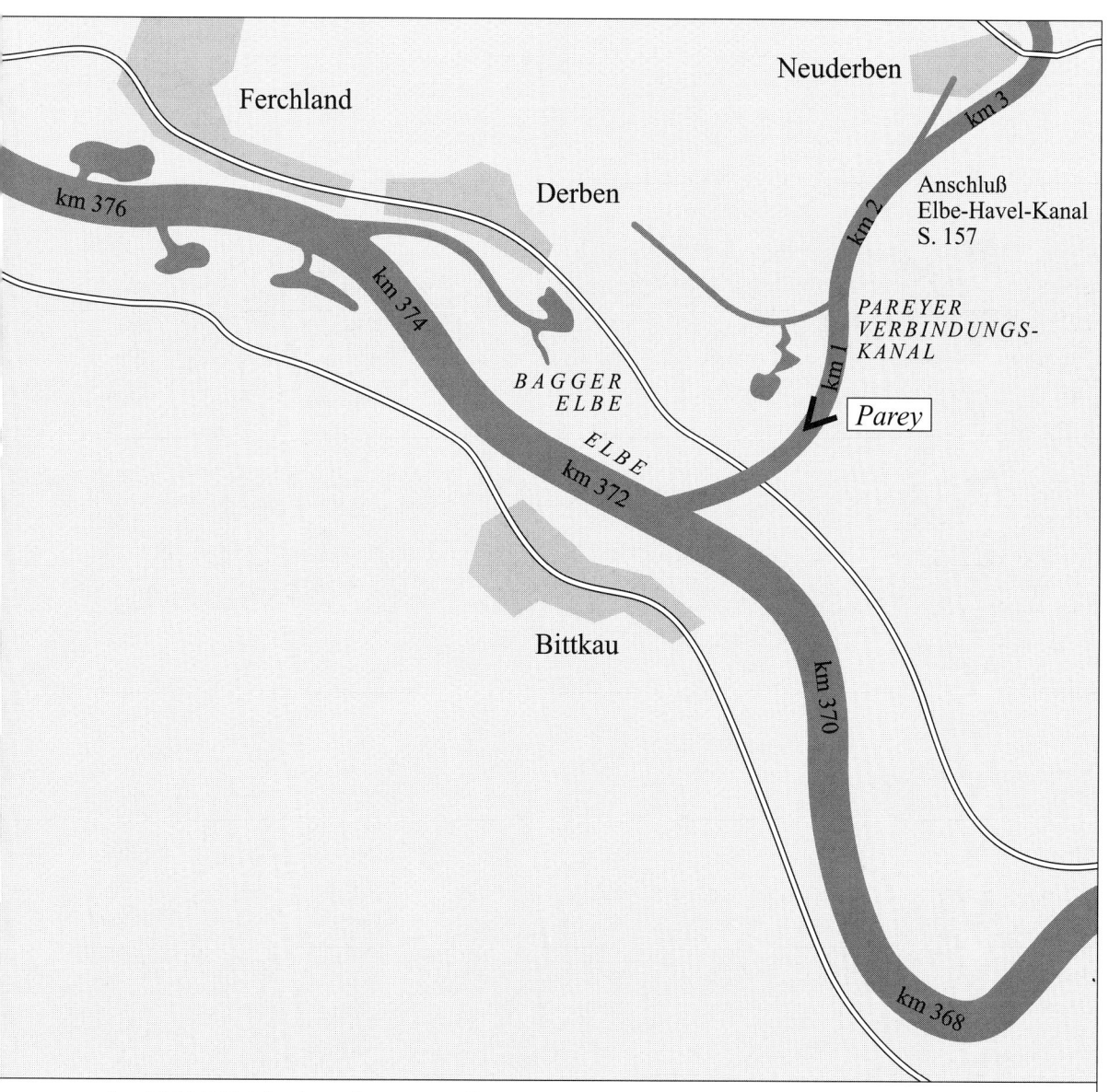

km 374,3 RU: Mündung der Baggerelbe, Zufahrt zur Schiffswerft Derben. Keine Einrichtungen für Sportboote.

km 371,5 RU: Mündung des Pareyer Verbindungs- kanals, der nördlichen Zufahrt zum Elbe-Havel-Kanal.

km 0,8 des Pareyer Verbindungskanals: Schleuse Parey: Beckenlänge 139,00 m, Torweite: 8,50 m.

Sportboothafen Tangermünde vor der Altstadt-Kulisse (oben).
Unterhalb der Hafeneinfahrt von Tangermünde (unten).

Markanter Ansteuerungspunkt: Der Wohnturm der im 30jährigen Krieg zerstörten Burg Rogätz (oben). Sportbootanleger in Rogätz (unten).

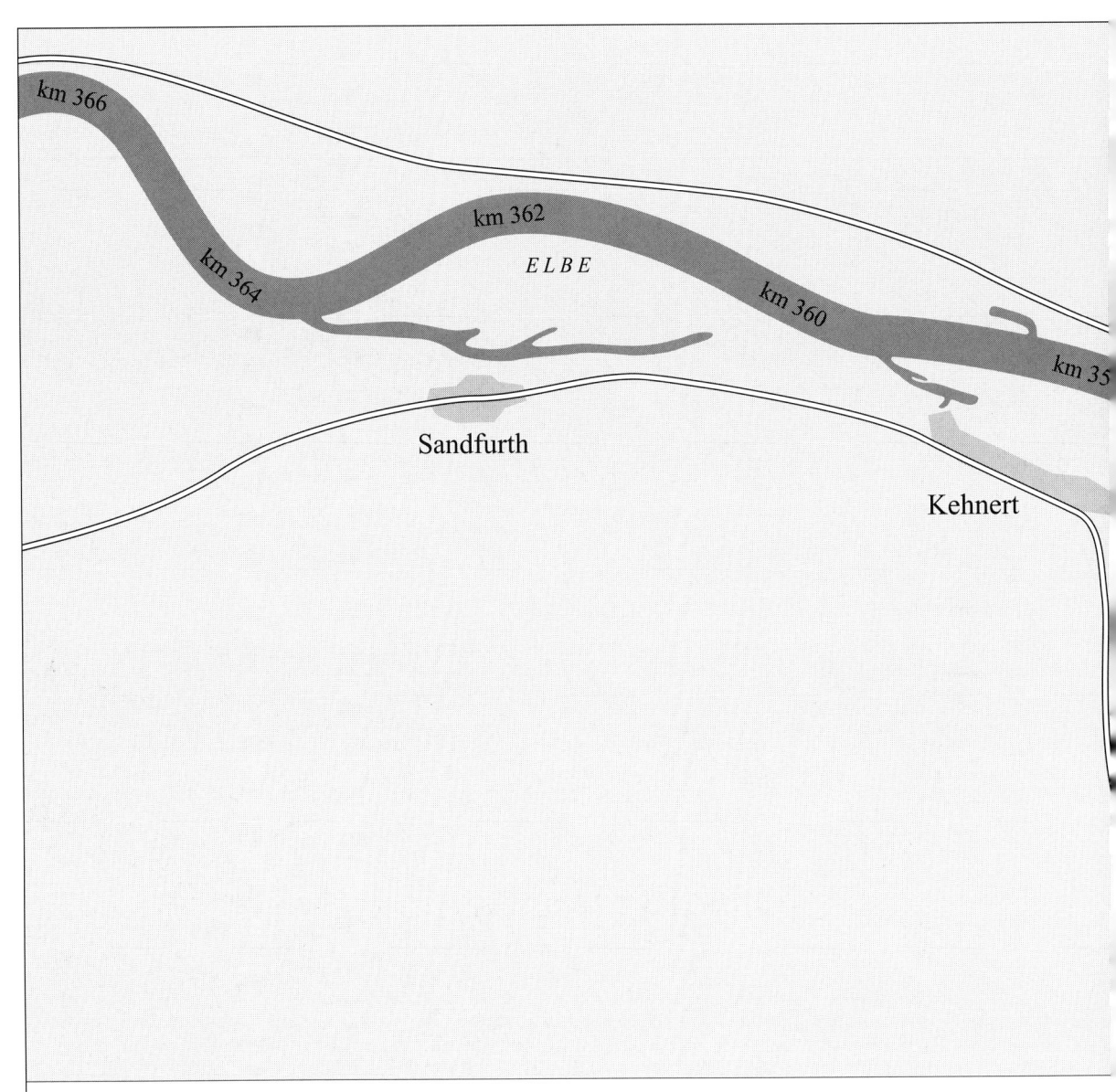

km 365,5 RU: Verladestelle Zerben, keine Einrichtungen für Sportboote.

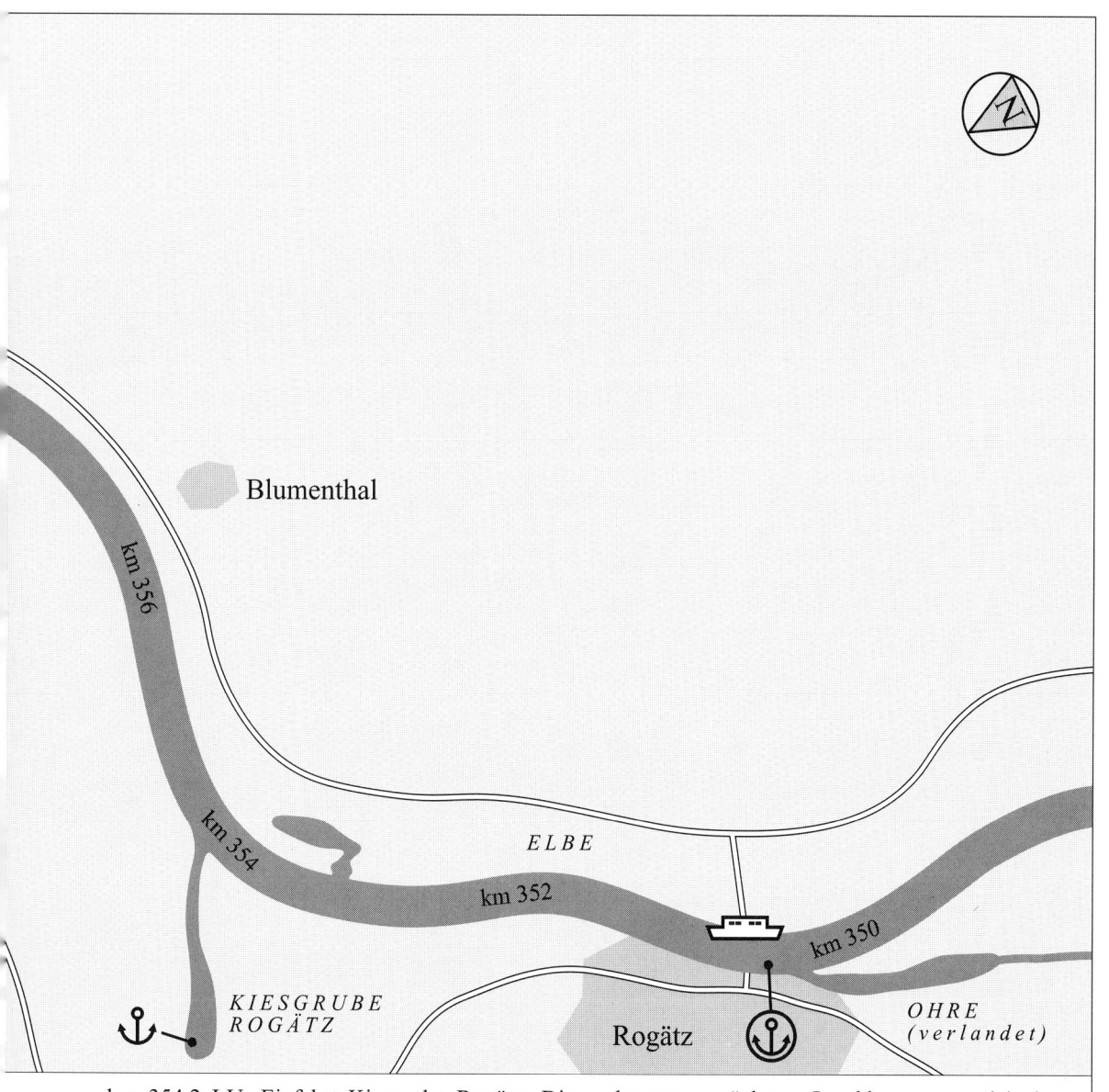

km 354,2 LU: Einfahrt Kiesgrube Rogätz. Die Kiesgrube ist ein beliebter Ankerplatz in freier Natur. Es gibt keine Versorgungsmöglichkeiten.

km 350,6 LU: Sportbootanlage Rogätz neben der Fähre Rogätz.

Solide Steganlage zwischen zwei Buhnen. Die Stege sind an einer fest verankerten Schute befestigt. Für Gäste gibt es einen kleinen Ponton, über den man zunächst an Land kommt, um sich einen Schlüssel für die Steganlage zu besorgen. Wasser am Bootshaus oberhalb der Liegeplätze.

Versorgungsmöglichkeit im Ort, Magdeburger Straße (300 m). Gaststätte „Schmidt", Max-Planck-Straße (500 m); „Elbgarten", Steintorstraße (800 m). Tankstelle (Normal- und Superbenzin); Schulstraße (500 m).

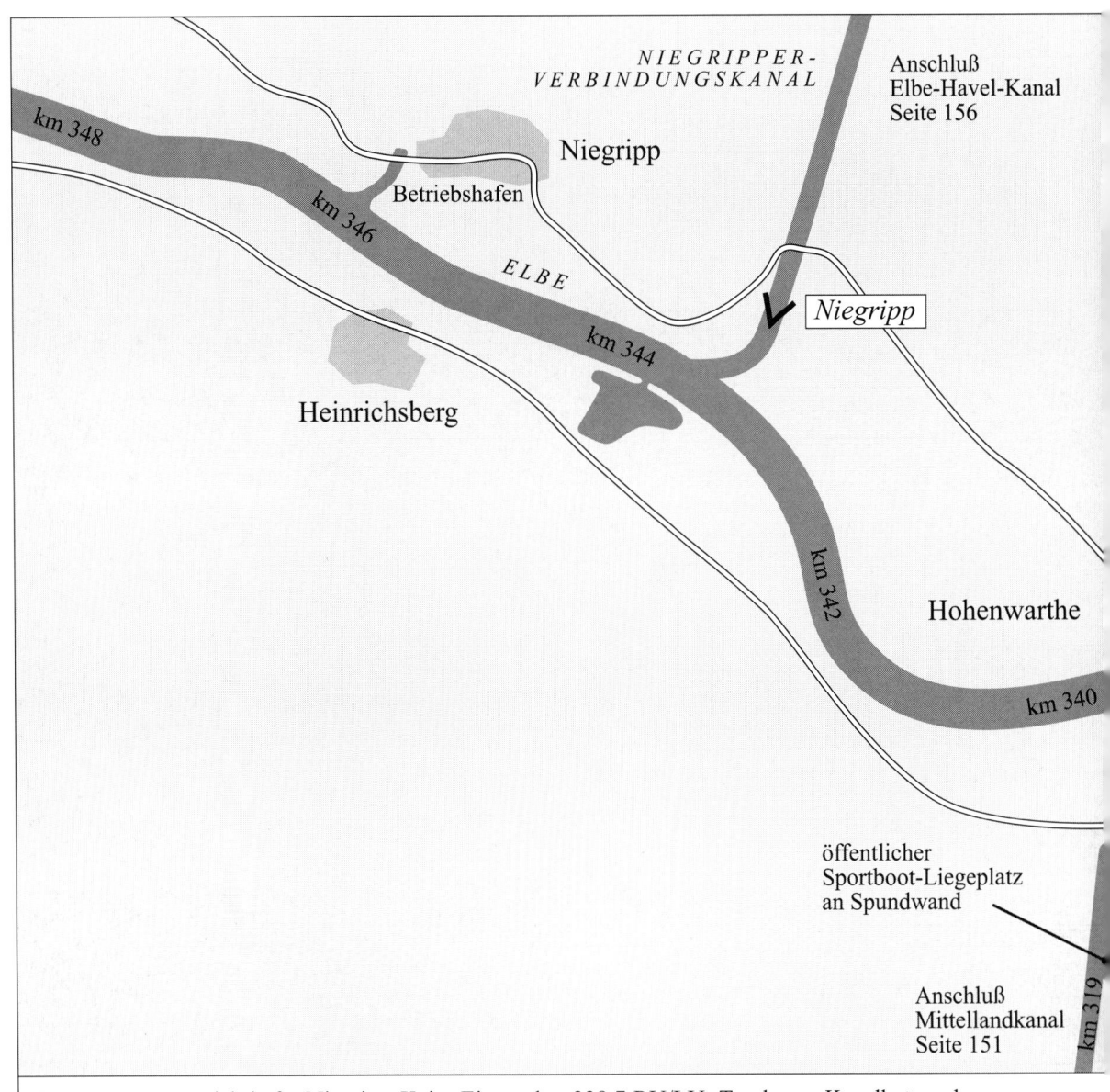

km 346,0 RU: Betriebshafen Niegripp. Keine Einrichtungen für Sportboote.

km 343,7 RU: Mündung des Niegripper Verbindungskanals, Zufahrt zum Elbe-Havel-Kanal. Niegripper Verbindungskanal km 0,7: Schleuse Niegripp: Beckenlänge: 165,00 m; Torbreite: 12,00 m.

km 339,7 RU/LU: Trockenes Kanalbett und zerfallende Brückenpfeiler der vor dem Zweiten Weltkrieg geplanten Wasserstraßen-Verbindung zwischen Mittelland- und Elbe-Havel-Kanal. Der Krieg verhinderte die Fertigstellung dieser Verbindung.

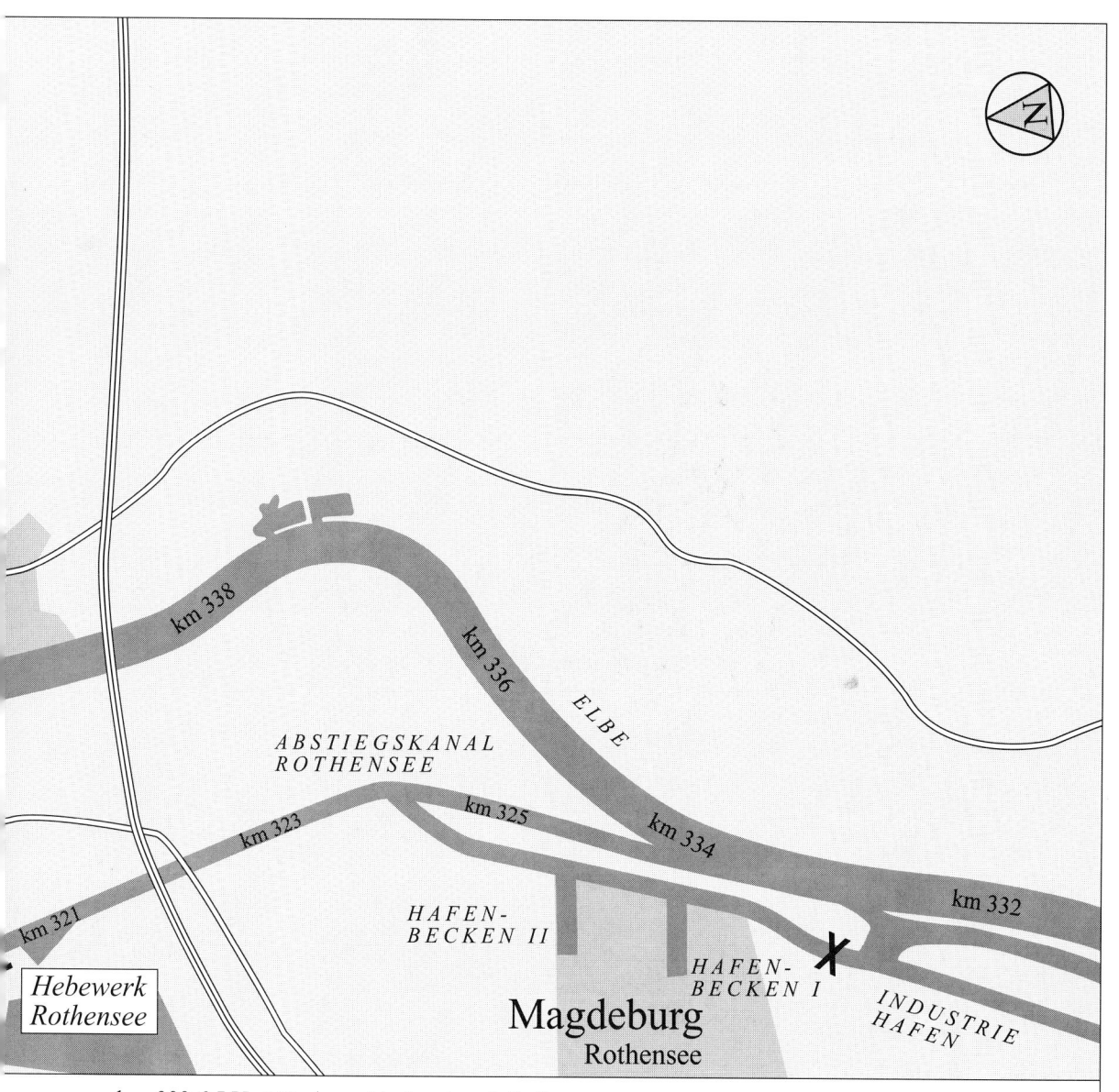

km 333,6 LU: Mündung Abstiegskanal Rothensee, Verbindung zum Mittellandkanal.
km 332,8 LU: Industriehafen Magdeburg. Keine
Einrichtungen für Sportboote. Tankboot „Elbe" im
Hafenbereich. Anruf auf UKW-Kanal 10. Nur für
große Yachten mit Dieselmotor geeignet.

*Abseits vom Strom: Der Sportboothafen Magdeburg-Südost (kurz oberhalb der Stadt, oben).
Eine der beiden Steganlagen in Schönebeck (unten).*

Museumsdampfer „Württemberg" vor der Kulisse des Magdeburger Doms.

km 329,9 LU: Handelshafen Magdeburg. Keine Einrichtungen für Sportboote. Anlegemöglichkeit am Ende des Hafenbeckens. Einkaufsmöglichkeit in der Nähe.

km 329,5 RU: Mündung Alte Elbe; zu Berg nicht befahrbar, versandet.

km 327,3 RU: Mündung der Zollelbe mit Zollhafen. Anlegemöglichkeiten für Sportboote. Günstige Lage zum Stadtzentrum Magdeburgs: Einkaufszentrum knapp oberhalb der Strombrücke (500 m).

km 327,0 RU: Wahrschauer Station K1. Werder; Lichtsignal für Verkehrsregulierung der Elbstrecke am Domfelsen beachten.

km 326,0 bis 325,8 LU: Domfelsen, bis in die Strommitte hineinragende Untiefe, bei niedrigem Wasserstand sogar sichtbar. Schwierige Passage mit starker Strömung! Fahrrinne genau einhalten!

km 325,1 LU: Wahrschauer Station Sternbrücke: Lichtsignal für Verkehrsregulierung der Elbstrecke am Domfelsen beachten.

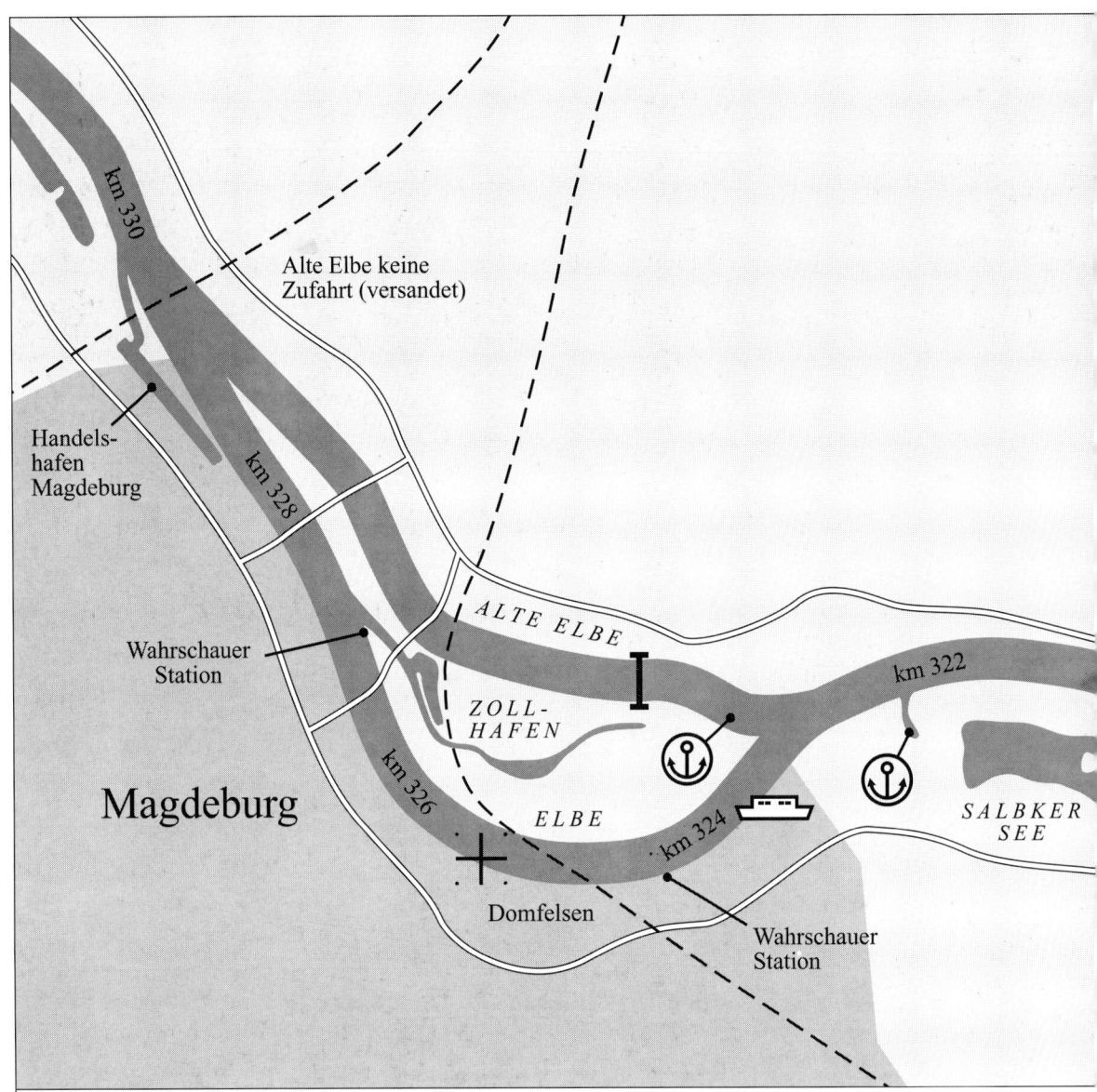

km 324,0: Fähre Buckau

km 322,8 RU: Abzweig Alte Elbe. Bis zum Cracauer Wehr bei ausreichendem Wasserstand befahrbar. Sonst sehr flach. Am linken Ufer der Alten Elbe (Kulturpark Rote Horn) mehrere Steganlagen mit Boots- und Klubhäusern. Teilweise mit sanitären Anlagen.

km 322,0 LU: Sportboothafen Magdeburg-Süd-ost. Sicherer Hafen außerhalb des Fahrwassers. Bootshäuser und Klubheim mit sanitären Anlagen. Guter Slip. Wenn auch etwas weiter vom Stadtzentrum entfernt (rund 5 km), ist diese Anlage für einen längeren Aufenthalt in der Stadt am ehesten zu empfehlen.

Vom einstigen Glanz Magdeburgs ist durch die Zerstörungen des 2. Weltkriegs nicht viel übrig ge-

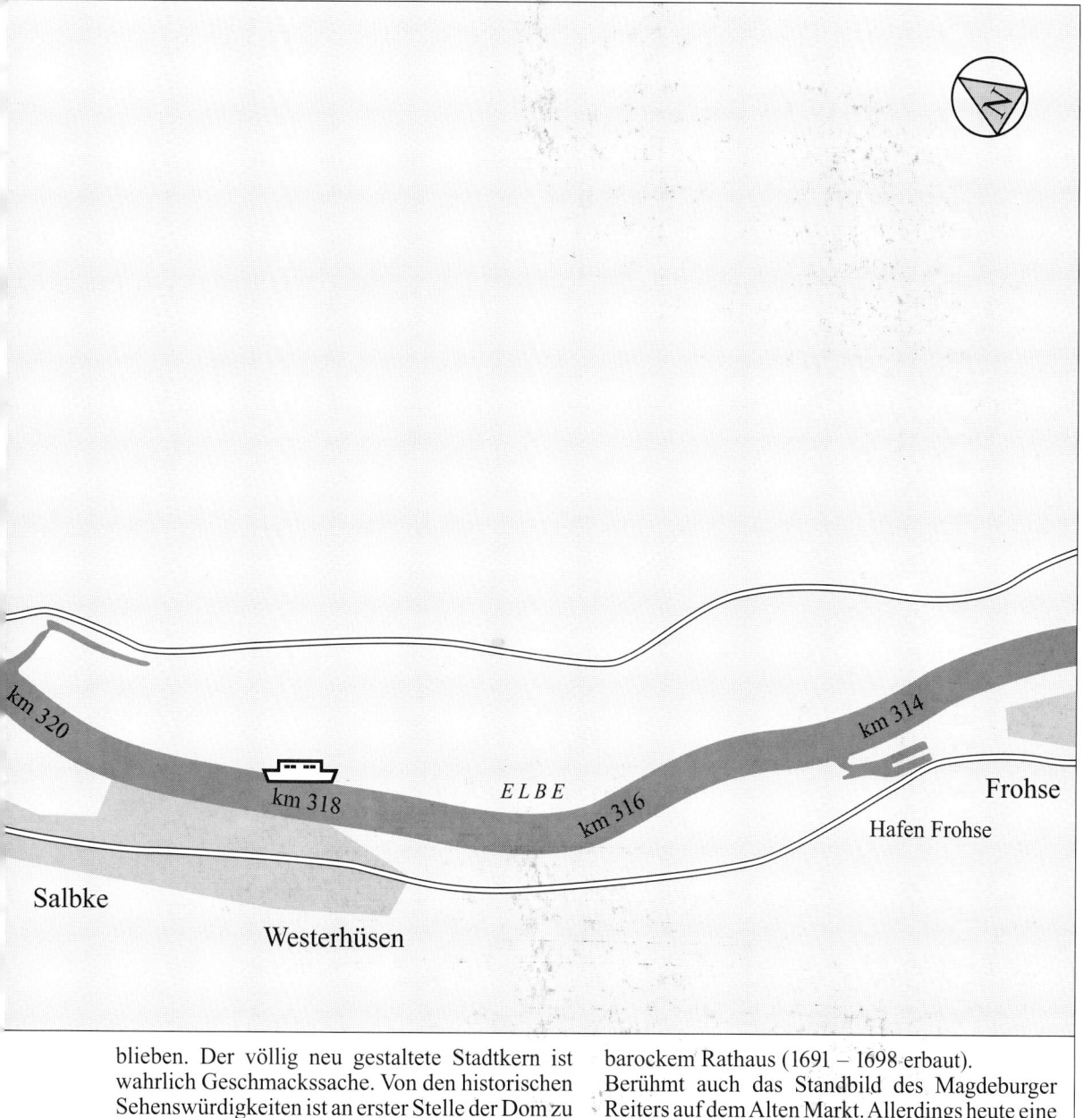

blieben. Der völlig neu gestaltete Stadtkern ist wahrlich Geschmackssache. Von den historischen Sehenswürdigkeiten ist an erster Stelle der Dom zu nennen; 1520 vollendet, war die dreischiffige Basilika die erste gotische Kathedrale auf deutschem Boden. Ehemalige Klosterkirche Unser Lieben Frauen (1230 vollendet), heute Konzerthalle „Georg Philip Telemann". Alter Markt mit barockem Rathaus (1691 – 1698 erbaut). Berühmt auch das Standbild des Magdeburger Reiters auf dem Alten Markt. Allerdings heute eine Kopie, das Original befindet sich im sehenswerten Kulturhistorischen Museum der Stadt.

km 318,1: Fähre Westerhüsen.

km 314,5: Hafen Frohse, keine Einrichtungen für Sportboote, Anlegen aber möglich.

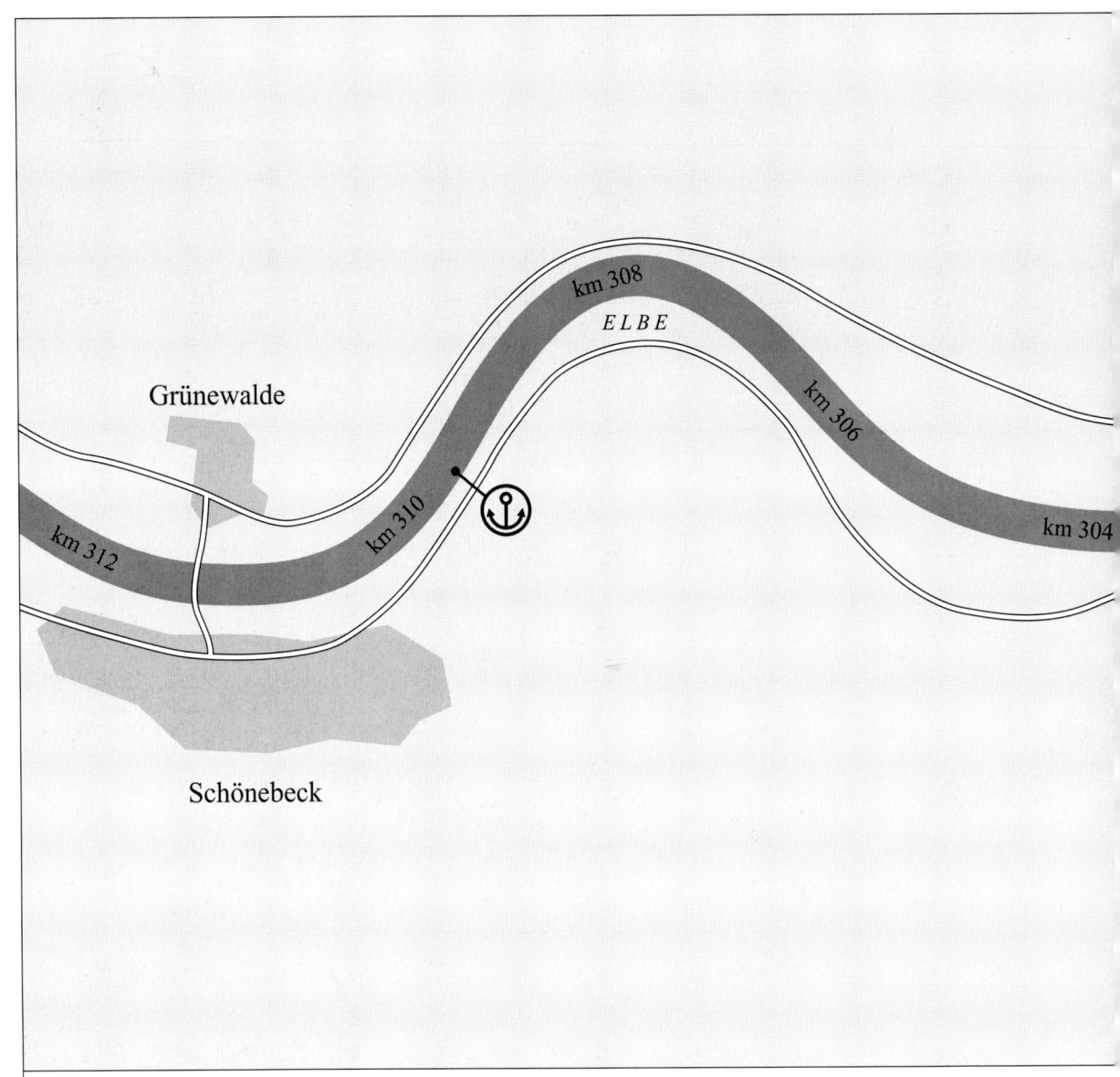

km 309,8 LU: Sportbootanlagen Schönebeck. Zwei getrennte Steganlagen zwischen den Buhnen. Klub- und Bootshäuser, Waschgelegenheit, Dusche, WC. Gastronomie im Bootshaus „Delphin" (100 m). Gaststätten: „Barbyer Hof", Barbyer Straße (2 km); „Ratskeller" (2,4 km).

Gute Einkaufsmöglichkeiten in Schönebeck, Ortsmitte (2,4 km). Tankstelle (alle Kraftstoffarten): Magdeburger Straße (4,5 km).

Sehenswerte spätgotische Kirche: St. Johannis (1519 vollendet) im Ortsteil Salzelmen. Im ehemaligen Rathaus von Salzelmen (15. Jh.) befindet sich jetzt das Kreismuseum mit Exponaten zur Geschichte der Elbschiffahrt und zur Salzgewinnung in Schönebeck. Das 1932 zu Schönebeck ein-

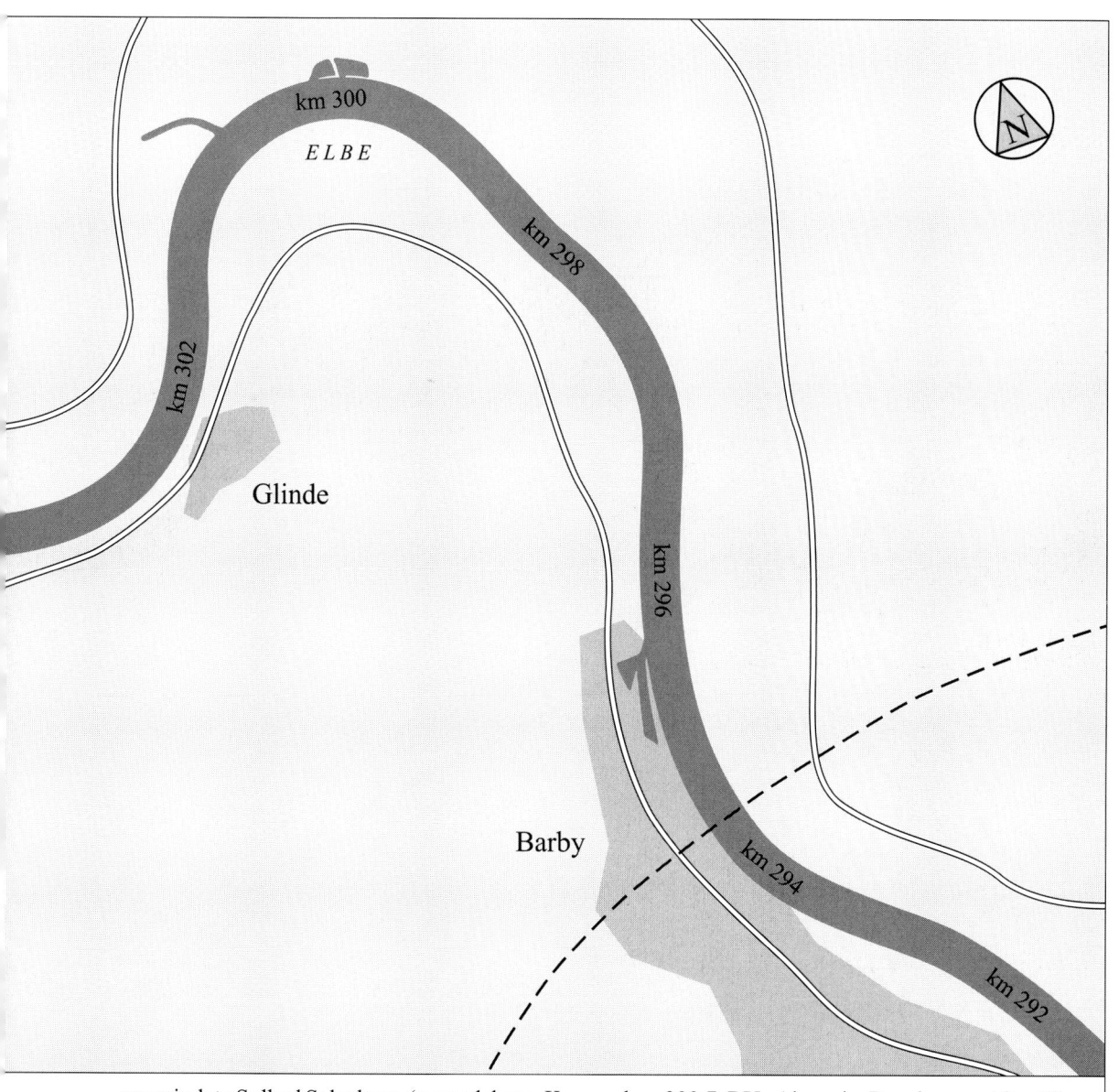

gemeindete Solbad Salzelmen (ausgedehnter Kurpark!) ist das älteste Solbad auf deutschem Boden.
Gradierwerk und Solturm sind am Kurpark noch
zu bewundern.

km 300,7 RU: Abzweig Dornburger Alte Elbe.
Zufahrt gesperrt.
km 295,5 LU: Hafen Barby. Keine Einrichtungen
für Sportboote.

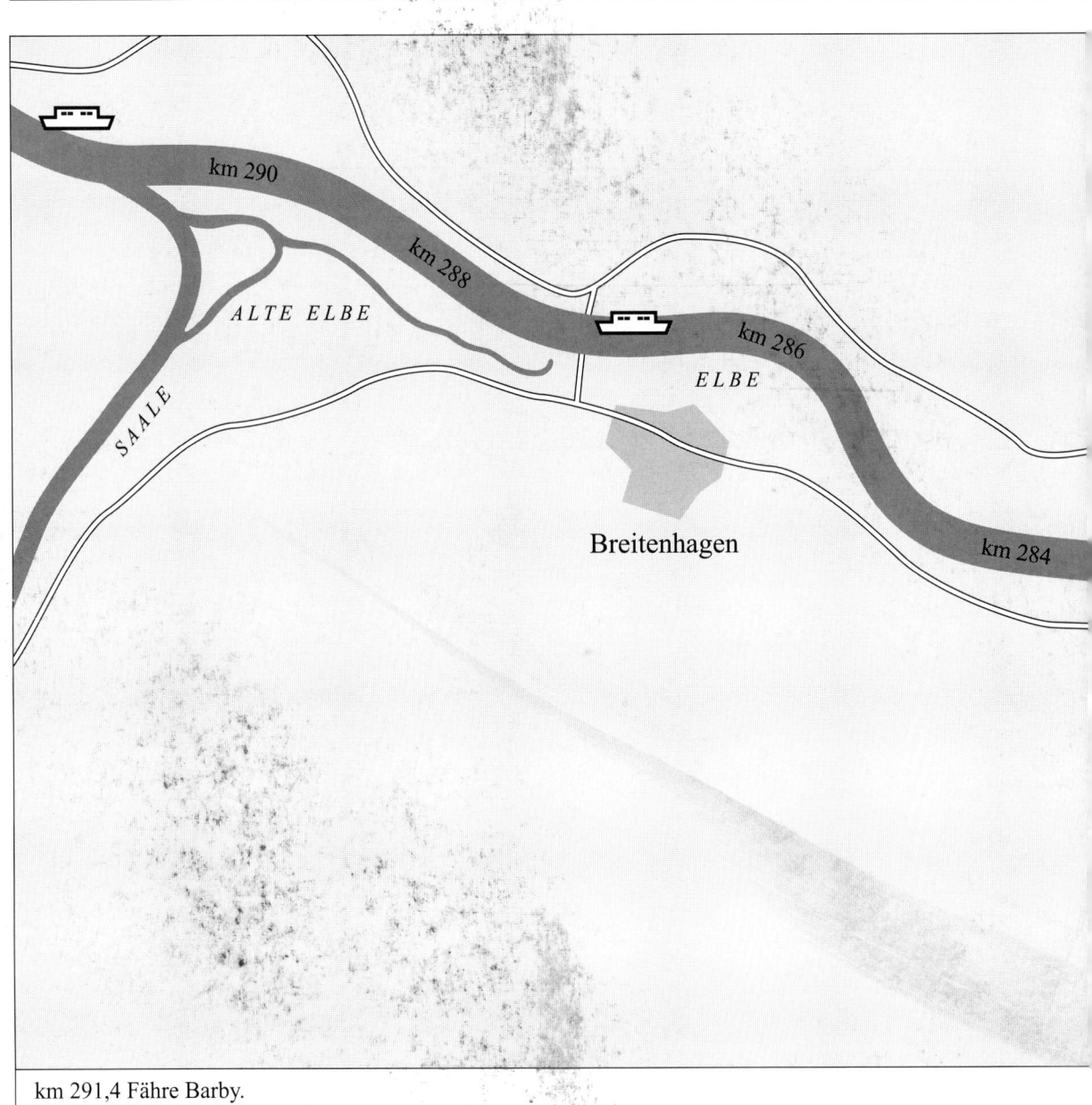

km 291,4 Fähre Barby.
km 290,7 LU: Mündung der Saale.
km 287,2: Gierfähre Breitenhagen.

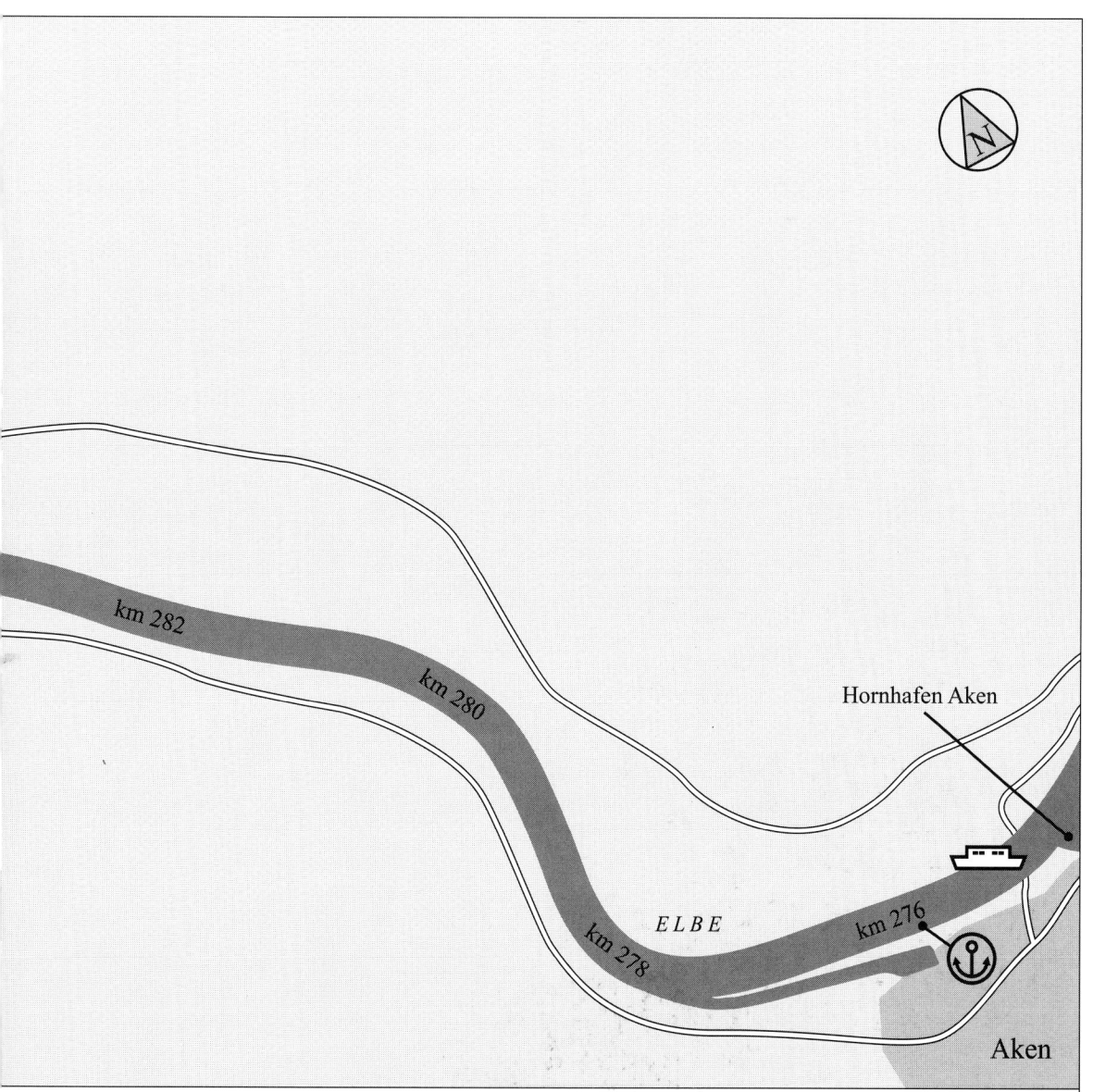

km 277,3 LU: Verkehrshafen Aken. Keine Einrichtungen für Sportboote. Liegen am Ende des Hafens möglich.

km 276,4 LU: Sportbootanlage, einfache Stege.

km 276,0 LU: Sportbootanlage, gute Anlegemöglichkeiten an einem stabilen Ponton. Einkaufsmöglichkeiten im Ortszentrum von Aken (800 m).

Aken ist eine sehenswerte, alte Elbschiffer-Stadt, die von ausgedehnten Naturschutzgebieten umgeben ist. Heimatmuseum mit Elbschiffahrts-Abteilung.

km 274,9: Gierfähre Aken.

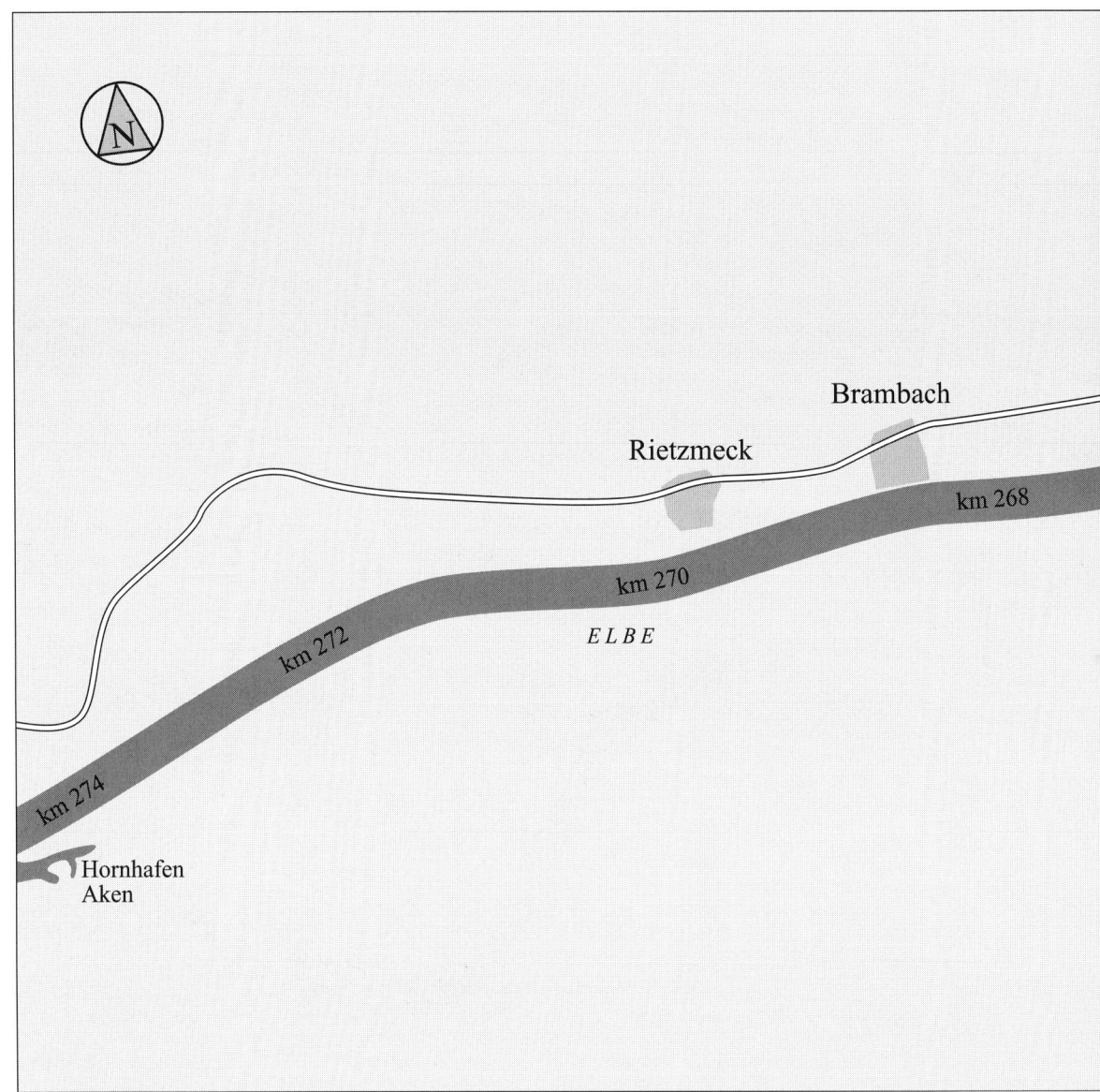

km 274,8 LU: Hornhafen Aken. Schiffswerft. Keine Einrichtungen für Sportboote. Liegen im Hornhafen möglich.

km 264,2 RU: Industriehafen Rodleben. Keine Einrichtungen für Sportboote.
km 261,5 LU: Leopoldhafen mit Sportboothafen Dessau. Einfahrt direkt neben Regattaturm. Große Anlage außerhalb des Stroms in sehr schöner Lage. Bootshaus, Klubhaus mit Warm- und Kaltwasser, WC (keine Dusche). Sehr steiler Schienenslip. Idealer Hafen für längeren Aufenthalt. Busverbindung nach Dessau. Einkaufen: Elballee/Ecke Menzelstraße (2 km). Tankstelle (alle Kraftstoffarten): Juliett-Curie-Straße über Fußweg durch einen Park (2 km). Gaststätte „Kornhaus" an

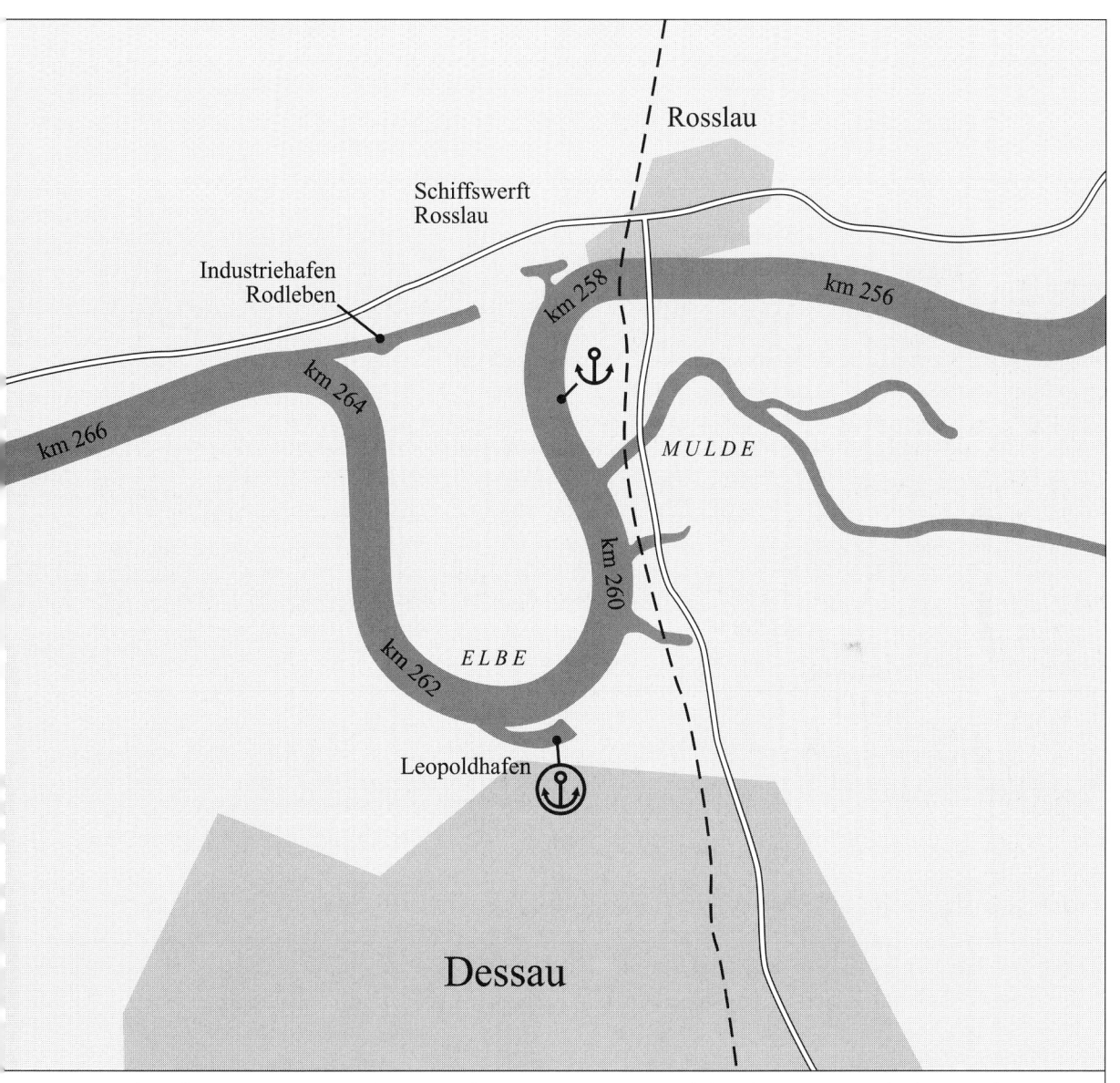

der Elbe auf der Hafenseite gegenüber Regatta-turm (900 m).

Dessau wurde vor allem durch das hier im Jahre 1925 gegründete „Bauhaus" weltberühmt. Auch die „Junkerswerke" (Flugzeug- und Motorenbau) waren hier ansässig. Das Stadtzentrum wurde im März 1945 fast vollständig zerstört. Teilweise wie-derhergestellt ist das Residenzschloß (16. Jh.).

Auch einige der zerstörten Kirchen wurden restau-riert. Das 1945 ebenfalls beschädigte Bauhaus ist vollständig restauriert (Architekt ist der Gründer des Bauhauses, W. Gropius).

km 259,6 LU: Mündung der Mulde. Nur für kleine Boote bei ausreichendem Wasserstand zugäng-lich. Sehr dreckig (keine schiffbare Wasserstraße.)

km 259,0 LU: Mehrere einfache Steganlagen verschiedener Wassersport-Klubs. Nur für kleine Sportboote geeignet. Bei niedrigem Wasserstand meiden!

km 258,3 RU: Werft Rosslau. Keine Liegemöglichkeit für Sportboote.

Der Leopoldhafen in Dessau

Einfahrt zum Leopoldhafen in Dessau (oben).
Sportbootanleger in Coswig (unten).

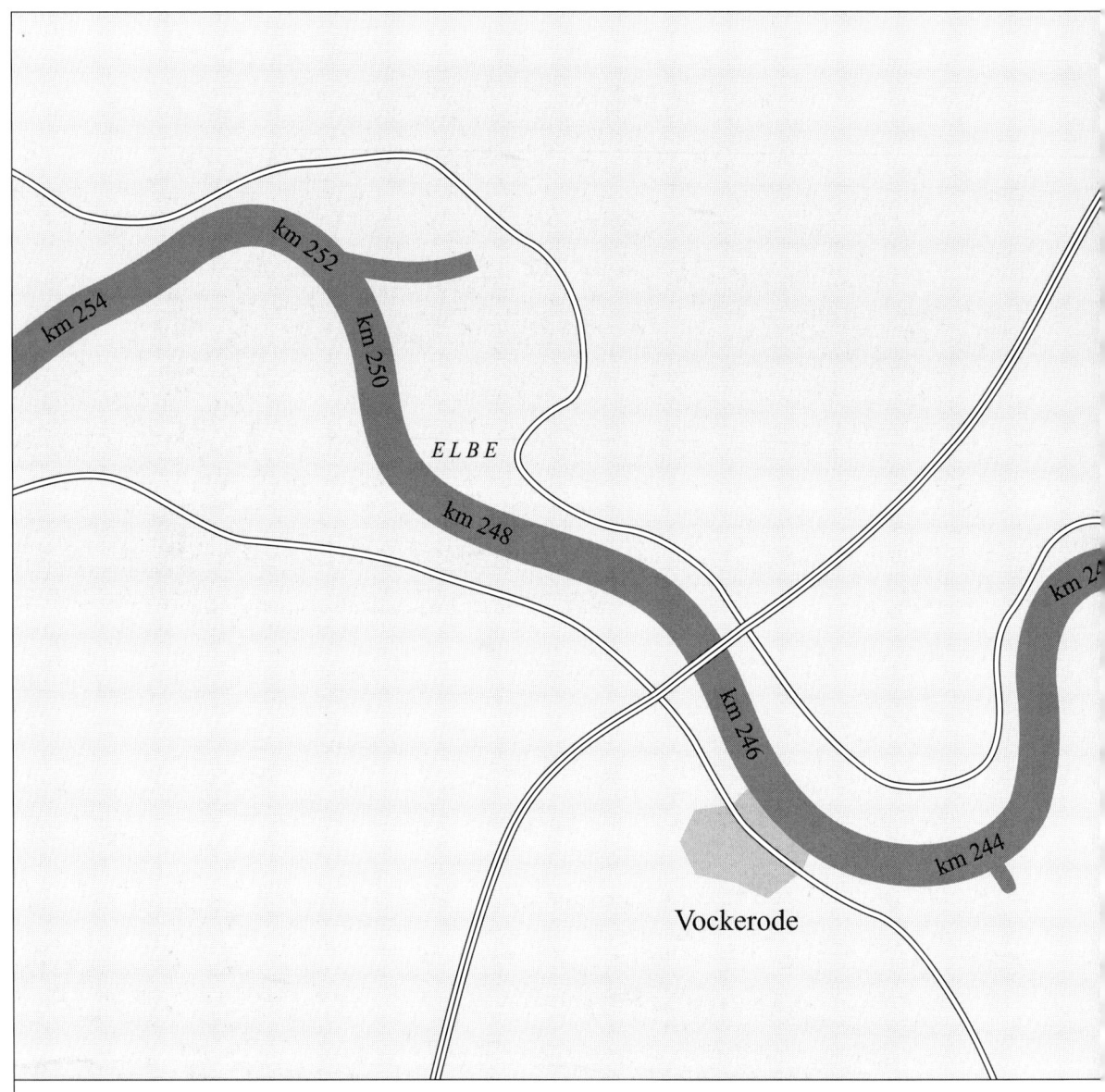

Der Elbverlauf wird ab Dessau/Rosslau sehr viel kurvenreicher als bisher. Für die Navigation bringt das keine Probleme, wenn man sich weiterhin konsequent an die Sichtbaken hält.

Auf weiten Strecken sind die Elbufer jetzt bewaldet. Die Elbe durchfließt hier zwei große Landschaftsgebiete: Den Hohen Fläming im Norden und die Dübener Heide im Süden.

km 245,0 LU: Kraftwerk Vockerode.

km 236,6 RU: Sportboothafen Coswig. Solide Anlage außerhalb des Stroms. Schöne Lage mit Blick auf die Elbpromenade der Stadt und das Schloß. Seglerheim beim Hafen.

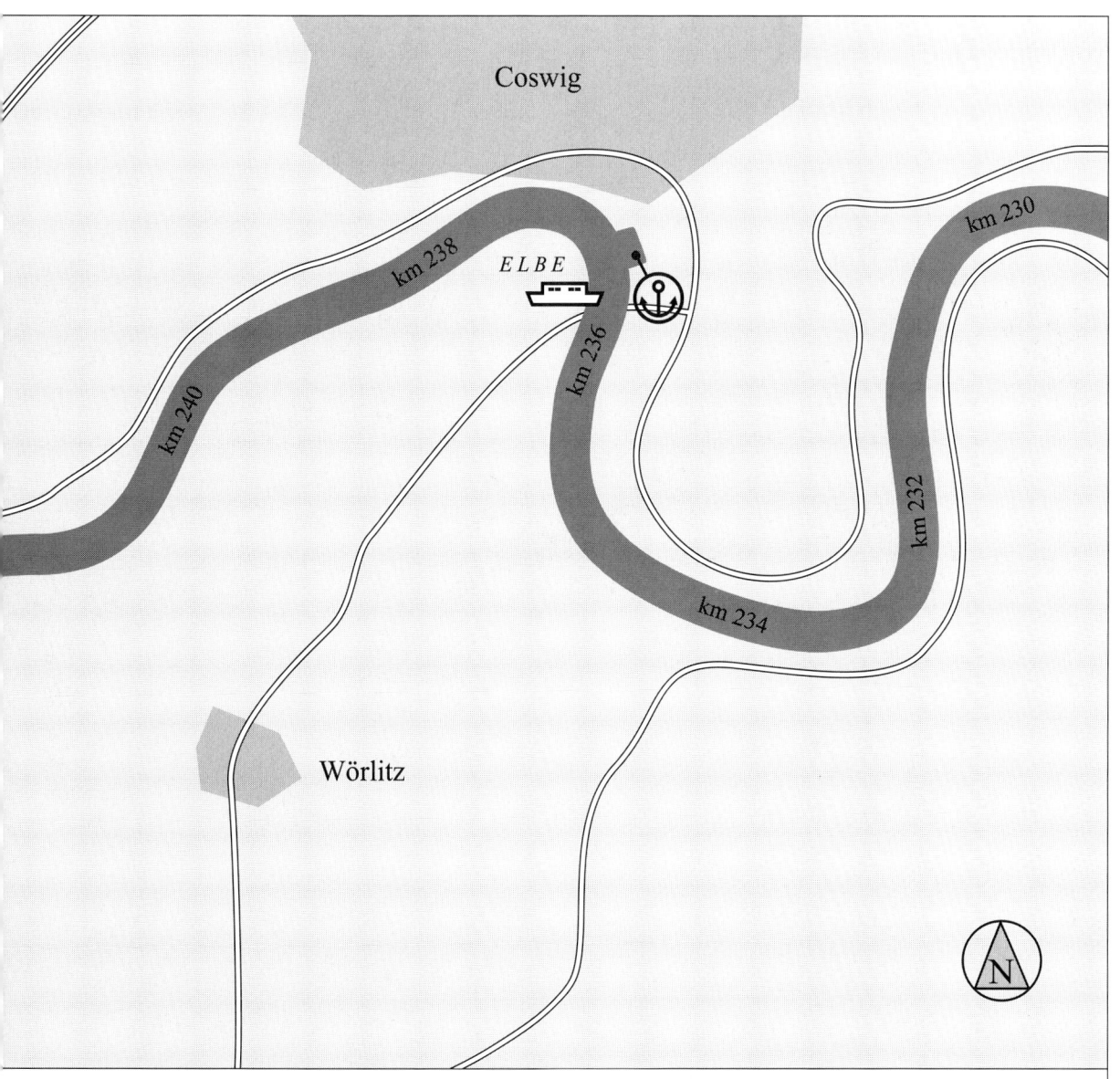

Gute Versorgungsmöglichkeiten im Stadtzentrum (1,2 km). Gaststätte „Zur Goldenen Kugel", Flieth 25 (800 m).

Coswig wird heute stark von der Chemieindustrie geprägt. Sehenswert sind die Kirche St. Nicolai, romanisch-gotischen Ursprungs, später mehrfach verändert, und das Schloß (17. Jh.).

km 236,3: Gierfähre Coswig.

Setzt man mit der Fähre zur anderen Elbseite über, ist man rasch im Wörlitzer Park, der zwischen 1765 und 1810 im englischen Stil angelegt wurde. Der berühmte Landschaftspark mit vier Gärten und vielen architektonischen Sehenswürdigkeiten ist ein beliebtes Ausflugsziel.

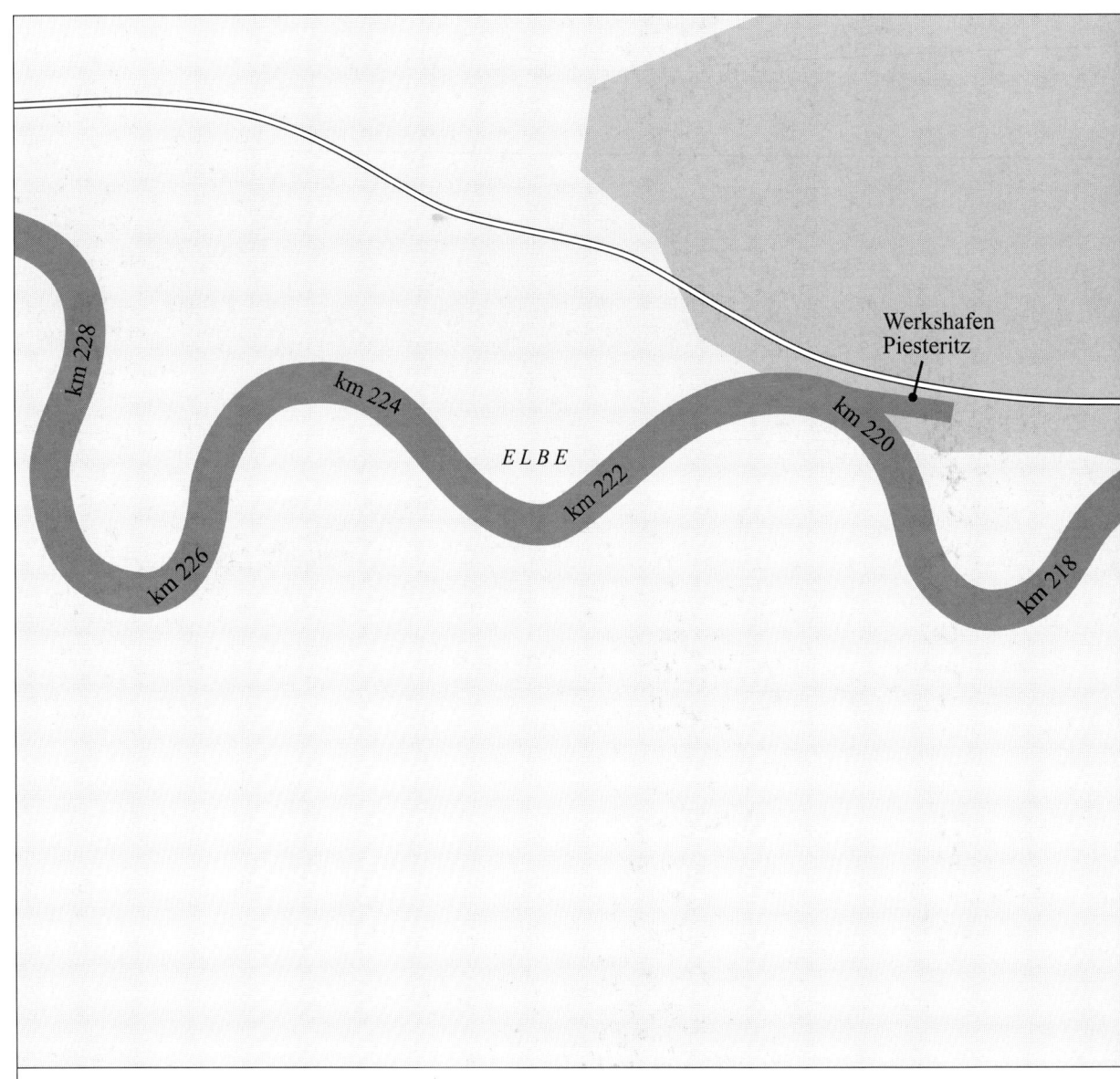

km 228

km 224

km 226

ELBE

km 222

km 220

km 218

Werkshafen
Piesteritz

km 220,1 RU: Werkshafen Piesteritz, Stickstoff-
werk Wittenberg-Piesteritz.

km 216,4 RU: Hafen Wittenberg. Keine Einrichtungen für Sportboote. Anlegen möglich, aber
nicht zu empfehlen.
km 213,0 RU: Sportbootanlage Wittenberg. Zwei
einfache Steganlagen zwischen den Buhnen. Sehr
ruhige Lage an einem ausgedehnten Wiesen-
gelände. Dort können Gäste auch zelten. Waschbecken und Dusche (kalt) im Freien. Plumpsklo.
Sehr gute Einkaufsmöglichkeiten im Zentrum der
Stadt (1,5 km). Gaststätten „Haus des Hand-
werks", Collegienstraße (800 m); „Maxim Gorki"

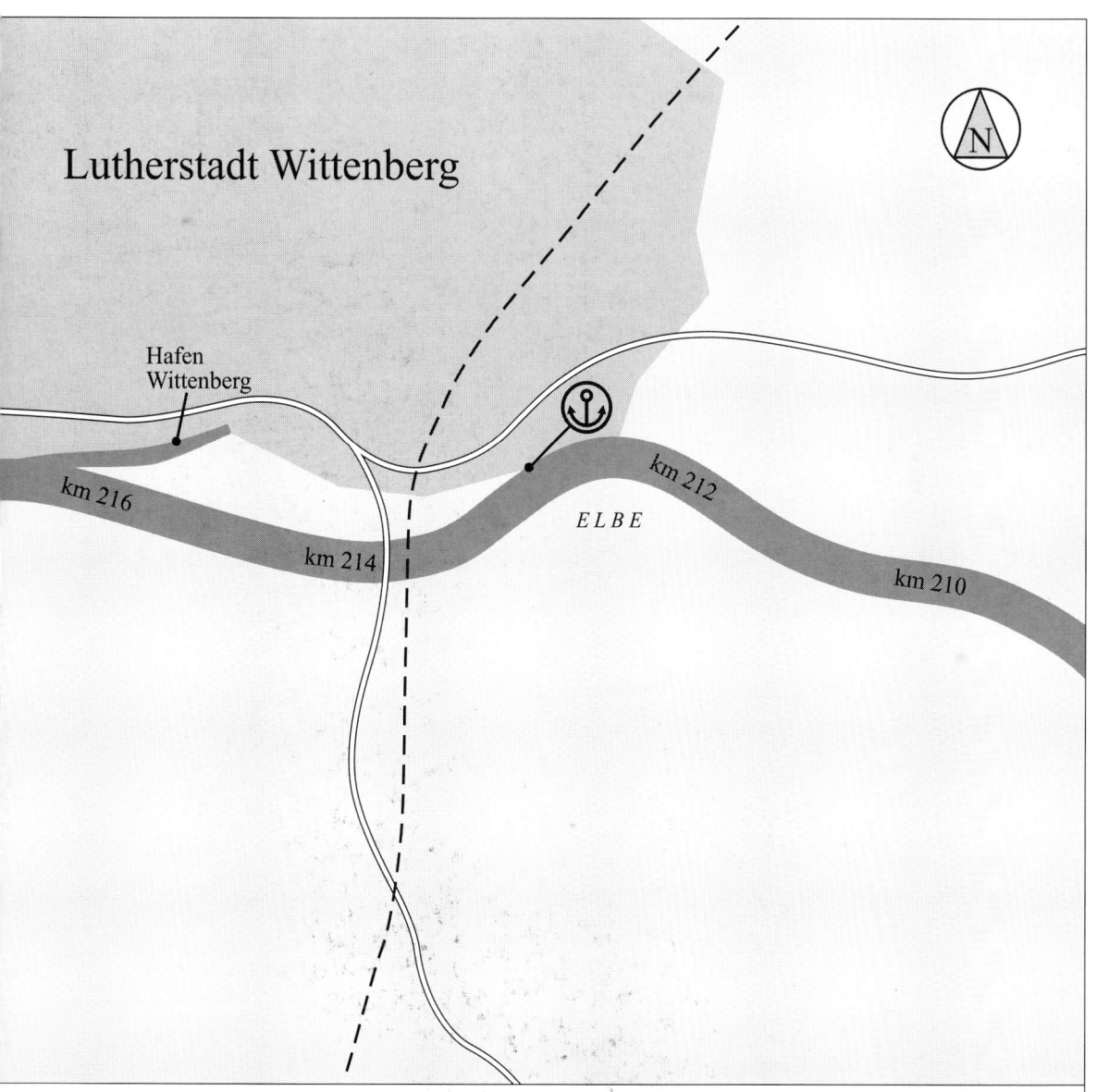

Lutherstadt Wittenberg

Hafen
Wittenberg

km 216

km 214

ELBE

km 212

km 210

(1,1 km). Tankstelle (alle Kraftstoffarten): Hallesche Straße (1,7 km).

Die Lutherstadt Wittenberg war Ausgangsort der Reformationsbewegung: Hier hat Luther im Jahr 1517 seine 95 Thesen an die Holztür der Schloßkirche angeschlagen. In dieser Kirche befinden sich u.a. auch die Gräber von Luther und Melanchthon, dem berühmten Mitstreiter Luthers. Das Renaissancerathaus der Stadt (16. Jh.) ist eine besondere Sehenswürdigkeit. Stadtkirche St. Marien (13. – 15. Jh.), Luthers Predigtkirche. Lutherhaus, Cranachhaus, Melanchthon-Haus. Im ehemaligen Residenzschloß sind heute zwei Museen und das Stadtarchiv untergebracht.

Tschechoslowakisches Schleppschiff vor Coswig (oben).
Der kleine Sportbootsteg in Wittenberg (unten).

Rathaus und Stadtkirche in Wittenberg.

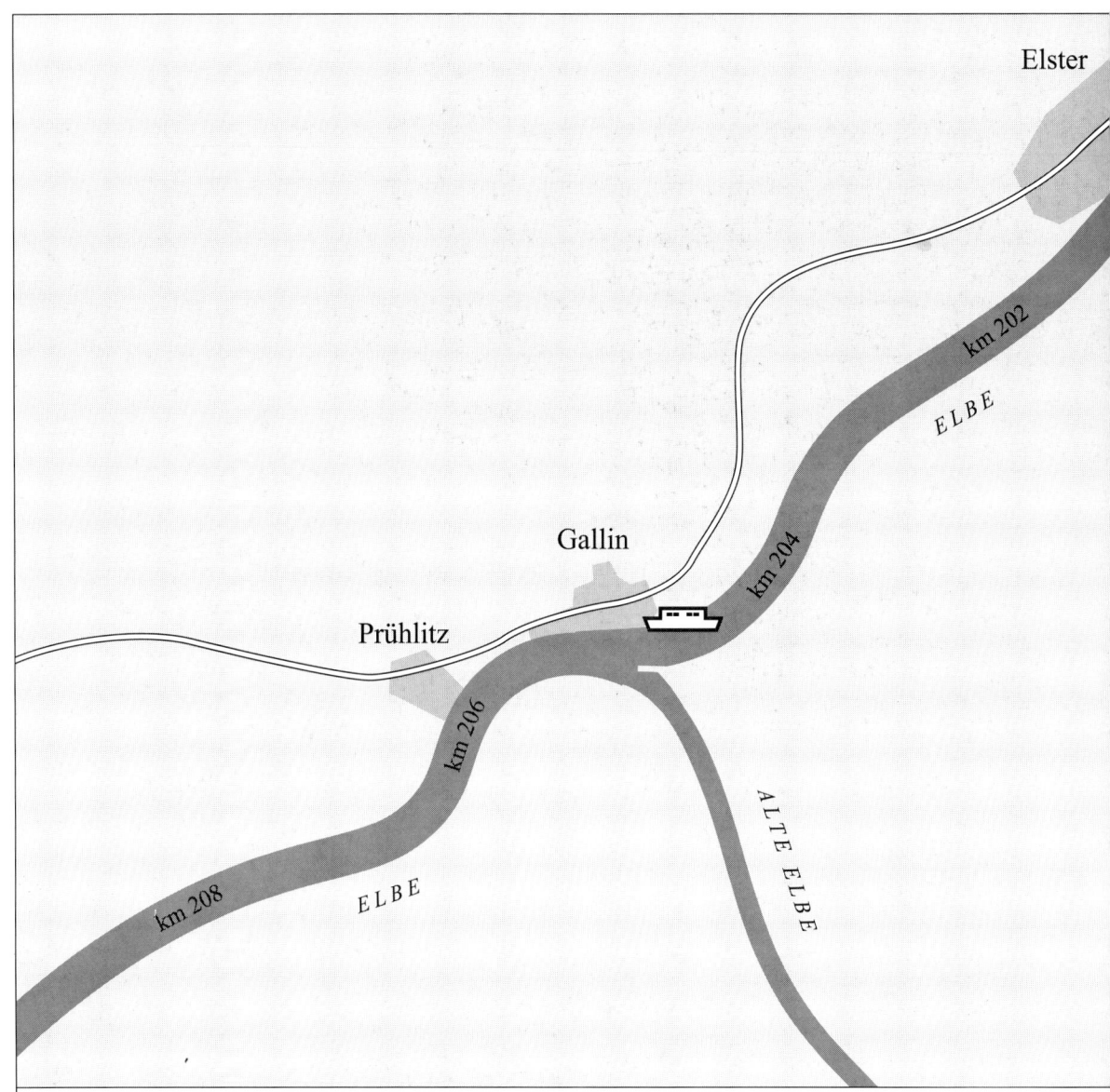

km 205,1: Gierfähre Gallin
km 200,2: Gierfähre Elster.
Am rechten Ufer besteht unmittelbar oberhalb der
Fähre eine Anlegemöglichkeit, die jedoch nur für
kurze Rast oder Versorgung in Elster zu empfehlen
ist. Gaststätte „Zum Anker".

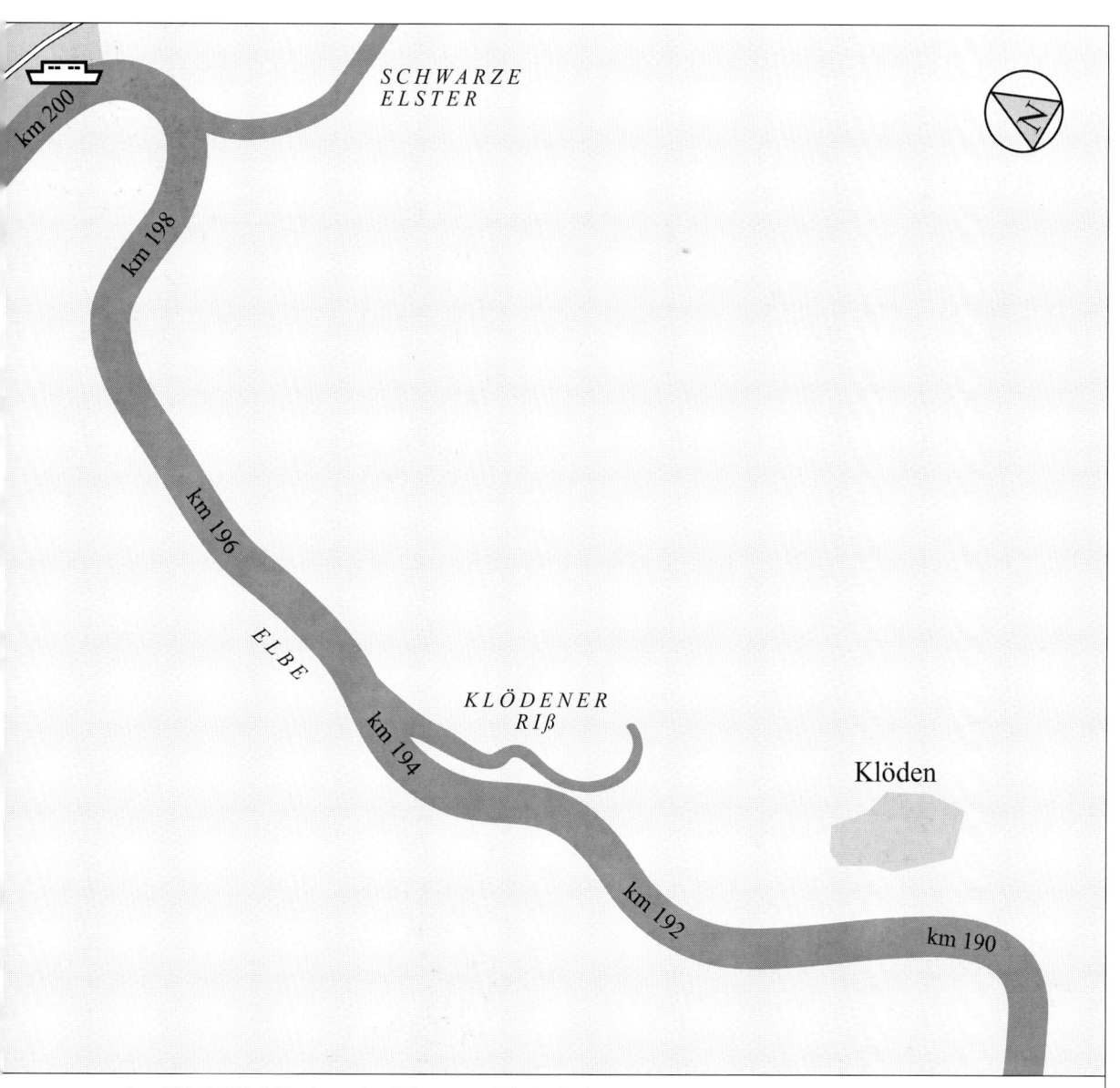

SCHWARZE
ELSTER

km 200

km 198

km 196

ELBE

km 194

KLÖDENER
RIß

Klöden

km 192

km 190

km 198,6 RU: Mündung der Schwarzen Elster. Bei ausreichendem Wasserstand findet man in der Elstermündung ruhige Liege-/Ankerplätze. Nächste Versorgungsmöglichkeiten in Elster (1,6 km).

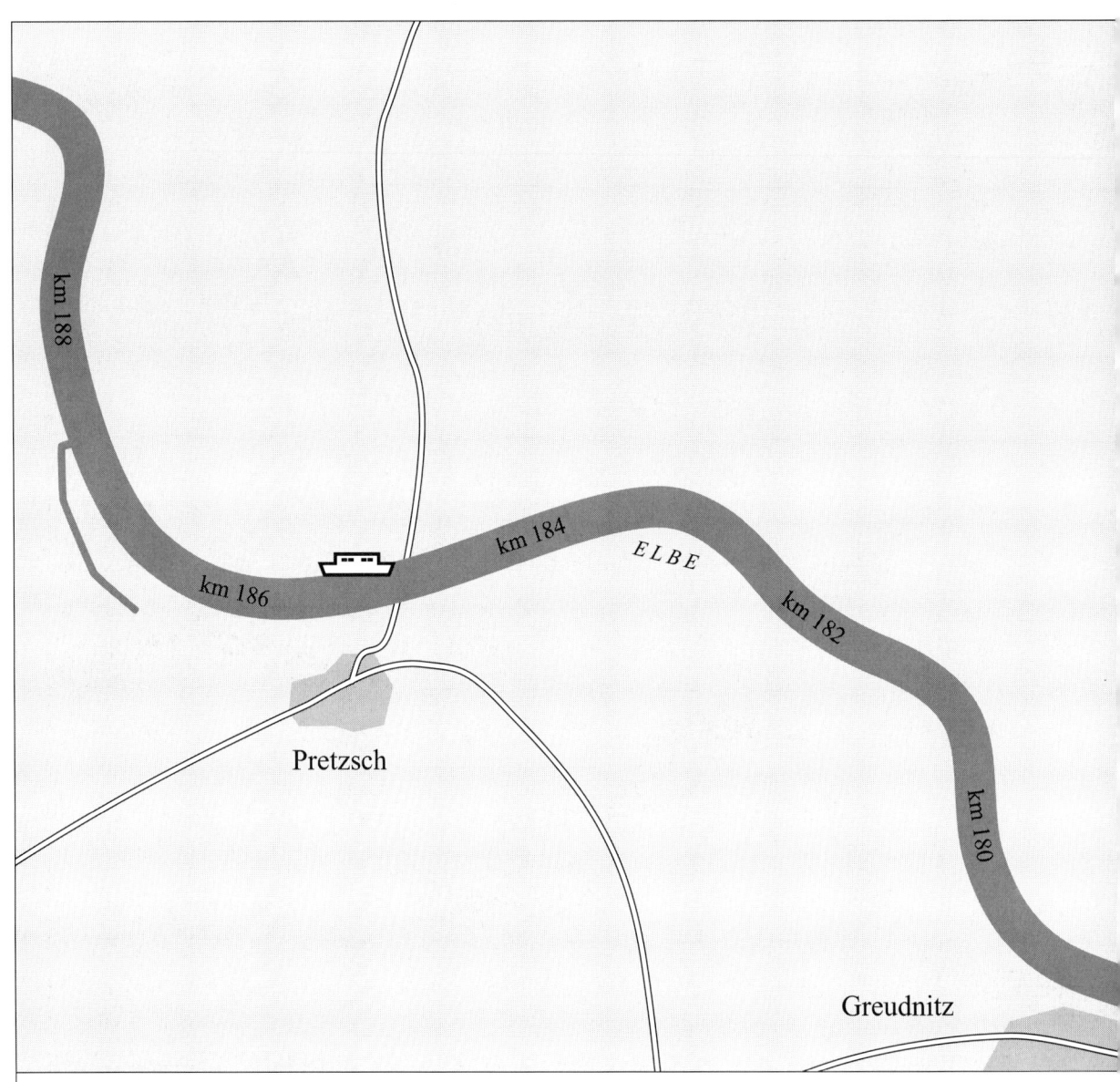

km 184,8 Gierfähre Pretzsch.
Unterhalb der Fähre am linken Ufer eine einfache Anlegemöglichkeit. Gaststätte „Fährhaus" direkt am Fähranleger. Rund 1 km Fußmarsch zum Ort Pretzsch mit einem stattlichen Schloß aus der Renaissance (erbaut 1571–1574) mit Schloßpark, heute Kurpark. Pretzsch ist ein Eisenmoorbad.

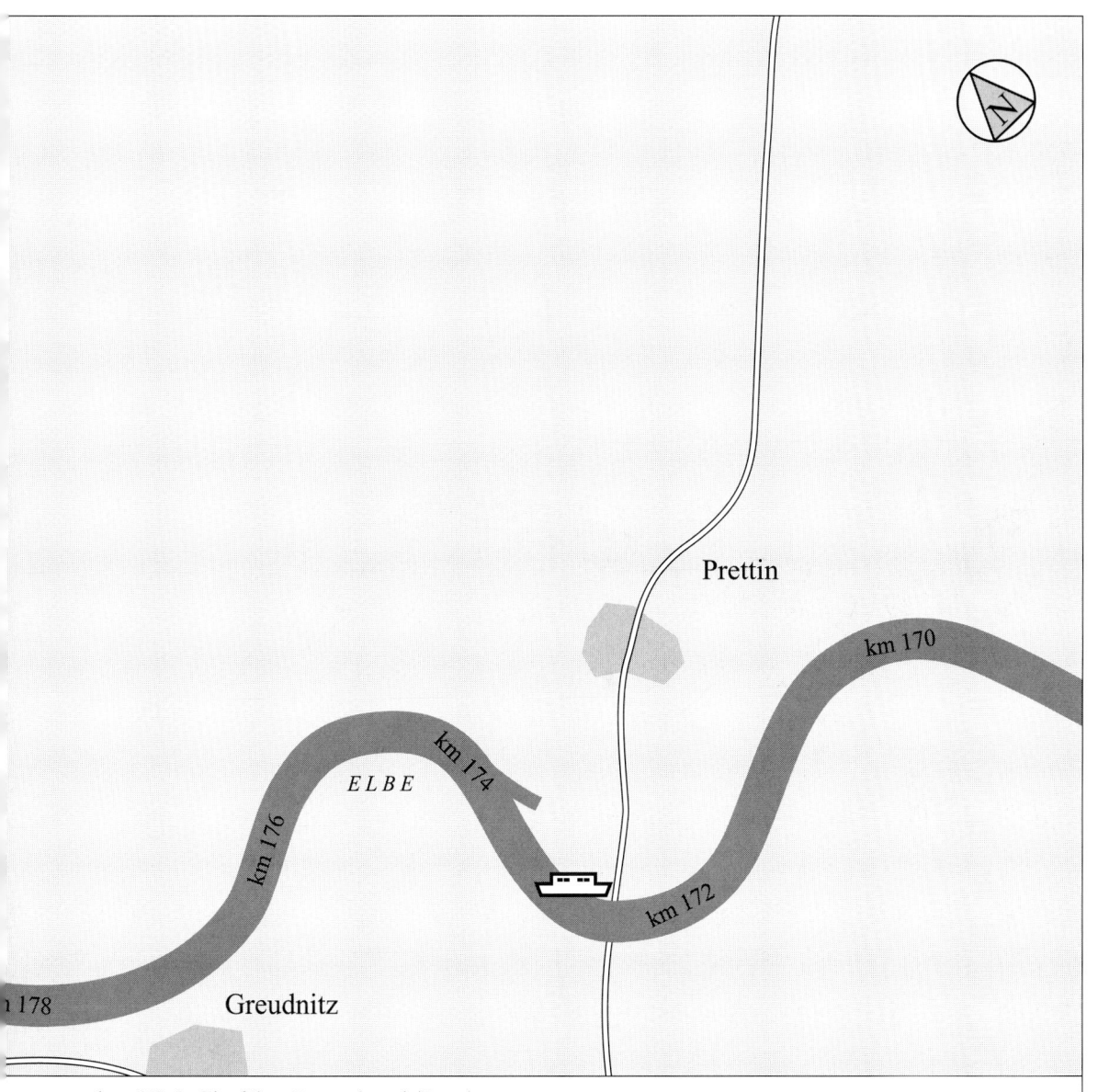

km 172,6: Gierfähre Dommitzsch/Prettin

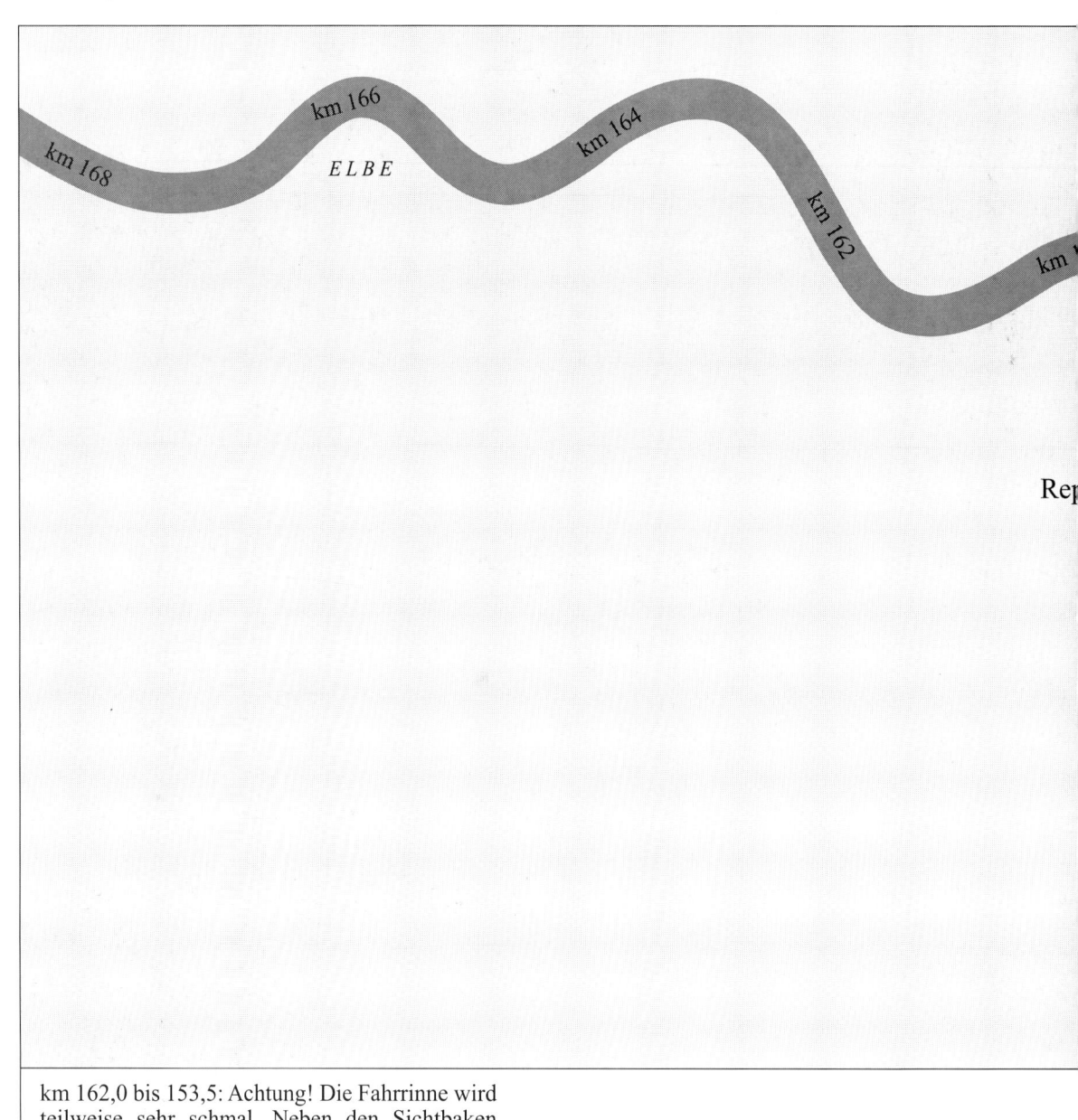

km 162,0 bis 153,5: Achtung! Die Fahrrinne wird teilweise sehr schmal. Neben den Sichtbaken (Lage der Fahrrinne) auch auf die Fahrwasser-Begrenzungstonnen achten!

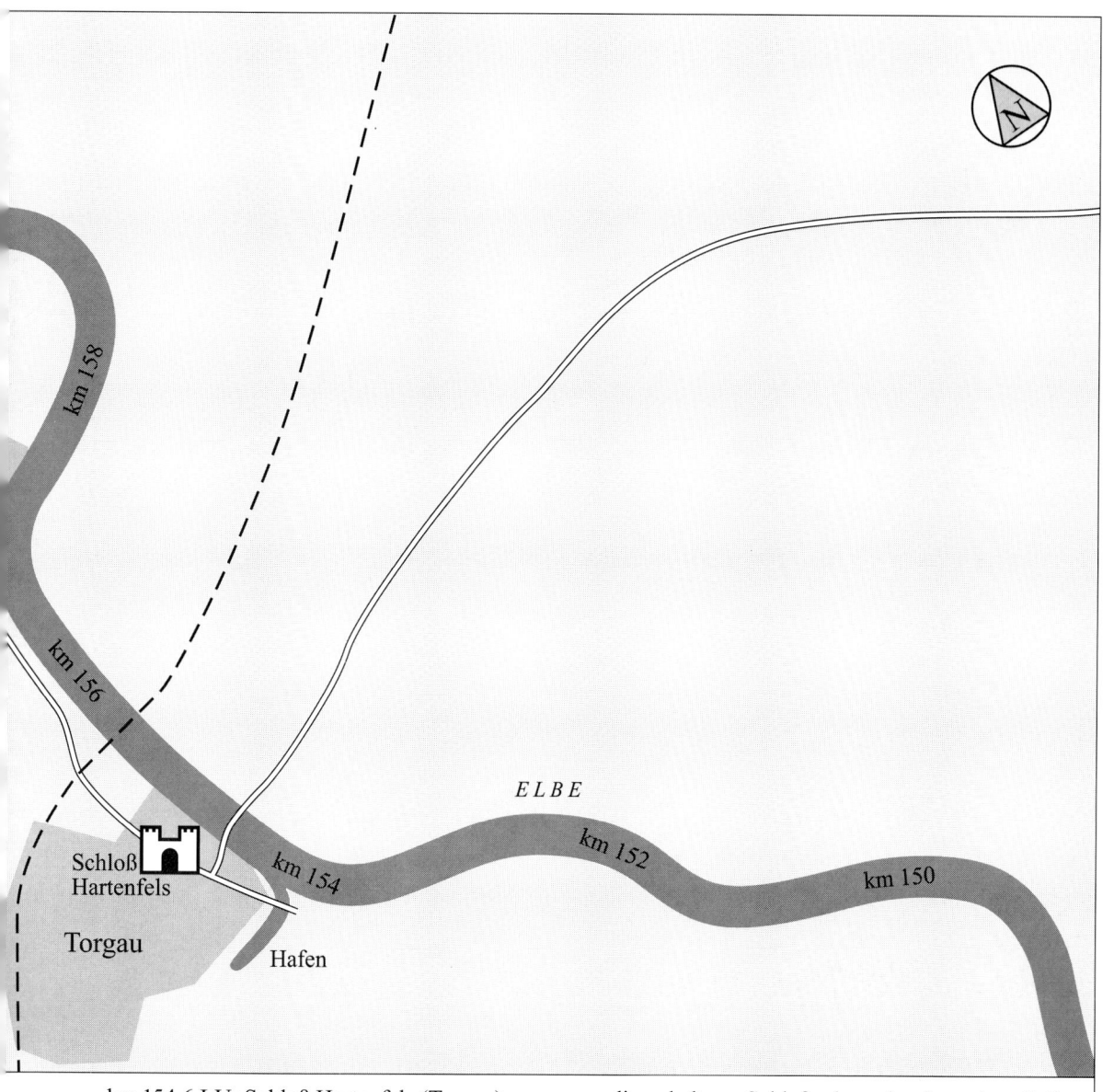

km 154,6 LU: Schloß Hartenfels (Torgau).
km 154,1 LU: Hafen Torgau. Keine Einrichtungen für Sportboote.
Leider gibt es keine vernüftigen Liegeplätze für die Besichtigung von Torgau. Man kann versuchen, bei km 155 am linken Ufer festzumachen. Schloß Hartenfels ist eine sehenswerte, vollstän-dig erhaltene Schloßanlage der deutschen Frührenaissance (1483 – 1622 erbaut). Auch die Altstadt mit ihren Bürgerhäusern ist eine touristische Sehenswürdigkeit. Das Denkmal der Begegnung erinnert an das Zusammentreffen amerikanischer und sowjetischer Truppen am 25. April 1945. Alle Versorgungsmöglichkeiten in der Stadt.

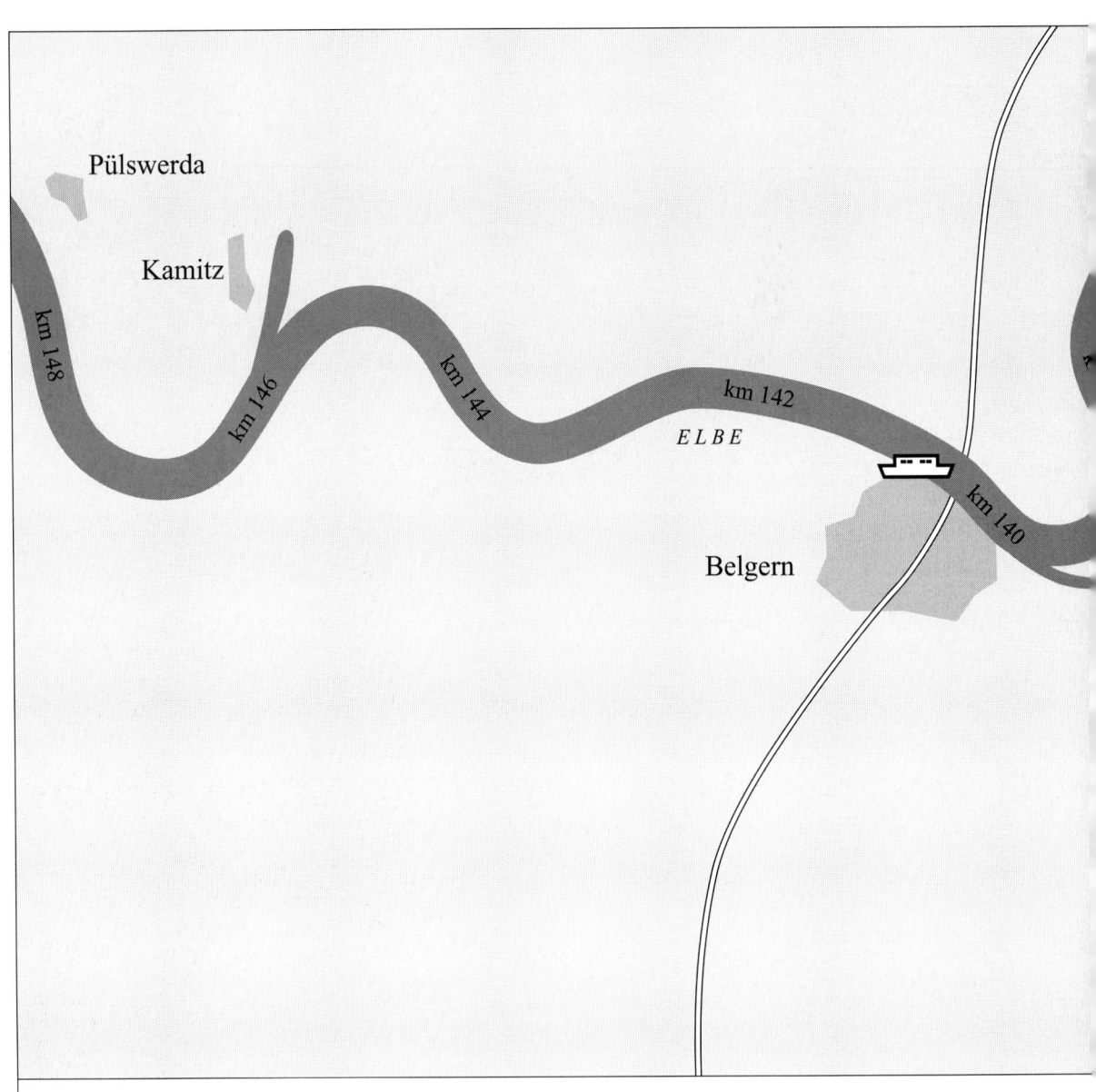

km 140,3: Gierfähre Belgern.

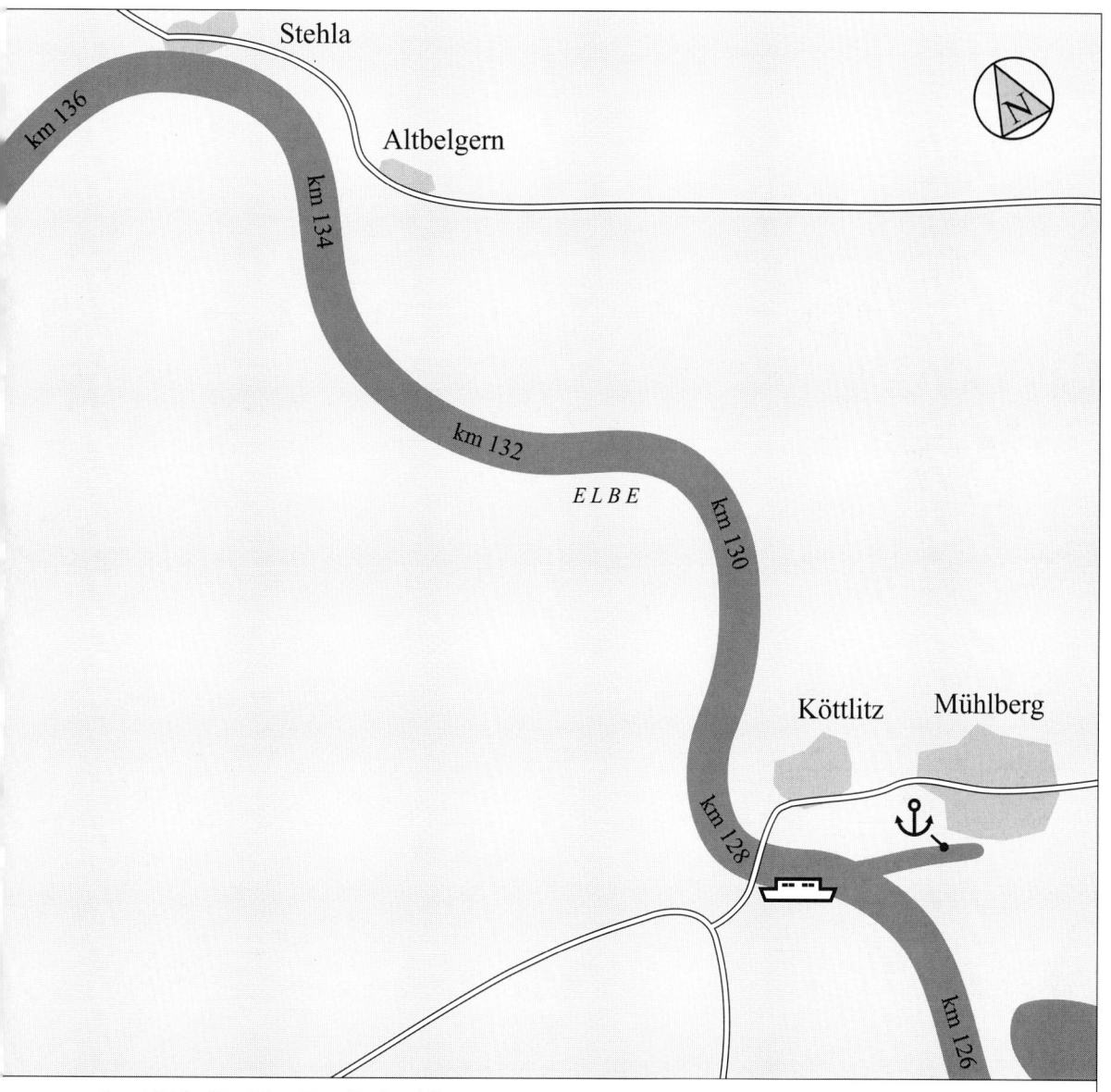

km 127,9: Gierfähre Köttlitz/Mühlberg.

km 127,1 RU: Hafen Mühlberg. Bauhafen des Wasser- und Schiffahrtsamtes, praktisch keine Berufsschiffahrt! Wie ein schmaler Kanal zieht sich der ruhige Hafen von der Elbe bis zum Ort Mühlberg über fast 1 km Länge hin. Es gibt zwar keine Steganlagen für Sportboote, aber am flachen Steg eines Ruderklubs kann man vorübergehend festmachen. Ansonsten daneben über Heckanker mit Bug zur Böschung. Auch Ankern ist im hinteren Teil des Hafens möglich.

Sanitäre Anlagen mit Dusche und WC im Klubhaus. Einkaufen Am Rossmarkt (500 m). Dort auch Gaststätte „Ratskeller". Außerdem: Elbgaststätte „Strandhaus" zwischen Elbe und Kiesgrube (500 m). Tankstelle: Ortsausgang Brottewitz (4,5 km).

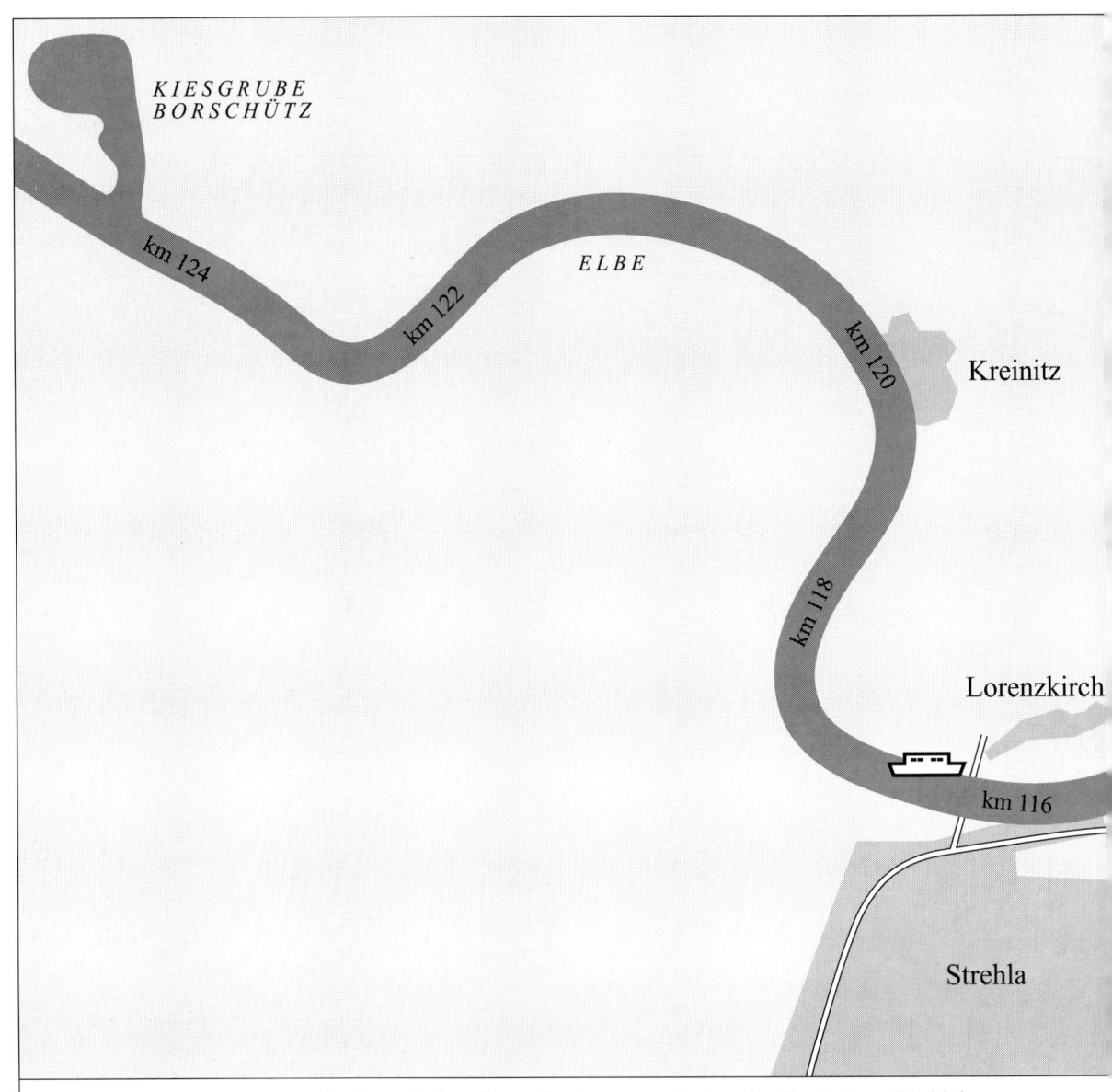

km 124,7 RU: Kiesgrube und Kiesverladestelle Borschütz. Abseits der Kiesverladung besteht Ankermöglichkeit oder Anlegemöglichkeit am unbefestigten Ufer. Empfehlenswert ist dieser Platz jedoch nicht: Es ist laut, da Kiesschiffahrt und Verladung rund um die Uhr in Betrieb sind. Dafür aber gibt es hier eine für größere Yachten geeignete Diesel-Bunkerstation. Da sie mit Hoch-druckpumpe arbeitet, ist die Anlage für kleinere Boote und Kraftstoffmengen ungeeignet.

km 121,0: Achtung! Ende der Fahrrinnenanzeige durch Landbaken. Ab hier wird die Fahrrinne durch Schwimmstangen (Balkenbober) markiert! Fahrrinne unbedingt einhalten!

km 116,0: Gierfähre Strehla.

km 115,1: Gierfähre Strehla/Lorenzkirch.

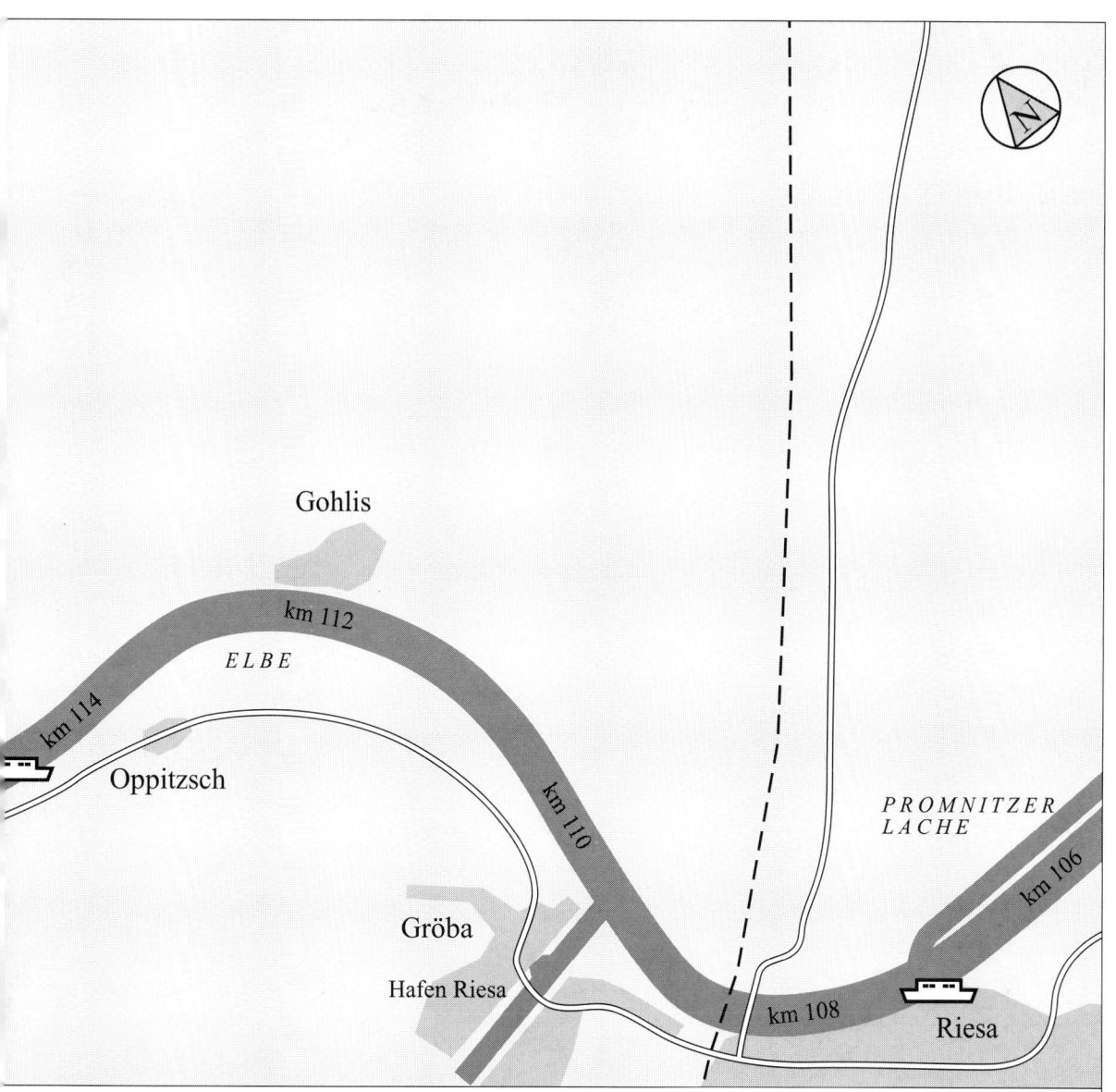

km 109,5 LU: Hafen Riesa. Keine Einrichtungen
für Sportboote. Anlegen in einer kleinen Auswei-
tung des Hafens (vor einer Brücke) möglich, aber
nicht zu empfehlen. Der Anblick der Industrie-
kulisse (u.a. Stahl- und Walzwerk) der Stadt ist so
scheußlich, daß es hier nur eine Devise gibt: Ganz
schnell vorbei und vergessen!
km 107,2: Fähre Riesa/Promnitz.

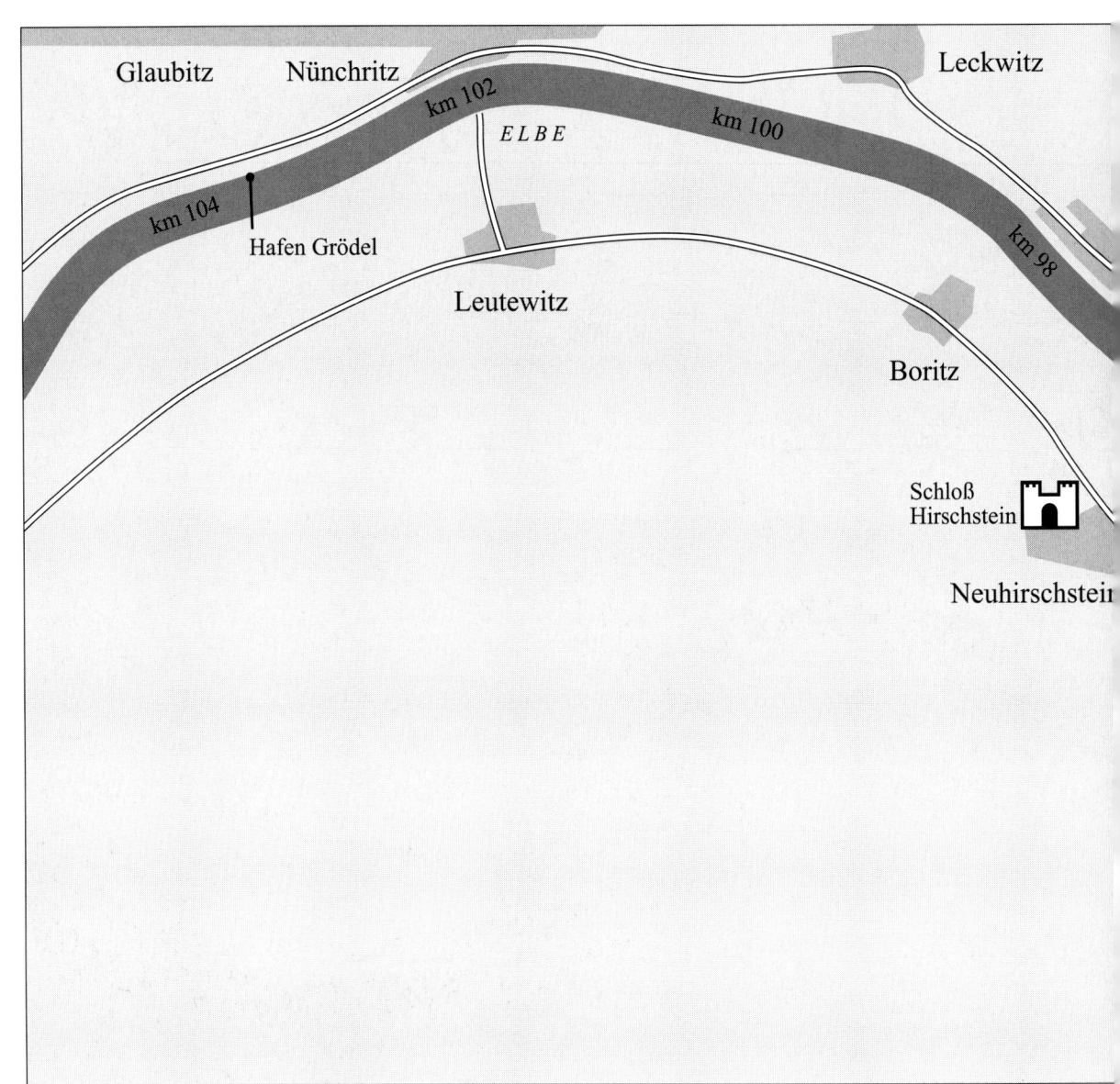

Zum Glück wird die Elbe nach dem „Schock" von Riesa recht schnell wieder ansehnlich. Bei km 96 (Schloß Hirschstein am linken Ufer), wird die Umgebung hügelig. Es geht hinein ins Obere Elbtal.

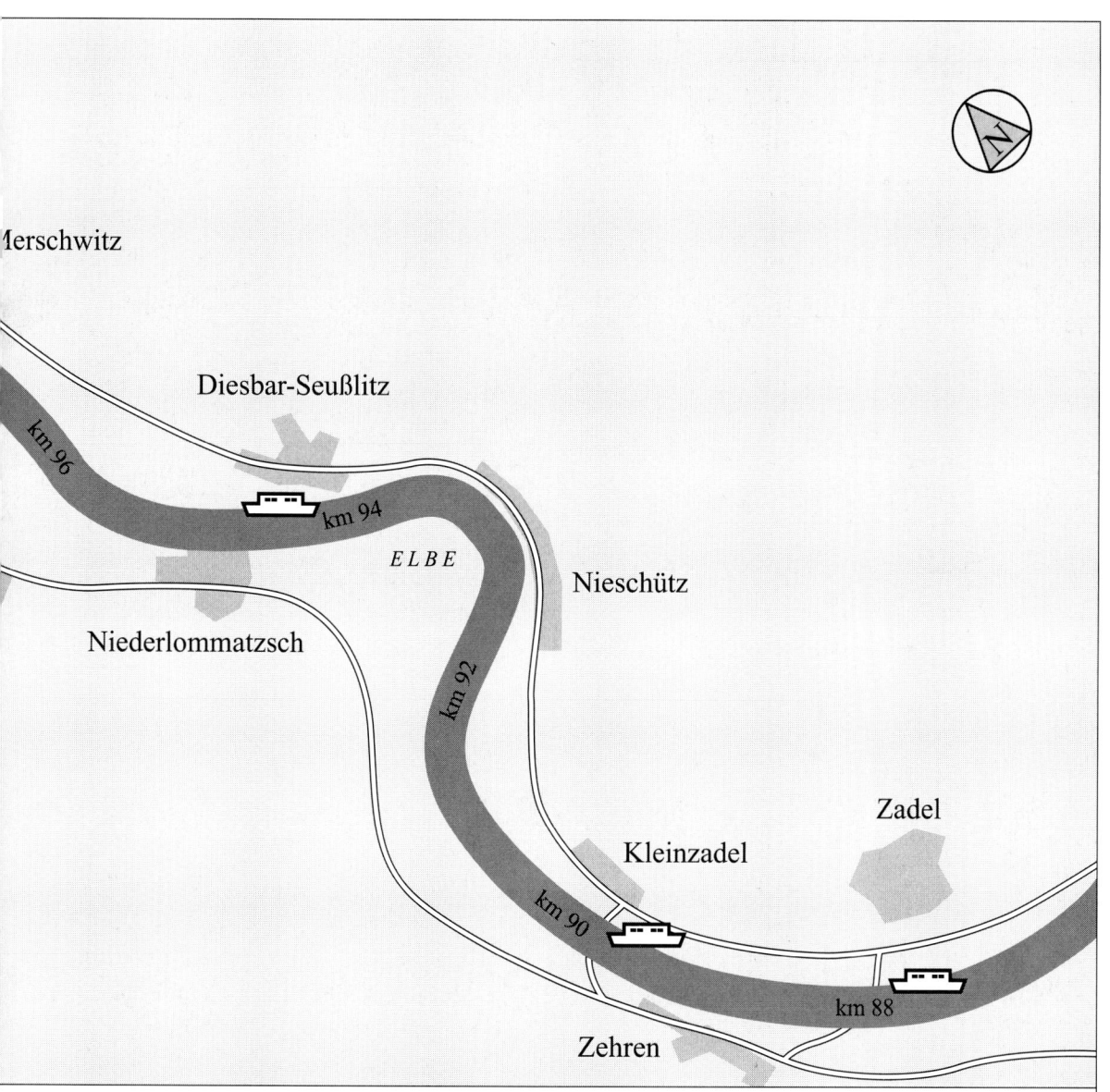

km 94,7: Fähre Niederlommatzsch/Diesbar-Seußlitz.

Diesbar-Seußlitz (km 94 RU) ist ein berühmter Weinort. Seine Lagen sind die nördlichsten der Elbe.

km 89,8: Gierfähre Niedermuschütz/Kleinzadel.

km 87,8: Fähre Zadel.

Sportbootanleger in Meißen (oben).
Raddampfer zwischen Dresden und Meißen (unten).

Wahrzeichen Meißens: Der Burgberg mit Albrechtsburg und Dom.

km 83,3 RU: Winterhafen Meißen. Anlegemöglichkeit für Sportboote mit schönem Blick
auf Meißens Burgberg (Albrechtsburg/Dom).
km 82,5 bis 82,2 (Straßenbrücke) LU:
Der „Elbkai Meißen" liegt zwar direkt an der
Stadt, doch kann das Anlegen nicht empfohlen
werden: Viel Verkehr durch Berufsschiffahrt,
laut und staubig durch Sandverladung.
km 80,5 RU: Sportbootanlage Meißen. Solider
Steg im Strom. Schlüssel für Stegtor an der

Innenseite der Tür im Kasten. Klub- und Bootshaus 100 m unterhalb der Steganlage. Dort sind
sanitäre Anlagen mit Dusche und WC. Urgemüt-
licher Klubraum im Stil einer alten Fischerhütte.
Einkauf: Einkaufszentrum Dresdener Straße
(600 m). Sehr gute Versorgungsmöglichkeiten
im Stadtzentrum (2 km).
Gaststätten: Hotel „Hamburger Hof", Dresdener
Straße (800 m); „Goldener Löwe", Am Hein-
richplatz (Altstadt 2,1 km).

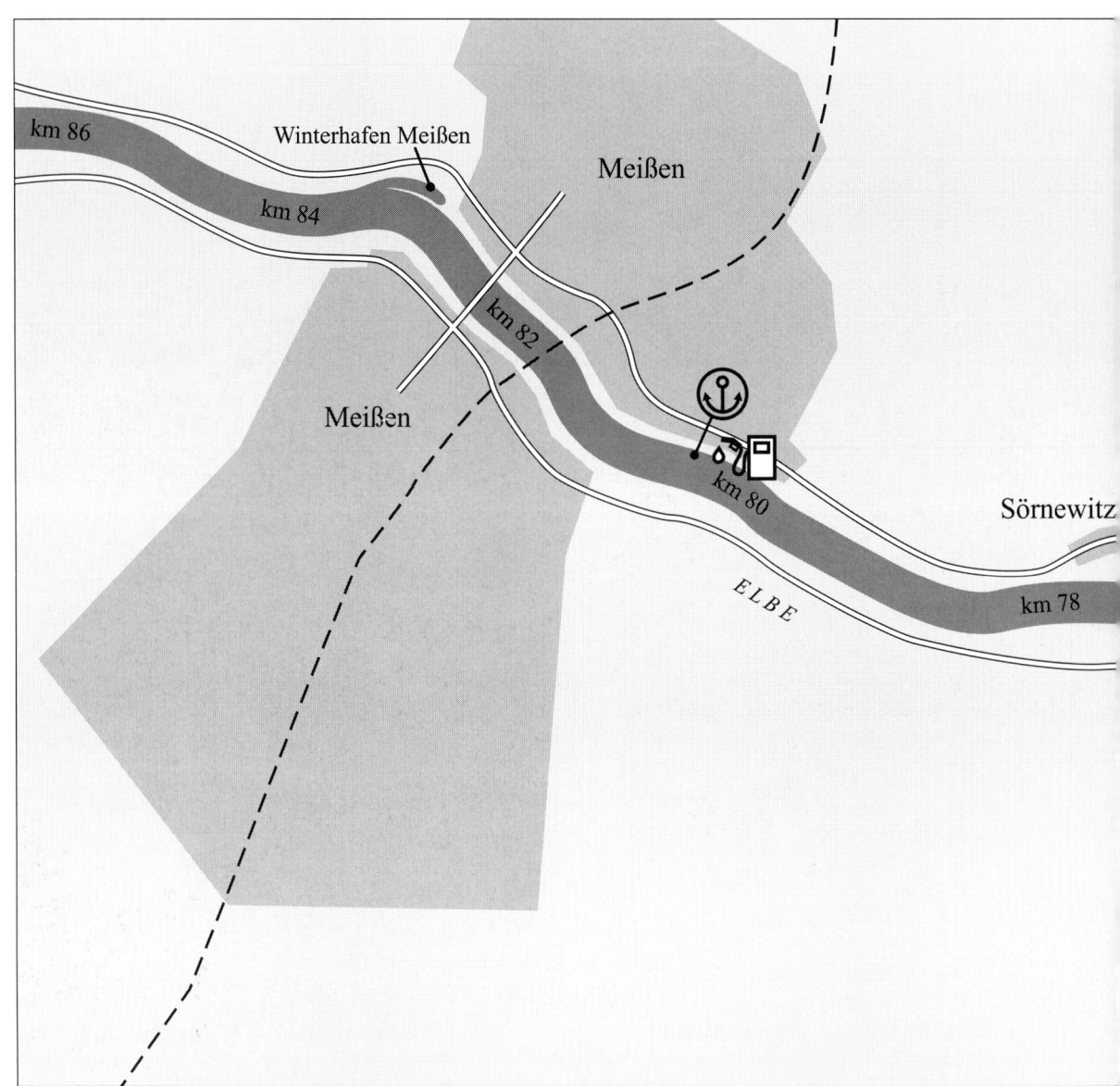

Tankstelle (Super- und Normalbenzin): An der Hauptstraße oberhalb der Steganlage (150 m). Meißen, die „Stadt der blauen Schwerter", verdankt ihren Weltruhm vor allem der Königlichen Porzellanmanufaktur, die 1710 von Dresden in die Albrechtsburg verlegte wurde. Albrechtsburg (1471 – 1485) und Dom (13. bis 15. Jh.) stehen auf dem Burgberg und sind für den Elbskipper weithin sichtbar. Aber auch in der Altstadt sind einige schöne Gebäude erhalten: Rathaus (15. Jh.), Frauenkirche (15. Jh.), Tuchmachertor (1600), Franziskanerkirche mit Stadtmuseum, Kirche St. Afra (13.–14. Jh.). Und nicht zu vergessen: Die vielen Bürgerhäuser aus dem 15. bis 18. Jahrhundert. Die Porzellanmanufaktur präsentiert ihre Schätze in der Schauhalle (tägl. außer Mo.).

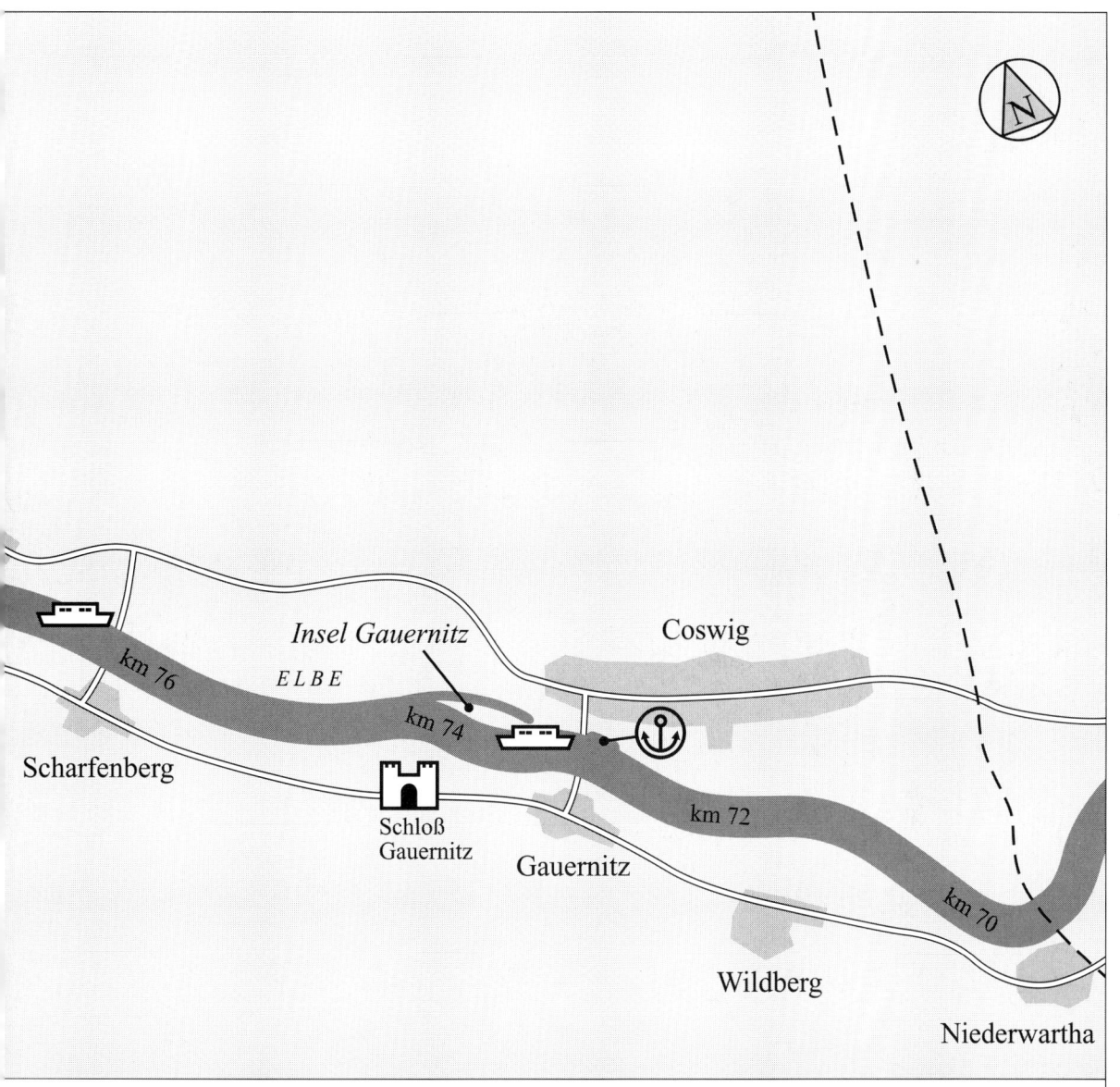

km 76,2: Fähre Scharfenberg.

km 74,2 bis 73,3 RU: Insel Gauernitz ist als Liege-platz nur bei ausreichendem Wasserstand brauch-bar. Einrichtungen für Sportboote gibt es hier nicht.

km 73,0: Fähre Kötitz/Gauernitz.

km 73,0 RU: Sportbootanlage Coswig. Kleiner Hafen in ruhiger Lage. Versorgungsmöglichkeiten in Coswig (1 km).

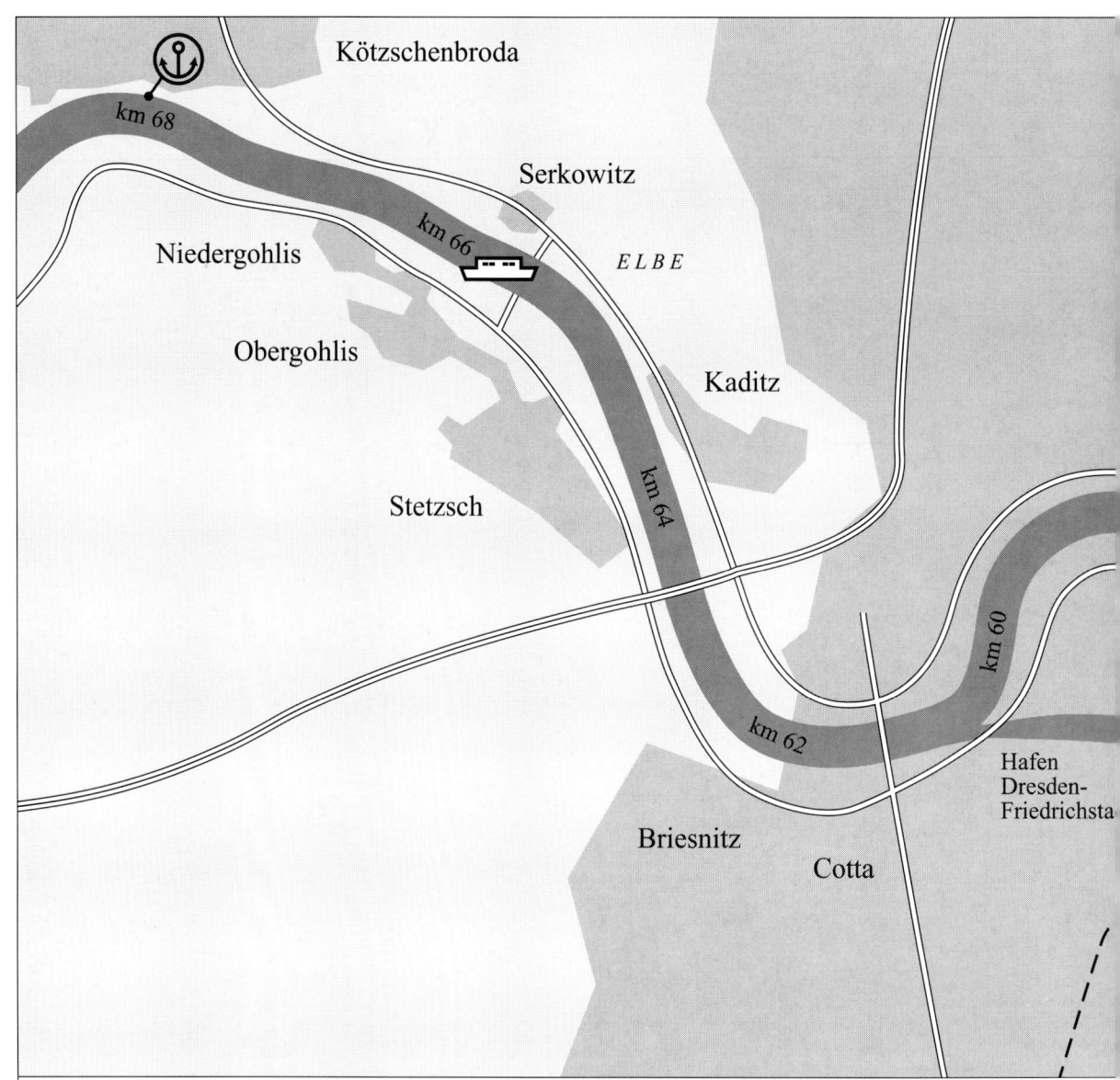

km 68,1 RU: Sportbootanlage Radebeul (Kötz-schenbroda). Einfache Steganlage im Strom. Versorgung im Ort. Karl-May-Fans werden Radebeul kennen: Die vor den Toren Dresdens liegende „Industrie-, Garten- und Rebenstadt" ist Wirkungs- und Sterbeort des Erfinders von „Old Shatterhand". „Villa Shatterhand" heißt denn auch das ehemalige Wohnhaus Karl Mays, das heute Museum ist (Karl-May-Straße 5). Im Garten der „Villa Shatterhand" das Blockhaus „Villa Bärenfett", dort ist eine bedeutende Sammlung des Kulturguts der nordamerikanischen Indianer untergebracht.

km 65,4: Fähre Gohlis.

km 60,8 LU: Hafen Dresden-Friedrichstadt. Keine Einrichtungen für Sportboote.

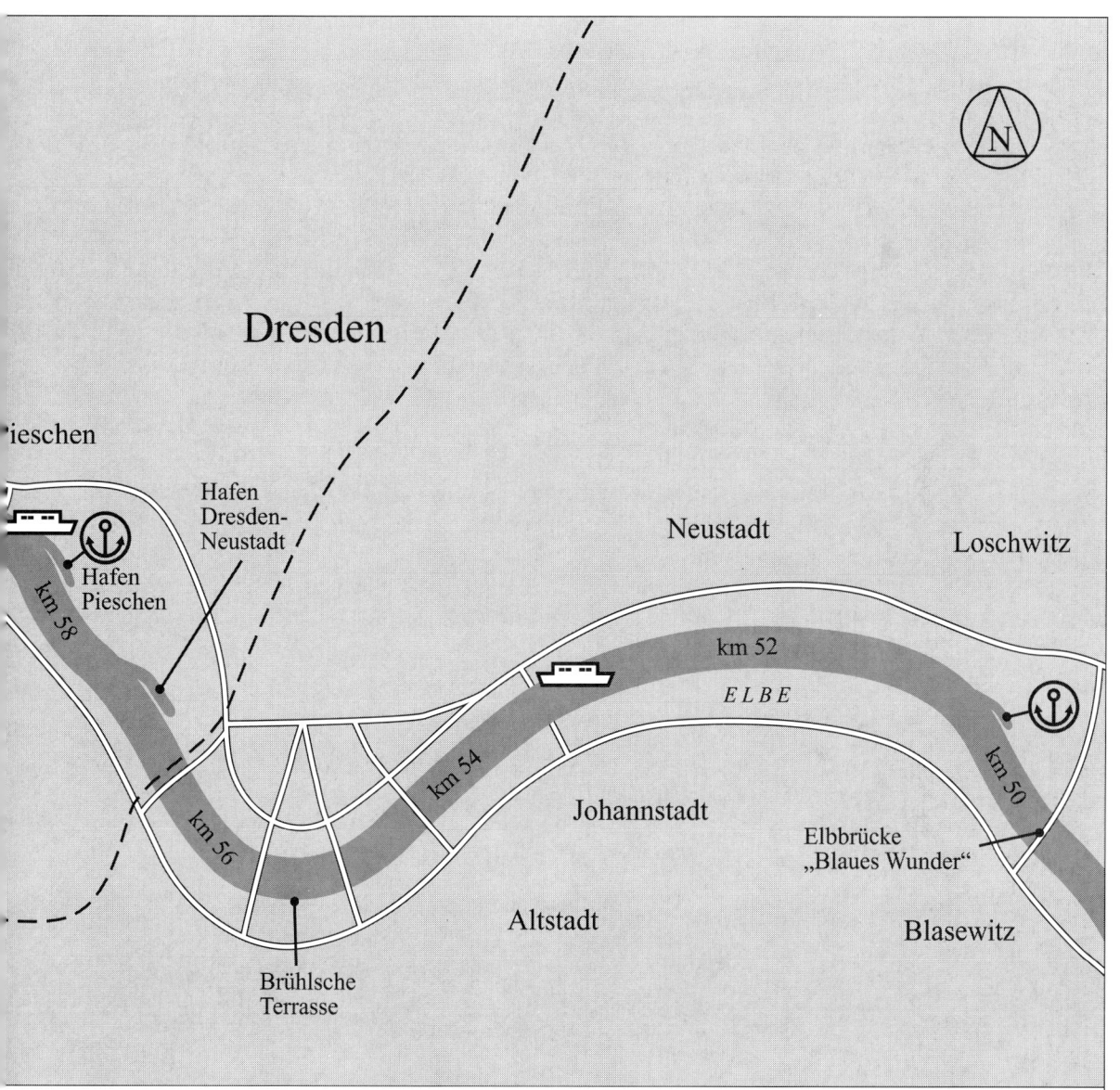

km 58,6: Fähre Dresden-Pieschen.

km 58,5 RU: Hafen Pieschen mit Liegeplätzen für Sportboote. Nur wenig Gastliegeplätze. Pieschen ist auch bei niedrigen Wasserständen bzw. mit Booten größeren Tiefgangs jederzeit anlaufbar (was für die meisten im weiteren Verlauf der Oberelbe liegenden Sportbootanlagen leider nicht gilt). Pieschen ist „Außenstelle" des Sportboot-

hafens Dresden-Loschwitz (km 50,5).

km 57,3 RU: Hafen Dresden-Neustadt. Für Sportboote gesperrt.

km 55,5 bis 55,0 LU: Brühlsche Terrasse. Von der Elbe schöner Blick auf Dresdens Altstadt-Panorama: Semper-Oper, Hofkirche, Hochschule für bildende Künste, Albertinum.

Am Elbkai der Brühlschen Terrasse liegen die berühmten Raddampfer der weißen Elbflotte Dresdens. Für Sportboote ist das Festmachen hier viel zu ungemütlich!!

km 53,5: Fähre Dresden-Johannstadt.

km 50,5 RU: Sportboothafen Dresden-Loschwitz. Sicherster und zugleich schönster Hafen für einen längeren Aufenthalt in Dresden: Klubhaus mit Waschgelegenheit und WC; Dusche und weitere Waschbecken im Freigelände. Steiler Schienenslip mit 1-t-Verladekran. Gute Versorgungsmöglichkeiten am Körnerplatz in Loschwitz (400 m) und auf der anderen Elbseite (Übergang über die berühmte Elbbrücke „Blaues Wunder") am Schillerplatz (600 m). Gaststätte „Körnergarten" direkt am „Blauen Wunder" (600 m). Tankstelle (Benzin/Super): Grundstraße (Loschwitz) (1 km). Weitere Tankstellen in der Stadt. Straßenbahn bis Dresden Zentrum ab Schillerplatz.

Geschichte, Bauwerke, Sehenswürdigkeiten und Kunstschätze des einstigen „Elbflorenz" füllen ganze Bände. Müßig also, in einem nautischen Reiseführer darauf überhaupt einzugehen. Nur soviel: In der Nacht vom 13. zum 14. Februar 1945 wurde Dresden durch Bombenangriffe fast vollständig zerstört. Mehr als 35 000 Menschen starben. Diese Wunden sind bis heute nicht restlos verheilt. Zwar sind in Dresden wieder viele Kunstschätze zu bewundern, und auch einige der alten Bauwerke (Semperoper, Zwinger) sind ganz oder teilweise wieder hergestellt. Doch gibt die Zweckarchitektur der Nachkriegszeit dem Stadtzentrum eher einen tristen und langweiligen 'touch'. Und die wenigen erhaltenen Stadtviertel machen einen heruntergekommenen Eindruck. Sehr viel schöner und weit weniger bedrückend sind da schon die alten Elbvororte der Stadt am rechten Elbufer: Loschwitz, Wachwitz, Niederpoyritz, Pillnitz.

Brühlsche Terrasse mit Hofkirche und Semper-Oper im Hintergrund.

Das „Blaue Wunder": Markante Elbbrücke bei Loschwitz (oben).
Loschwitz – der schönste Sportboothafen in Dresden (unten).

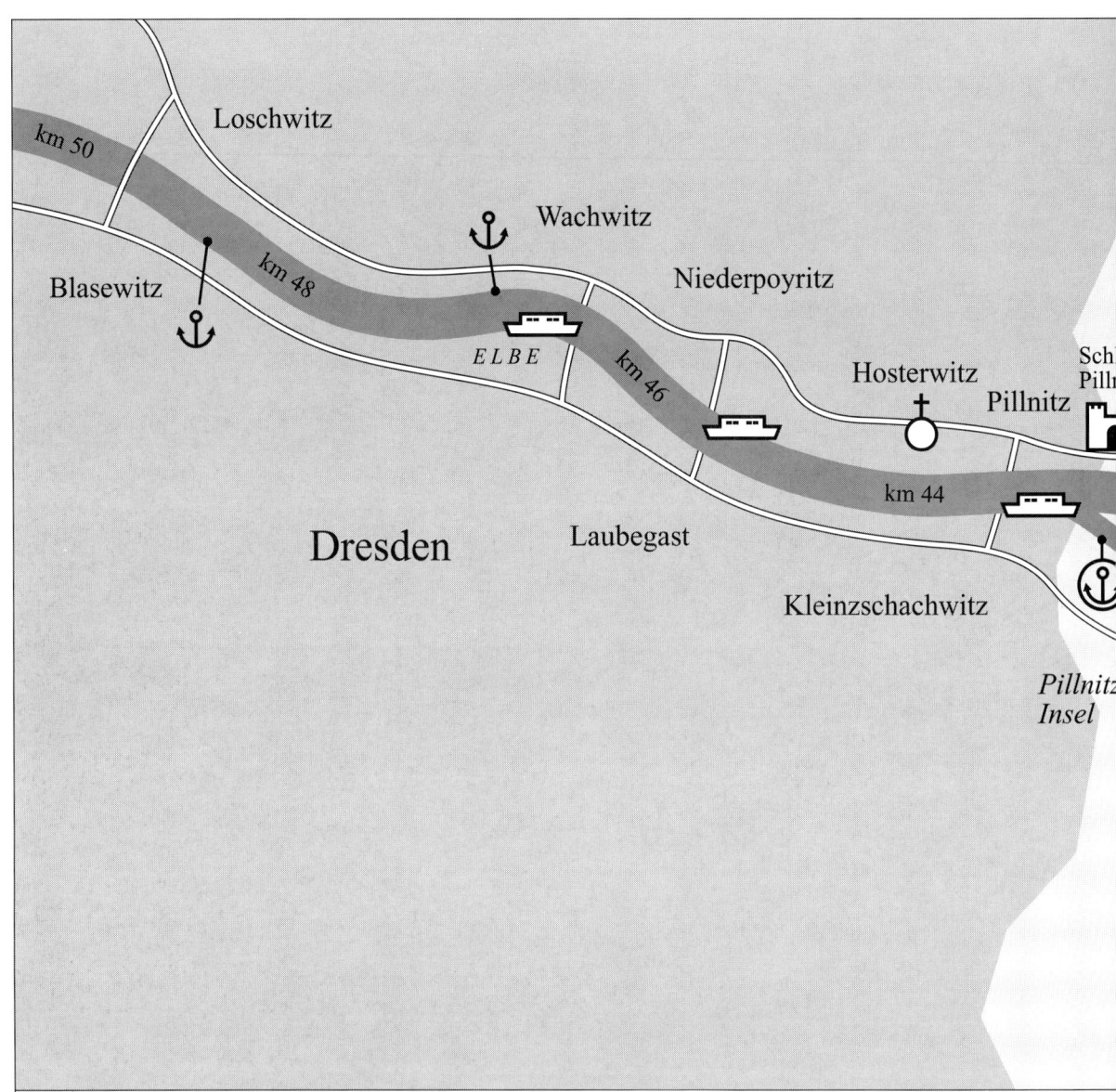

km 48,5 LU: Sportbootanlegestelle Blasewitz. Mehrere Steganlagen verschiedener Klubs mit Bootshäusern.

km 47,1 RU: Sportbootanlage Wachwitz. Steg im Strom. Klubhaus. Slip mit Betonpiste. Gaststätte „Elbterrasse", Alt Wachwitz 14, (100 m). Einkaufen: Ortsmitte Wachwitz (200 m).

km 46,5: Fähre Niederpoyritz.

km 45,5: Fähre Laubegast.

km 44,0 RU: Die berühmte Schifferkirche St. Maria am Wasser in Hosterwitz. Der Komponist Carl-Maria von Weber hatte in Hosterwitz seine Sommerwohnung. Heute Gedächtnisstätte.

km 43,5: Fähre und Gierfähre Pillnitz.

km 43,0 RU: Schloß Pillnitz. Lustschloß der sächsischen Fürsten, erbaut im Auftrag August des

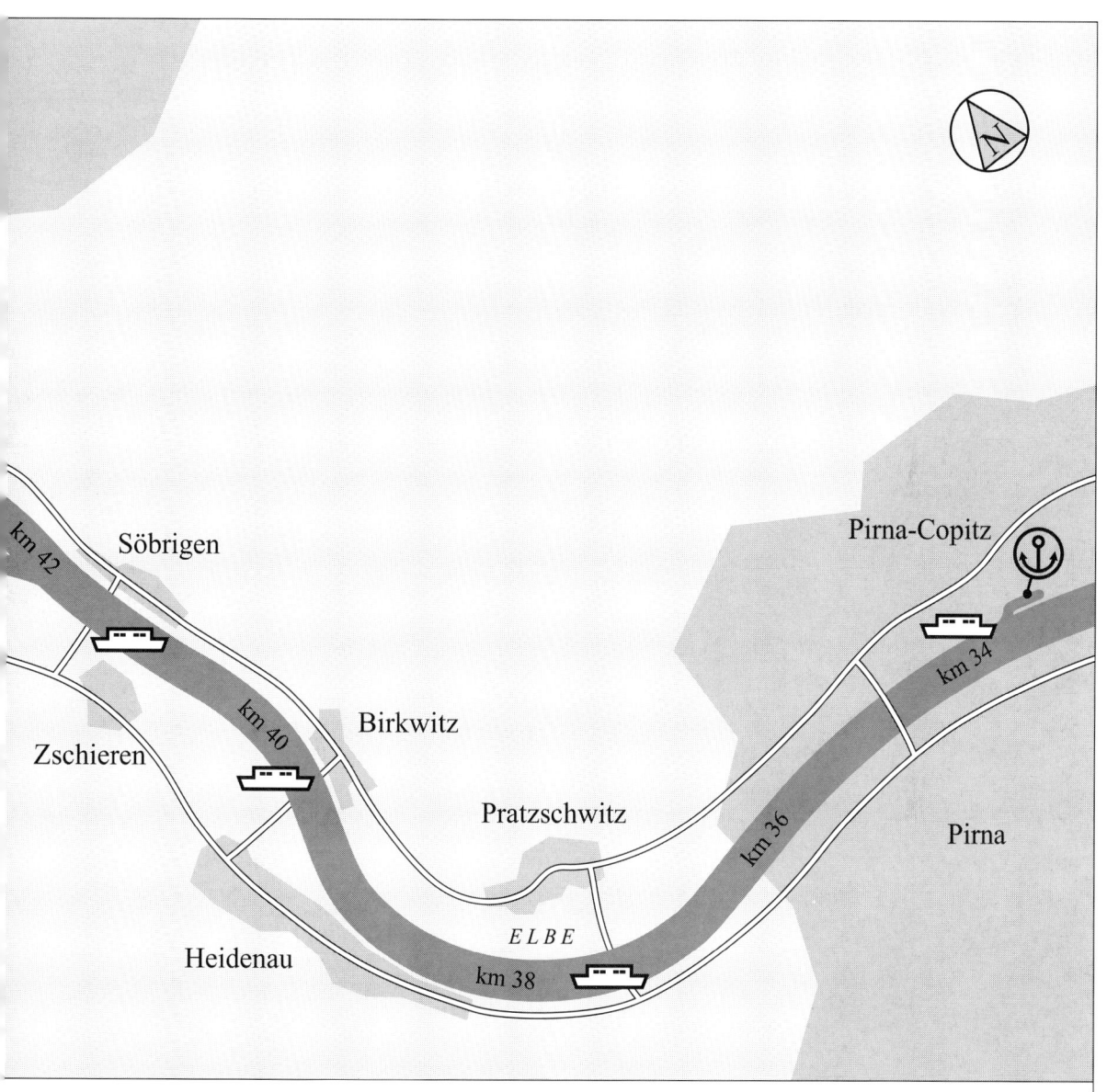

Starken. Das Wasserpalais (1720) ist von der Elbe aus zu bewundern. Barocker Schloßpark mit weiteren Gebäuden und Sehenswürdigkeiten (Orangerie, Chinesischer Kunstpavillon, Museum für Kunsthandwerk im Neuen Palais).

km 43,0 bis 42,0: Pillnitzer Insel (Naturschutzgebiet!). Die Fahrrinne verläuft auf der Ostseite der Insel. Der westliche Elbarm ist nur aus Rich-tung Dresden kommend anzusteuern. (Der obere Teil bei km 42,0 ist verschlammt). In diesem Altarm befindet sich bei km 42,9 eine Sportbootanlage.

km 41,3 Fähre Söbrigen.

km 39,5: Fähre Birkwitz-Heidenau.

km 37,4: Fähre Pratzschwitz.

km 34,0: Fähre Pirna-Copitz.

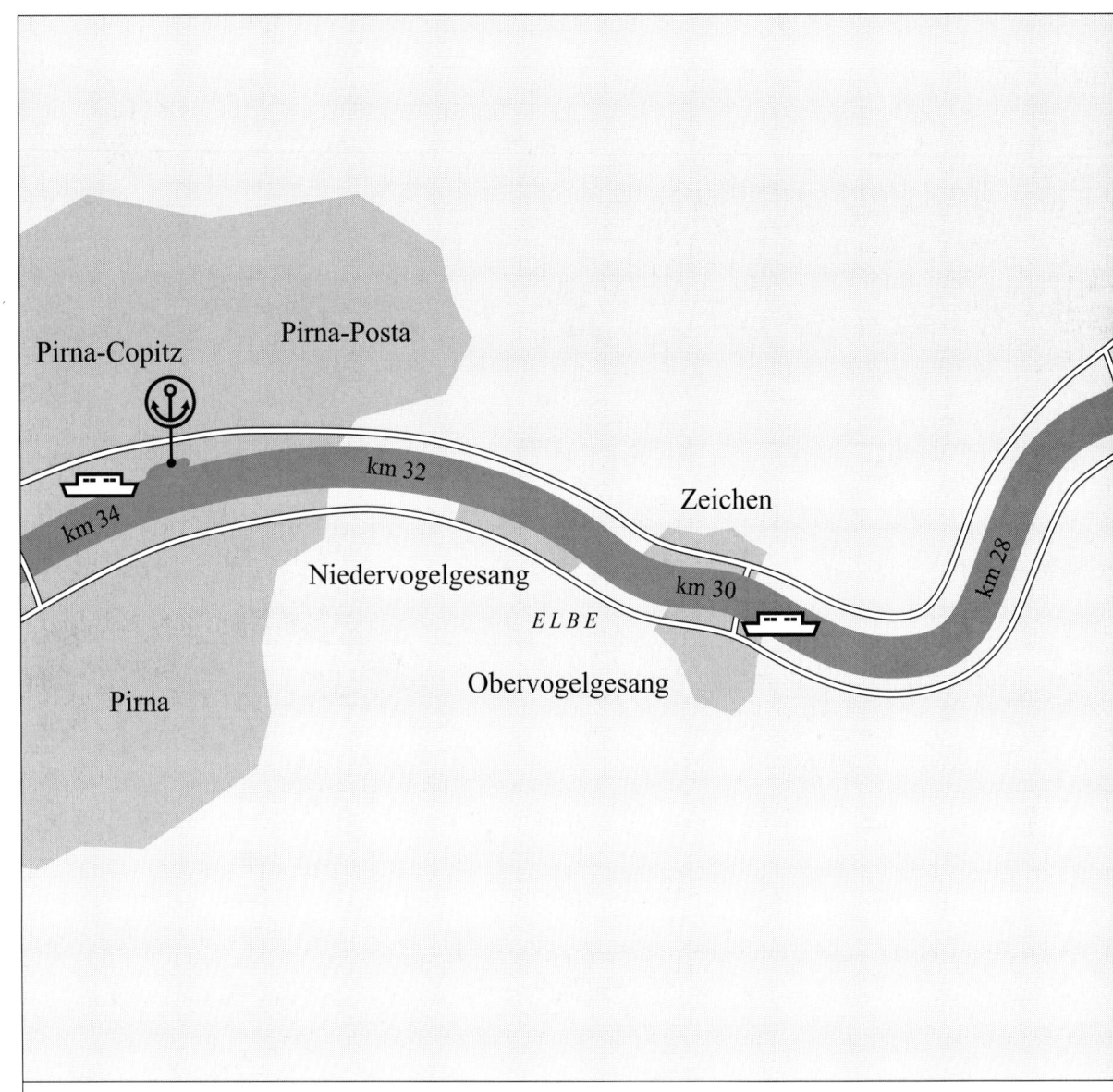

km 33,5 RU: Sportboothafen Pirna-Copitz. Bei Einfahrt Vorsicht: Auf Wassertiefe achten. Bei Pegel Dresden unter 160, Tiefgang höchstens 0,70 m! Ruhiger und sicherer Hafen, der während der Saison nachts sogar bewacht wird. Oberhalb vom Hafen stehen sanitäre Anlagen mit Dusche, Waschgelegenheit und WC zur Verfügung. 2-t-Kran. Brauchbarer Slip bei km 34,0. Einkaufen: Am Hauptplatz in Pirna (600 m). Kürzester Weg zum Hauptplatz über Fähre bei km 34. Gaststätten: „Elbparadies" (mit Pension), Oberposta 2, (500 m). „Café am Hauptplatz" (Pirna) (600 m). Hotel „Schwarzer Adler", Pirna-Zentrum (500 m ab Fähre). „Zum Becher", Grohmannstraße, (2 km). Tankstelle (Benzin/Super): Über Fähre, dann bis Ampelkreuzung (1 km).

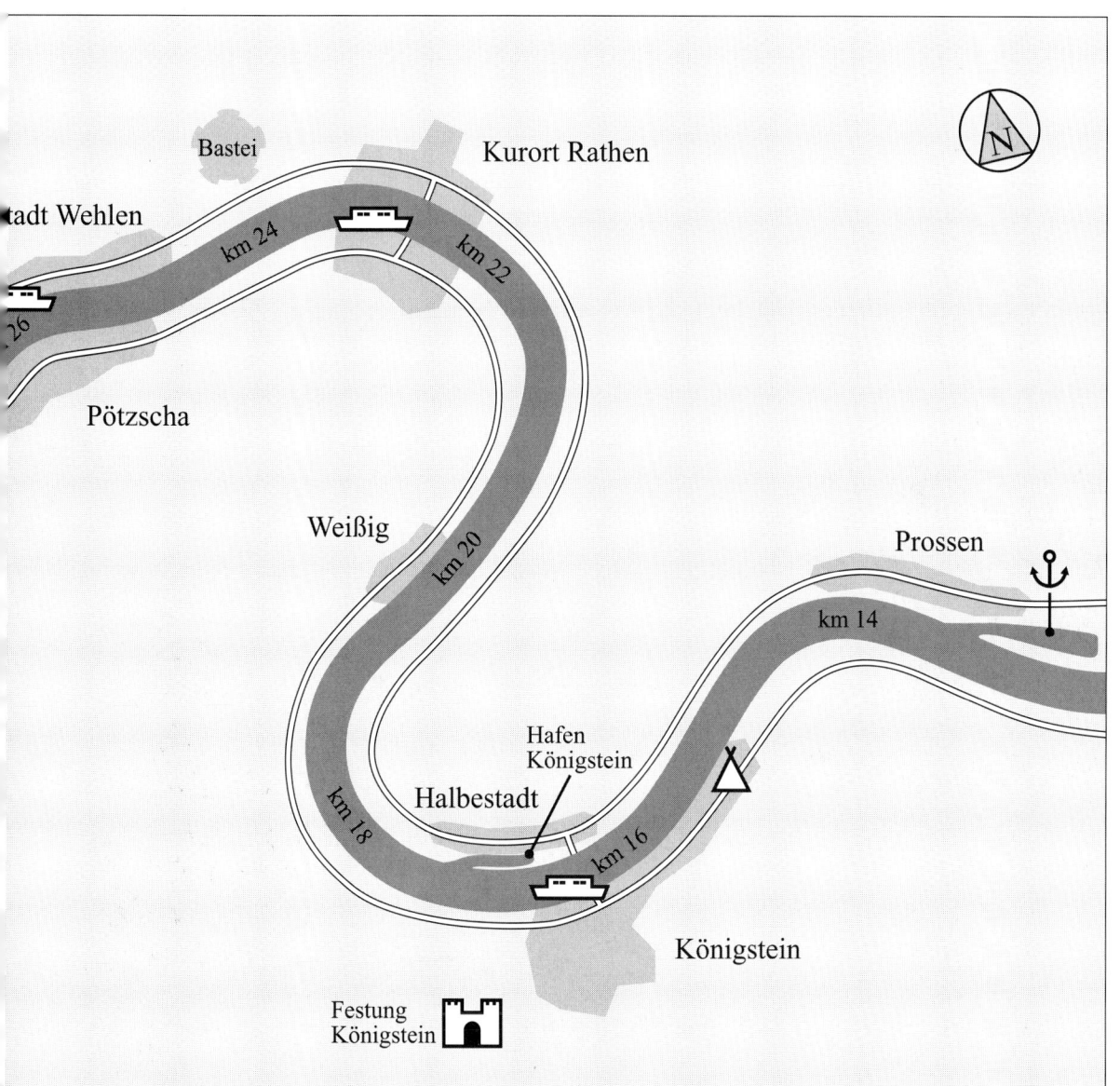

Pirna, das „Tor zur sächsischen Schweiz", liegt am Austritt der Elbe aus dem Elbsandsteingebirge in die Dresdner Elbtalweitung. Die sehenswerte Altstadt bietet neben der Stadtkirche St. Marien (15. Jh.) und dem Rathaus (ursprünglich 1485 mit vielen Umbauten) vor allem am Markt noch etliche Bürgerhäuser aus vier Jahrhunderten. Von der hoch über der Stadt liegenden Festung Sonnen-

stein (16. Jh., später stark verändert) ist nicht viel Historisches geblieben: In ihr sind heute Betriebe untergebracht.

km 29,7: Fähre Obervogelsang / Zeichen.

km 26,0 Gierfähre Wehlen.

Wehlen ist ein von Bergen, Schluchten und Wäldern umgebener Luftkurort. Er liegt auf der sonnigen, südlichen Hangseite der Elbe wie die meisten, nun noch folgenden Orte. Schade nur, daß diese reizvollen Dörfer und Städtchen kaum vernünftige Anlegemöglichkeiten haben – von Sportboothäfen ganz zu schweigen. Mit Erlaubnis der Fährmeister darf man in einigen Orten an der Talseite der Fährpontons festmachen. So beispielsweise in Wehlen am rechten Ufer.

km 23,5 RU: Bastei. 200 m über der Elbe liegt einer der markantesten Aussichtspunkte des Elbsandstein-Gebirges mit herrlichem Blick auf den Fluß und große Teile der Sächsischen Schweiz. Vom Kurort Rathen führt ein Wanderweg (Basteiweg) zu diesem einzigartigen Naturdenkmal.

km 22,7: Gierfähre Rathen.

Mit Genehmigung des Fährmeisters anlegen am Fährponton möglich (rechtes Ufer). Rathen ist schon seit Mitte des letzten Jahrhunderts ein bedeutender Ausflugs- und Erholungsort. Außer zur Bastei ist auch ein Ausflug zum Amselgrund und dem Amselsee zu empfehlen.

km 18 bis km 17 LU: Festung Königstein. Hoch über dem gleichnamigen Ort gelegen, gehört die 9,5 ha große Festungsanlage zu den mächtigsten in Deutschland. Ein Rundgang bietet neben zahlreichen historischen Sehenswürdigkeiten schöne Ausblicke auf das Elbsandsteingebirge.

km 17,2 RU: Hafen Königstein. Keine Einrichtungen für Sportboote. Nicht einlaufen bei Pegel Dresden unter 200!

km 16,3: Gierfähre Königstein (Tiefseilfähre).

Blick von der Bastei Richtung Wehlen.

Fähranleger im Kurort Rathen (oben).
Schubverband bei Schmilka (unten).

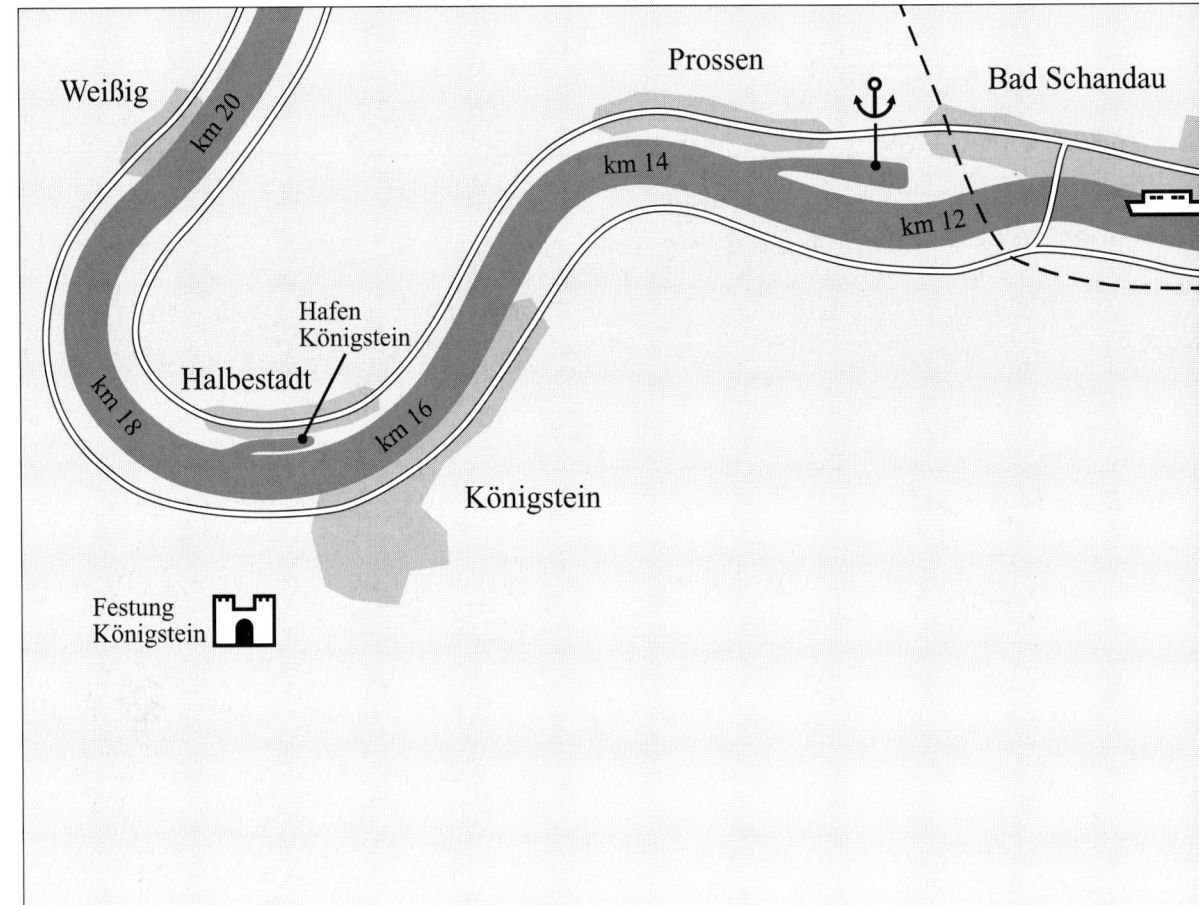

km 15,2 LU: Zeltplatz auf einer Elbwiese. Ein Ponton im Strom liefert einen provisorischen Liegeplatz.

km 13,2 RU: Hafen Prossen. Keine Einrichtungen für Sportboote. Liegen ist aber möglich an problematischem Ufer mit Steinschüttung.

km 10,2: Fähre Bad Schandau.

km 9,1: Gierfähre Krippen.

km 8,0 RU: Sportbootanlage Bad Schandau / Postelwitz. An einer alten Arbeitsschute im Strom liegender, solider Schwimmsteg. Wasser, Waschgelegenheit und WC auf der Schute unter Deck. Bootshaus und Schienenslip in der Nähe des Steges. Gute Einkaufsmöglichkeiten im Zentrum von Bad Schandau (2,1 km). Nächster Lebensmittel-Laden in Postelwitz (450 m).

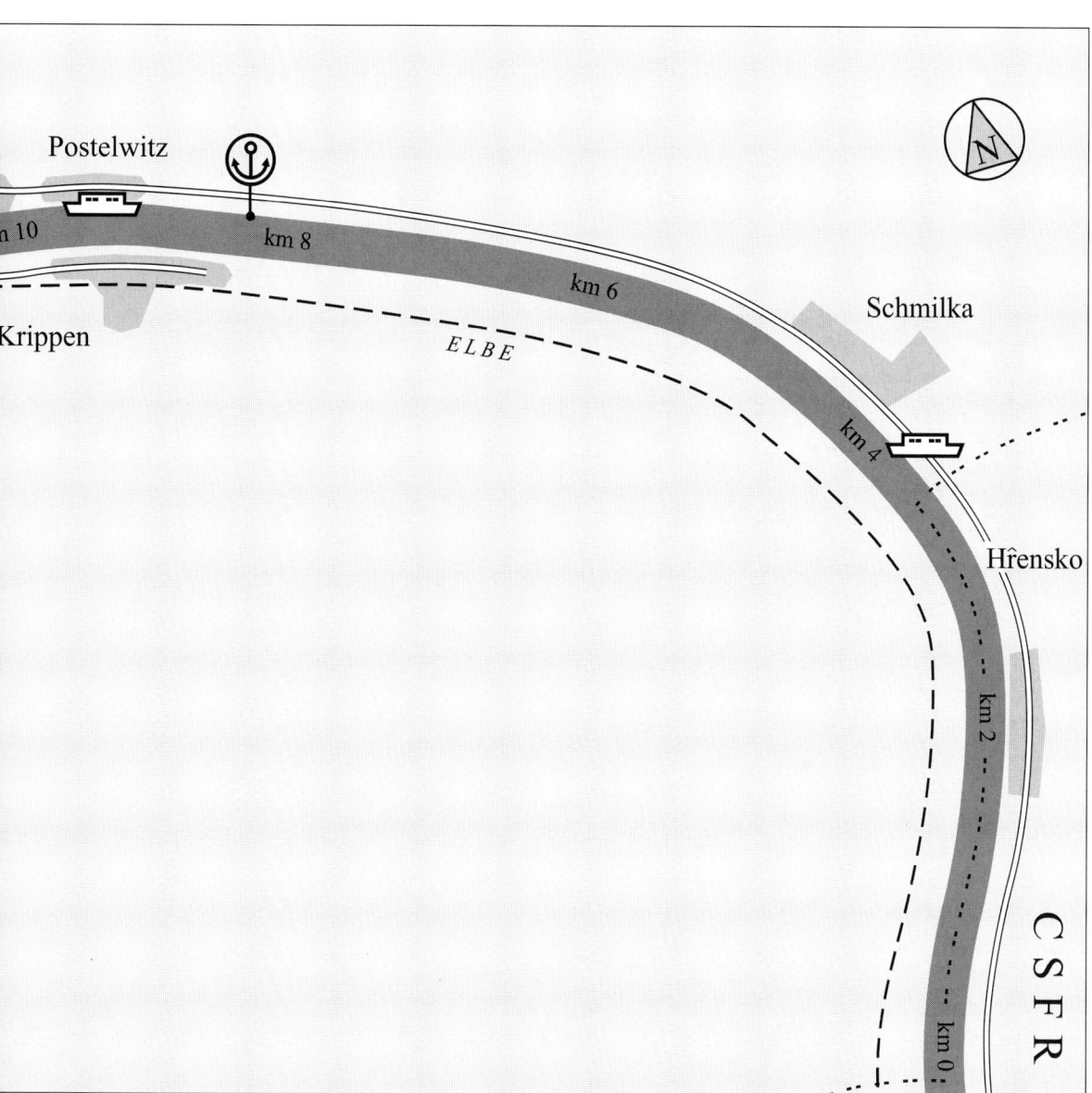

Gaststätten: „Friebels Gasthaus" (600 m an der Elbe Richtung Zentrum); Gasthaus „Falke" (700 m, gleiche Richtung). „Biergarten am Stadt-park", Bad Schandau (2,2 km). Tankstelle (alle Kraftstoffarten): Ortseingang Bad Schandau/ Rathmannsdorf (3,6 km). Bad Schandau ist der bedeutendste Kur- und Ferienort der Sächsischen Schweiz. Ein besonderer Anziehungspunkt für Touristen sind die 3 km südöstlich von Bad Schandau liegenden Schrammsteine.

km 3,8: Gierfähre Schmilka.

km 3,4: Grenze zwischen der Bundesrepublik Deutschland und der CSFR auf Strommitte der Elbe.

km 2,7 RU: Grenzkontrollstelle Hřensko/Schöna.

km 0,0: Ende der deutschen Elbe. Beginn der Tschechoslowakei.

Die Untere Havel-Wasserstraße

Von der Elbe bei Havelberg bis zur Pfaueninsel in Berlin

Von der Mündung der Unteren Havel-Wasserstraße in die Elbe bis zur Pfaueninsel in Berlin sind rund 133 Kilometer zurückzulegen. Auf den ersten Blick gar nicht einmal so viel. Und doch sollte jeder Skipper für diesen Törn viel Zeit mitbringen: Die Untere Havel, zugleich westliches Kernstück der Märkischen Gewässer, gehört ohne jeden Zweifel zu den schönsten Wassersportrevieren Deutschlands.

Sie braucht sich auch im europäischen Maßstab nicht zu verstecken. Die einzigartige Mischung aus Fluß- und Seenlandschaft findet allenfalls im Mecklenburgischen eine ernsthafte Konkurrenz.

Zwischen Havelberg und Pritzerbe bestimmt norddeutsches Flachland die Umgebung des Flusses: Weite, oft bis in den Frühsommer hinein überflutete Niederungen und knorrige Bäume an den manchmal kaum auszumachenden Ufern bestimmen das Landschaftsbild.

Die Untere Havel ist nicht eingedeicht, und so hat man stets einen weiten Blick in die Landschaft. Viele Vogelarten finden in den Naturschutzgebieten entlang der Ufer weitgehend ungestörte Brutstätten.

Trotz vieler Nebenarme – die Havel bleibt hier überschaubarer Fluß; die reizvollen Seen (Gülper See, Hohennauer See, Pritzerber See) liegen abseits vom Fahrwasser. Neben dem wirklich schönen Havelberg lohnt auf dieser Strecke ein längerer Aufenthalt vor allem in Rathenow.

Oberhalb von Pritzerbe ändert sich das Bild der Havel: Sie wird zunehmend breiter, und die Fahrrinne führt jetzt durch die immer größer werdenden Seen hindurch. Die Umgebung ist leicht hügelig. Kiefern- und Mischwälder durchziehen die Felder oder bedecken die sanften Kuppen – wer würde da nicht an Theodor Fontane denken ...

In Plaue beginnt das Wassersportzentrum der Unteren Havel: Plauer See, Quenzsee, Breitlingsee, Mösersche See, Wusterwitzer See. Das allein ergibt ein komplettes Revier für den Bootsurlaub. Aber das ist noch nicht alles: Brandenburg und der Beetzsee kommen hinzu. So lang kann ein Bootsurlaub allein gar nicht sein, um das alles in den Griff zu kriegen.

Von Brandenburg bis Ketzin dann die Havel als Wasserstraßen-Labyrinth. Die für die Berufsschiffahrt durchgeführte Begradigung des Flusses (Durchstiche) hat ein Gewirr von Alt- und Nebenarmen hinterlassen, die nicht nur schön sind, sondern auch sichere Ankerplätze bieten.

Die alte Fischerstadt Ketzin lohnt einen längeren Aufenthalt. Nur wer es eilig hat, sollte oberhalb von Ketzin über den Sacrow-Paretzer-Kanal direkt nach Berlin fahren. Allen anderen sei der „Umweg" über die Potsdamer Havel (siehe dort) empfohlen.

Fahrhinweise

Da die Havel ein typischer Flachlandfluß ist, hält sich auch seine Strömung in Grenzen. Die höchste zu erwartende Strömungsgeschwindigkeit liegt bei knapp 3 km/h.

Die auf der Strecke liegenden Schleusen sind alle ohne Haken und Ösen. Auch die Selbstbedienung einiger Sportbootschleusen ist so gut erklärt, daß man keine Schwierigkeiten zu fürchten braucht. Wer UKW-Sprechfunk an Bord hat, kann mit den Schleusenmeistern der

An der Jeetzelmündung: „Hiddo's Arche" in Hitzacker (o.). Sportboothafen Alt Garge/Elbe (u.).

Hafeneinfahrt Wittenberge (o.). Schöne Fachwerkhäuser in Tangermünde (u.).

Das Neustädter Tor in Tangermünde.

Sportbootsteg in Meißen (o.). Blick von der Bastei: Die Elbe in der Sächsischen Schweiz (u.).

Natur pur: Die Havel oberhalb von Havelberg (o.). Sportboothafen in Milow/Havel (u.).

Einsamer Liegeplatz am Plauer See (o.). Bootskorso auf der Havel bei Potsdam (u.).

Im Unterwasser des Schiffshebewerkes Rothensee (o.). Elbe-Havel-Kanal in Genthin (u.).

In der Neustädter Havelbucht in Potsdam.

Berufsschiffahrtsschleusen auf UKW-Kanal 10 Kontakt aufnehmen (Arbeitskanal 13).

Die Untere Havel-Wasserstraße ist in fünf Tauchtiefenstrecken eingeteilt:
Havelberg – Schleuse Rathenow
Schleuse Rathenow – Schleuse Bahnitz
Schleuse Bahnitz – Plaue
Wendsee – Schleuse Brandenburg
Schleuse Brandenburg – Spandau
(Spreemündung).

Auskunft über die aktuellen Wasserstände bekommt man an jeder Schleuse.
Die bekanntgegebenen Tauchtiefen gelten nur innerhalb der betonnten Fahrrinne. Das sollte man beachten, wenn man auf den Havelseen die Fahrrinne verlassen will: Möglichst gemeinsam mit revierkundigem „Lotsen" fahren, zumindest aber vorher genaue Informationen einholen. Lassen Sie sich nicht von vermeintlich viel „größeren" Segelbooten leiten, die außerhalb der Fahrrinne kreuzen; das sind zumeist Jollen-kreuzer, die mit dicht geholtem Schwert nur noch sehr geringen Tiefgang haben! Auch die großen Motoryachten der ostdeutschen Skipper haben oft geringeren Tiefgang als westliche Boote! Beim Verlassen der Fahrrinne ist auf jeden Fall sehr langsam zu fahren und das Echolot, möglichst mit Warnalarm, einzuschalten.
Die geringste Durchfahrtshöhe der Havelbrücken beträgt bei mittlerem Wasserstand 5,00 m. Ausnahme: Die Bogenbrücke hinter der Stadtschleuse Brandenburg (Sportbootschleuse) hat nur eine Durchfahrtshöhe von 2,75 m (bei 220 am Oberpegel Brandenburg).

Boote, die da nicht durchpassen, müssen die Vorstadtschleuse Brandenburg benutzen.

Schleusen-Betriebszeiten

Havelberg, Garz, Grütz, Hauptschleuse Rathenow, Bahnitz:
1. März bis 20. Dezember
Werktags: 6 bis 19 Uhr
Sonn- und feiertags: 7 bis 18 Uhr
21. Dezember bis 28./29. Februar
Werktags: 7 bis 19 Uhr
Sonn- und feiertags: 7 bis 18 Uhr
Vorstadtschleuse Brandenburg:
1. März bis 20. Dezember
Werktags: 6 bis 20 Uhr
Sonn- und feiertags: 7 bis 19 Uhr
21. Dezember bis 28./29. Februar
Werktags: 6 bis 20 Uhr
Sonn- und feiertags: 7 bis 18 Uhr
Stadtschleuse Rathenow: Nur während der Sommersaison in Betrieb; genaue Betriebszeiten nicht bekannt.
Stadtschleuse Brandenburg: Ende April bis Anfang Oktober; werktags: 7 bis 18.45 Uhr; sonn- und feiertags: 7 bis 19.45 Uhr. Tägliche Mittagspause 12 bis 13 Uhr.

Versorgung

Soweit in der Nähe der aufgeführten Liegeplätze Versorgungsmöglichkeiten bestehen, sind sie mit Ortsangabe und Entfernung vom Liegeplatz aufgeführt. Das gilt auch für Tankstellen. Tankstellen am Wasser gibt es auf der gesamten Strecke nicht (Ausnahme: Potsdam, siehe Potsdamer Havel Seite 140).

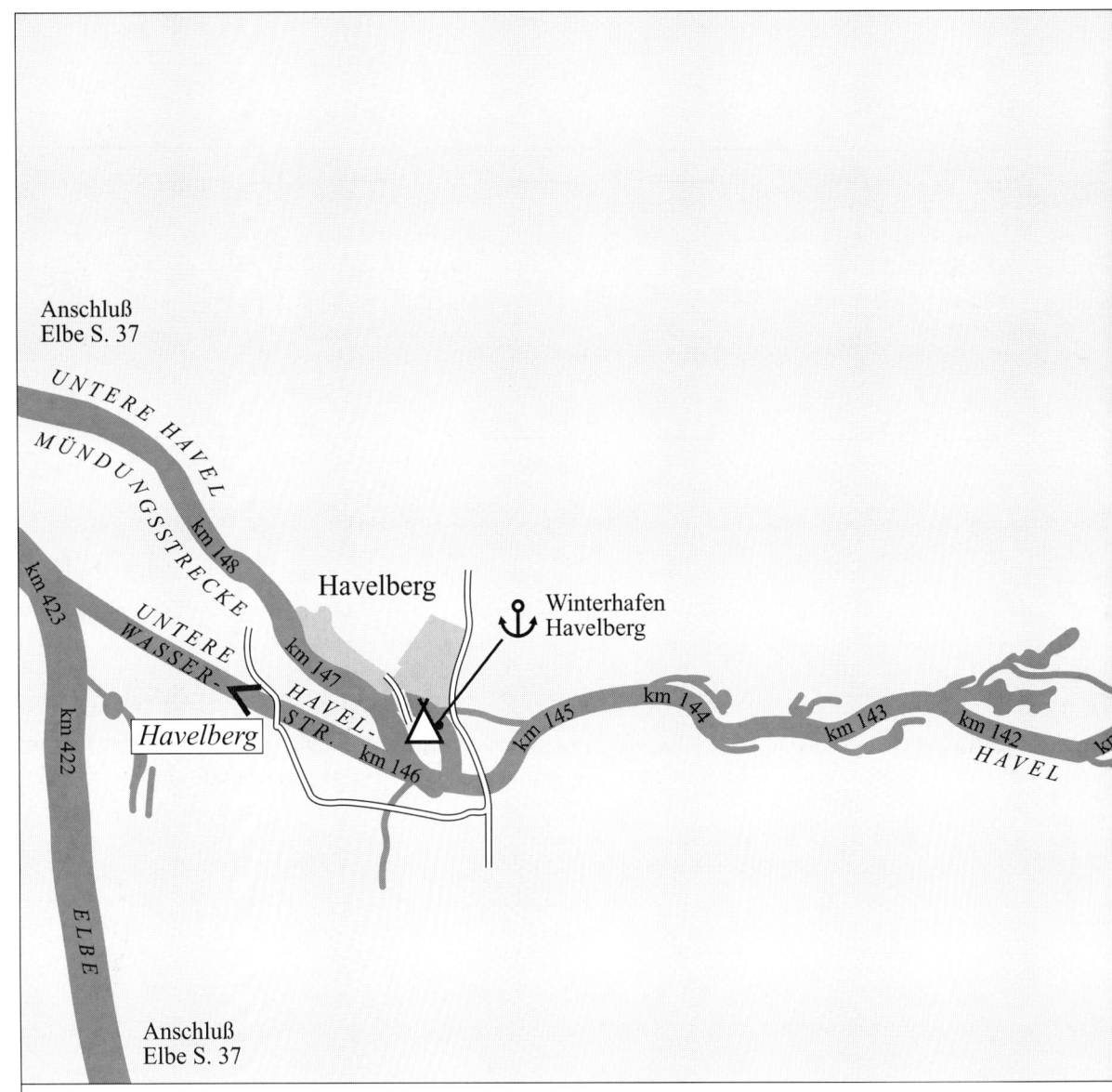

km 148,5: Einfahrtsboje, Beginn der Unteren Havel-Wasserstraße mit dem Havelberger Schleusenkanal.

km 147,1: Schleuse Havelberg. Kammerlänge: 225,0 m, Kammerbreite: 12,0 m.

km 146,0 RU: Abzweig Mündungsstrecke der Unteren Havel. Auf dieser Strecke gelangt man über die Schleuse Quitzöbel in den Gnevsdorfer Vorfluter und über die Schleuse Gnevsdorf in die Elbe bei Elbe-km 438,0.

km 145,8 RU: Einfahrt Winterhafen Havelberg. Der Winterhafen hat zwar keine speziellen Einrichtungen für Sportboote, doch findet man ruhige Plätze an der Spülinsel einlaufend an Backbord. Festmachen über Heckanker, Bug zur Böschung. Auf der Insel gibt es einen Campingplatz und

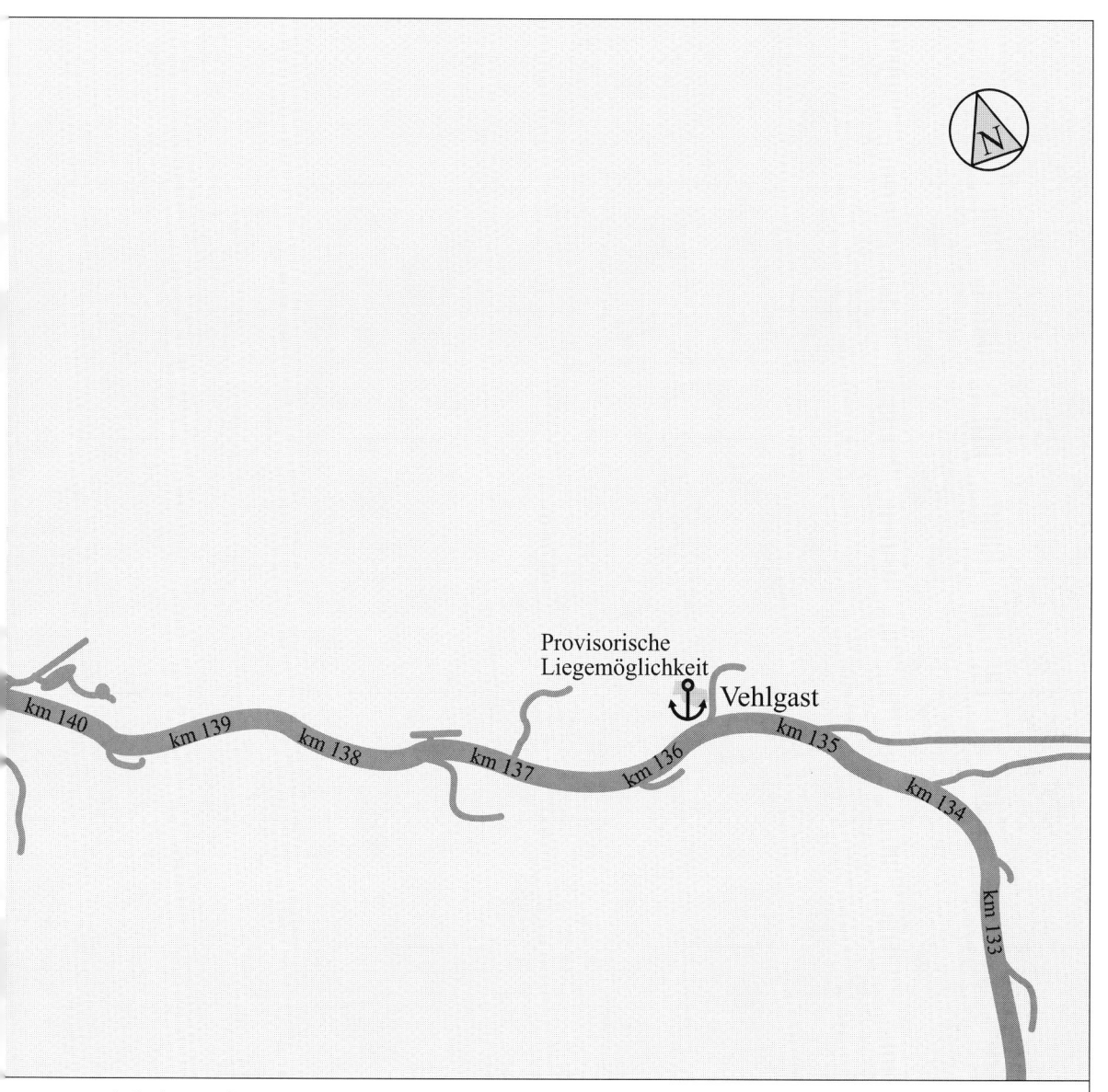

Provisorische
Liegemöglichkeit

Vehlgast

km 140 km 139 km 138 km 137 km 136 km 135 km 134

km 133

einfache sanitäre Anlagen: Waschbecken mit kaltem Wasser und Plumpsklos. Gute Versorgungsmöglichkeiten im Stadtzentrum (800 m). Gaststätten: „Ratskeller" (1 km); „Zur Dombrücke" (1,1 km); Hotel-Restaurant „Stadt Havelberg" (1,3 km). Tankstelle (alle Kraftstoffarten): F 107 Richtung Sandau (2 km).
Kein Skipper sollte Havelberg auslassen: Die alte

Bischofsstadt besteht aus der auf einem Hügel gelegenen Domstadt und der Inselstadt, die durch die Havel und einen Nebenarm des Flusses gebildet wird.
km 135,5 RU: Vehlgast. In einem Havelaltarm gibt es direkt am Ort provisorische Liegemöglichkeiten. Keine Versorgung oder sonstiger Service.

Havelfischer (oben). Blick auf den Havelberger Dom (unten).

Liegeplatz an der Spülinsel in Havelberg (oben).
Die Havel-Mündungsstrecke unterhalb Havelberg Richtung Nitzow (unten).

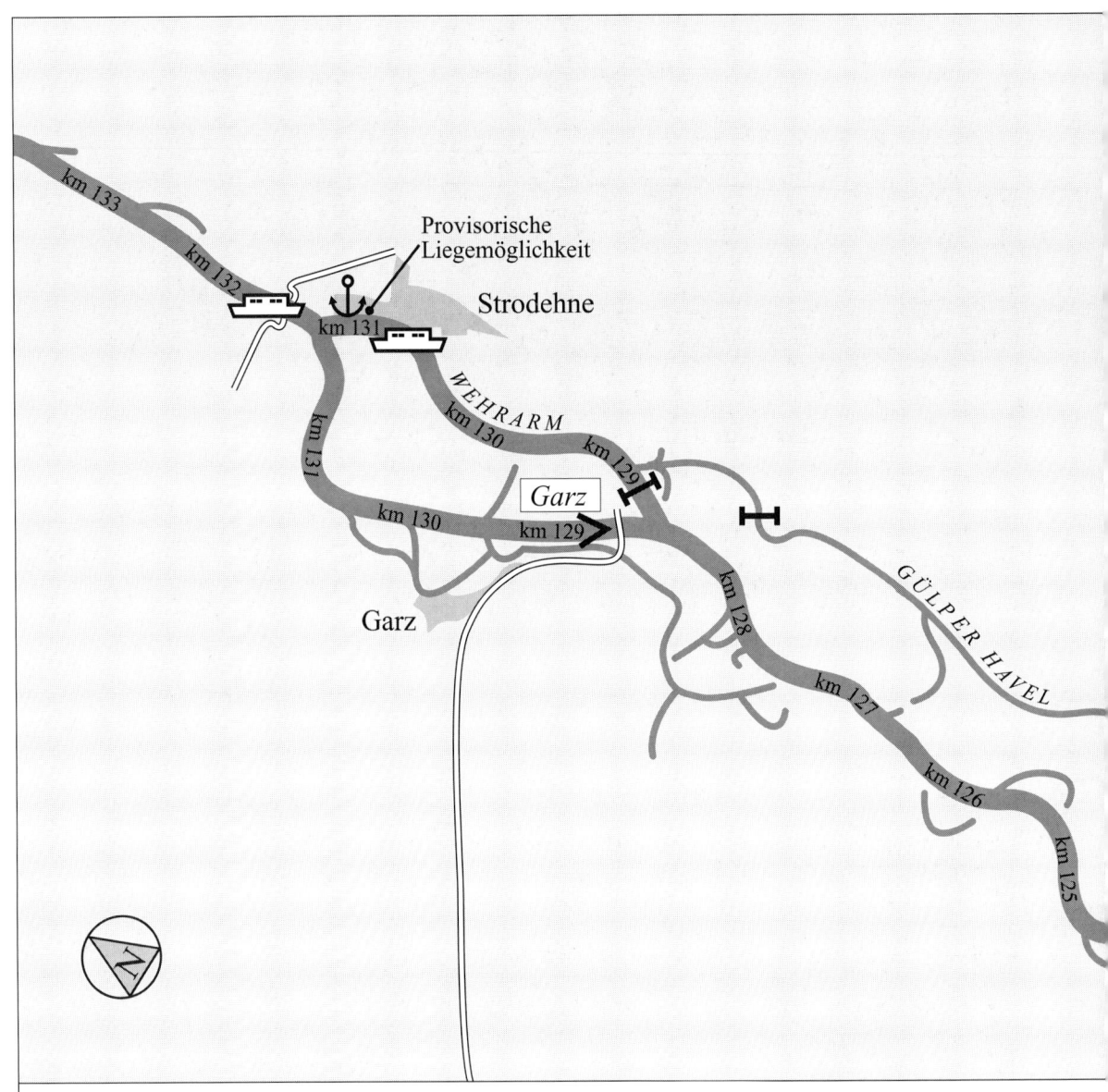

km 133

km 132

Provisorische Liegemöglichkeit

Strodehne

km 131

km 131

WEHRARM

km 130

km 129

Garz

km 130

km 129

Garz

km 128

GÜLPER HAVEL

km 127

km 126

km 125

N

km 131,6: Fähre
km 131,4: Zusammenfluß des Schleusenkanals der Staustufe Garz mit dem Wehrarm der Havel. Fahrtrichtung Steuerbord: Schleusenkanal. Fahrtrichtung Backbord: Wehrarm.

Schleusenkanal der Staustufe Garz

km 131,4 LU: Mündung des Schleusenkanals (Unterwasser) in die Untere Havel-Wasserstraße.
km 130,0 LU: Ortslage Garz.
km 129,0: Schleuse Garz. Kammerlänge: 215,0 m; Kammerbreite: 10,0 m.
km 128,5 LU: Abzweig des Schleusenkanals

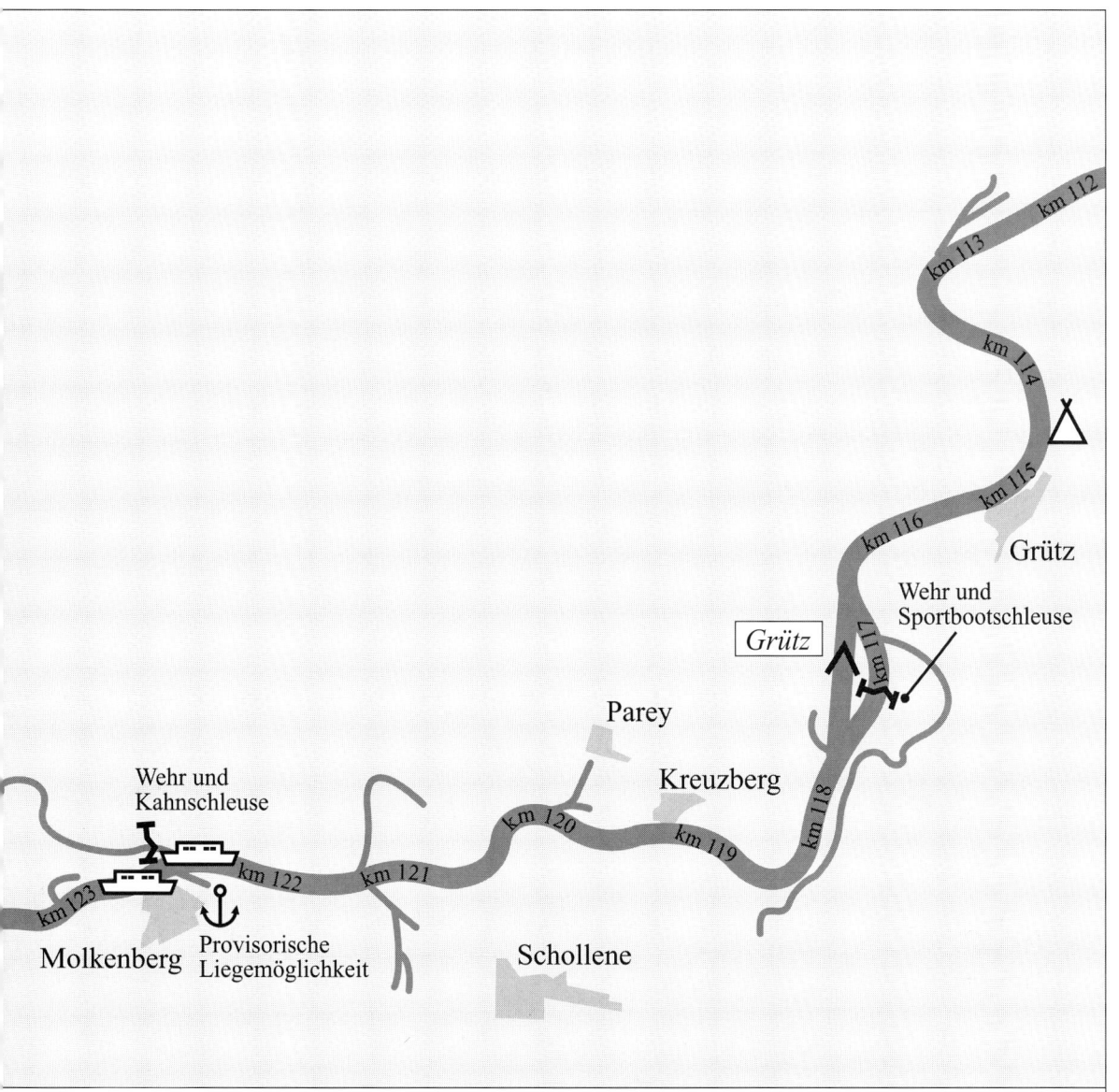

(Oberwasser) aus der Unteren Havel-Wasser-straße.

Wehrarm der Havel

km 131,0 RU: Strodehne. Kleiner Anleger unmittelbar vor der Kirche. Bescheidene Versorgungsmöglichkeiten in Strodehne. Sonst kein Service.

km 130,7: Fähre (nur zeitweise in Betrieb).
km 129,0 RU: Mündung der Gülper Havel. Über eine Sportbootschleuse kann der Gülper See erreicht werden. Über die Befahrbarkeit der Schleuse vor Ort informieren!
km 128,8: Nadel- und Schützenwehr Garz.
km 128,5 LU: Abzweig des Schleusenkanals Garz (Oberwasser).

km 122,7: Fähre.

km 122,5: Fähre.

km 122,5 LU: Hafen Molkenberg. Es besteht eine provisorische Anlegemöglichkeit an einer kurzen Kaimauer. Keine Versorgungsmöglichkeiten.

km 122,4 RU: Abzweig der Gülper Havel mit Sportbootschleuse.

km 120,5 LU: Ortslage Schollene.

km 117,5: Zusammenfluß des Schleusenkanals der Staustufe Grütz mit dem Wehrarm der Havel. Fahrtrichtung Steuerbord: Wehrarm. Fahrtrichtung Backbord: Schleusenkanal.

Schleusenkanal der Staustufe Grütz

km 117,5 RU: Mündung des Schleusenkanals (Unterwasser) in die Untere Havel-Wasserstraße.

In der Schleuse Grütz

km 117,0: Schleuse Grütz. Kammerlänge: 215,0 m; Kammerbreite 10,0 m.

km 116,6 RU: Abzweig des Schleusenkanals (Oberwasser) aus der Unteren Havel-Wasserstraße.

Wehrarm der Havel

km 117,2: Nadel- und Schützenwehr mit Sportbootschleuse. Kammerlänge: 13,0 m; Kammerbreite: 2,40 m.

km 116,5 RU: Abzweig des Schleusenkanals Grütz (Oberwasser).

---

km 115,0 LU: Ortslage Grütz mit Campingplatz. Keine brauchbare Anlegemöglichkeit.

Auf dem Hohennauener Kanal (oben).
Der Hohennauener See (unten).

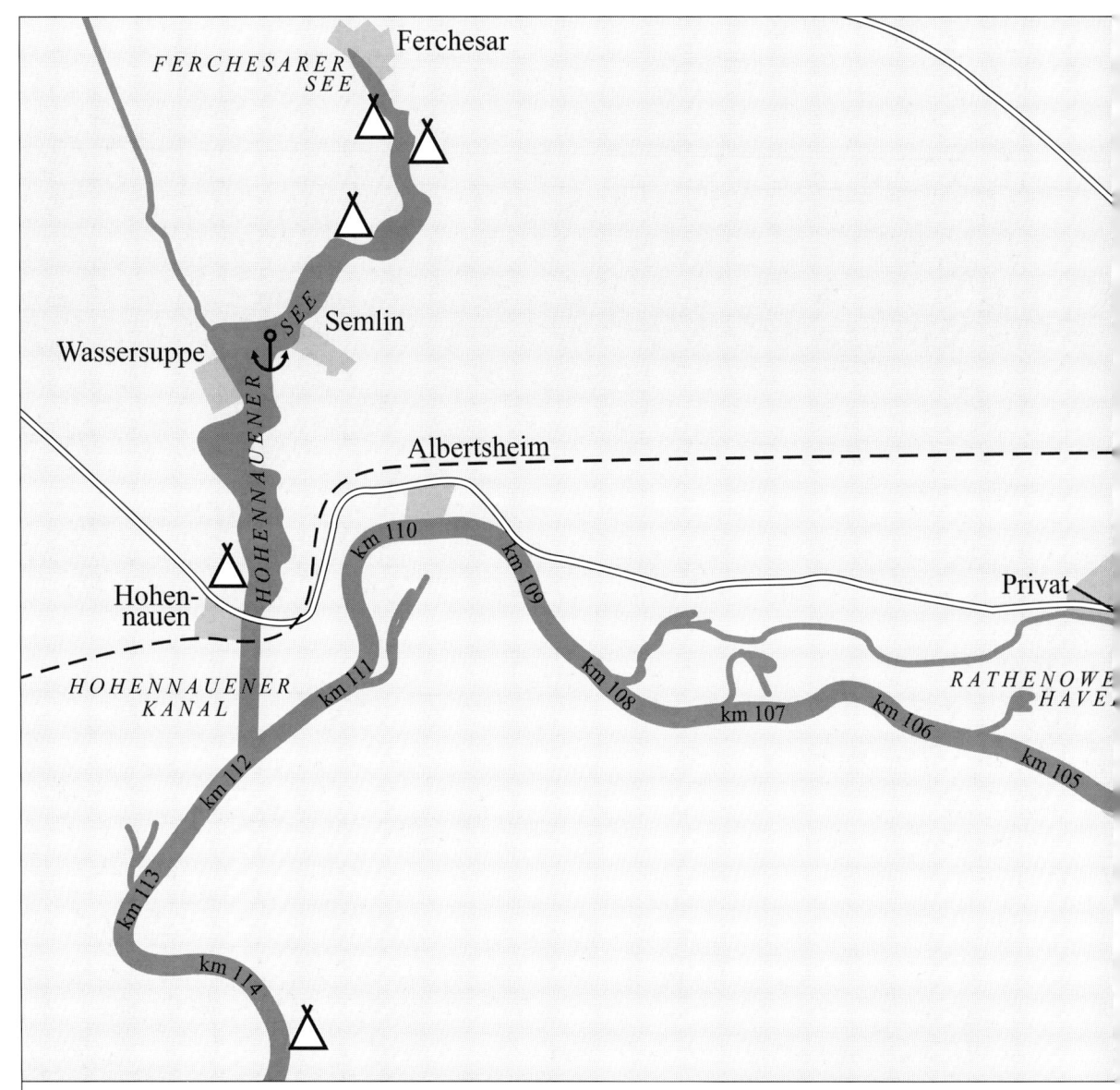

km 111,9 RU: Mündung Hohennauener Kanal. Über den knapp 2 km langen Hohennauener Kanal erreicht man den Hohennauener See. Er ist bis zum Ort Ferchesar auf 8 km Länge befahrbar.

Bei normalem Wasserstand liegt die Wassertiefe bei etwa 1,75 m. Es gibt aber Niedrigwasserzeiten, zu denen man höchstens noch 1 m Wasser unter dem Kiel hat.

Anlegen in Hohennauen mit Heckanker, Bug zum Strand. Versorgungsmöglichkeiten im Ort (Rhinower Straße). Gaststätte „Fischerkiez" (Rhinower Straße, 200 m von Kanalbrücke).

Auf halber Seestrecke liegt am Südufer des Sees der Ort Semlin. Dort Steganlage. Einkaufsmöglichkeiten im Ort, Hohennauener Straße (600 m); Gaststätte „Semliner Hof" (600 m).

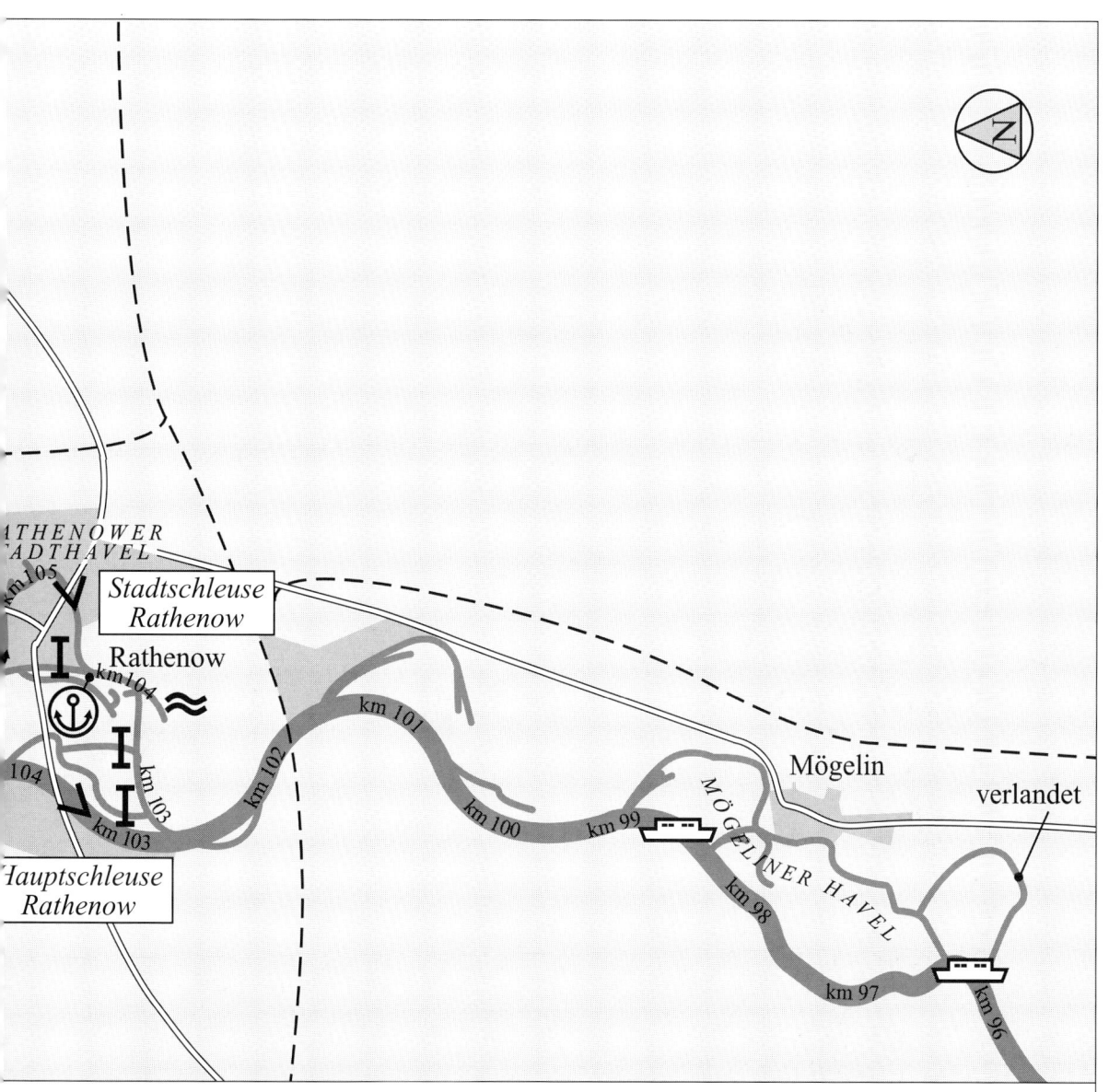

km 104,2 RU: Mündung der Rathenower Havel.
km 103,9 RU: Mündung des Havel-Wehrarms.
km 103,3: Hauptschleuse Rathenow. Kammerlänge: 219,6 m; Kammerbreite: 9,6 m.
km 102,7 RU: Abzweig der Rathenower Havel.
Zwei Havelarme (Rathenower Havel/Stadtkanal)
und zwei Wehrarme (Vorderer und Hinterer
Archenarm) durchziehen die Stadt Rathenow.

Durchgängig schiffbar ist nur der „äußere Ring"
über Rathenower Havel/Stadthavel. Dabei ist die
Stadtschleuse Rathenow zu passieren (Kammerlänge: 17,5 m; Kammerbreite: 8,4 m), die allerdings nur in den Sommermonaten in Betrieb ist.
Ortsansässige Skipper raten übrigens vom Befahren des Rathenower Stadtkanals ab, da er stellenweise untief sein soll.

Will man also sicher in den Stadthafen, fährt man am besten über die Hauptschleuse Rathenow und dann in den südlichen Arm der Rathenower Havel ein. Dort zweigt man bei km 104,1 nach Steuerbord in den Stadthafen ab. Im Stadthafen kann man an einer Spundwand festmachen. Schön liegt man hier allerdings nicht. Lediglich die Versorgung sollte man von hier aus erledigen. Einkaufen: Märkischer Platz (400 m). Gaststätte „Am Schleusenplatz" (direkt am Stadthafen). Tankstelle 600 m vom Stadthafen (kein Diesel).

Sehr viel besser als im Stadthafen liegt man im Sportboothafen an der Rathenower Havel km 104. Bootshaus mit sanitären Einrichtungen. Mit Zustimmung des Schleusenmeisters findet man gute Liegeplätze auch im Ober- oder

Unterwasser der Hauptschleuse. Gaststätte „Parkschlößchen" direkt an der Schleuse.

Sehenswert ist die Rathenower Stadtkirche und das Heimatmuseum (Rhinower Straße), in dem die Geschichte der optischen Industrie in Rathenow dargestellt wird.

km 99,0 RU: Mündung der Mögeliner Havel.

km 98,5: Fähre.

km 98,4 RU: Zweite Mündung der Mögeliner Havel.

Auf rund 3 km befahrbar. Mündet wieder in der Havel. Wassertiefe bei normalem Wasserstand 1,4 m. Eine Brücke mit einer Durchfahrtshöhe von 2,00 m versperrt größeren Booten die Durchfahrt!

km 96,3 RU: Abzweig der Mögeliner Havel.

km 96,1: Fähre.

Gabelung zwischen Unterer Havel-Wasserstraße und Rathenower Havel

Bootssteg an der Hauptschleuse Rathenow (oben).
Der Sportboothafen in Premnitz (unten).

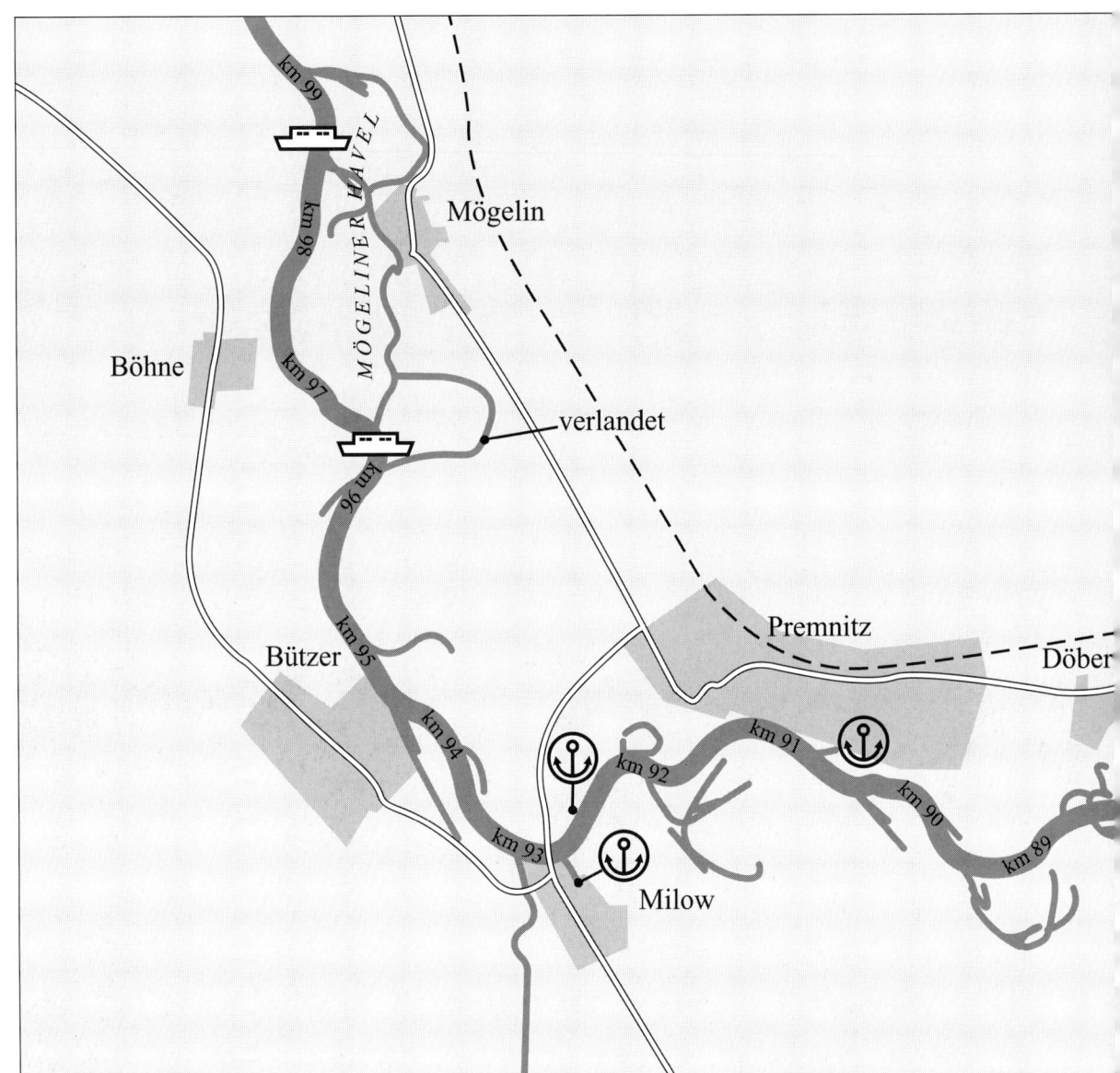

km 92,8 LU: Sportboothafen Milow mit Boots-werft „Jerichow". Einfache Stege in einem kurzen Altarm. Sehr schöne, ruhige Lage. Einfache sani-täre Anlagen. Versorgung im Ort Milow: Bäcker, Friedensstraße (250 m); Lebensmittel, Friedens-straße (500 m). Gaststätte „Kastanienhof", Friedensstraße (600 m).

km 92,7 RU: Sportboot-Klubhafen Milow in ei-nem Altarm. Bewirtschaftetes Klubhaus „Boots-haus-Gaststätte". Sanitäre Anlagen. Versorgung siehe km 92,8.

km 90,8 RU: Sportboothafen Premnitz. Anlage in einem kurzen Altarm vor der etwas tristen Kulisse der Neubau-Wohnanlagen von Premnitz. Keiner-lei Sanitäreinrichtungen. Dafür aber: Schiffsgast-stätte „Dampferschiff Dora" direkt am Hafen.

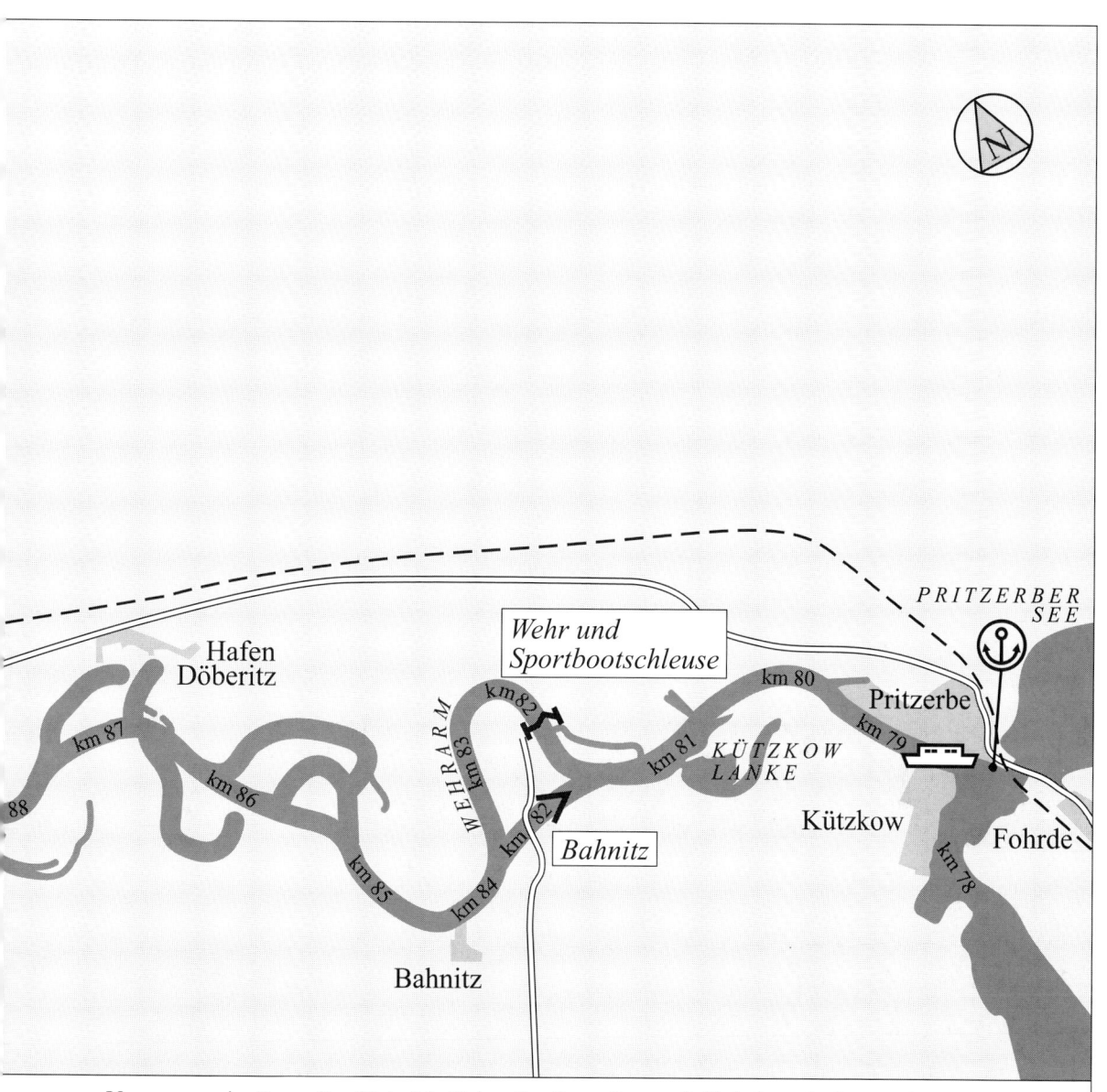

Versorgung in Premnitz, Heinrich-Heine-Straße (900 m). Tankstelle (alle Kraftstoffarten): Heinrich-Heine-Straße Richtung Brandenburg (1,3 km).

km 86,9 RU: Industriehafen Döberitz. Keine Einrichtungen für Sportboote.

km 85,7: Fähre.

km 83,6: Zusammenfluß des Schleusenkanals der Staustufe Bahnitz mit dem Wehrarm der Havel. Fahrtrichtung Steuerbord: Schleusenkanal. Fahrtrichtung Backbord: Wehrarm.

Schleusenkanal der Staustufe Bahnitz

km 83,6 LU: Mündung des Schleusenkanals (Unterwasser) in die Untere Havel-Wasserstraße.

km 81,9: Schleuse Bahnitz. Kammerlänge: 215,0 m; Kammerbreite: 10,0 m.

km 81,5 LU: Abzweig des Schleusenkanals (Oberwasser) aus der Unteren Havel-Wasserstraße.

Wehrarm der Havel

km 82,0: Nadelwehr und Sportbootschleuse Bahnitz. Kammerlänge: 12,0 m; Kammerbreite: 2,39 m. Selbstbedienungsschleuse!

km 81,5 LU: Abzweig des Schleusenkanals Bahnitz (Oberwasser).

km 79,0: Fähre Kützkow – Pritzerbe. Ortslage Pritzerbe.

km 78,7 RU: Sportbootanlage Pritzerbe. Steganlage am Ortsrand. Ohne Service. Vorsicht bei der Ansteuerung, flache Stellen!

Versorgung: Ortsmitte Pritzerbe, Damm-/Hauptstraße (700 m). Gaststätten: „Havelblick", Vor

dem Kietz (500 m); „Zur Sonne", Puschkinstraße (600 m).

km 78,6 RU: Zufahrt zum Pritzerber See. Vorsicht unter den Brücken. Dort soll es Hindernisse geben! Der knapp 3 km lange See ist befahrbar. Wassertiefe bei normalem Wasserstand 1,5 m.

Bei Pritzerbe knickt die Havel um 90 Grad nach Süden ab. Der Flußcharakter weicht immer mehr einer fortlaufenden Seenlandschaft. Die Seen sind durch schmalere Gewässerabschnitte miteinander verbunden. Teilweise handelt es sich um den Verlauf der alten Havel, teilweise aber auch um künstliche „Durchstiche".

Ansteuerungen engerer Passagen sind durch Sichtzeichen gut markiert. Auf den flächigen Havelabschnitten sollte man die durch Bojen gekennzeichnete Fahrrinne nicht mehr verlassen, jedenfalls nicht ohne revierkundigen Lotsen!

Nadelwehr Bahnitz von der Sportbootschleuse aus gesehen.

km 74,7 RU: Einfacher
Steg vor der Gaststätte
„Havelidyll".
km 71,5 bis 70,5:
Briester Durchstich.

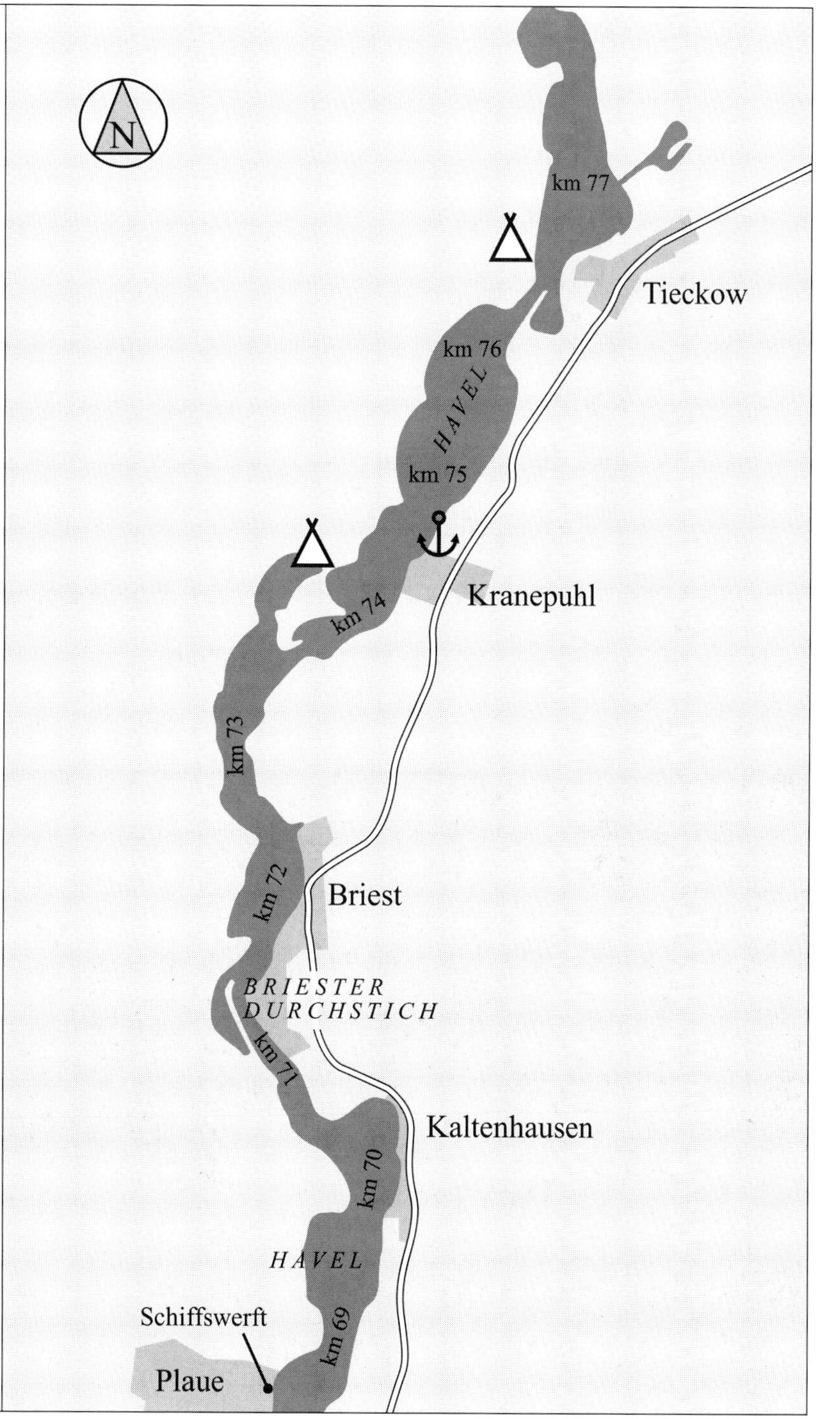

km 77

Tieckow

km 76

HAVEL

km 75

Kranepuhl

km 74

km 73

km 72

Briest

*BRIESTER
DURCHSTICH*

km 71

Kaltenhausen

km 70

HAVEL

Schiffswerft

km 69

Plaue

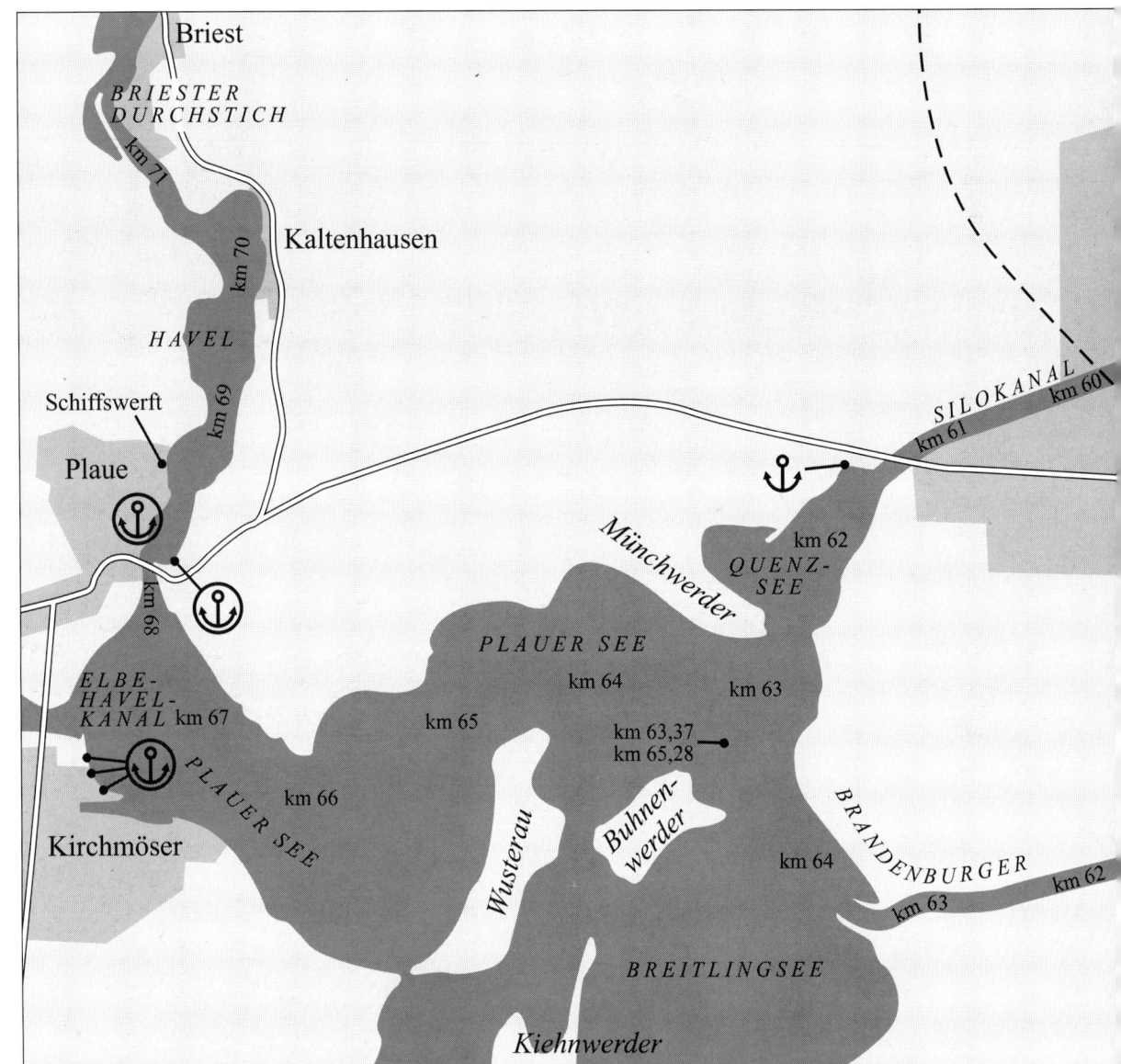

km 68,4 LU: Sportboothafen neben der Schiffs-reparaturwerft Plaue.

km 68,1 RU: Sportboothafen hinter den Fisch-zucht-Anlagen. Bootshaus, Slip. Zur Ortsmitte von Plaue über die Havelbrücke. Dort Versorgungsmöglichkeiten.

km 68,0: Beginn Plauer See. Die Fahrrinne ist betonnt!

km 66,7 LU: Mündung des Elbe-Havel-Kanals (Anschluß siehe dort). Im Mündungsbereich Elbe-Havel-Kanal/Plauer See vor der Ortschaft Kirchmöser mehrere Sportboothäfen. Waschgelegenheit, WC, Wasseranschluß an Land. Schienenslip mit Umladekran 1,2 t. Klubgaststätte mit Imbiß.

km 63,4 LU: Mündung der Brandenburger Niederhavel.

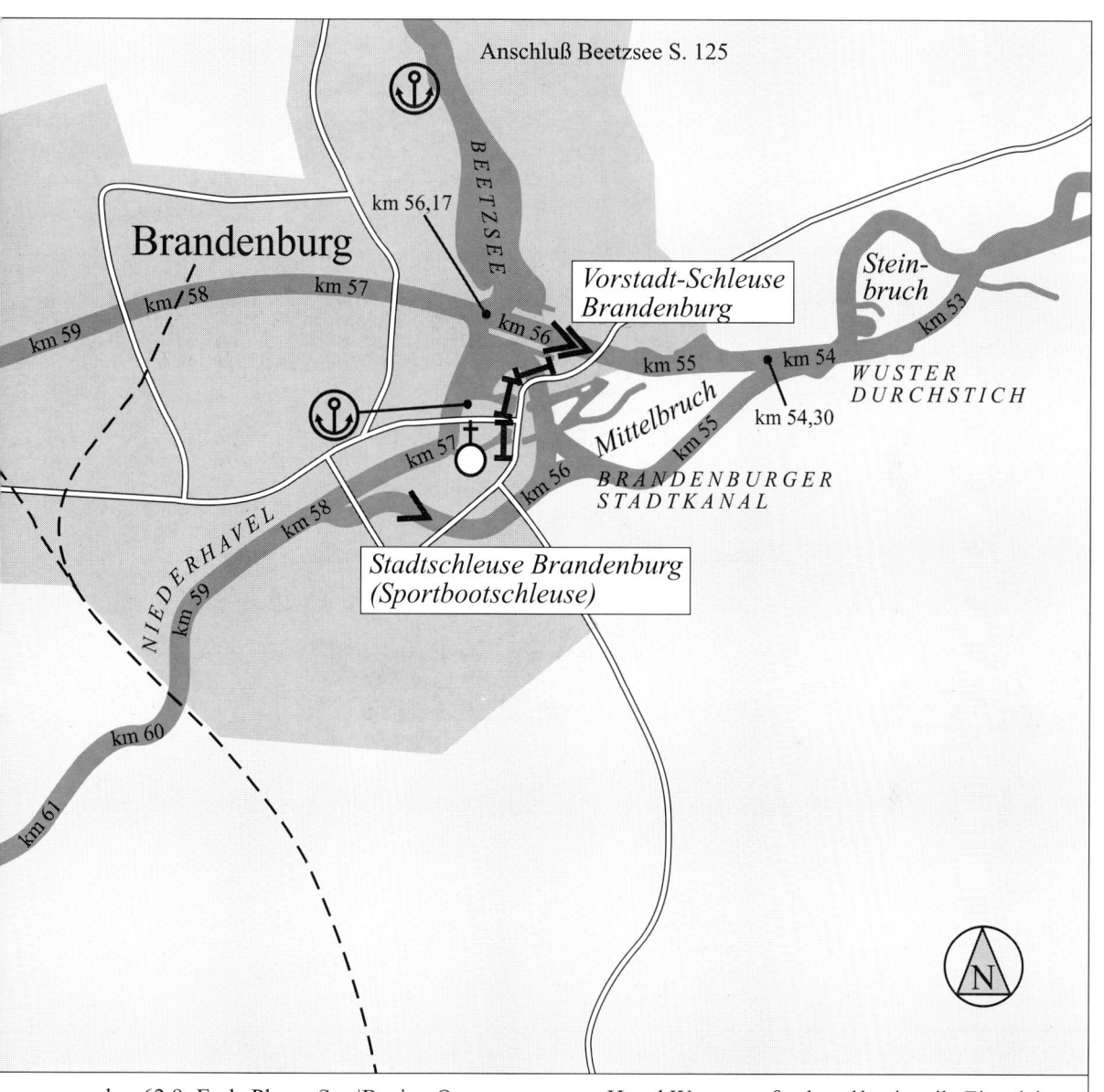

Anschluß Beetzsee S. 125

Brandenburg

km 56,17

BEETZSEE

Vorstadt-Schleuse
Brandenburg

Stein-
bruch

km 59 km 58 km 57 km 56

km 55 km 54 km 53

km 54,30

WUSTER
DURCHSTICH

Mittelbruch

km 55

km 57 BRANDENBURGER
STADTKANAL

km 56

NIEDERHAVEL km 58

Stadtschleuse Brandenburg
(Sportbootschleuse)

km 59

km 60

km 61

N

km 62,9: Ende Plauer See/Beginn Quenzsee.
km 61,6 RU: Sportboot-Liegeplätze. Ideal zum
Bunkern von Kraftstoff. Tankstelle an der Plauer
Landstraße, alle Kraftstoffarten (300 m).
km 61,5: Silokanal (für Sportboote gesperrt!)
Für Sportboote führt der Weg nach Brandenburg
über die Brandenburger Niederhavel. Sie zweigt
bei km 63,4 Richtung Süden von der Unteren

Havel-Wasserstraße ab und beginnt ihr Eigenleben
mit km 65,3. Ihre betonnte Fahrrinne führt zunächst Richtung Breitlingsee und schwenkt dann
am Plauer Gemünd in die Niederhavel ein. Bei
km 56,2 stößt die Brandenburger Niederhavel am
anderen Ende des Silokanals wieder mit der Unteren Havel-Wasserstraße zusammen.

Auf der Brandenburger Niederhavel Richtung Brandenburg (oben).
Brandenburg: hinter der Stadtschleuse (Sportbootschleuse, unten).

Die Brandenburger Niederhavel ist im Stadtgebiet mit Sportbootstegen übersät. Besonders empfehlenswert ist der Sportboothafen bei km 56,8 an der Brandenburger Niederhavel. Klubhaus mit kleinem Imbiß und Getränken; Waschgelegenheit, WC. Gute Versorgungsmöglichkeiten in der Stadt, beispielsweise am Neustädter Markt (1,5 km). Gaststätten: „Ratskeller", Am Paduin (700 m); „Gastmahl des Meeres", Steinstraße (1,9 km).
Gute Sportboothäfen findet man am Beetzsee, einlaufend an Backbord. Der Beetzsee beginnt in nördlicher Verlängerung der Brandenburger Niederhavel nach Überqueren der Unteren Havel-Wasserstraße. Besonders empfehlenswert ist der Hafen des Motorboot-Clubs hinter der Tribüne der Regattastrecke: Clubhaus, Waschgelegenheit, WC, Badestrand, Campingwiese. Sehr brauchbare Slipanlage.
Der Beetzsee ist bis hinauf zum Ort Päwesin auf 18 km schiffbar. Seine Wassertiefe liegt bei normalem Wasserstand bei etwa 1,70 m. Die

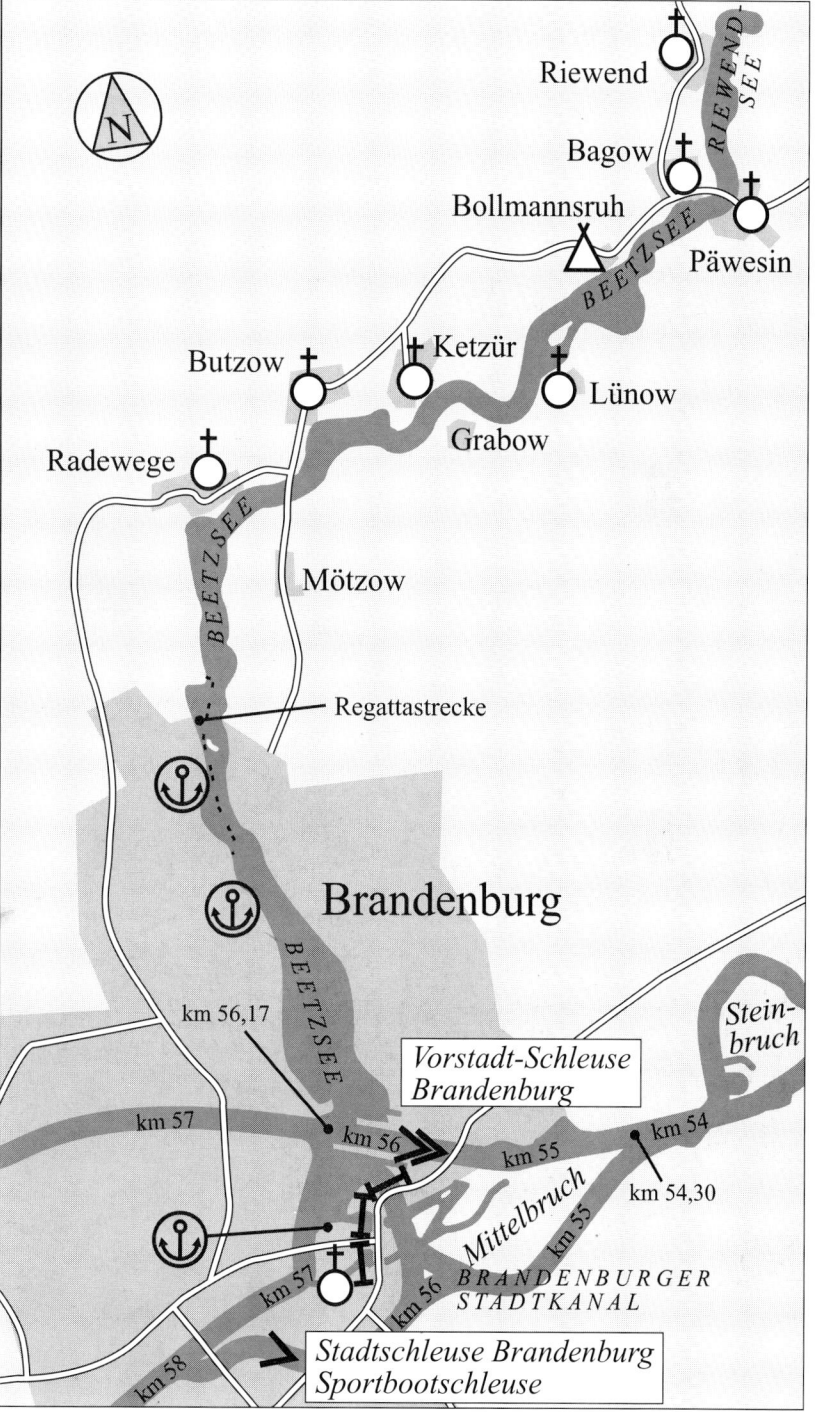

Seeabschnitte sind durch teilweise sehr enge Passagen (8 bis 10 m) miteinander verbunden. Der an den Beetzsee anschließende Riewendsee darf von Motorbooten nicht befahren werden.

km 58,4 der Brandenburger Niederhavel: Mündung des Brandenburger Stadtkanals. Durch diesen Kanal und seine Sportbootschleuse (Kammerlänge: 22,0 m; Kammerbreite: 5,30 m) fahren Sportboote, deren Aufbauten nicht mehr als 2,75 m über der Wasserlinie liegen, Richtung Osten weiter. Höhere Aufbauten läßt die Brücke hinter der „Stadtschleuse" nicht zu.

Größere Yachten gehen durch die Vorstadtschleuse (Doppelschleuse) auf der Unteren Havel-Wasserstraße km 55,6.

Kammerlängen: 218 und 170 m; Kammerbreiten: 9,9 und 12,1 m.

km 54,3 LU: Abzweig des Brandenburger Stadtkanals.

Die Havel oberhalb von Brandenburg.

126

km 54,0 bis 53,5:
Wuster Durchstich.
km 51,7 LU: Mündung
des Emster Kanals. Die
Emster Gewässer mit
Emster Kanal, Rietzer
See, Netzener- und
Klostersee sollten nur
mit kleinen, sehr flach
gehenden Booten
befahren werden. Die
Wassertiefe liegt
streckenweise bei nur
0,95 m (bei normalem
Wasserstand). Auf den
kleinen Seen sollte man
die Fahrrinne nicht
verlassen, da es rasch
flach wird.
Die jetzt folgende
Havelstrecke ist eine
wahres Wasser-
Labyrinth: Die künst-
lich begradigte
Schiffahrtsstraße hat
mit ihren Durchstichen
ein Gewirr von Alt-
und Nebenarmen und
dadurch entstandenen
Inseln hinterlassen.
In den Windungen der
Altarme findet man
herrliche Ankerplätze
in freier, fast unberühr-
ter Natur. Doch
Vorsicht beim Verlas-
sen der vorgeschriebe-
nen Fahrrinne: Nicht in
jedem Altarm oder
Nebengewässer findet
man ausreichende
Wassertiefen. Vorsich-
tiges Fahren und
Navigieren hilft,
Propellerschäden zu
vermeiden!

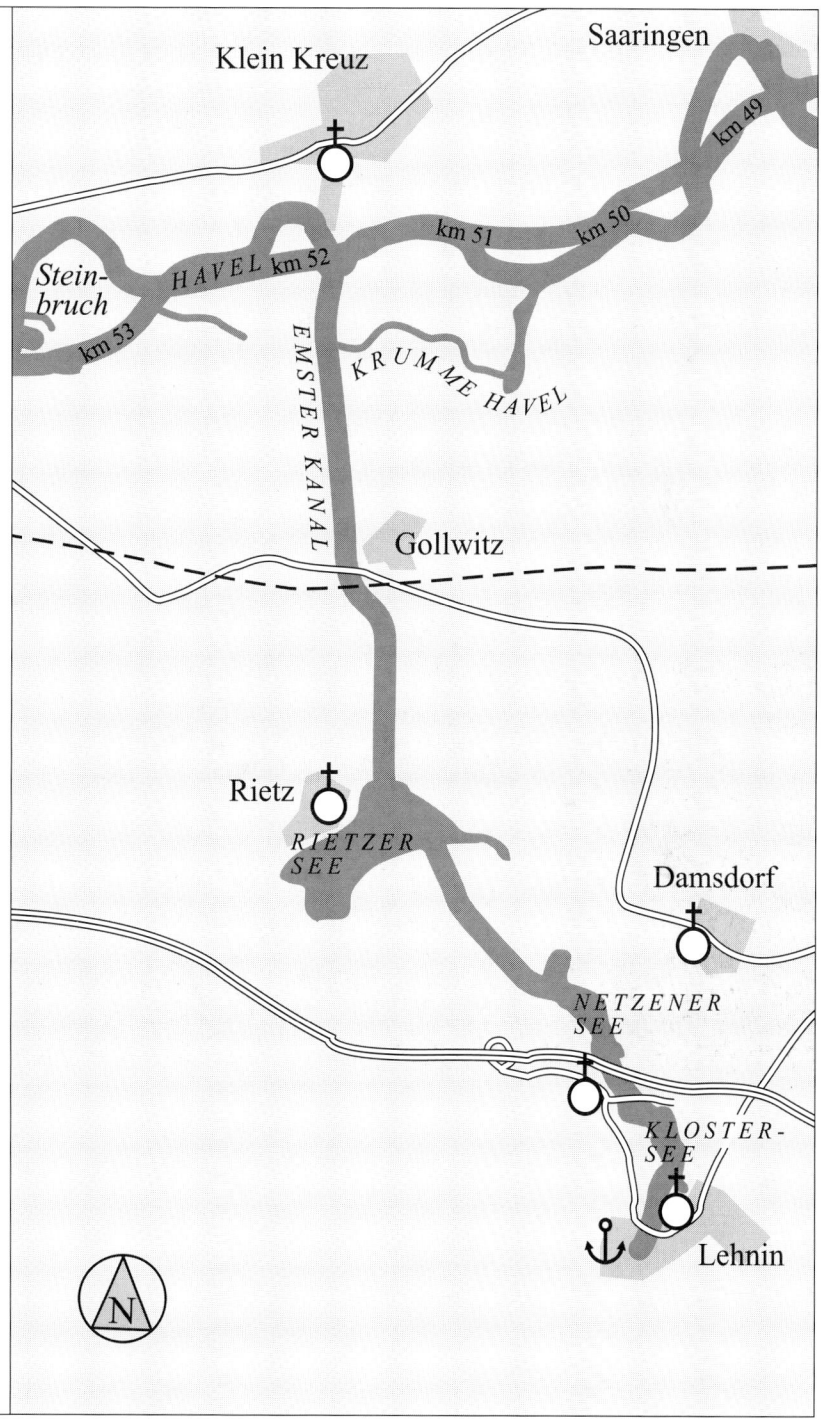

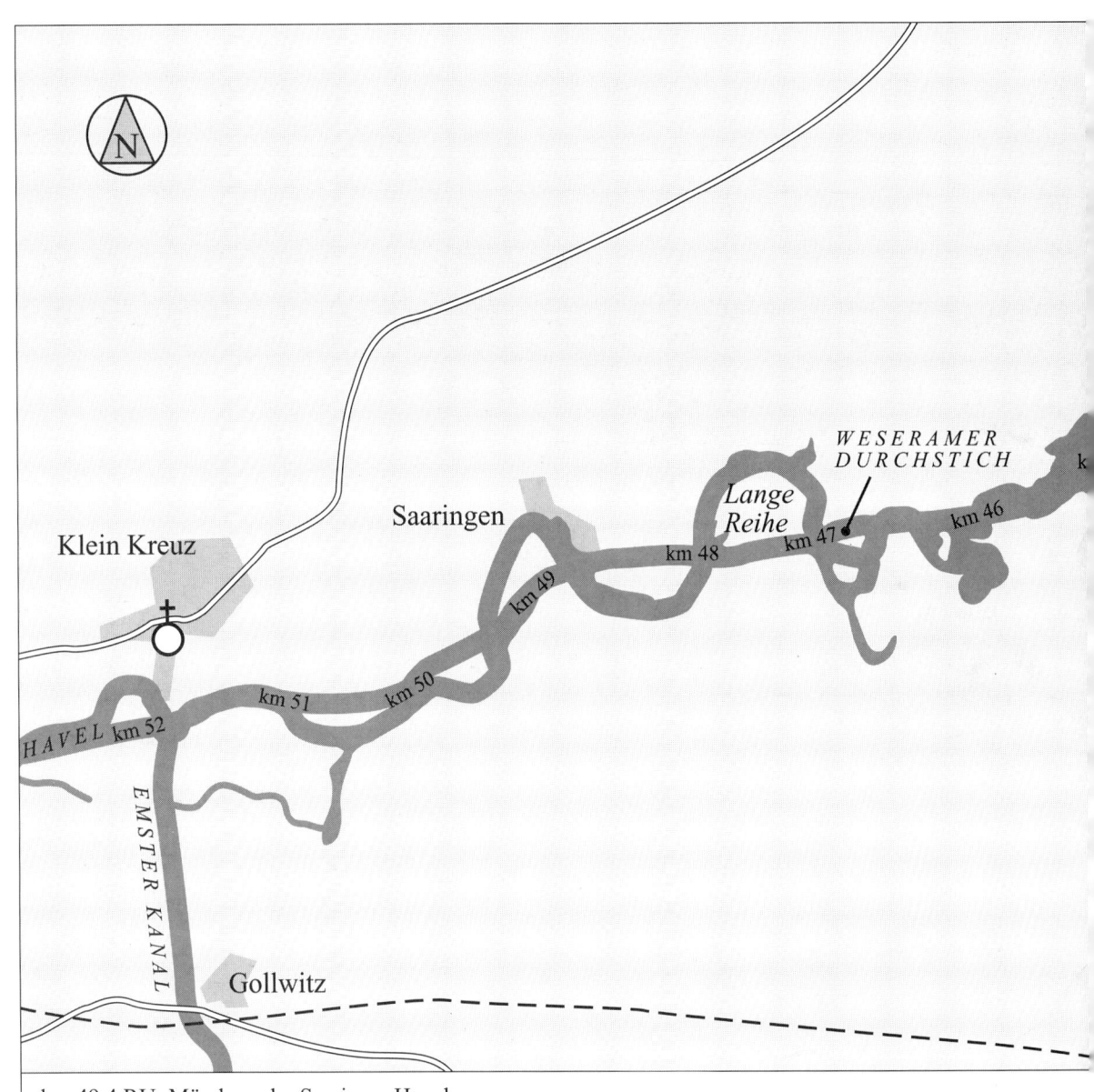

km 49,4 RU: Mündung der Saaringer Havel.
km 48,6 RU: Abzweig der Saaringer Havel.
km 47,0 bis 46,8: Weseramer Durchstich.

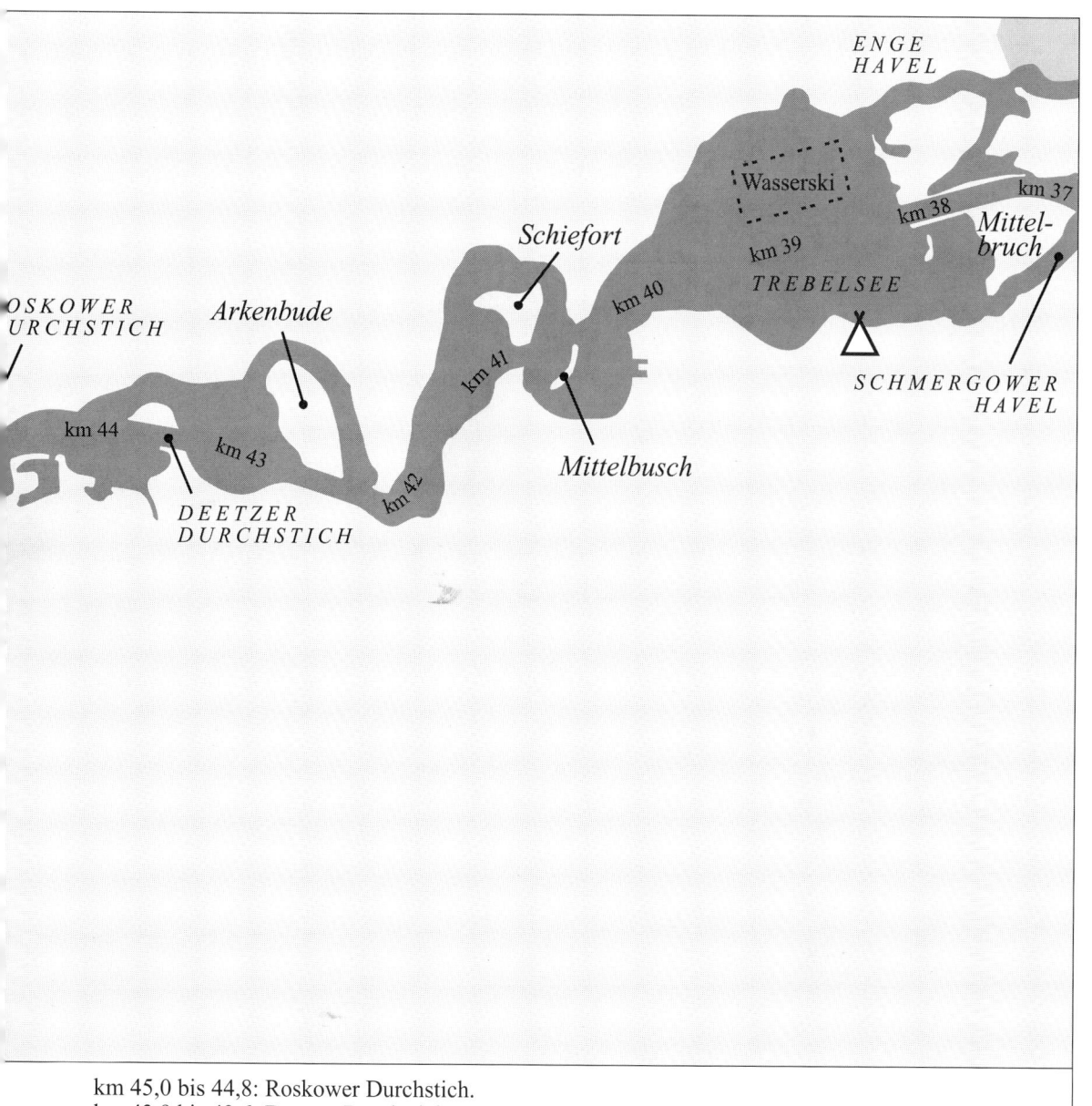

ENGE
HAVEL

Wasserski

km 37

km 38

Mittel-
bruch

Schiefort

km 39

km 40

TREBELSEE

OSKOWER
URCHSTICH

Arkenbude

km 41

SCHMERGOWER
HAVEL

km 44

km 43

km 42

DEETZER
DURCHSTICH

Mittelbusch

km 45,0 bis 44,8: Roskower Durchstich.
km 43,9 bis 43,6: Deetzer Durchstich.
km 40,2 bis 38,1: Trebelsee.

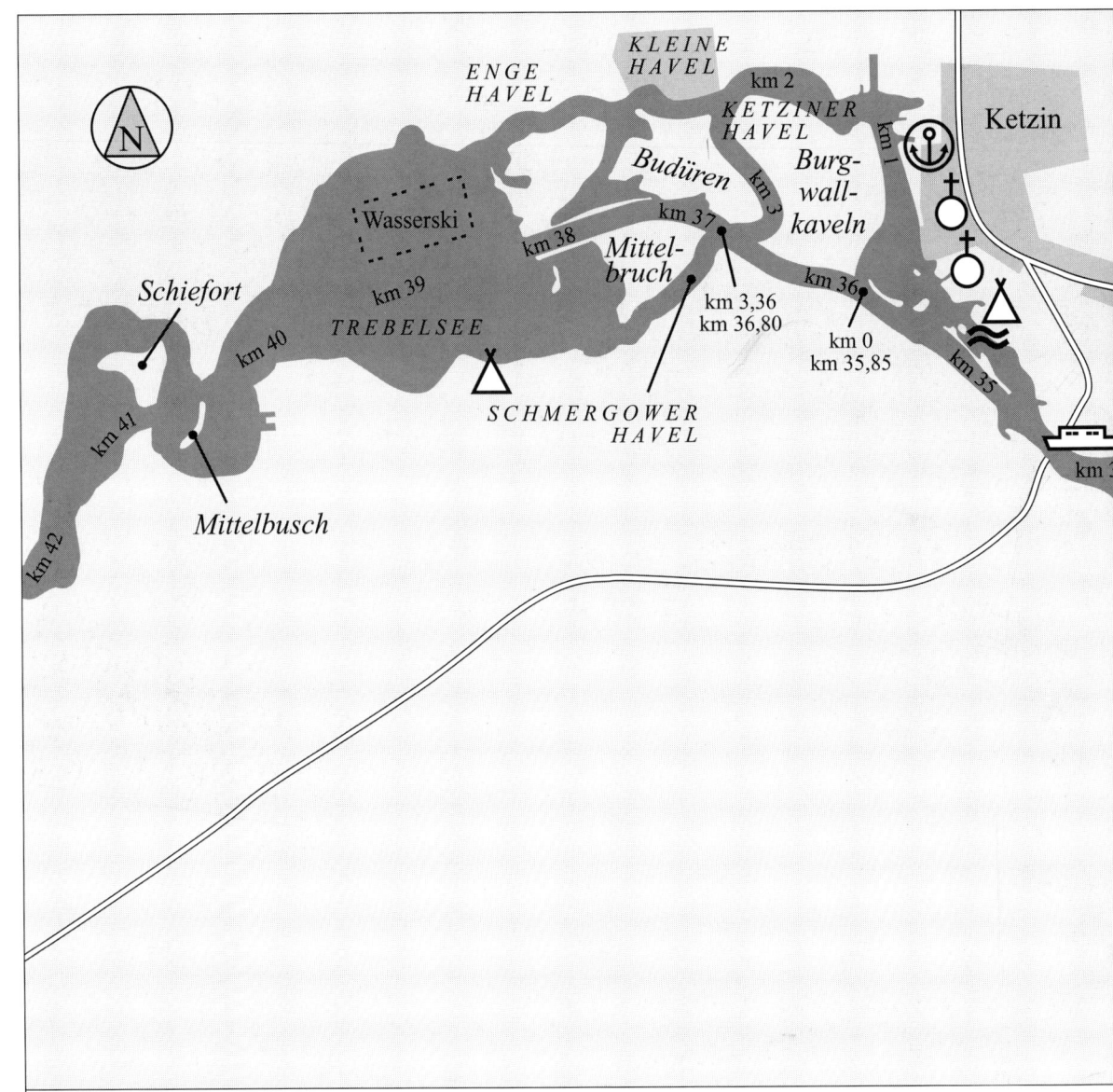

km 36,8 RU: Mündung der Ketziner Havel. Auf 3,4 km durchgehend befahrbar. Führt nach Ketzin (eigene Kilometrierung).

km 35,8 RU: Abzweig der Ketziner Havel. Zufahrt nach Ketzin. Höchstgeschwindigkeit auf der Ketziner Havel: 6 km/h.

Ketziner Havel

km 0,7 RU: Sportbootanlagen Ketzin. Bootshaus, Klubhaus, sanitäre Anlagen mit Dusche. Versorgung in der Ortsmitte (700 m). Gaststätten „Tuta" (800 m); „Brückenkopf". Brandenburger Chaussee mit eigenem Anleger in Nebenarm der Ketziner Havel am Ortseingang.

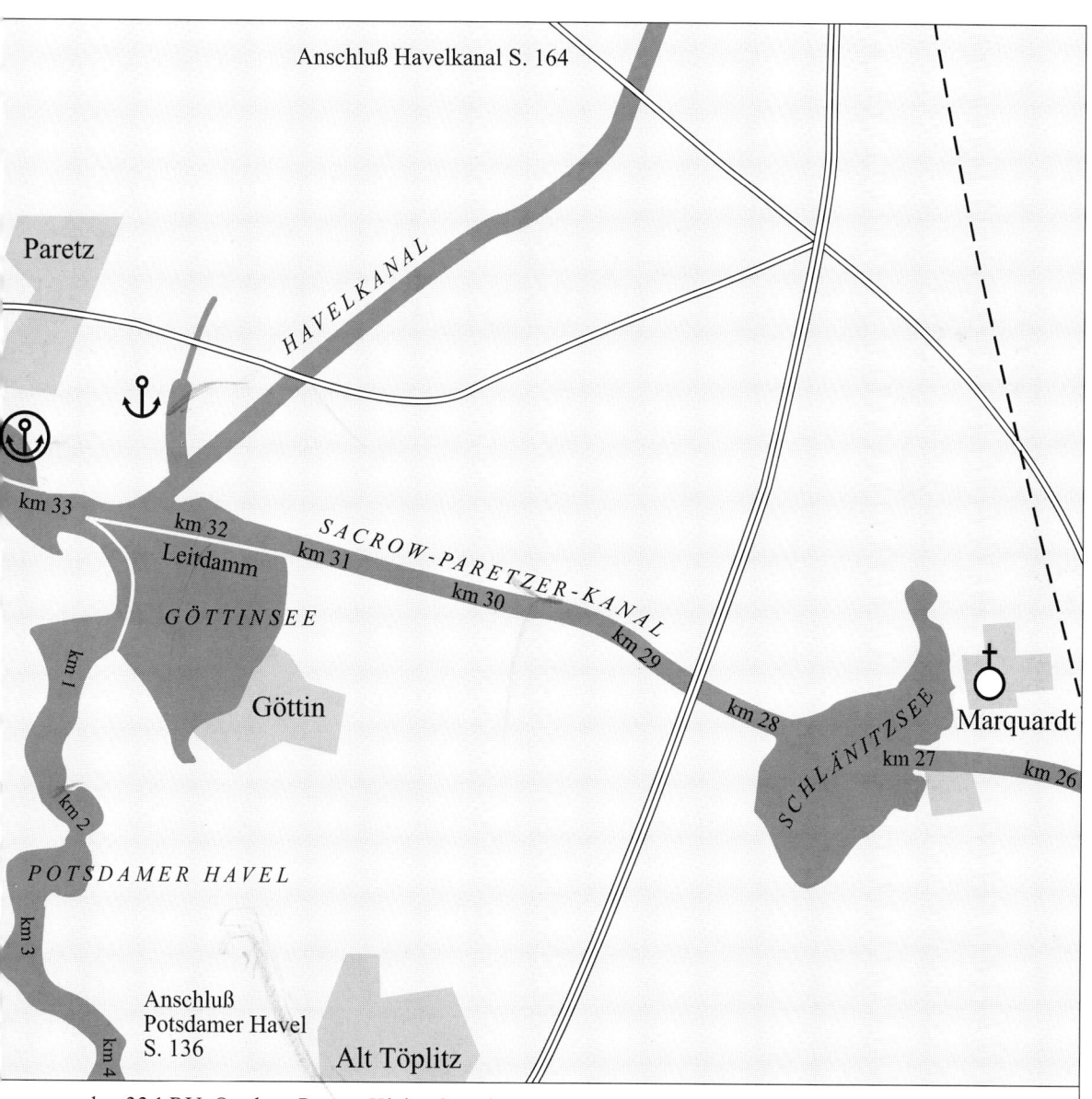

Anschluß Havelkanal S. 164

Paretz

HAVELKANAL

km 33

km 32

Leitdamm

km 31

SACROW-PARETZER-KANAL

km 30

GÖTTINSEE

km 29

km 1

Göttin

km 28

SCHLÄNITZSEE

km 27

Marquardt

km 26

km 2

POTSDAMER HAVEL

km 3

Anschluß
Potsdamer Havel
S. 136

km 4

Alt Töplitz

km 33,1 RU: Ortslage Paretz. Kleine Sportbootanlage (Steg) am Ufer.

km 33,1 LU: Mündung der Potsdamer Havel (Anschluß siehe Seite 136f).

Hinweis: Der kürzeste Weg nach Berlin führt jetzt über die durchweg kanalisierte Strecke der Unteren Havel-Wasserstraße, den Sacrow-Paretzer-Kanal. Skipper, die es nicht eilig haben, sollten den etwas längeren, aber weitaus schöneren Weg über die Potsdamer Havel nehmen.

km 32,6 RU: Mündung des Havelkanals.

Hinweis: Wer auf dem Weg Richtung Oder bzw. Mecklenburgische Gewässer Berlin umfahren möchte, kann ab hier den Havelkanal benutzen, der im Nordwesten Berlins wieder in die dann Obere Havel mündet.

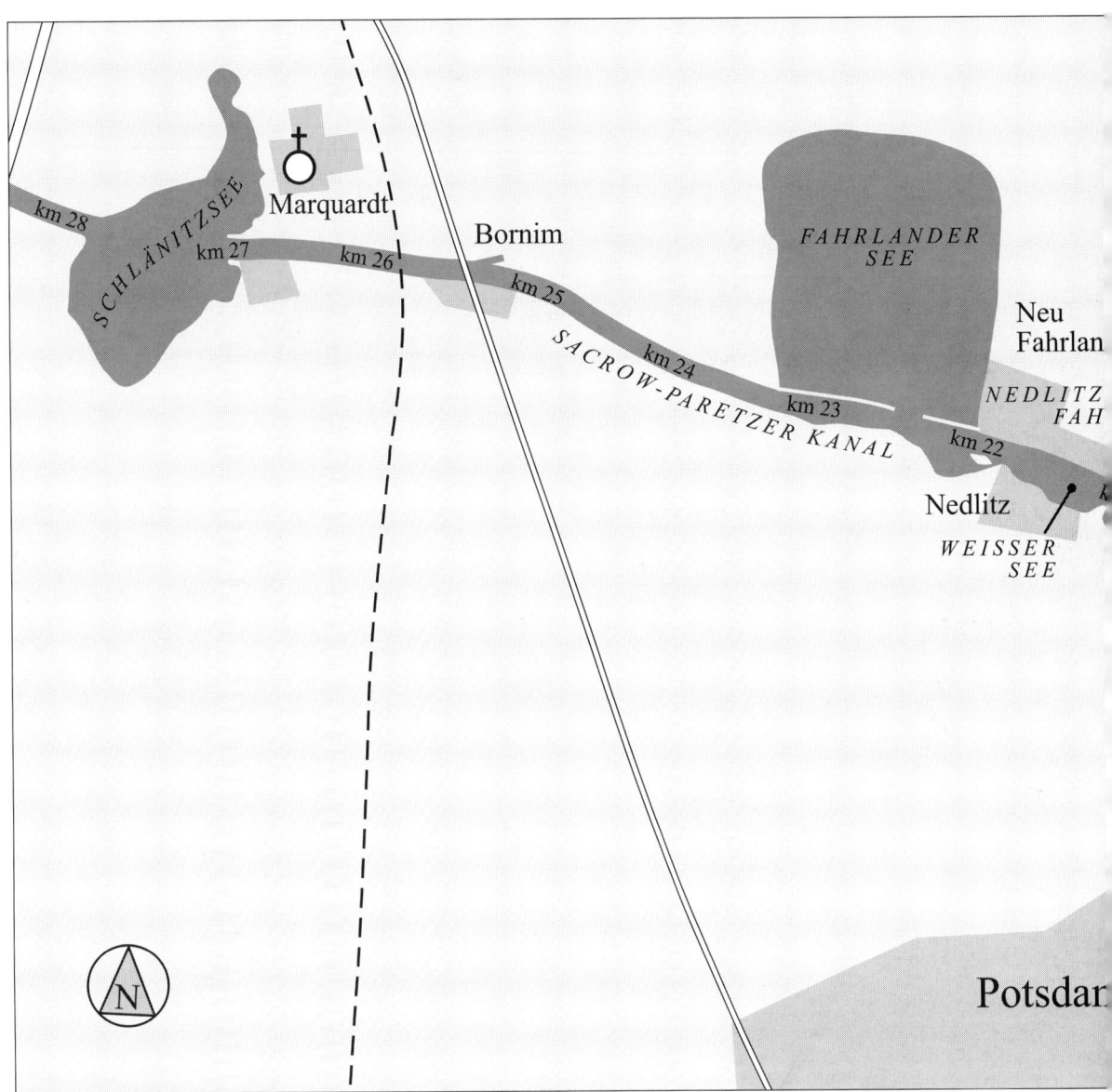

km 32,6 LU: Beginn Leitwerk des Sacrow-Paretzer-Kanals. Das Leitwerk darf nicht überfahren werden. Das Leitwerk trennt den Kanal vom Göttinsee.

km 27,9 bis 27,0: Schlänitzsee. Im betonnten Fahrwasser bleiben. Der Schlänitzsee ist für Boote mit Maschinenantrieb gesperrt!

km 23,2 bis 22,0 RU: Leitwerk zwischen Sacrow-Paretzer-Kanal und Fahrlander See.

km 22,3 RU: Zufahrt zum Fahrlander See. Der See ist sehr flach und für Motorboote praktisch unbefahrbar.

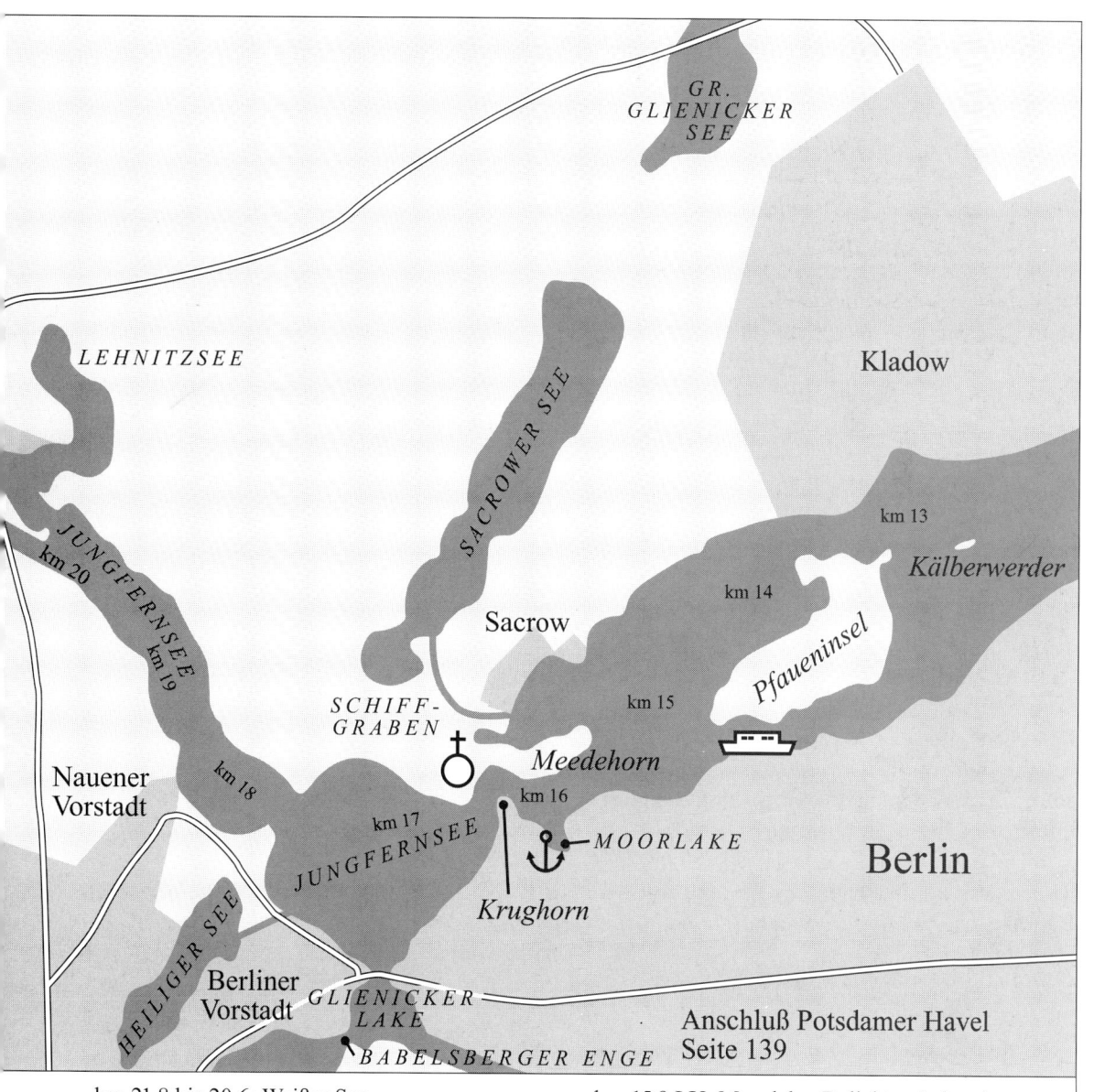

km 21,8 bis 20,6: Weißer See.
km 21,5 LU: Ortslage Nedlitz.
km 20,1 bis 16,3: Jungfernsee.
km 16,3 LU: Abzweigung der Potsdamer Havel
(Anschluß siehe Seite 139).

km 15,9 LU: Moorlake. Beliebter Ankerplatz.
km 15,0 bis 13,1 LU: Pfaueninsel mit zahlreichen
Ankerplätzen (Anschluß siehe im Kapitel Berlin,
Seite 273 und Plan Seite 284).

Die Potsdamer Havel

Nur 30 Kilometer lang ist die Potsdamer Havel zwischen dem Göttinsee bei Paretz und dem Jungfernsee in Berlin-Glienicke. Was aber auf dieser kurzen Distanz geboten wird, kann sich in jeder Hinsicht sehen lassen.

Wassersportlich offeriert die Aneinanderreihung der Havelseen alles, wovon Skipper träumen: Lauschige Ankerplätze in freier Natur ebenso wie zahllose Anlegemöglichkeiten bei Clubs. Und das alles in einer scheinbar unberührten, kaum zersiedelten, leicht hügeligen Landschaft.

Ein paar havelländische Dörfer und zwei ausgewachsene Städte: Werder, Zentrum des havelländischen Obstanbaus und zur Baumblüte traditionelles Ziel zahlloser Touristen. Und dann Potsdam: Wer denkt da nicht an Sanssouci und die großen Preußen. Insgesamt sollte man für dieses Revier schon ein paar Tage Zeit mitbringen.

Die Berufsschiffahrt auf der Potsdamer Havel ist gering. Das liegt ganz einfach daran, daß die Binnenschipper auf dem Weg von und nach Berlin die Abkürzung über den Sacrow-Paretzer-Kanal benutzen. Zur Freude der Wassersportler, denn diese werden allenfalls einmal von den Dampfern der Weißen Flotten aus Potsdam und Berlin aufgeschreckt.

Bis 1876 war die Potsdamer Havel übrigens einziger Schiffahrtsweg der Unteren Havel. Erst die Eröffnung des Sacrow-Paretzer-Kanals machte sie sozusagen zu einem Nebenfahrwasser.

Fahrhinweise

Die Fahrrinne der Potsdamer Havel ist durchgehend betonnt. Auch die schiffbaren Nebenfahrwasser, wie beispielsweise die Fahrt nach Ferch auf dem Schwielowsee, ist mit Tonnen markiert. Wie auf allen Havelseen gilt auch hier äußerste Vorsicht beim Verlassen der Fahrrinne. Fragen Sie Revierkundige, bevor Sie sich abseits der Fahrrinne bewegen.

Innerhalb der Fahrrinne liegt die Wassertiefe bei mindestens 1,90 m bei mittlerem Wasserstand. Die geringste Brückendurchfahrtshöhe bei höchstschiffbarem Wasserstand beträgt 3,8 m (entspricht rund 5,0 m bei mittlerem Wasserstand).

Auch die Strömungsgeschwindigkeit der Potsdamer Havel bereitet keine Probleme: Sie liegt im Höchstfall bei knapp 3 km/h.

Versorgung / Liegeplätze

Werder und Potsdam sind die beiden Städte mit den besten Versorgungsmöglichkeiten an der Potsdamer Havel. In Potsdam gibt es sogar die einzige Sportboottankstelle direkt am Wasser.

Ab der Saison 1991 soll sie mit Benzin und Diesel ausgerüstet sein (bisher nur Benzin und Gemisch).

In Werder, vor allem aber in Potsdam, gibt es eine kaum überschaubare Zahl von Sportboothäfen, Steganlagen und privaten Bootsstegen. In unserer Streckenbeschreibung haben wir nur die größten und von ihrem Service her besten Anlagen beschrieben.

Auf der grünen Wiese: Der Motorboot-Club Werder (oben).
Die Potsdamer Havel bei Geltow (unten).

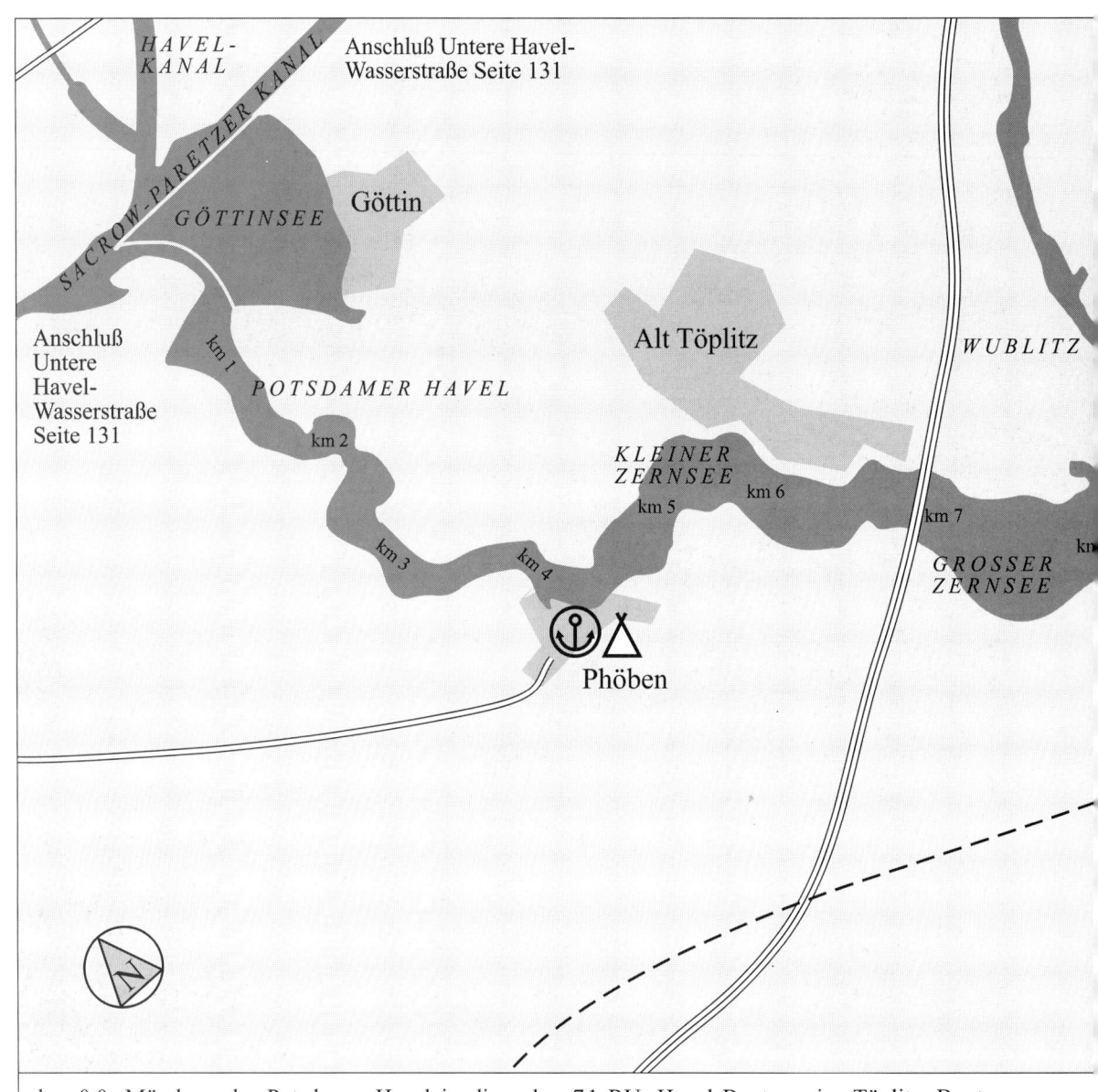

km 0,0: Mündung der Potsdamer Havel in die Untere Havel-Wasserstraße bei km 33,1.

Das Leitwerk am rechten Ufer der Einfahrt in die Potsdamer Havel darf nicht überfahren werden. Dahinter liegt der gesperrte Göttinsee.

km 4,2 LU: Ortslage Phöben. Mehrere Bootsstege vor dem Zeltplatz Phöben. Versorgungsmöglichkeiten im Ort.

km 7,1 RU: Havel Bootsservice Töplitz. Bootsreparaturen, Gastliegeplätze, Slip. Versorgung im Ort.

km 9,0 RU: Mündung der Wublitz. Diese führt über knapp 7 km über den Schlänitzsee zur Unteren Havel-Wasserstraße. Für Motorboote gesperrt!

km 10,3 LU: Sportbootanlage Motorbootclub

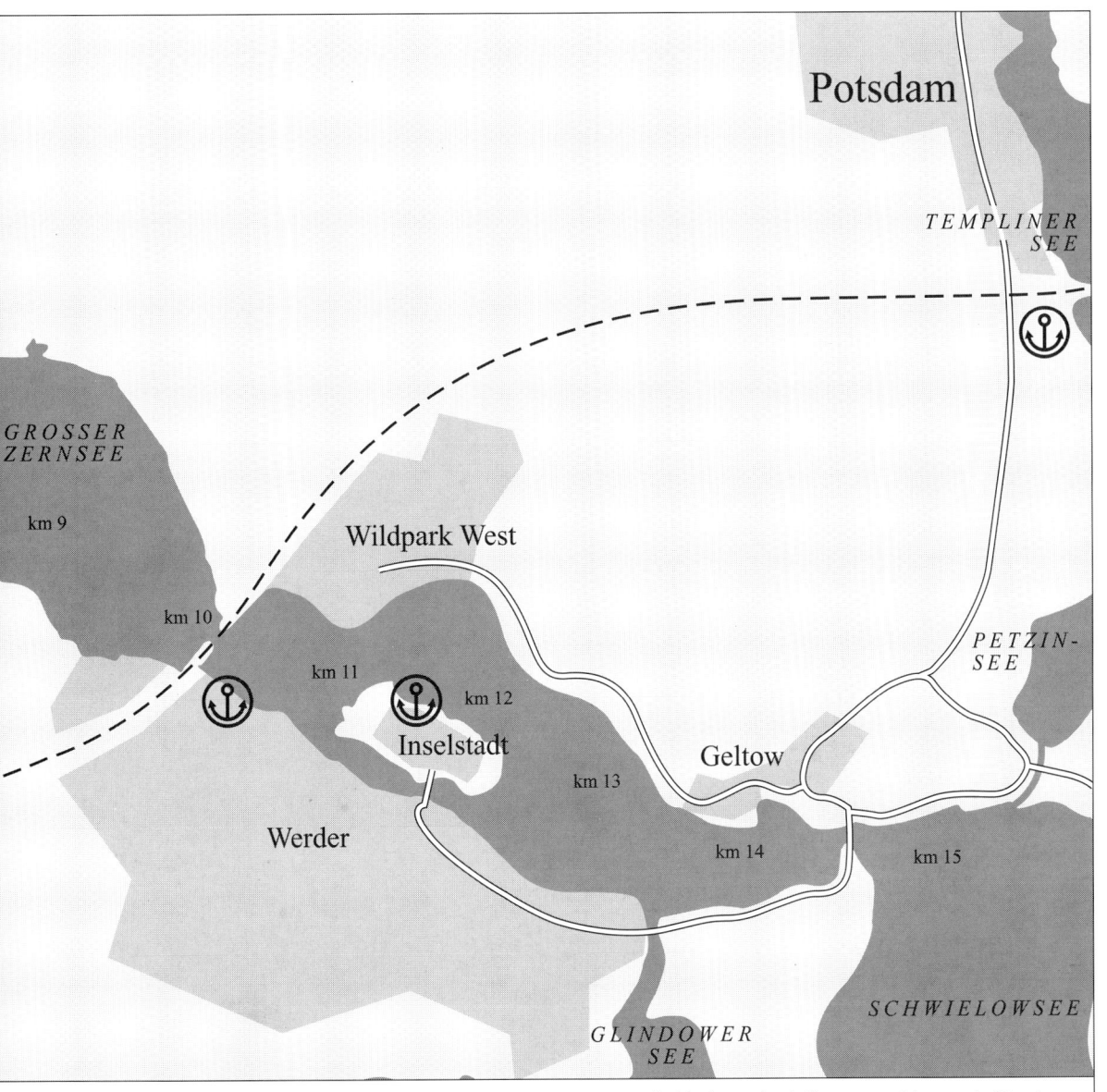

Werder. Steganlage vor einem schönen Wiesen-
grundstück. Sanitäre Anlagen mit Dusche, Wasch-
gelegenheit, WC.
Grundversorgung am Bahnhof Werder (1 km).
Gaststätten: „Anglerheim" (Terrasse mit See-
blick), Richtung Ortsmitte (1,1 km). „Baumblüte",
Gaststätte und Eiscafé, am Bahnhof (1 km).
Zwar gibt es rund um Werder weitere Liege-

möglichkeiten, doch liegt man hier auch für einen
längeren Aufenthalt sicher und ruhig. Und Werder
lohnt einen längeren Aufenthalt. Stadt und Umgebung sind Zentrum des havelländischen Obst-
anbaugebietes, das früher als „Obstkammer Berlins" galt. Besonders berühmt ist das in jedem
Frühjahr stattfindende Baumblütenfest.

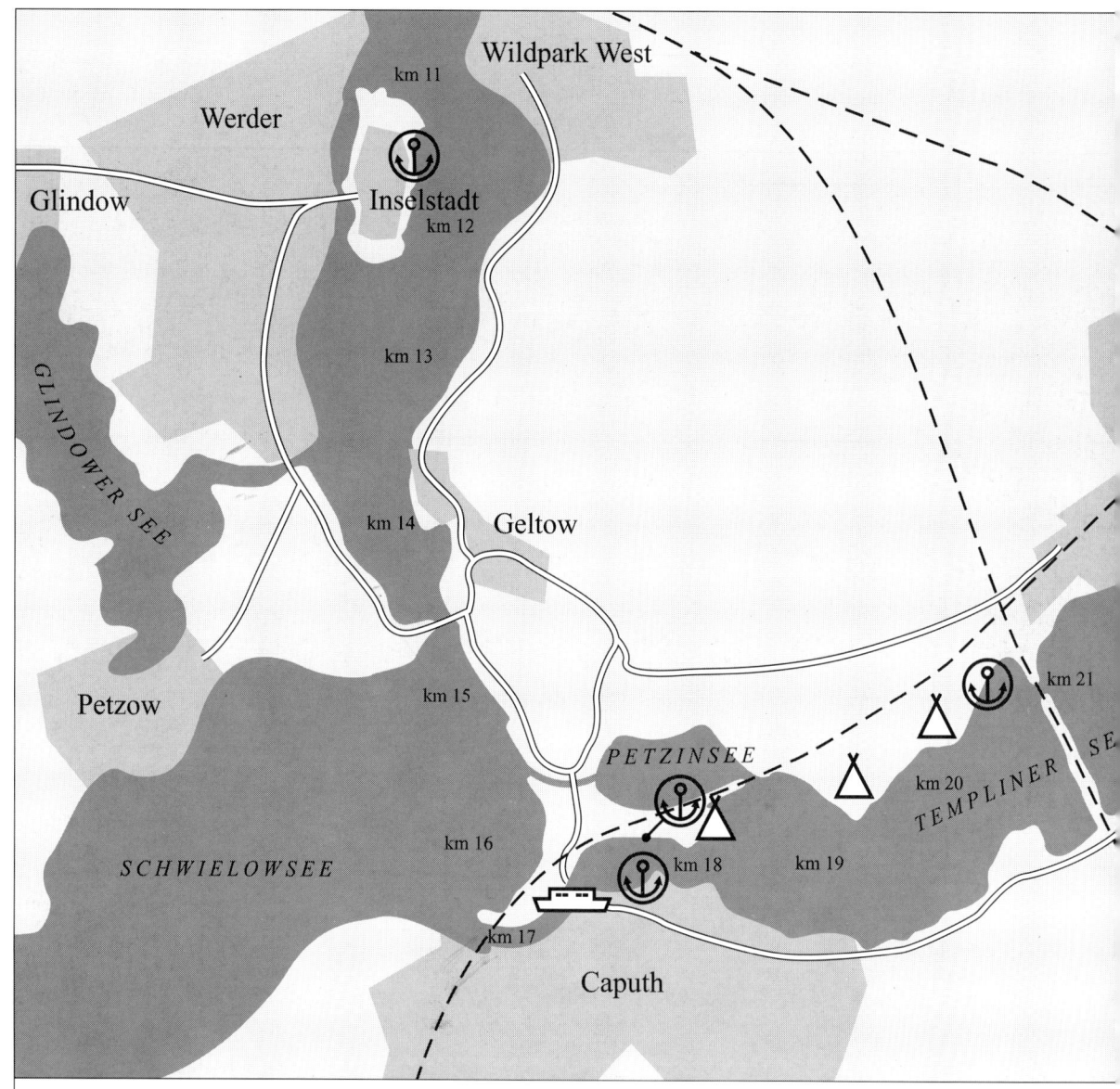

Sehenswert ist die Altstadt Werders, die „Inselstadt", sowie die malerisch gelegene, spätroma-
nische Dorfkirche „Zum Heiligen Geist". Lohnend
auch ein Besuch des Obstbau-Museums.
km 11,1 bis 12,5 LU: Inselstadt Werder. Dort auch
Liegemöglichkeiten an einfachen Steganlagen.
km 13,5 LU: Mündung Glindower See. Auf rund
7 km befahrbar, führt der See nach Petzow (neu-

gotisches Schloß [1828] mit schönem Park) und
Glindow.
km 14,7: Baumgartenbrücke. Begegnungsverbot
unter der Brücke. Verbindung zwischen Zern- und
Schwielowsee.
Der Schwielowsee ist bis zur Ortschaft Ferch auf
5 km befahrbar. Die Fahrt nach Ferch ist betonnt.
Auf dem Schwielowsee sollte man das betonnte

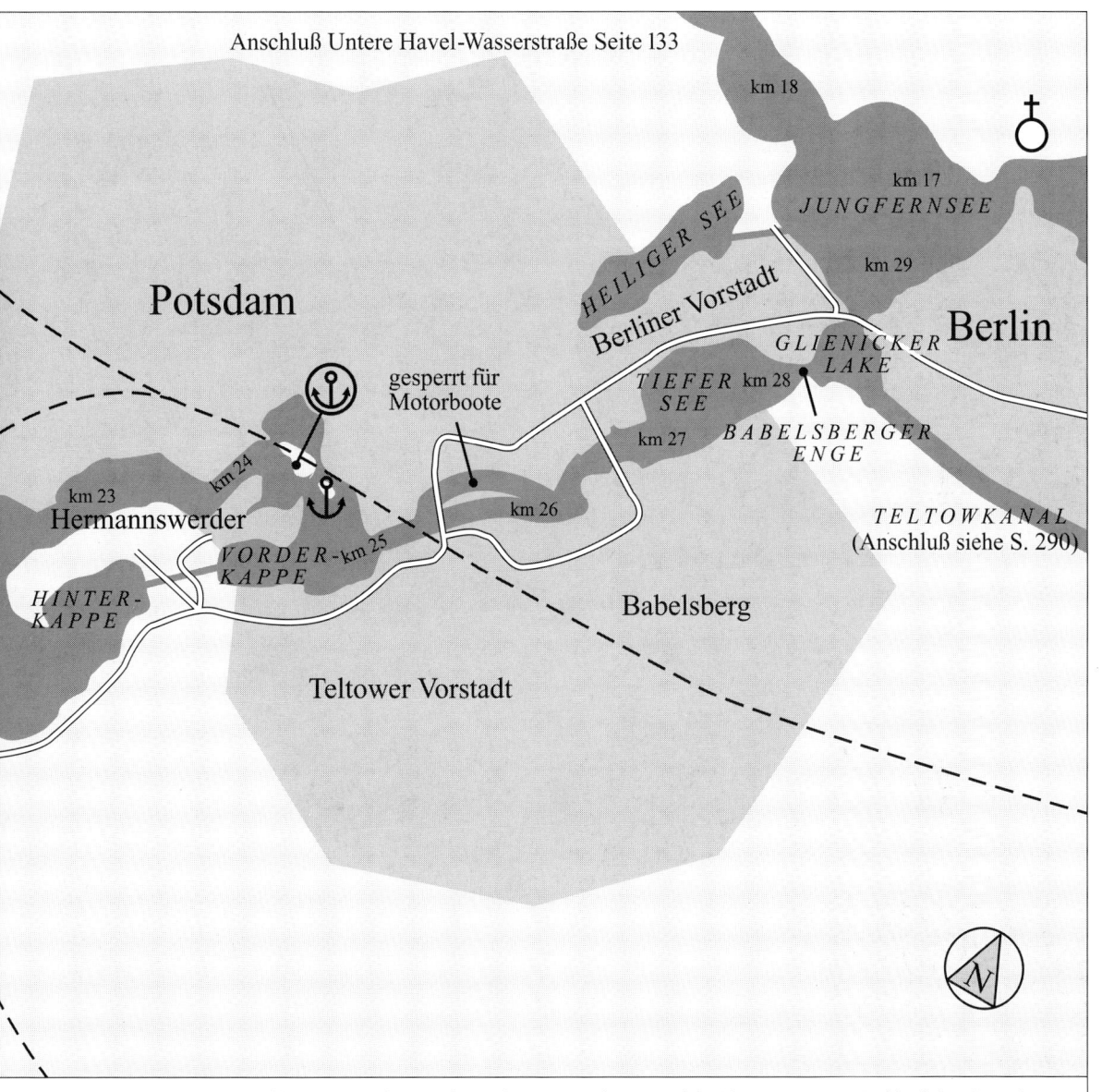

Anschluß Untere Havel-Wasserstraße Seite 133

Fahrwasser nur bei bester Ortskenntnis verlassen. Insbesondere der Ostteil des Sees ist stark verkrautet und überwiegend nur rund 0,5 m tief!

km 16,8 bis 18,2: Caputher Gemünd. Sehr enge Verbindung zwischen Schwielow- und Templiner See. Höchstgeschwindigkeit auf dieser Strecke: 9 km/h.

km 17,5: Fähre Caputh.

km 17,7 bis 18,1 LU+ RU: Zahlreiche Sportbootanlagen zwischen Fährhaus Caputh und Leuchtfeuer Caputh I an beiden Ufern des erweiterten Gemünds.

km 20,8 RU: Großer Sportboothafen in einer schönen Bucht neben Eisenbahnbrücke Templiner See. Bootshaus, Klubhaus, Sanitäre Einrichtungen. Zum Hauptbahnhof Potsdam rund 500 m.

km 21,0: Eisenbahnbrücke Templiner See. Passage unter der Brücke (66,0 m) zwischen westlichem und östlichem Teil des Templiner Sees. Unmittelbar oberhalb der Brücke beginnt die Stadt Potsdam.

km 22,2 bis 24,5 LU: Halbinsel Hermannswerder. Der südlich der Halbinsel zwischen Vorder- und Hinterkappe verlaufende „Judengraben" ist für Motorboote gesperrt.

km 23,7: Fähre Potsdam/Hermannswerder.

km 23,9 RU: Tankstelle am Wasser. 1991 voraussichtlich mit allen Kraftstoffarten.

km 24,3 RU: Sportboothafen Motorboot-Club Potsdam. Der Hafen liegt sehr schön an einer Insel zwischen Potsdamer Havel und Neustädter Havelbucht. Bootshaus, Klubhaus, Waschgelegenheit, WC. Wasser- und Stromanschlüsse am Steg. Schienenslip (für PKW-Gespanne nicht geeignet).

Nächste Einkaufsmöglichkeit für Lebensmittel, Kiezstraße (300 m). Gute Versorgungsmöglichkeiten in der Stadtmitte (2 km). Gaststätten: Besonders empfehlenswert ist das Altberliner Restaurant „Froschkasten", Wilhelm-Külz-Straße (500 m). Weitere gute Restaurants und Gaststätten in der Stadtmitte (2 km).
Im Caputher Gemünd.

Potsdam ist „ein Muß" für jeden Skipper auf dem Weg von und nach Berlin: Die Geschichte Preußens ist von dieser einstigen Residenzstadt ganz wesentlich mitgeschrieben worden. Einiges von dieser früheren Pracht ist in die heutige Zeit herübergerettet worden: Sowohl im weltberühmten Park und Schloß Sanssouci, als auch in einigen sehenswerten Teilen der Altstadt.

km 25,4 RU: Mündung der Alten Fahrt (für Motorboote gesperrt).

km 26,1 RU: Abzweig der Alten Fahrt (für Motorboote gesperrt).

km 28,1: Babelsberger Enge.

km 28,4 LU: Mündung Teltowkanal.

km 28,6: Glienicker Brücke. Kaum eine andere Brücke hat in der jüngsten deutschen Geschichte so viel von sich reden gemacht: Vom einstigen DDR-Regime zynisch in „Brücke der Einheit" umbenannt, fanden hier zwischen den alliierten Besatzungsmächten spektakuläre Austauschaktionen von Spionen statt. In der Brückenmitte verlief die Stadtgrenze zwischen Berlin (West) und Potsdam.

km 29,9: Abzweig der Potsdamer Havel von der Unteren Havel-Wasserstraße (Anschluß Untere Havel-Wasserstraße siehe Seite 133).

Hier liegen Sie richtig: Der Motorboot-Club Potsdam (oben).
Das Schloß Babelsberg am Tiefen See – einst Sommerresidenz von Kaiser Wilhelm I. (unten).

Der Mittellandkanal

Vom Elbe-Seitenkanal bis zur Elbe

Der erst 1938 fertiggestellte Mittellandkanal ist die zentrale Ost-West-Achse der deutschen Binnenwasserstraßen. Er verbindet das westdeutsche Fluß- und Kanalsystem mit Weser und Elbe.

Unsere Streckenbeschreibung beginnt bei der Ortschaft Edesbüttel. Hier zweigt der Elbe-Seitenkanal vom Mittellandkanal ab und stellt eine zweite Verbindung zur Elbe (und damit zum Seehafen Hamburg) her.

Skipper, die jedoch auf einem Törn Richtung Osten sind, haben von hier bis zur Mündung des Mittellandkanals in die Elbe bei Magdeburg noch 91 Kilometer Mittellandkanal vor sich.

Und diese 91 Kilometer sind von eher bescheidenem Reiz. Das liegt vor allem daran, daß die hoch aufgeschütteten oder aber dicht zugewachsenen Kanalufer kaum einen freien Blick in die umgebende Landschaft zulassen. Man fährt also ständig durch einen mehr oder weniger grünen „Schlauch", der nur durch jahreszeitlich veränderte Blütenpracht am Ufer hin und wieder ein wenig Abwechslung bietet.

Auch die Dörfer und Städte am Kanal sind unter touristischen Aspekten eher bescheiden. Hätte man nicht die Kilometrierung des Kanals und eine Karte, man würde fast nie merken, daß man überhaupt Ortschaften passiert: Die meisten sind nämlich vom Kanal aus gar nicht zu sehen (Wolfsburg mit seinem direkt am Kanal liegenden VW-Werk bietet da eine gigantische, aber keineswegs schöne Ausnahme). Positive Ausnahmen sind allerdings die Kleinstädte Fallersleben (gehört heute zu Wolfsburg) und Haldensleben: Ihnen gebührt das Prädikat sehenswert.

Fahrhinweise

Daß der Umgang mit der Berufsschiffahrt besonders auf schmalen Kanälen hohe Aufmerksamkeit erfordert, ist eine Binsenweisheit. Die nicht ausgebauten Strecken des Mittellandkanals dürfen, bezogen auf die Abmessungen der dort fahrenden Berufsschiffe, durchaus als „schmal" gelten. Insbesondere auf diesen Strecken sollte folgende Grundregel beachtet werden: Immer außerhalb der Turbulenzen des Schraubenwassers des vorausfahrenden Frachters bleiben!

Das ist vor allem bei Begegnung zweier Berufsschiffe wichtig: Rasche Veränderungen der Motordrehzahlen führen beim Begegnungsverkehr zu sehr unterschiedlichen Turbulenzen des Schraubenwassers, die insbesondere mit kleineren Sportbooten nur noch schwer auszugleichen sind. Folge: Es kann kein sauberer Kurs mehr gesteuert werden. Kurshalten aber ist wichtig, weil das entgegenkommende Frachtschiff sich unmittelbar nach der Begegnung „aufrichtet", das heißt, zunächst mit dem Bug kräftig Richtung Kanalmitte (und manchmal darüber hinaus) strebt. Das Sportboot muß in dieser Situation klar im rechten Drittel des Kanalfahrwassers gehalten werden, weil sonst sowohl das Frachtschiff als auch das Sportboot in Schwierigkeiten kommen könnte. Bei ausreichendem Abstand zum vorausfahrenden Berufsschiff läuft dieses Manöver in der Regel ohne jedes Problem ab. Die geringste Brückendurchfahrtshöhe beträgt bei normaler Stauhaltung 4,00 m. Die zulässige Höchstgeschwindigkeit beträgt 10 km/h auf den nicht ausgebauten Abschnitten. Die Ausbaustrecken sind durch entsprechende Zeichen gekennzeichnet.

Schleusen-Betriebszeiten

Sülfeld: Montags bis samstags 5 bis 21 Uhr. An Sonn- und Feiertagen 8 bis 17.30 Uhr (probeweise bis 30. Juni 1991); sonst: 8 bis 11 Uhr.
Schiffshebewerk Rothensee:
Ganzjährig werktags 5 bis 21 Uhr; sonn- und feiertags: 7 bis 19 Uhr.

Liegeplätze / Versorgung

Sportboothäfen sind auf dem von uns beschriebenen Streckenabschnitt des Mittellandkanals selten: Der einzige echte Sportboothafen liegt bei Kanal-Kilometer 235,0 (Südufer), nur 1,3 km vom Abzweig des Elbe-Seitenkanals entfernt. Es handelt sich um den Hafen des Yachtclubs Hoffmannstadt Fallersleben. Der Hafenmeister ist mit seinem Auto bei der Spritbeschaffung in Calber-

lah behilflich. Dort gibt es darüber hinaus gute Einkaufsmöglichkeiten (rund 3 km).
Alle weiteren Liegeplätze am Mittellandkanal sind öffentliche Plätze an der Kanalspundwand. Dort gibt es keinen Service.
In der Saison 1990 gab es an diesen offiziell ausgewiesenen Liegeplätzen allenfalls Abfallbehälter, aber auch das nicht überall (so entwickelten sich, wie beispielsweise in Haldensleben, sehr rasch wilde „Mülldeponien" am Kanalufer). Besonders unangenehm ist das Fehlen jeglicher sanitärer Einrichtungen (Ausnahme: Bootshaus Wolmirstedt-Elbeu, km 315,4 Nordufer).
Gute Einkaufsmöglichkeiten bietet vor allem die Kleinstadt Haldensleben. Vom Liegeplatz an der Spundwand bis zur Tankstelle sind dort allerdings 3 km zurückzulegen. Einen Taxistand findet man am Bahnhof.

Der Mittellandkanal bei Wolfsburg.

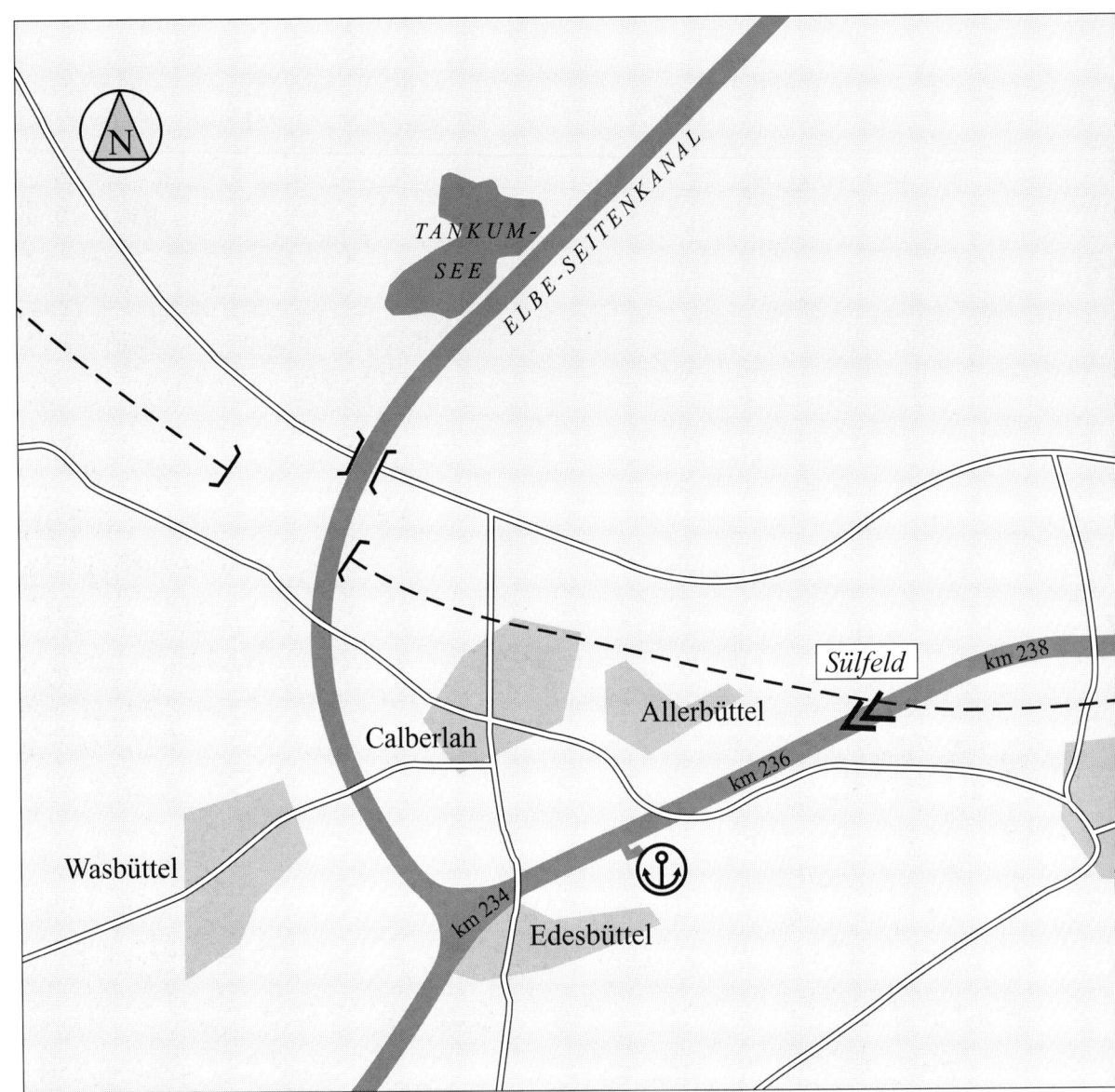

km 233,7 Nordufer: Abzweig des Elbe-Seiten-
kanals; Verbindung zur Elbe bei Artlenburg.
Distanz: 115,2 km
km 235,0 Südufer: Sportboothafen Yachtclub
Hoffmannstadt Fallersleben. Hervorragend ange-
legter Hafen für Boote bis 14 m Länge und 1,40 m
Tiefgang. Wasser- und Stromanschlüsse an den
Stegen. Gastliegeplätze, Slipanlage. Großzügiges

Sanitärgebäude mit Duschen, Waschbecken und
WC. Klubhaus (nur Getränke).
Einkaufsmöglichkeiten in Allerbüttel (beschränkt)
und Calberlah. Dort auch Straßentankstelle mit
allen Kraftstoffarten (3 km). Nächstgelegene
Restaurants in Fallersleben (8 km). Die einst selb-
ständige Stadt Fallersleben ist seit 1972 ein Stadtteil von Wolfsburg. Bekannt wurde das Städtchen

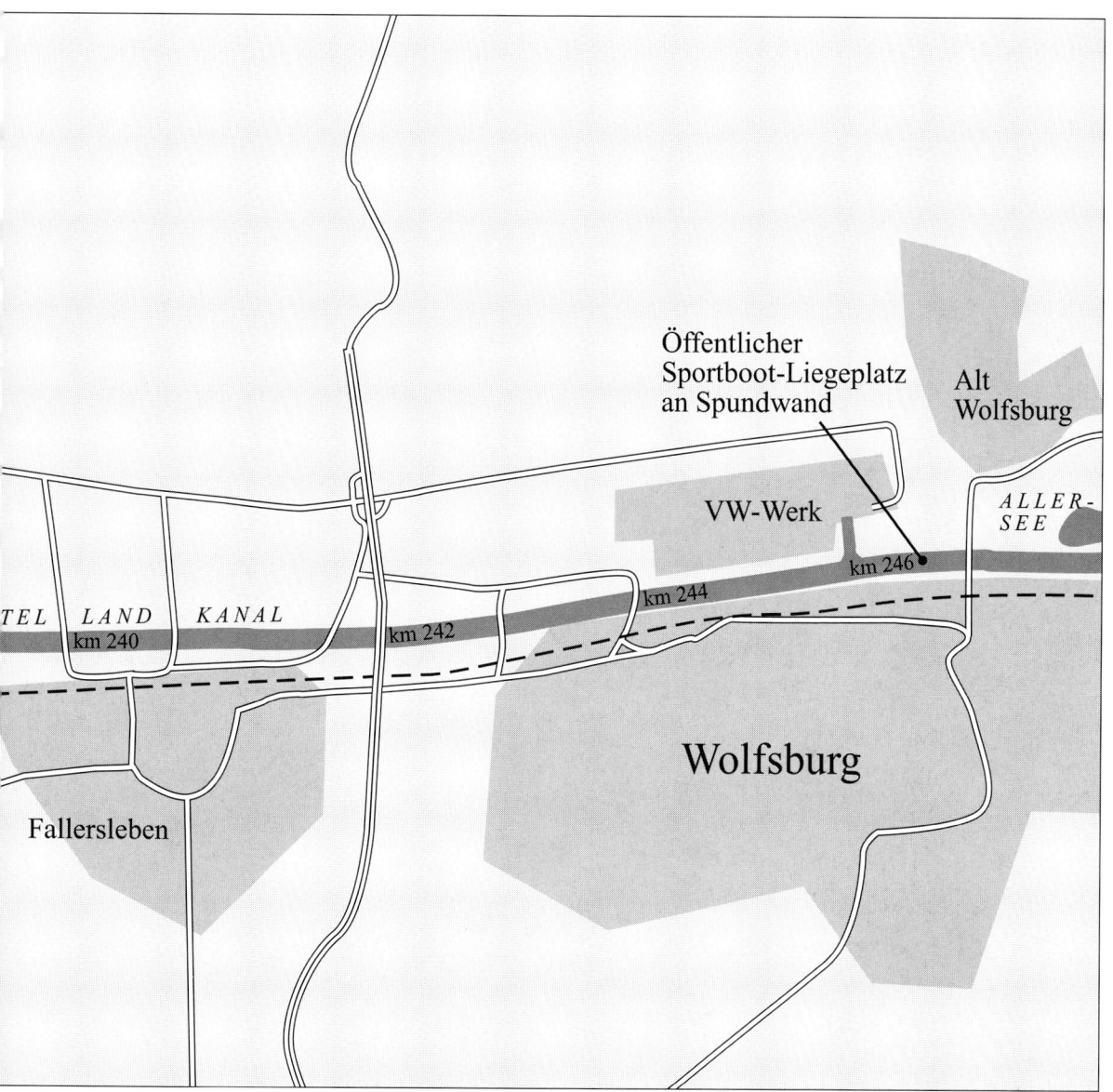

mit dem schönen niedersächsischen Fachwerk vor allem durch den hier geborenen Dichter A. H. Hoffmann von Fallersleben. Er dichtete 1841 „Das Lied der Deutschen".

km 236,9: Doppelschleuse Sülfeld. Kammerbreite je 12,0 m, Kammerlänge je 225,0 m.

km 245,6 Nordufer: Hafen VW-Werk Wolfsburg. Für Sportboote gesperrt. Eindrucksvoller Blick auf die gigantische Kulisse des größten deutschen Automobilherstellers.

km 246,1 Nordufer: Öffentliche Liegestelle für Sportboote an Spundwand. Keine Service-Einrichtungen. Nur als Zwischenstopp zum Bunkern zu empfehlen. Fußmarsch zur Innenstadt Wolfsburg rund 20 Minuten. Wolfsburg hat an Sehenswürdigkeiten nicht allzuviel zu bieten.

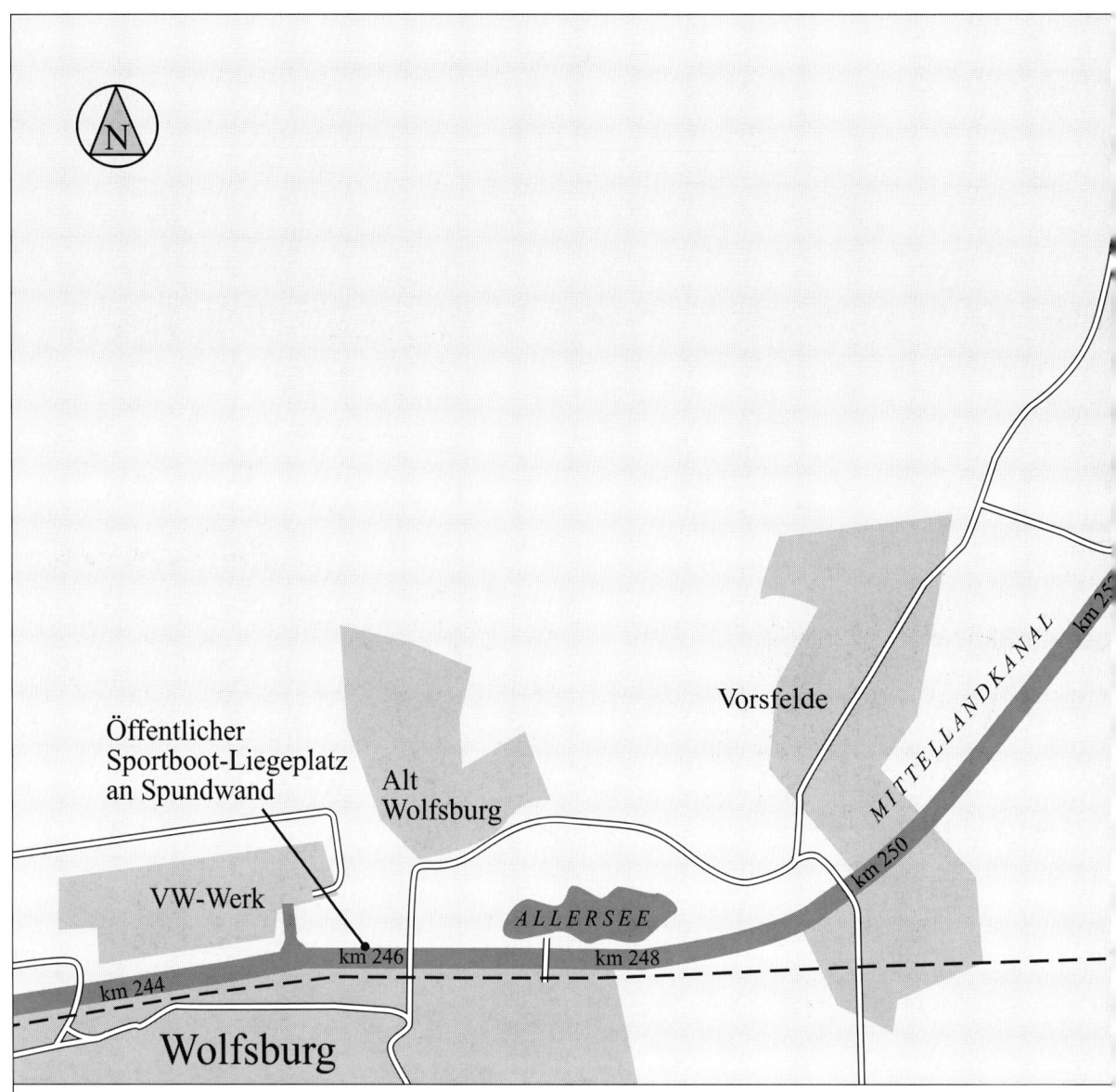

km 249,5 Nord- und Südufer: Ortslage Vorsfelde.
Keine für Sportboote geeigneten Anlegemöglichkeiten.

km 255,5 Nordufer: Ortslage Rühen.
km 256,0 Nordufer: Ehemaliger Amtsplatz der Grenzkontrollstelle Rühen.
km 256,2 Nordufer: Gaststätte direkt am Kanal. Es kann an der Spundwand festgemacht werden.
km 258,6: Ehemalige Grenze zwischen der Bundesrepublik und der DDR.

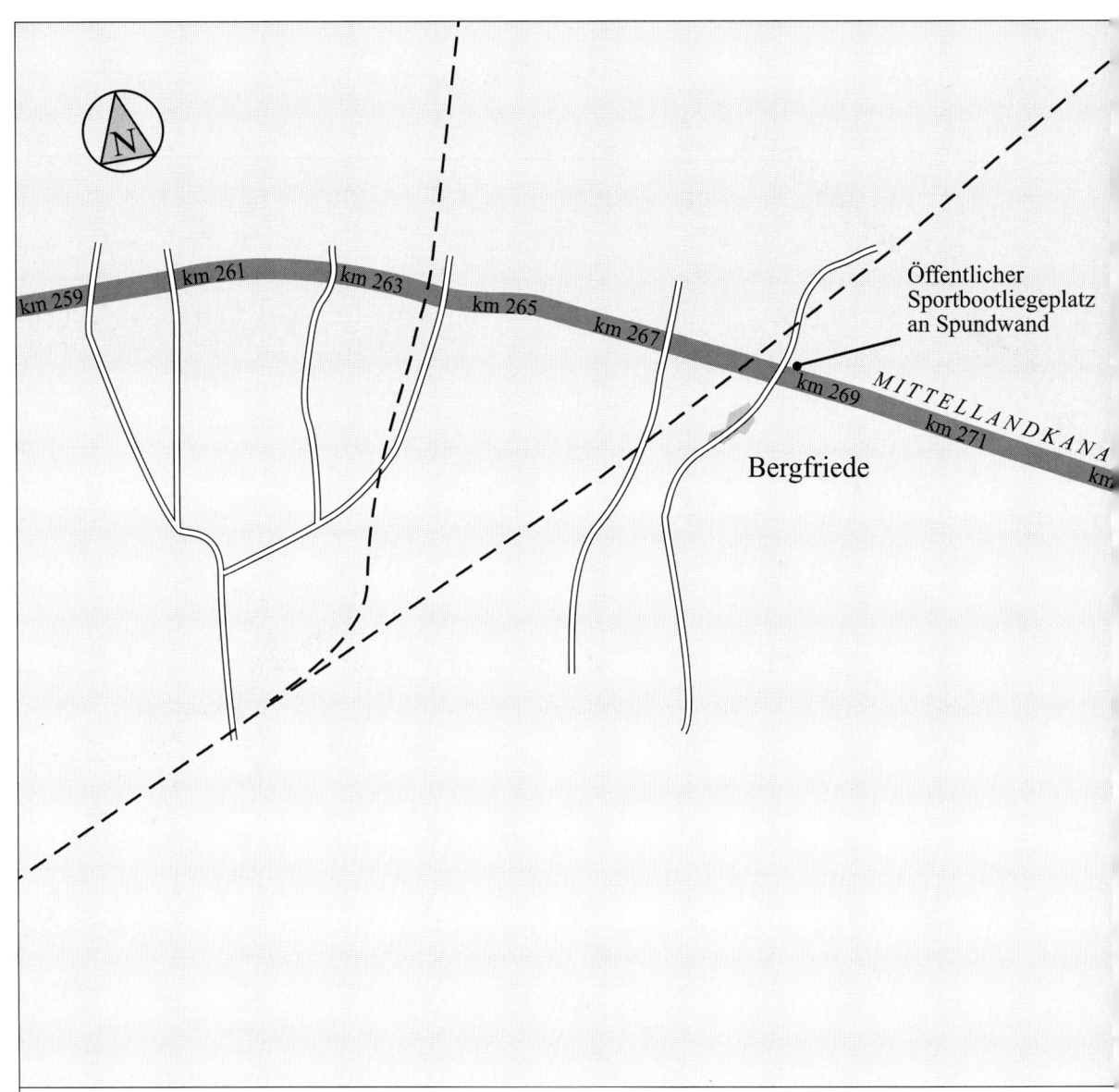

km 268,5 Nordufer: Öffentlicher Sportbootliegeplatz an Spundwand. Sehr begrenzte Versorgungsmöglichkeiten im Ort Bergfriede.

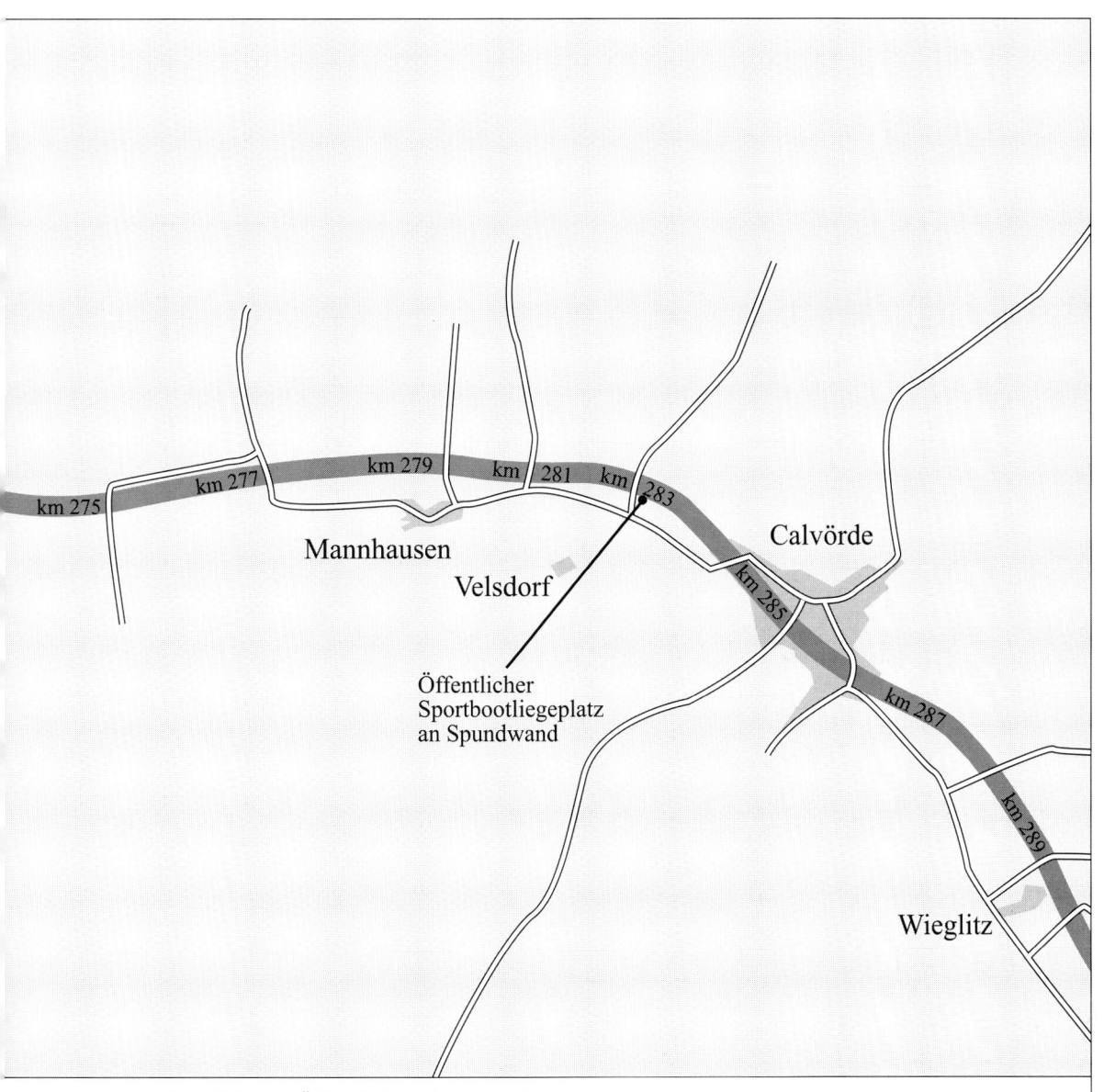

km 283,1 Südufer: Öffentlicher Sportbootliegeplatz an Spundwand. Versorgungsmöglichkeiten
in der Ortschaft Calvörde (rund 2 km).

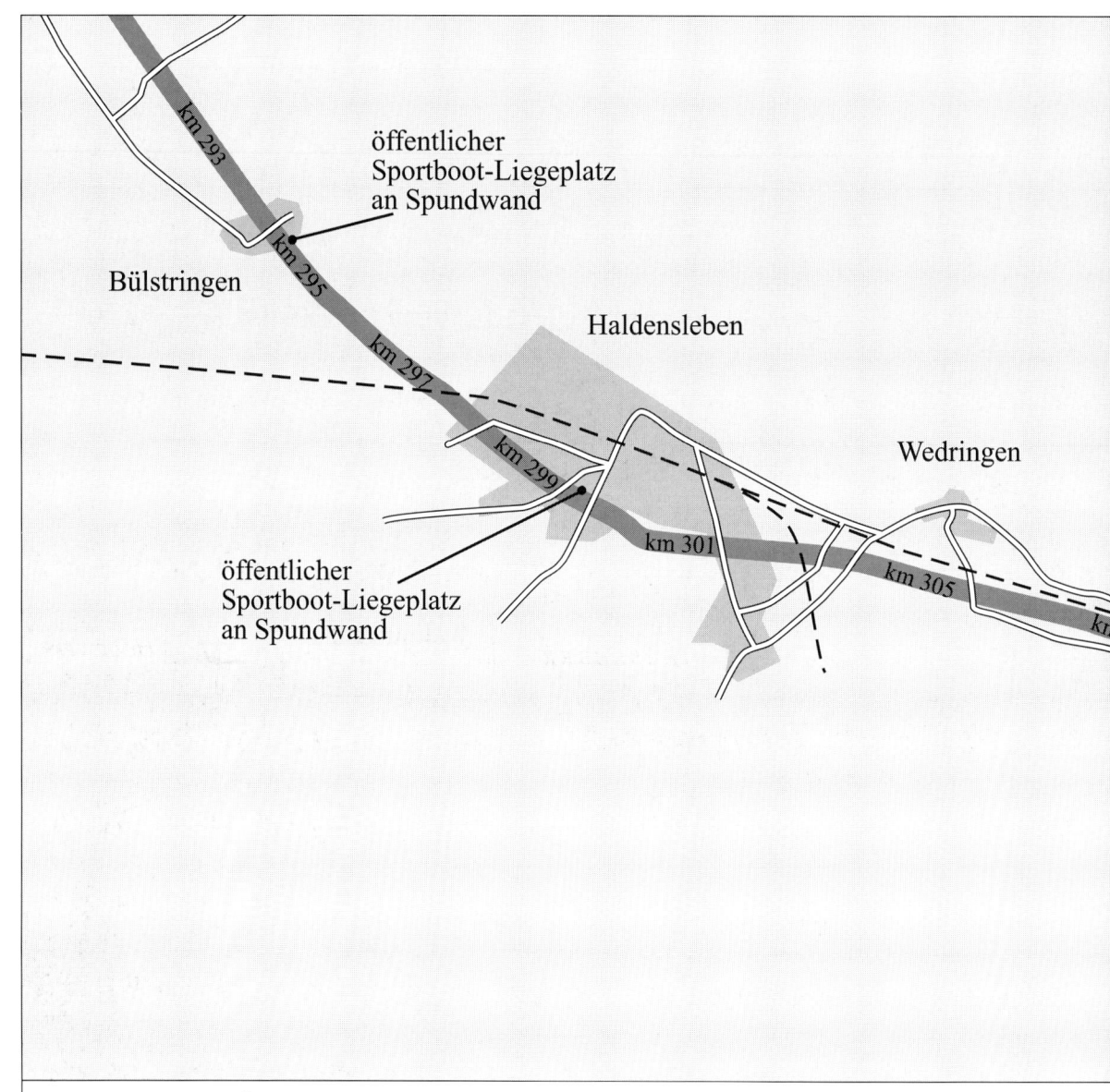

km 294,6 Nordufer: Öffentlicher Sportbootliegeplatz an Spundwand. Einkaufsmöglichkeiten im
Ort Bülstringen (Zugang über Kanalbrücke).
km 300,0 Nordufer: Öffentlicher Sportbootliegeplatz an Spundwand. Sehr gute Einkaufsmöglichkeiten in Haldensleben. Mehrere Restaurants im
Ort. Öffentliche Toiletten am Bahnhof (600 m).
Tankstelle mit allen Kraftstoffarten 3,0 km.

km 301,1 Nordufer: Hafen Haldensleben. Keine
Einrichtungen für Sportboote.
Haldensleben ist ein recht ansehnliches Städtchen:
Sehenswert sind vor allem die von der einstigen
Stadtbefestigung erhaltenen Tortürme, das
Bülstringer und das Stendaler Tor (1593). Der
„Roland zu Pferde" ist ein selten vorkommendes
Denkmal. Hier steht eine Sandsteinkopie nach

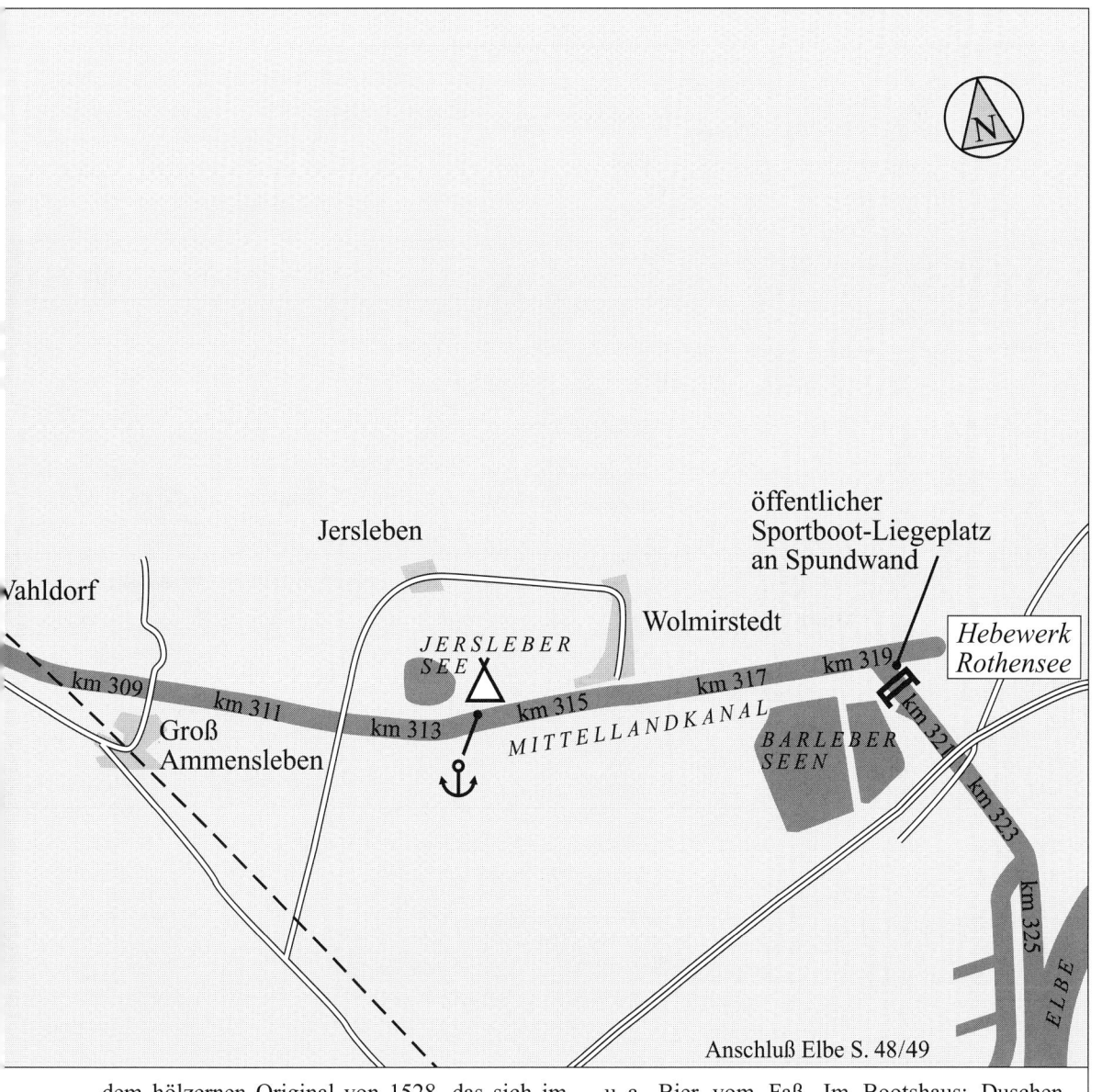

Jersleben

Wahldorf

öffentlicher
Sportboot-Liegeplatz
an Spundwand

Wolmirstedt

JERSLEBER SEE

Groß
Ammensleben

km 309

km 311

km 313

km 315

km 317

km 319

MITTELLANDKANAL

BARLEBER SEEN

km 321

km 323

km 325

ELBE

Hebewerk
Rothensee

Anschluß Elbe S. 48/49

dem hölzernen Original von 1528, das sich im Museum befindet.

In der Innenstadt findet man einige reich geschmückte Fachwerkhäuser; am bekanntesten das Kühnsche Haus (Ende 16./Anfang 17. Jh.).

km 315,4 Nordufer: Anlegemöglichkeit am 12 Meter langen Steg des Bootshauses Wolmirstedt-Elbeu. Das Klubhaus ist bewirtschaftet – es gibt u. a. Bier vom Faß. Im Bootshaus: Duschen, Waschgelegenheit, WC. Nächste Gaststätte am Jersleber See beim Campingplatz (15 Min. Fußweg). Am Kiosk des Campingplatzes auch begrenzte Versorgungsmöglichkeiten.

km 319,8 Südufer: Abzweig des Abstiegskanals Rothensee. Der in östlicher Richtung weiterführende Stich des Kanals ist nicht passierbar.

km 320,0: Öffentlicher Sportbootliegeplatz an der Landspitze Mittellandkanal/Abstiegskanal. Von hier kurzer Fußweg zum Schiffshebewerk Rothensee; Besichtigung lohnt. Unterhalb des Hebewerkes gibt es eine Gaststätte.

km 320,4: Schiffshebewerk Rothensee. Trogbreite 12,0 m; Troglänge 85,0 m. Hubhöhe des Hebewerks im Mittel rund 16 m (abhängig vom Wasserstand auf der Elbe).

km 323,6 Westufer: Mündung des Zweigkanals (für Sportboote gesperrt).

km 325,1: Einmündung des Abstiegskanals in die Elbe bei Elbe-km 333,6 (Fortsetzung Elbe siehe Seite 49).

Liegestelle Haldensleben.

Das Schiffshebewerk Magdeburg-Rothensee (oben).
Am Abstiegskanal Rothensee (unten).

Der Elbe-Havel-Kanal

Mit Niegripper und Pareyer Verbindungskanal

Folgt man dem Brockhaus-Lexikon, ist der Elbe-Havel-Kanal die „Fortsetzung des Mittellandkanals östlich der Elbe zur Havel". Doch das ist nicht ganz die Wahrheit: Denn eine echte Fortsetzung des Mittellandkanals ist der Elbe-Havel-Kanal nie geworden. Geplant war tatsächlich eine Kanalbrücke über die Elbe, die den Mittellandkanal auf das östliche Elbufer bringen und dort, beim geplanten Schiffshebewerk Hohenwarte, direkt in den Elbe-Havel-Kanal überleiten sollte. Doch der Ausbruch des Krieges hat dieses kühne Wasserbauprojekt zum Scheitern gebracht.

So muß man heute vom Mittellandkanal immer noch ein Stück über die Elbe schippern, zum Elbe-Havel-Kanal zu kommen. Dafür aber hat der Elbe-Havel-Kanal gleich zwei Verbindungen zur Elbe: Über den Pareyer Verbindungskanal (Schleuse Parey) und den etwas südlicheren und dichter am Mittellandkanal gelegenen Niegripper Verbindungskanal (Schleuse Niegripp).

Der eigentliche Elbe-Havel-Kanal ist 56 Kilometer lang und wassertouristisch nicht sonderlich attraktiv. Für ihn gilt das gleiche wie für den Mittellandkanal: Man fährt fast immer tief im Kanalbecken und hat kaum einmal freien Blick in die Landschaft. Lohnend ist ein Abstecher in die Kiesgrube Niegripp. Versorgungs- und Übernachtungsstopps sollte man in Burg oder Genthin einlegen.

Schon kurz hinter der Schleuse Wusterwitz beginnt mit dem Großen Wendsee wieder der Einfluß der Havel. Nahtlos geht der Kanal in das herrliche Revier des Plauer Sees über: Hier haben wir dann eines der „Filetstücke" der Unteren Havel-Wasserstraße erreicht.

Fahrhinweise

Es gelten die gleichen Grundbedingungen wie auf dem Mittellandkanal. Der Höhenunterschied zwischen der Elbe und der Havel beträgt nur etwa 11 Meter, die durch drei Schleusen überwunden werden. Eine Strömung ist deshalb nicht spürbar.

Die Mindestdurchfahrtshöhe der Brücken beträgt bei mittlerem Wasserstand 4,45 m. Die Tauchtiefe des Elbe-Havel-Kanals ist mit 2,00 m angegeben (Pareyer Verbindungskanal 1,85 m).

Schleusen-Betriebszeiten

Niegripp, Parey, Zerben, Wusterwitz:
Werktags: 6 bis 20 Uhr;
sonn- und feiertags: 7 bis 19 Uhr.
(1. März bis 20. Dezember jeden Jahres).

Elbe-Havel-Kanal hinter Niegripp (oben).
Elbe-Havel-Kanal von der Straßenbrücke Genthin aus gesehen (unten).

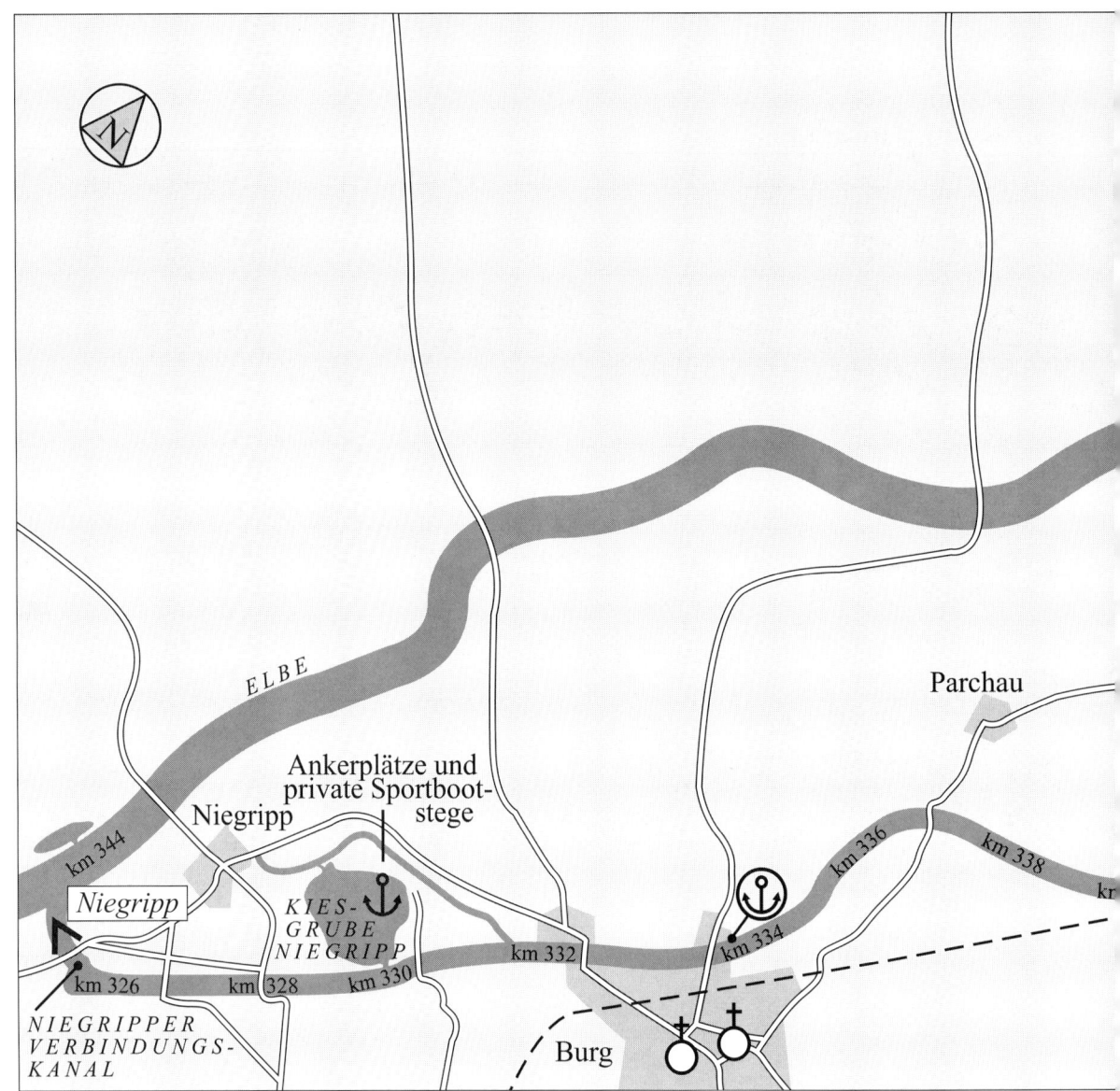

Niegripper Verbindungskanal

km 1,8: Abzweig des Niegripper Verbindungskanals von der Elbe bei Elbe-km 343,9. (Anschluß
Elbe Seite 48).
km 0,7: Schleuse Niegripp. Kammerlänge
165,0 m; Kammerbreite 12,0 m (Hubhöhe ist abhängig vom Wasserstand auf der Elbe).

km 0,0: Mündung des Niegripper Verbindungskanals in den Elbe-Havel-Kanal

km 326,0: **Elbe-Havel-Kanal**
km 329,7 Nordufer: Kiesgrube Niegripp. Reizvolles Gebiet mit Ankermöglichkeiten vor schönen
Sandstränden. Es gibt ein paar private Bootsstege.
Begrenzte Versorgungsmöglichkeiten.

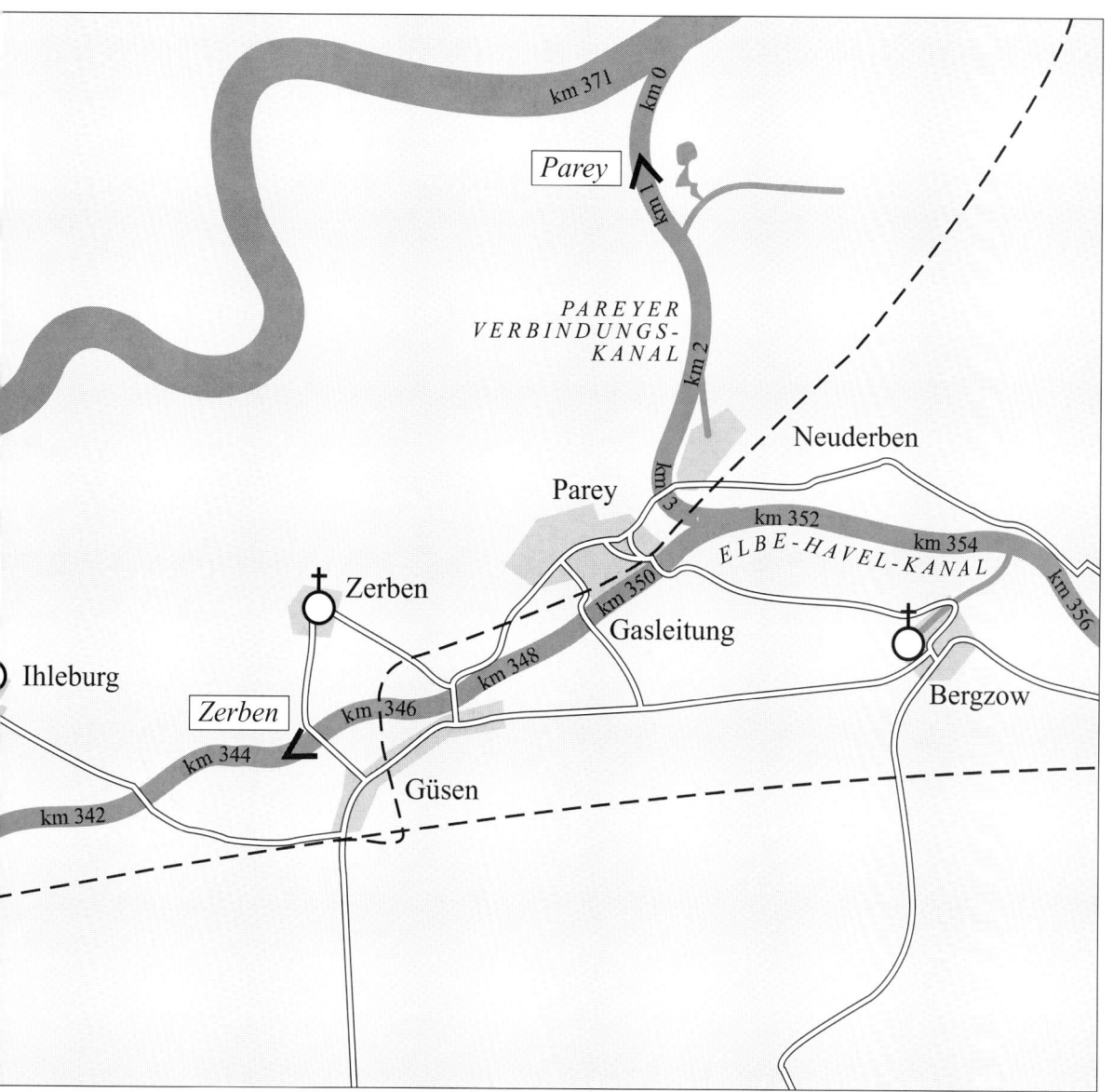

km 334,0 Nordufer: Sportboothafen Burg. Steganlage in einer großräumigen Ausbuchtung des Kanals. Klub-/Bootshaus mit einfachen sanitären Einrichtungen. Einkaufsmöglichkeiten in Burg (Ortszentrum über Blumenthaler Brücke rund 10 Minuten Fußweg). Die beiden Kirchen (Ober- und Unterkirche) sind sehenswert (beide 1168 erstmals erwähnt). Schlichte Fachwerkhäuser (18. und 19. Jh.) und einige schöne klassizistische Putzbauten (frühes 19. Jh.) sind erhalten. Burg ist Geburtsort von Carl von Clausewitz, dem bedeutenden preußischen Militärwissenschaftler (1780 bis 1831).

km 345,4: Schleuse Zerben. Kammerlänge 225,0 m; Kammerbreite 12,0 m.

km 349,4: Gasleitung über Kanal.

km 351,4 Nordufer: Abzweig Pareyer Verbindungskanal.

Pareyer Verbindungskanal

km 3,5: Mündung in den Elbe-Havel-Kanal.
km 2,6: Ortslage Parey/Neuderben.
km 1,6 Nordufer: Schiffsreparaturwerft Neuderben.

km 1,2 Nordufer: Abzweig der Baggerelbe, rund 2 km befahrbar. Einfache Liegemöglichkeiten ohne jeden Service.
km 0,8: Schleuse Parey. Kammerlänge 139,40 m; Kammerbreite 8,5 m (Hubhöhe abhängig vom Wasserstand auf der Elbe).
km 0,0: Abzweig des Pareyer Verbindungskanals von der Elbe bei Elbe-km 371,5.

Zufahrt zum Elbe-Havel-Kanal: Schleuse Niegripp.

Einfahrt in den Elbe-Havel-Kanal/Schleuse Parey (oben).
Schleuse Wusterwitz (unten).

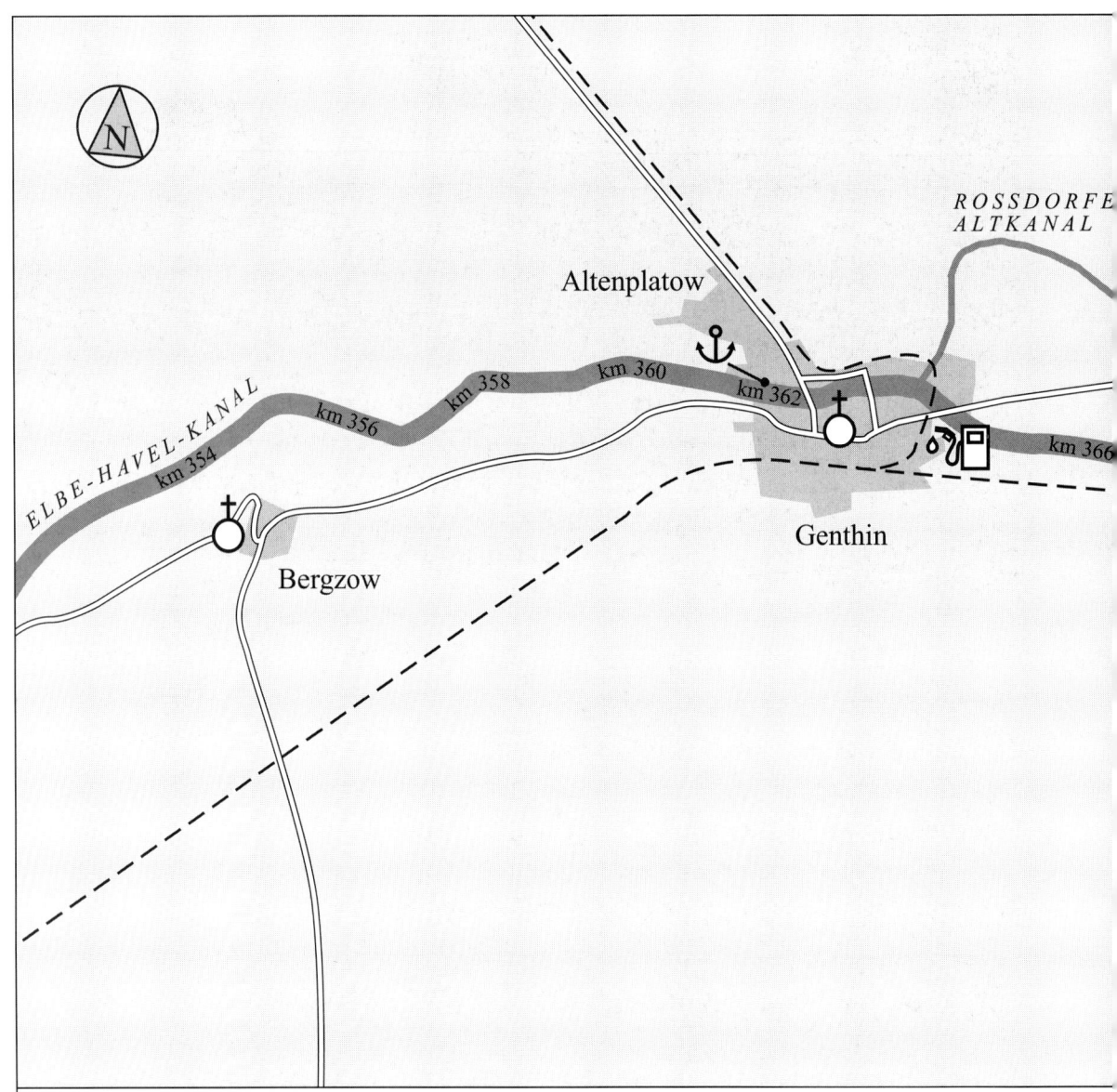

km 361,6 Südufer: Hafen Genthin. Keine Einrichtungen für Sportboote.

Im ganzen Genthiner Kanalbereich gab es 1990 keine für Sportboote ausgewiesene Liegestelle.

km 363,6 Nordufer: Abzweig des Roßdorfer Altkanals. Für Sportboote auf 6,9 km Länge durchgängig befahrbar.

km 364,3: Straßenbrücke der Fernstraße 1: Ober-

halb Brücke: Tankstelle mit allen Kraftstoffarten; man kann im Brückenbereich provisorisch festmachen.

km 368,5 Nordufer: Mündung des Roßdorfer Altkanals.

km 376,8: Schleuse Wusterwitz. Kammerlänge 225,0 m; Kammerbreite 12,0 m.

km 379,2 Südufer: Mündung der Wasserstraße

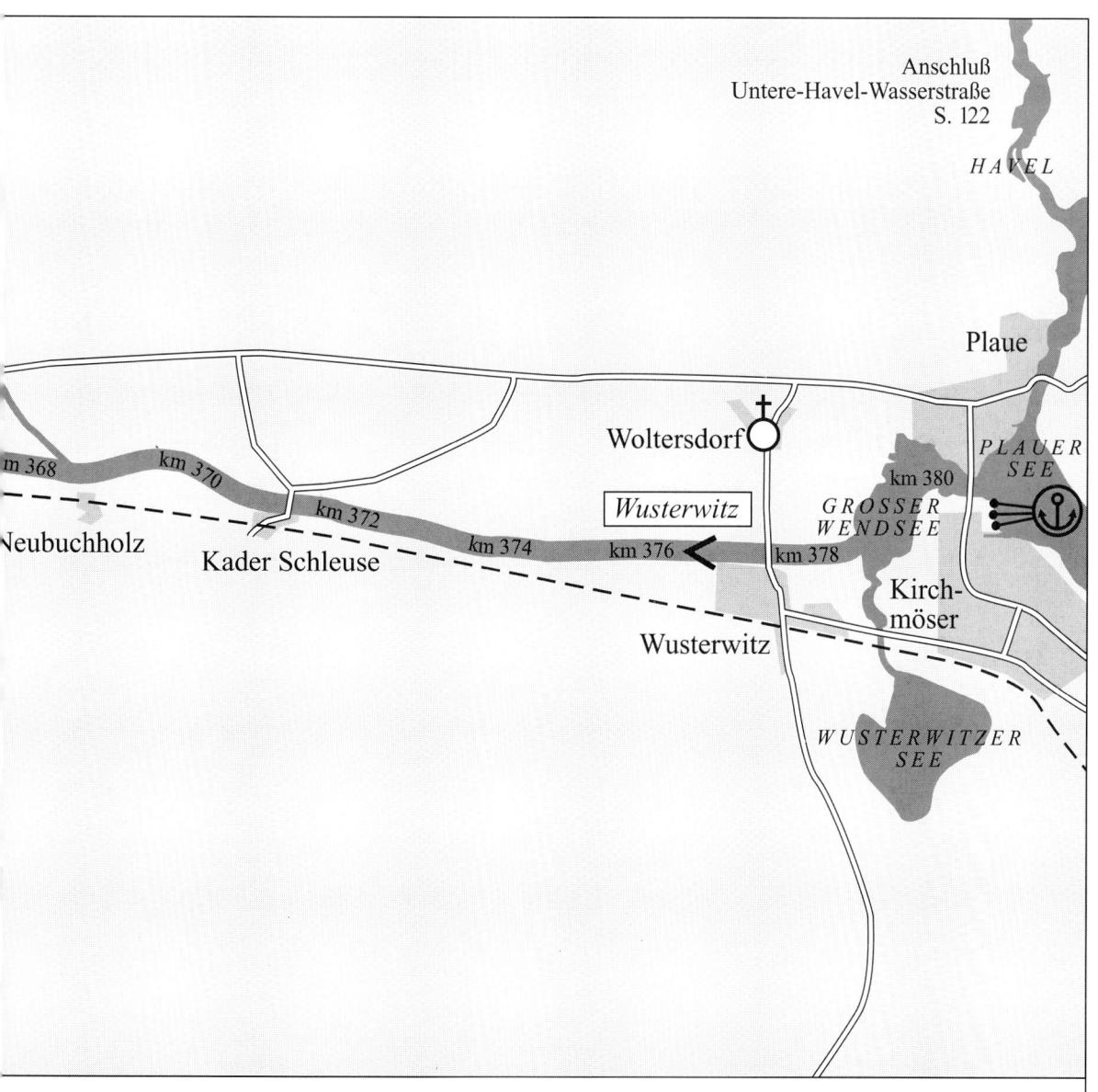

Wendsee/Wusterwitzer See. Landschaftlich reiz- volle Strecke; auf 4 km befahrbar. Doch Vorsicht: Beim Abzweig aus der Fahrrinne des Elbe-Havel- Kanals in den südlichen Teil des Großen Wendsees möglichst weit am östlichen Ufer halten. In den übrigen Bereichen wird es rasch flach. Am besten verläßt man sich hier auf einen revierkundigen Lotsen! Am Großen Wendsee gibt es zahlreiche Bootsstege und sehr schöne Ankerplätze.

km 380,9: Straßenbrücke Kirchmöser-Plaue, zwischen Großer Wendsee und Plauer See.

km 382,0: Mündung des Elbe-Havel-Kanals in die Untere Havel-Wasserstraße (Anschluß Untere Havel-Wasserstraße Seite 122). Die Liegeplätze am Plauer See (Kirchmöser) sind bei der Unteren Havel-Wasserstraße beschrieben.

Der Elbe-Havel-Kanal bei km 369 (oben).
Am Großen Wendsee bei Kirchmöser (unten).

Der Havelkanal

Gemessen am Alter der traditionellen märkischen Wasserstraßen ist der Havelkanal noch im zarten Kindesalter: Erst im April 1951 beschloß der damalige Ministerrat der DDR den Bau. Nach nur 13 Monaten Bauzeit wurde der Kanal im Juni 1952 dem Verkehr übergeben.

Der 34,9 Kilometer lange Kanal verbindet die Untere Havel mit der Havel-Oder-Wasserstraße und verkürzt den Schiffahrtsweg zwischen Elbe und Oder um 9 Kilometer. Diese Streckenverkürzung war sicher nicht der Grund, warum die damalige DDR-Führung den Kanal-Neubau verfügte. Es ging um Politik: Die DDR wollte eine Wasserstraßen-Verbindung zwischen Elbe und Oder, die das Stadtgebiet des damaligen Westberlins nicht berührte. So also entstand der Havelkanal als politisches Produkt der deutschen Teilung.

Da der Havelkanal nur mit einer Schleuse versehen wurde (Schönwalde), wirken sich die Wasserstände der Havel sowohl oberhalb als auch unterhalb der Schleuse aus. Der Kanal mußte deshalb fast durchgängig mit hochwassersicheren Kanaldämmen eingefaßt werden. Die Konsequenz: Von der umliegenden Landschaft ist so gut wie nichts zu sehen. Aber das kennen die Skipper ja auch vom Mittelland- und Elbe-Havel-Kanal.

Ein erfahrener Berufsschipper aus Berlin, der den Kanal jahrelang befahren hat, kommentierte denn auch unsere Frage, wie er den Kanal empfinde, recht eindeutig: „Das ist der längste Bogen der Welt. Dreckig ist er und ich bin jedesmal froh, wenn ich da endlich durch bin." Eine touristische Empfehlung ist der Kanal jedenfalls nicht.

Da auch die Liege- und Versorgungsmöglichkeiten eher bescheiden sind, sollte sich jeder Skipper überlegen, ob er auf der Fahrt Richtung Oder bzw. zu den mecklenburgischen Gewässern nicht doch lieber den kleinen, aber so eindrucksvollen und schönen „Umweg" über die Gewässer Westberlins nehmen sollte.

Fahrhinweise

Mit einer Wasserspiegelbreite von knapp über 34 Metern ist der Havelkanal ein recht schmales Gewässer. Das bedeutet, daß das Überholen von Berufsschiffen fast unmöglich ist und beim Begegnungsverkehr sehr aufmerksam gefahren werden muß.

Ansonsten gelten hier die gleichen Grundbedingungen wie auf dem Mittellandkanal. Die Wassertiefe beträgt 3,00 m, die Tauchtiefe ist auf 2,00 m festgesetzt. Die geringste Brückendurchfahrtshöhe beträgt 3,80 m (Eisenbahnbrücke Brieselang).

Schleusen-Betriebszeiten

Schönwalde
Werktags: 6 bis 20 Uhr. Sonn- und feiertags: 7 bis 19 Uhr (1. März bis 20. Dezember jeden Jahres).

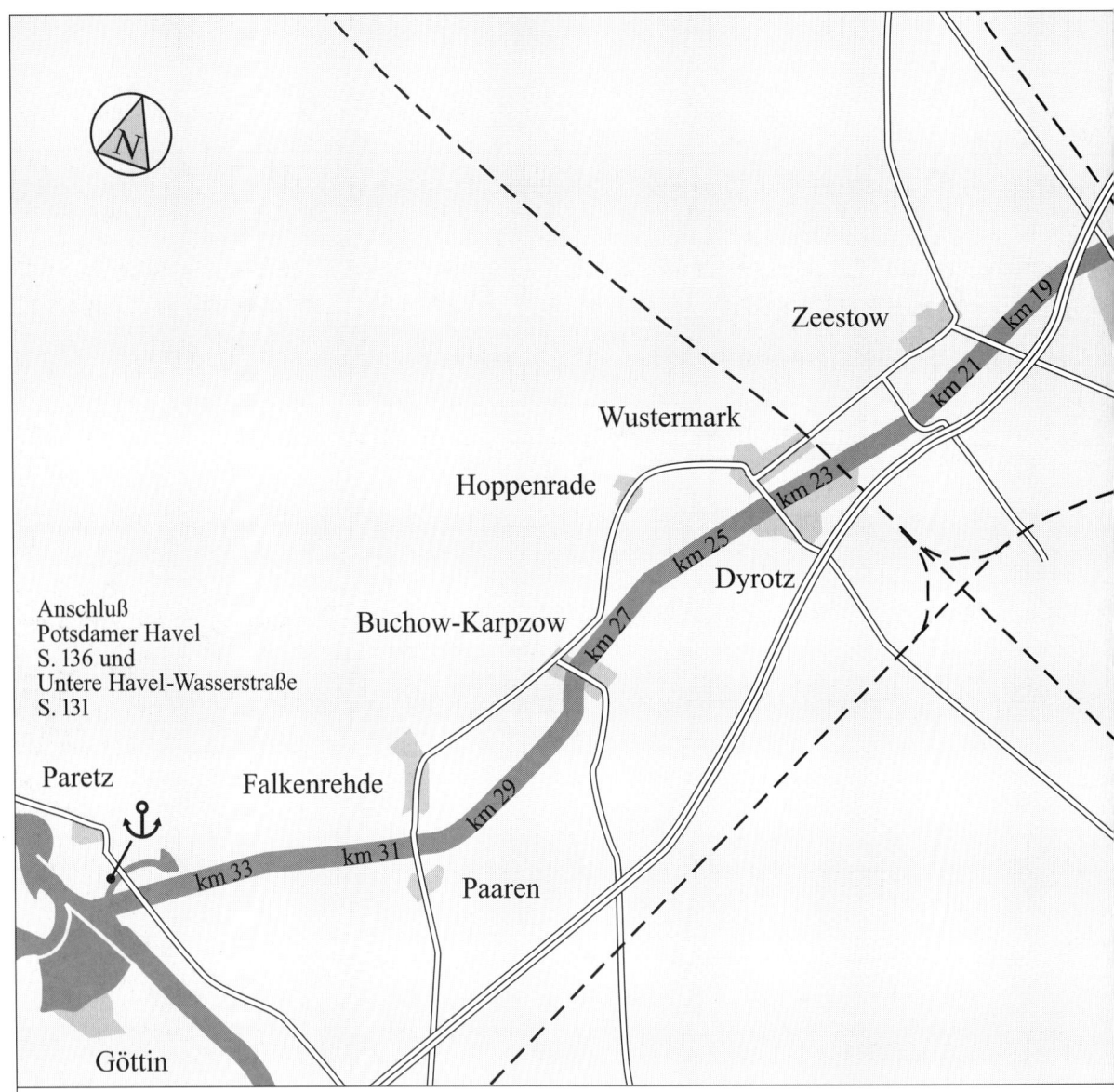

Anschluß
Potsdamer Havel
S. 136 und
Untere Havel-Wasserstraße
S. 131

km 34,9: Mündung des Havelkanals in die Untere Havel-Wasserstraße bei km 32,6 (Anschluß Untere Havel-Wasserstraße Seite 131); Anschluß Potsdamer Havel Seite 136).

km 34,4 RU: Abzweig zur alten Schleuse (Stichkanal); keine Einrichtungen für Sportboote. Liegen an Schrägufer möglich. Versorgungsmöglichkeiten schlecht, da weiter Fußmarsch bis Paretz.

km 30,3 LU: Ablage Falkenrehde; ehemalige Verladestelle. Keine Einrichtungen für Sportboote, festmachen möglich. Einkaufsmöglichkeiten und Gaststätten in Falkenrehde (1 km).

km 23,6 RU: Ladestelle Wustermark. Keine Einrichtungen für Sportboote.

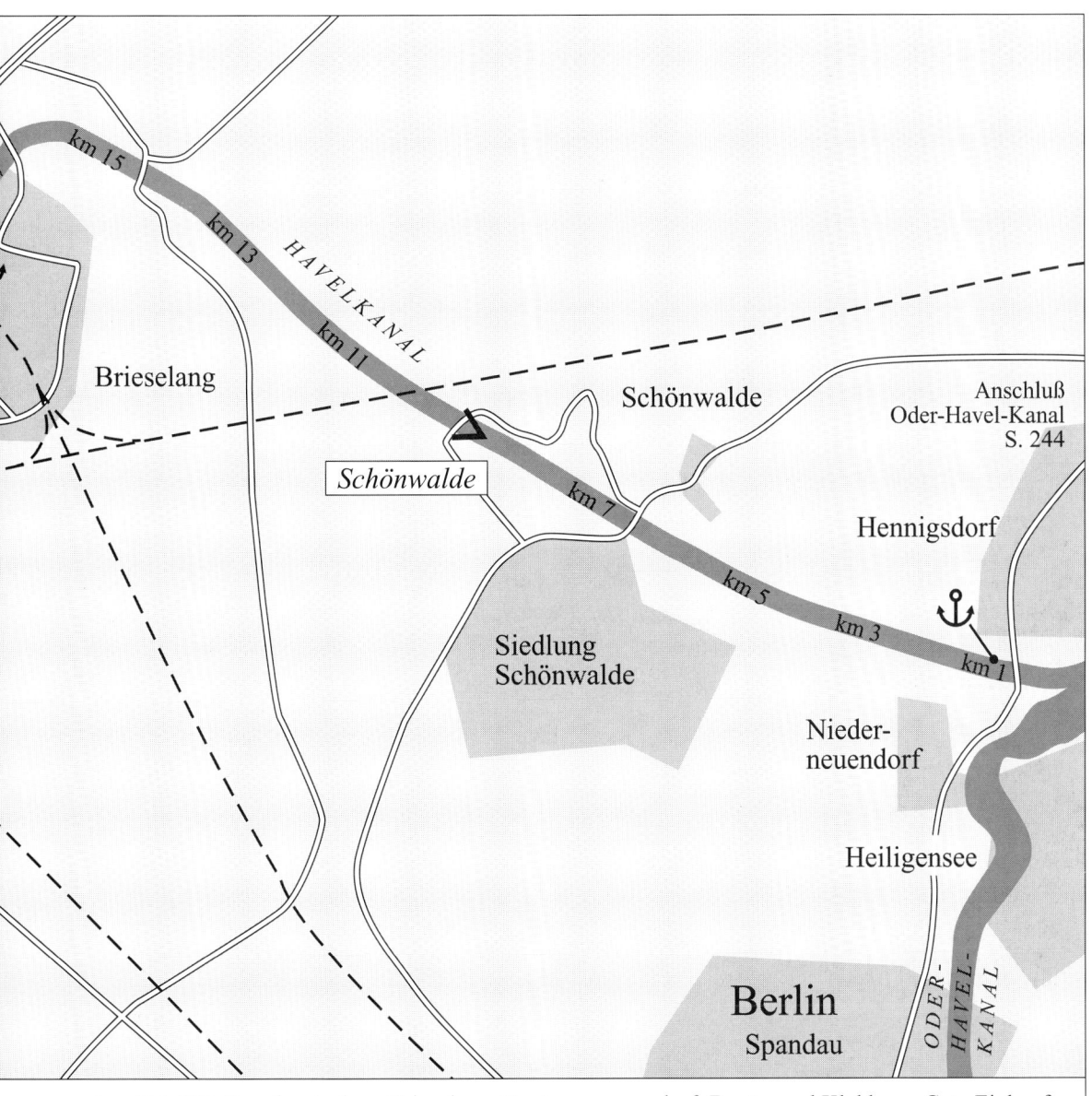

km 18,1 RU: Sportbootanlage Brieselang. Bootshaus.

km 18,1 LU: Anlegemöglichkeit für Sportboote.
Einkaufsmöglichkeiten und Gaststätten im Ort
Brieselang. Tankstelle im Ort (rund 2 km).

km 8,8: Schleuse Schönwalde. Kammerlänge
85,0 m; Kammerbreite 12,0 m.

km 0,8 RU: Sportbootanlage Hennigsdorf/Nieder-
neuendorf. Boots- und Klubhaus. Gute Einkaufsmöglichkeiten in Hennigsdorf und Nieder-Neuen-
dorf. Gaststätten in beiden Orten (nächste
Tankstelle: am Hafen Hennigsdorf (Oder-Havel-
Kanal km 12,5).

km 0,0: Abzweig (Beginn) des Havelkanals aus
dem Oder-Havel-Kanal (km 10,45).

Anschluß Richtung Berlin siehe Seite 287.

Bodo Müller

Mecklenburgische und Märkische Gewässer östlich von Berlin

Die Mecklenburger Seenplatte

Im Norden der ehemaligen DDR, im neuen Bundesland Mecklenburg-Vorpommern, liegt das größte und schönste Wassersportrevier Ost-Deutschlands: Die Mecklenburger Seenplatte. Ein Großteil der mehr als 100 Seen ist über natürliche Flußläufe und Kanäle schiffbar miteinander verbunden.

Auf dem Wasserwege ist der in sich geschlossene Teil der Mecklenburger Seenplatte allerdings nur von zwei Stellen aus erreichbar: Einmal von der Elbe über die (derzeit noch im Bau befindliche) Schleuse Dömitz und dann weiter über die Müritz-Elde-Wasserstraße in Richtung Nordosten. Der zweite Weg führt von Berlin aus über den Oder-Havel-Kanal und den Voß-Kanal in Richtung Norden nach Mecklenburg. Somit besteht ein in sich geschlossenes Wasserstraßensystem von Hamburg über Mecklenburg nach Berlin.

Eine direkte schiffbare Verbindung von Mecklenburg zur nahe gelegenen Ostsee existiert nicht. Eine solche ist zwar seit Jahrhunderten vom Schweriner See über den Wallensteingraben nach Wismar geplant, aber nie konsequent mit dem nötigen Tiefgang ausgebaut worden. Heute ist der Wallensteingraben, auf dem einst kleine Lastkähne getreidelt wurden, nur noch mit viel Mühe mit Paddelbooten befahrbar.

Nördlich von dem in sich geschlossenen Mecklenburger Wasserstraßennetz liegen der Malchiner See und der Kummerower See, die über die Peene eine schiffbare Verbindung zum Stettiner Haff (und damit zur Ostsee) haben. Zwischen dieser Wasserstraße und dem großen Mecklenburger Wasserstraßensystem liegen zwar nur wenige Kilometer, eine schiffbare Verbindung besteht dennoch nicht. Ebenfalls zur Mecklenburger Seenplatte wird der Unterlauf der Ücker gezählt, die bei Ueckermünde ins Stettiner Haff mündet. Auch hier besteht kein Anschluß an das große Mecklenburger Wasserstraßensystem.

Will man auf eigenem Kiel Mecklenburg durchqueren, sollte das Schiff einen Tiefgang von maximal 1,40 m haben. Diese Fahrwassertiefe ist auf den meisten Wasserwegen gewährleistet, vernachlässigt man einmal extrem trockene Sommer. Zudem sollte sich bei Segelbooten der Mast relativ leicht legen lassen, da die Wasserarme von etlichen Brücken überquert werden. Segelyachten sollten außerdem mit einer Hilfsmaschine ausgerüstet sein, da auf den teilweise langen Kanalstrecken sowie auf schmalen

Waldseen mit hohem Baumbestand Segeln fast unmöglich ist.

Das über Jahrhunderte rückständige Agrarland Mecklenburg hatte auch unter 40 Jahren sozialistischer Planwirtschaft keine durchgreifende wirtschaftliche Blüte erlebt. Dementsprechend sind dort noch vielerorts die Verhältnisse: Wer mit seiner Yacht durch Mecklenburg reist, wird den Komfort einer vom Tourismus erschlossenen Gegend vermissen. Dafür gibt es wenig berührte Natur in Hülle und Fülle. Mecklenburg ist somit ein Revier für solche Wasserwanderer, die sich an der Ruhe und Abgeschiedenheit einer Landschaft in ursprünglicher Schönheit erfreuen können.

Folgende Fahrstrecken werden im Abschnitt „Mecklenburger Seenplatte" beschrieben:
– Von der Elbe zum Schweriner See
– Vom Elde-Dreieck zum Plauer See
– Von Lenz zur Müritz
– Die Kleinmecklenburger Seenplatte
– Vom Malchiner See zur Peene-Mündung
– Die Ücker von Torgelow nach Ueckermünde
– Der Tollensesee.

Die Müritz – größter See in Mecklenburg.

Von der Elbe zum Schweriner See

Der einfachste und schnellste Weg, um vom Westen Deutschlands auf eigenem Kiel zur Mecklenburger Seenplatte zu gelangen, führt von der Elbe bei Dömitz (km 504) über die Müritz-Elde-Wasserstraße zum Elde-Dreieck (auch Mecklenburger Dreieck genannt) und dann weiter über den Störkanal zum Schweriner See. Die Entfernung beträgt etwa 77 km. Dabei müssen insgesamt elf Schleusen passiert werden. Geschleust wird täglich von 7 bis 19 Uhr. Die Tauchtiefe der zwei Kanäle ist mit je 1,35 m angegeben. Fast alle Brücken haben eine lichte Durchfahrtshöhe von 4,20 m. Ausnahmen bilden folgende Brücken:
– Straßenbrücke Stadtkanal Grabow 3,55 m
– Fußgängerbrücke Grabow 3,99 m
– Behelfsbrücke Plate 2,50 m.

Die rund 160 Jahre alte Wasserstraße wurde nach dem Mauerbau im Jahre 1961 nur noch wenig benutzt. Sie endete faktisch als Sackgasse kurz vor Dömitz an der Elbe, da dort das streng bewachte Grenzgebiet begann. Sportboote durften überhaupt nicht mehr von Mecklenburg zur Elbe fahren. Auch die Besatzungen von Berufsschiffen benötigten eine spezielle Sondergenehmigung (die nicht jeder erhielt), um über die Müritz-Elde-Wasserstraße zur Elbe fahren zu dürfen. Aus diesen Gründen kam die Schiffahrt in dem Bereich fast völlig zum Er-

liegen. Seitens des Wasserstraßenbetriebes Grabow bestand keine Notwendigkeit mehr, die Durchfahrt zur Elbe intakt zu halten.
Die Folge ist, daß die aus roten Klinkern gebaute, schöne alte Schleuse in Dömitz (Baujahr 1830!) so weit verfallen ist, daß man sie nicht mehr benutzen kann. Aufgrund von Baufälligkeit wurde sie schließlich am 1. November 1989 für den gesamten Verkehr gesperrt.
Da seit der Grenzöffnung der Andrang von norddeutschen, speziell auch Hamburger Wassersportlern, die auf diesem Wege nach Mecklenburg fahren wollen, sehr groß ist, wird hier kurzfristig eine neue Schleuse gebaut. Mit der Fertigstellung wird aber erst gegen Jahresende 1991 gerechnet.
Als Übergangslösung für die 91er Saison soll an dieser Stelle eine Bootsschleppe eingerichtet werden, allerdings nur für kleine Boote mit einer Länge bis zu 5 m.
Wer das Nadelöhr Dömitz umgehen möchte, kann an folgenden Stellen per Kran auch eine größere Yacht zu Wasser bringen:
– Grabow: Werft des Wasserstraßenamtes Grabow, Zufahrt Blievensdorfer Weg. Eine Portalkrananlage (12,5 t) für Bootslängen bis zu 12 m steht zur Verfügung.
– Schwerin: Hafen des Kraftverkehrs, Abt. Industriebahn, Am Ziegelsee. Zwei Turmdrehkräne (12 bw. 16 t) können genutzt werden.

Die Elde bei Dömitz (oben).
Schleuse Neu Kaliß an der Elde (unten).

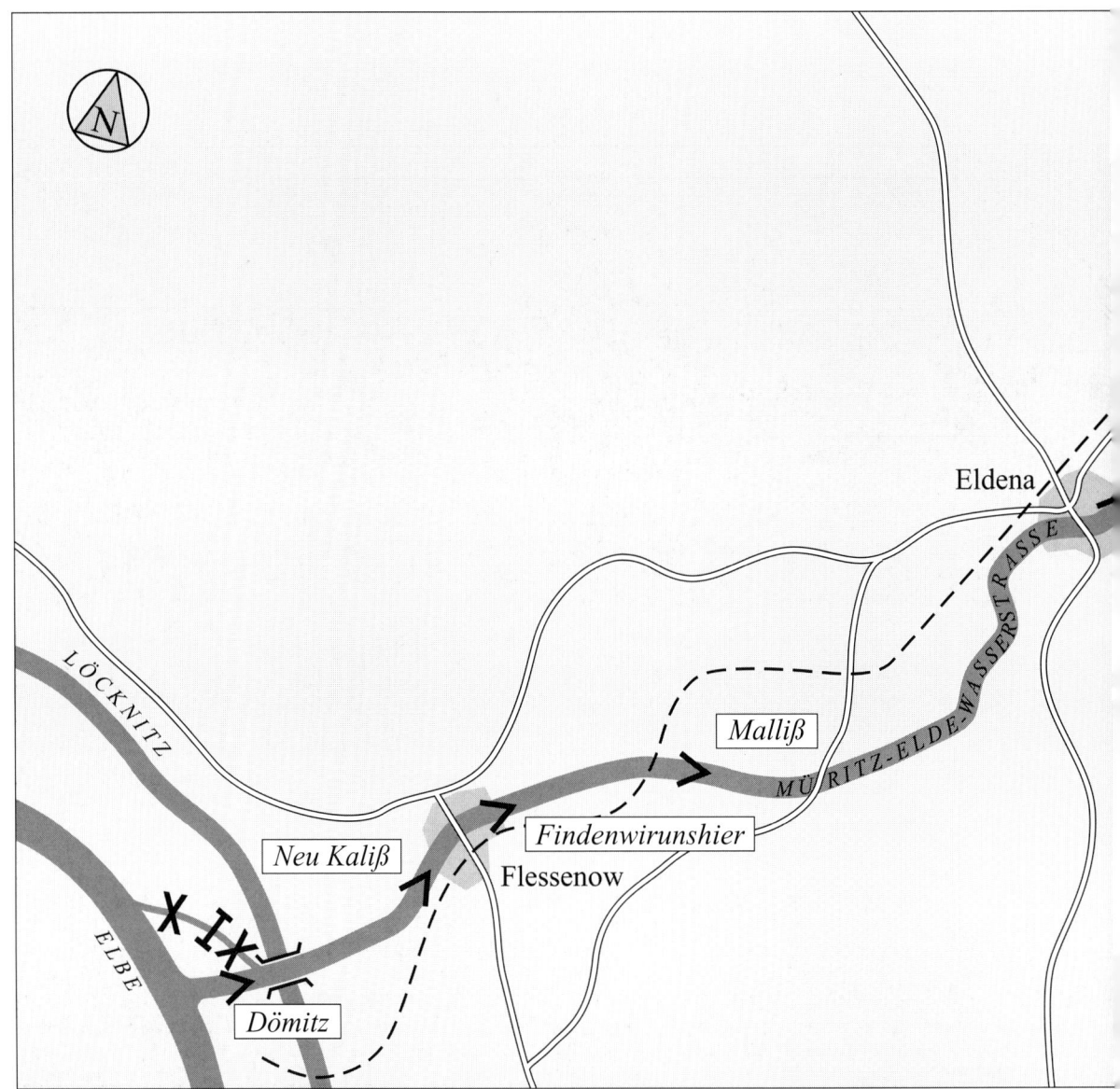

Abzweig Dömitz bis Eldena.
Entfernung: 18 km, Schleusen: 5.
Bei Dömitz führt ein kurzer Stichkanal von der Elbe unter einer Straßenbrücke hindurch zur Schleuse. Die alte Anlage aus dem Jahre 1830 wird von einer eisernen Zugbrücke überspannt, die inzwischen als technisches Denkmal gilt und auch nach dem Schleusenneubau wieder den Kanal überbrücken soll.

Wenige hundert Meter hinter der Schleuse überquert der Kanal das Flüßchen Löcknitz, das etwa auf Elbe-Niveau strömt. Danach schlängelt sich die Elde-Müritz-Wasserstraße durch eine reizvolle Wald- und Wiesenlandschaft. In dem stellenweise parallel dazu verlaufenden Flußbett der alten Elde befinden sich lauschige Ankerplätze.

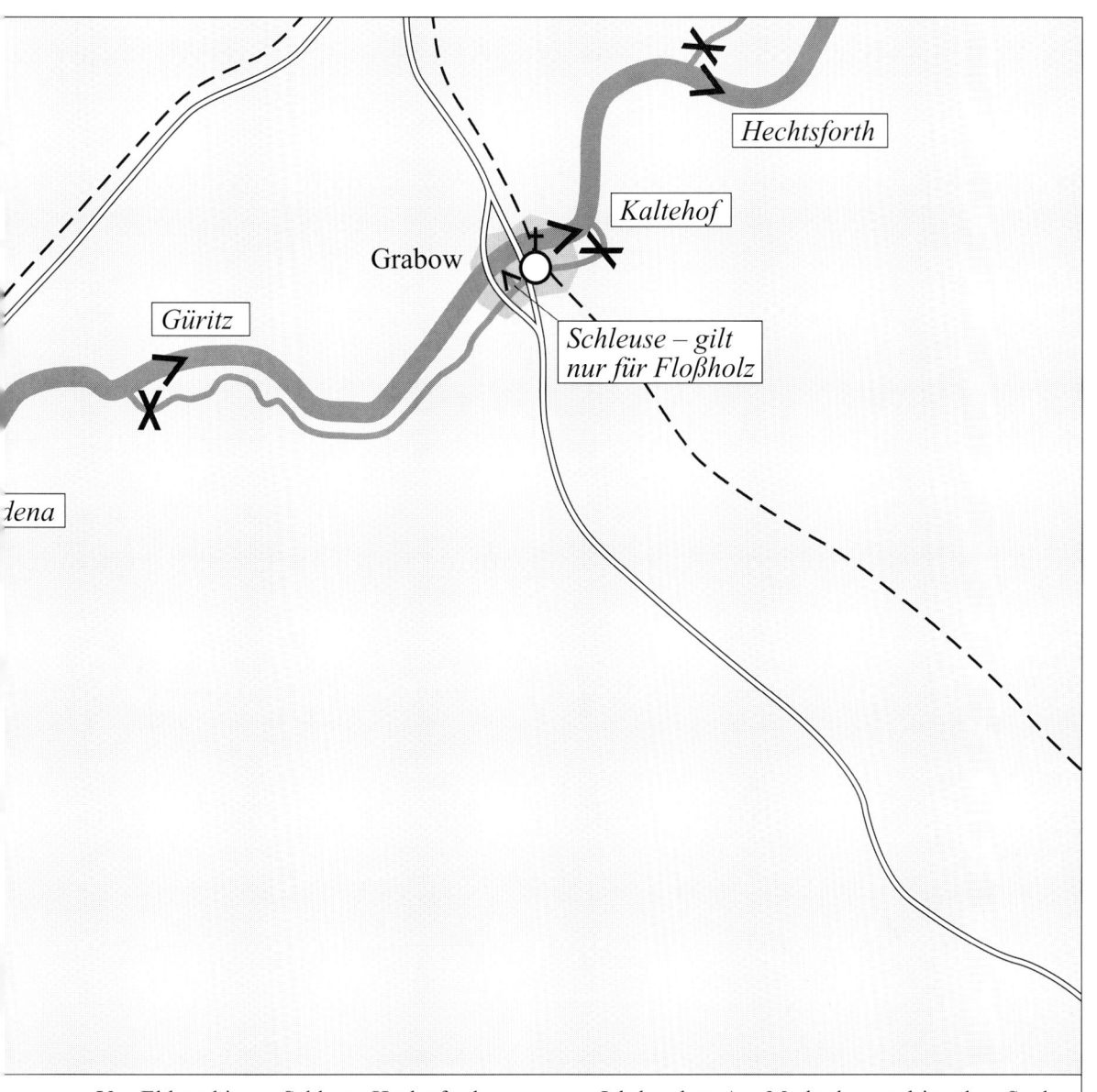

Von Eldena bis zur Schleuse Hechtsforth. Entfernung: 17 km, Schleusen: 3.

Etwa in der Mitte der Wegstrecke liegt die Kleinstadt Grabow, der Sitz des für dieses Revier zuständigen Wasserstraßenamtes mit einem eigenen Betriebshafen und einer kleinen Werft.

In dem schon 1252 gegründeten Grabow lohnt sich ein Besuch der gotischen Stadtkirche aus dem 13.

Jahrhundert. Am Marktplatz und im alten Stadtkern stehen noch zahlreiche Fachwerkhäuser aus dem 17. und 18. Jahrhundert. Im Heimatmuseum ist eine ständige Ausstellung zur Stadtgeschichte zu sehen.

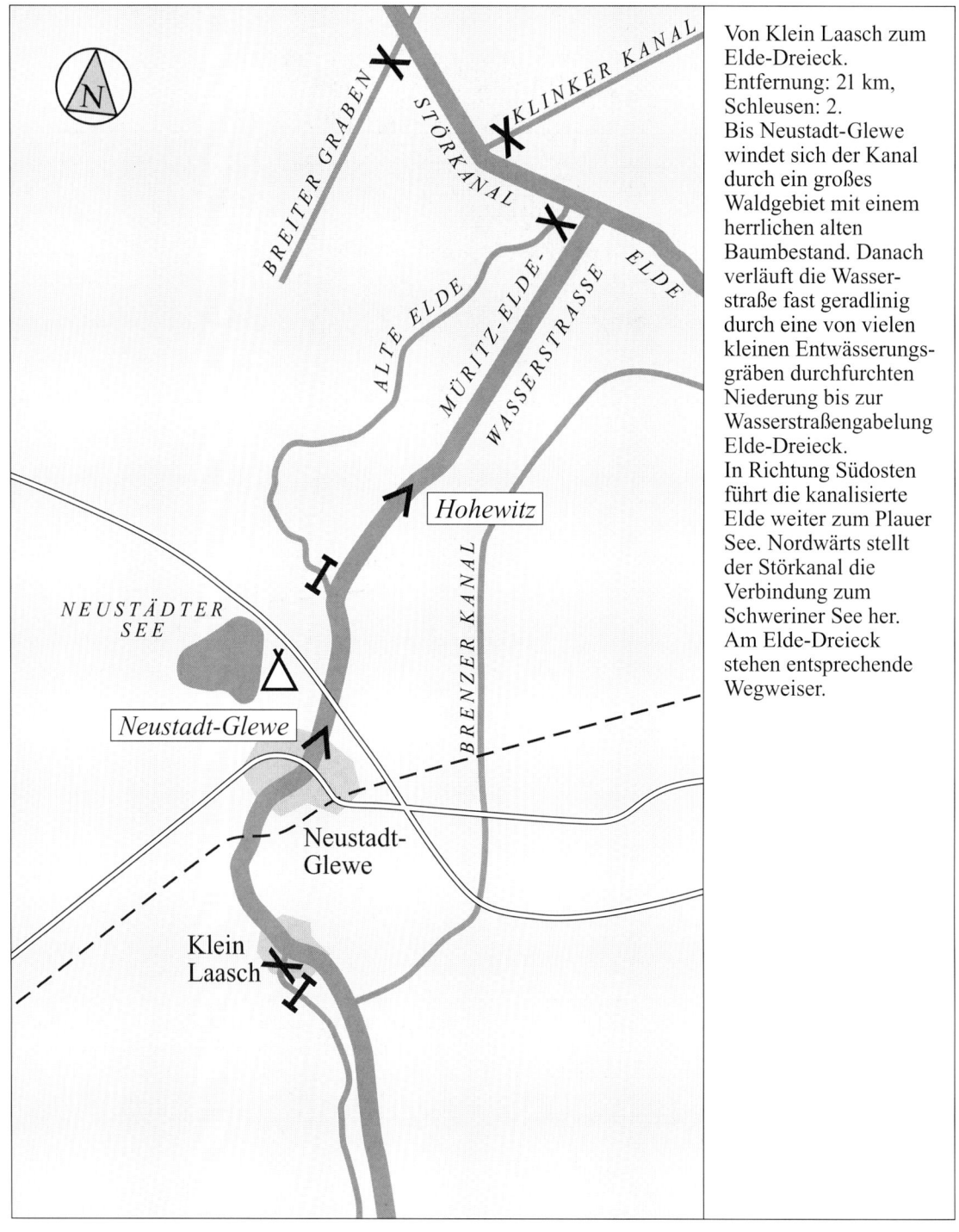

Von Klein Laasch zum Elde-Dreieck. Entfernung: 21 km, Schleusen: 2. Bis Neustadt-Glewe windet sich der Kanal durch ein großes Waldgebiet mit einem herrlichen alten Baumbestand. Danach verläuft die Wasserstraße fast geradlinig durch eine von vielen kleinen Entwässerungsgräben durchfurchten Niederung bis zur Wasserstraßengabelung Elde-Dreieck. In Richtung Südosten führt die kanalisierte Elde weiter zum Plauer See. Nordwärts stellt der Störkanal die Verbindung zum Schweriner See her. Am Elde-Dreieck stehen entsprechende Wegweiser.

Störkanal zum Schweriner See. Entfernung: 20 km, Schleusen: 1. Der Schiffahrtsweg führt durch eine sumpfige Niederung; beidseitig gehen zahlreiche Entwässerungsgräben ab, die meist mit einfachen Toren abgeriegelt sind. Der Störkanal mündet bei Raben Steinfeld in den südlichsten Zipfel des Schweriner Sees. In der Ortschaft gibt es eine Forstfachschule mit einem dendrologisch wertvollen Park. Westlich der Kanalmündung liegt das Dörfchen Mueß. Das dortige Agrarhistorische Museum mit Fachwerkbauten aus dem 18. Jahrhundert sollte man gesehen haben.

Vom Fernsehturm in Zippendorf (183 m hoch) hat man bei günstiger Witterung einen herrlichen Überblick über den gesamten Schweriner See.

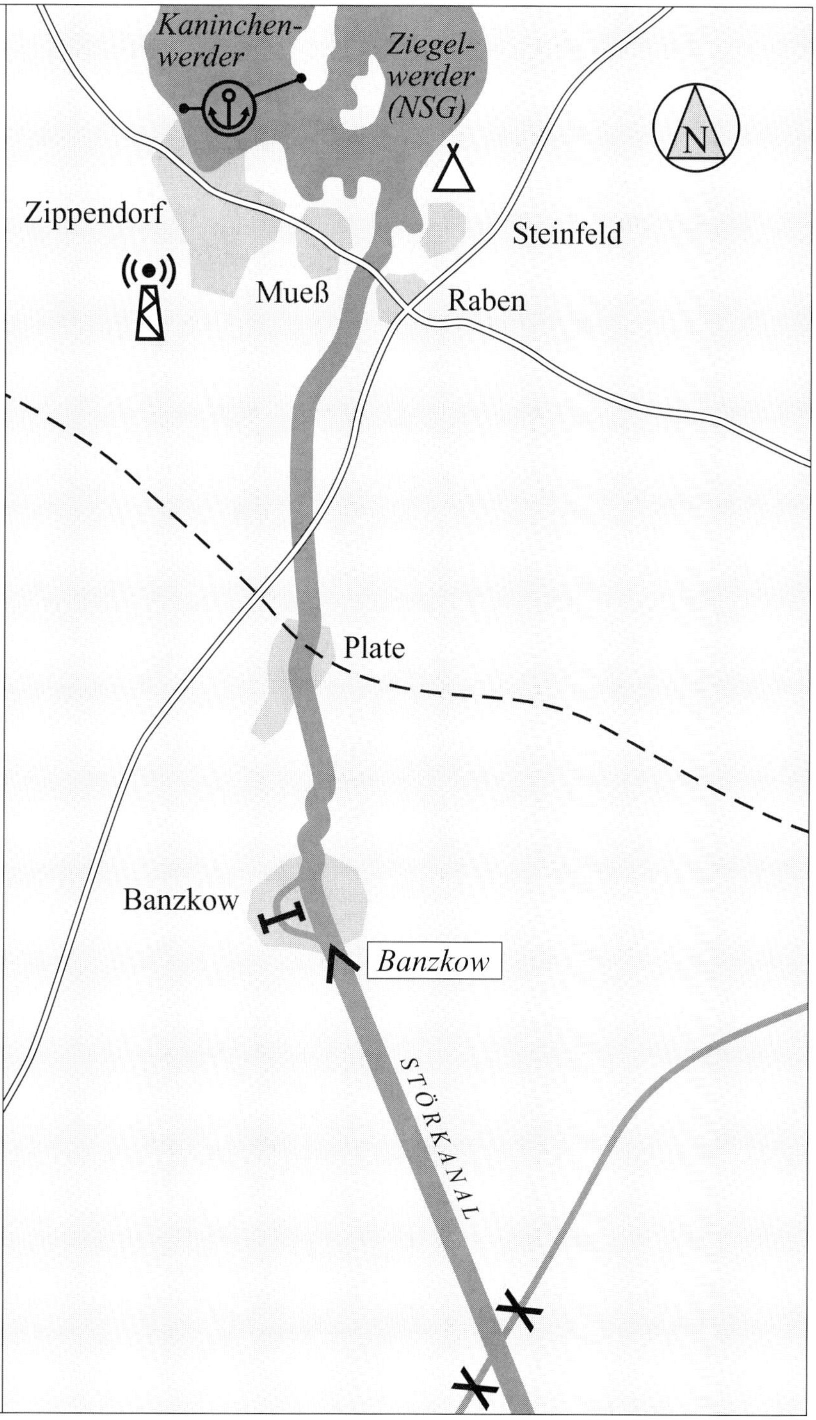

Kaninchen-werder

Ziegel-werder (NSG)

Zippendorf

Steinfeld

Mueß

Raben

Plate

Banzkow

Banzkow

STÖRKANAL

Das Schweriner Schloß (oben) und der Schweriner Dom (unten).

Schweriner See.
Mit einer Länge von 21
km und einer Breite
von stellenweise bis zu
5 km zählt der
Schweriner See zu den
größten Seen
Mecklenburgs und
stellt ein ideales
Wassersportrevier dar.
Die im südlichen Teil
gelegenen Inseln
Ziegelwerder und
Kaninchenwerder
gelten als Naturschutz-
gebiete, wobei letztere
über einen kleinen
Bootshafen verfügt und
dort auch angelaufen
werden darf.
Das attraktivste
Ausflugsziel dürfte die
alte und neue Landes-
hauptstadt Schwerin
sein, in der früher der
Großherzog von
Mecklenburg residierte.
Etwa 300 Meter
nördlich von der
Schloßinsel befindet
sich die Steganlage des
Schweriner Segler-
vereins.
In Schwerin sollte man
unbedingt das Schloß,
den Dom und die
historische Innenstadt
besuchen.
Durch den Paulsdamm
gelangt man in den
Schweriner Außensee.
Am nördlichen Ende
kann an mehreren
kleinen Steganlagen
festgemacht werden.

Hohen Viecheln
Bad Kleinen
Gallentin
Lieps
Flessenow
Rehberg
Lübstorf
SCHWERINER
(AUßENSEE)
Retgendorf
Goldburg
Seehof
Rampe
Paulsdamm
ZIEGELAUSSEN-SEE
Schwerin
Leezen
ZIEGEL-SEE
HEIDENSEE
SCHWERINER
(INNENSEE)
Görslow
Kaninchen
Werder

Vom Elde-Dreieck zum Plauer See

Von der Wasserstraßengabelung Elde-Dreieck führt die kanalisierte Elde (Müritz-Elde-Wasserstraße) über die Orte Parchim und Lübz weiter ostwärts zum Plauer See. Die Entfernung bis zur Stadt Plau beträgt 63 km. Insgesamt sieben Schleusen müssen passiert werden. Geschleust wird täglich von 7 bis 19 Uhr. Die Tauchtiefe des Kanals ist offiziell mit 1,40 m angegeben. Die Durchfahrtshöhen unter den Brücken liegen bei 4,20 m.

Die Elde ist mit einer Länge von 220 km der längste Fluß in Mecklenburg, davon sind 184 km schiffbar. Der Ausbau zur Schiffahrtsstraße erfolgte bereits gegen Ende des 16. Jahrhunderts. In der ersten Hälfte des 19. Jahrhunderts erhielt der Flußlauf durch weitere Baumaßnahmen seine heutige Form. In den 30er Jahren dieses Jahrhunderts wurde der Kanal verbreitert und vertieft. Dennoch hat er nie große wirtschaftliche Bedeutung erlangt. Aufgrund seiner zahlreichen engen Windungen ist er mit großen Frachtschiffen nur schwer befahrbar. Für Wasserwanderer ist er jedoch ein schöner Kanal, der allein wegen der landschaftlichen Reize eine Reise wert ist.

Der ursprüngliche Flußlauf der Elde war vor dem Ausbau noch viel kurvenreicher als heute. Die vielen kleinen gewundenen Wasserarme beiderseits des Kanals erinnern daran. Wer in solche Nebenarme einläuft, sollte darauf achten, daß der zum Teil sehr dichte Pflanzenbewuchs nicht zerstört wird, da sich hier seltene Vogelarten angesiedelt haben.

Kohlinsel im Plauer See.

Die Georgenkirche in Parchim (oben).
Schleuse in Plau (unten).

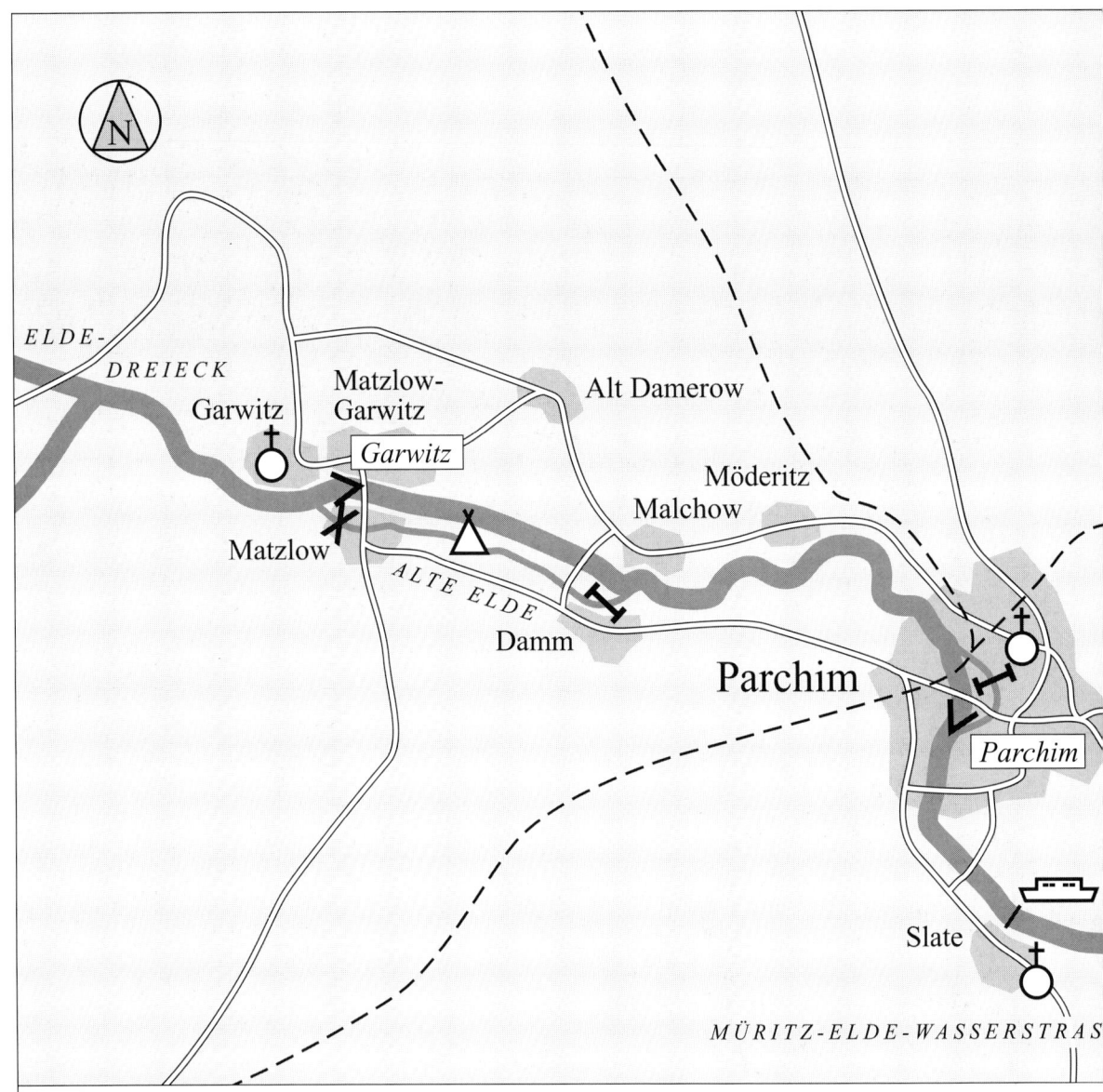

Vom Elde-Dreieck bis Parchim.
Entfernung: 16 km, Schleusen: 2.
Es empfiehlt sich, in der sehenswerten Kleinstadt Parchim für einen Stadtbummel festzumachen. Anlegemöglichkeiten bestehen oberhalb und unterhalb der Schleuse. Man liegt damit fast im Stadtzentrum und hat alle Geschäfte in unmittelbarer Nähe.

Reizvoll ist ein Spaziergang durch die historische Altstadt, die von zwei Armen der Elde umschlossen wird. Dort stehen noch Fachwerkhäuser aus dem 16. und 17. Jahrhundert sowie Reste der alten Stadtbefestigung, die auch die vier Jahrzehnte des sozialistischen Verfalls ganz gut überstanden haben. Besonders sehenswert sind die Pfarrkirchen St. Georg und St. Marien.

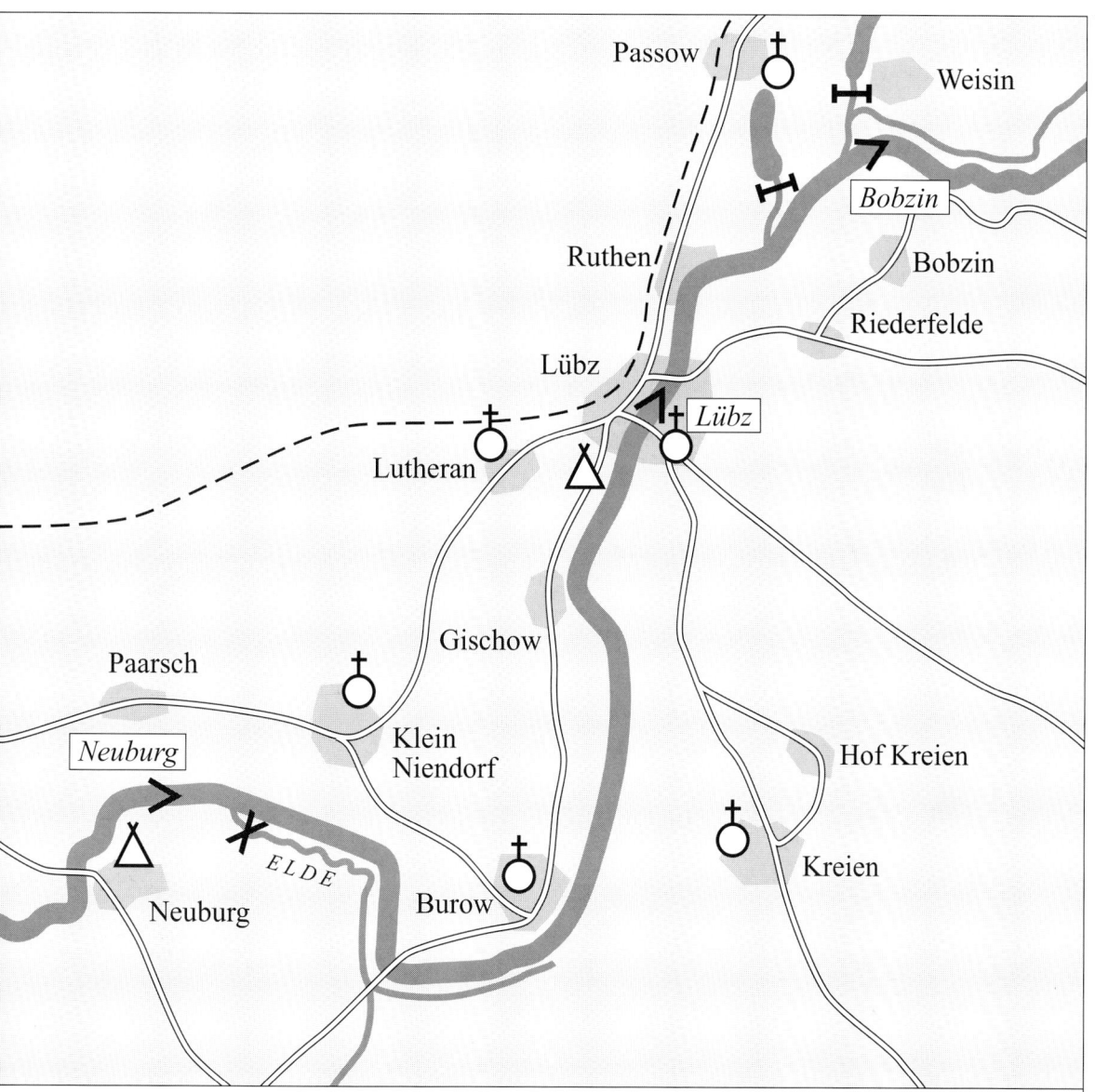

Neuburg bis Bobzin.
Entfernung: 31 km, Schleusen: 3.
Die Müritz-Elde-Wasserstraße fließt hier durch eine relativ dünn besiedelte Gegend. Die Ufer sind von Wiesen und Wäldern gesäumt. Etwa 1 km westlich vor Lübz liegt ein kleiner Campingplatz mit bescheidenen Anlegemöglichkeiten und einfachen sanitären Einrichtungen.

Die Kleinstadt Lübz ist die einzige nennenswerte Ortschaft in diesem Gewässerabschnitt. Eine spätgotische Pfarrkirche aus der Zeit der Reformation sowie ein Turm (heute Museum) vom ehemaligen Schloß machen die Sehenswürdigkeiten des Ortes aus.

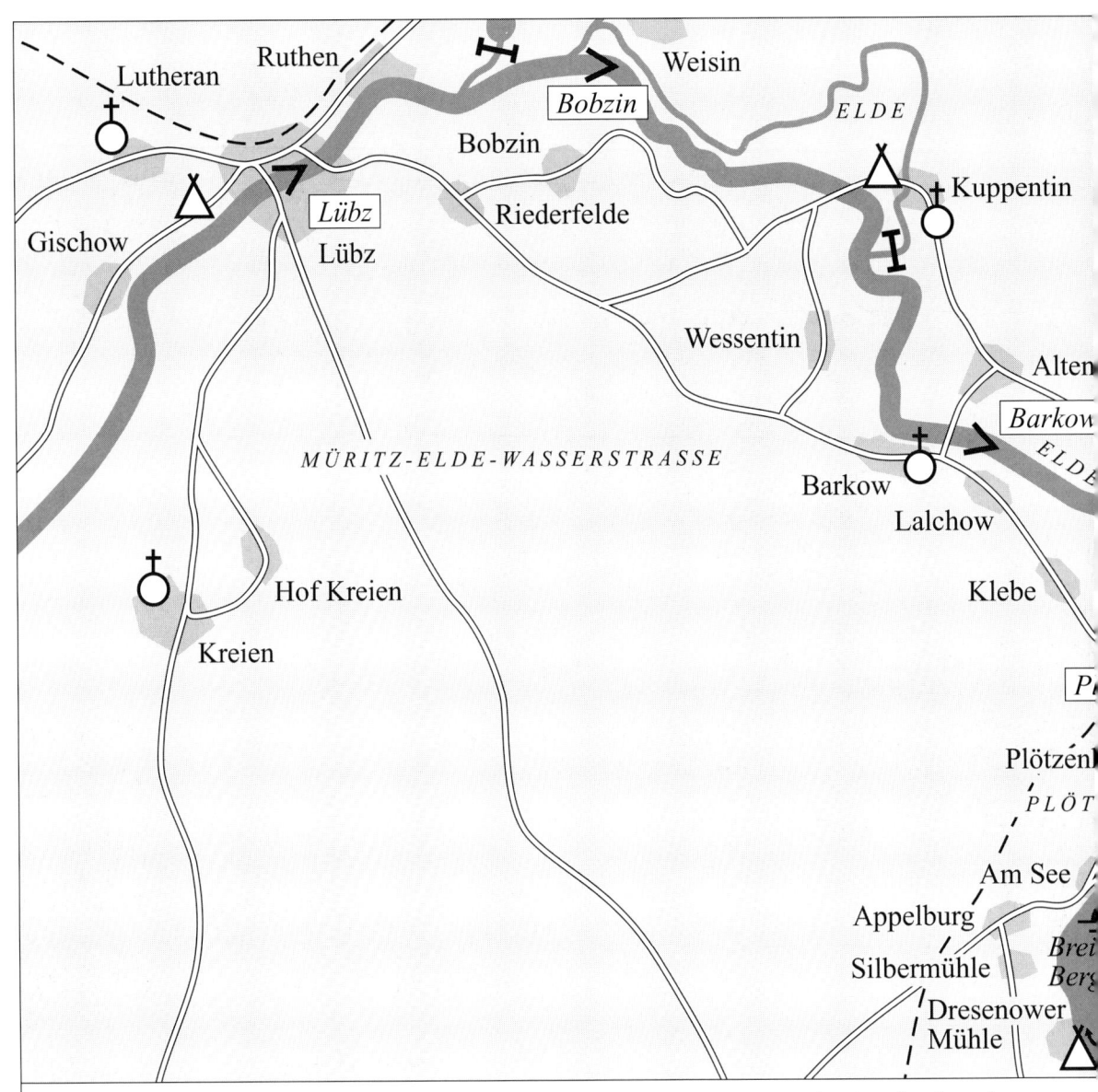

Lübz bis Plau.
Entfernung: 24 km, Schleusen: 4.
Die kanalisierte Elde führt durch eine landschaftlich reizvolle Niederung und ist von Mischwäldern bzw. Wiesen und Äckern gesäumt. Stellenweise verläuft parallel zur Wasserstraße das alte Flußbett der Elde in weit ausholenden Windungen. Die Nebenarme sind meist durch Wehre abgetrennt.

Ein Befahren mit Motor- oder Segelyachten ist nicht möglich, allenfalls mit leichten Paddelbooten, die sich auch umtragen lassen. In der Nähe des Dorfes Kuppentin kann an einem kleinen Zeltplatz Rast gemacht werden.

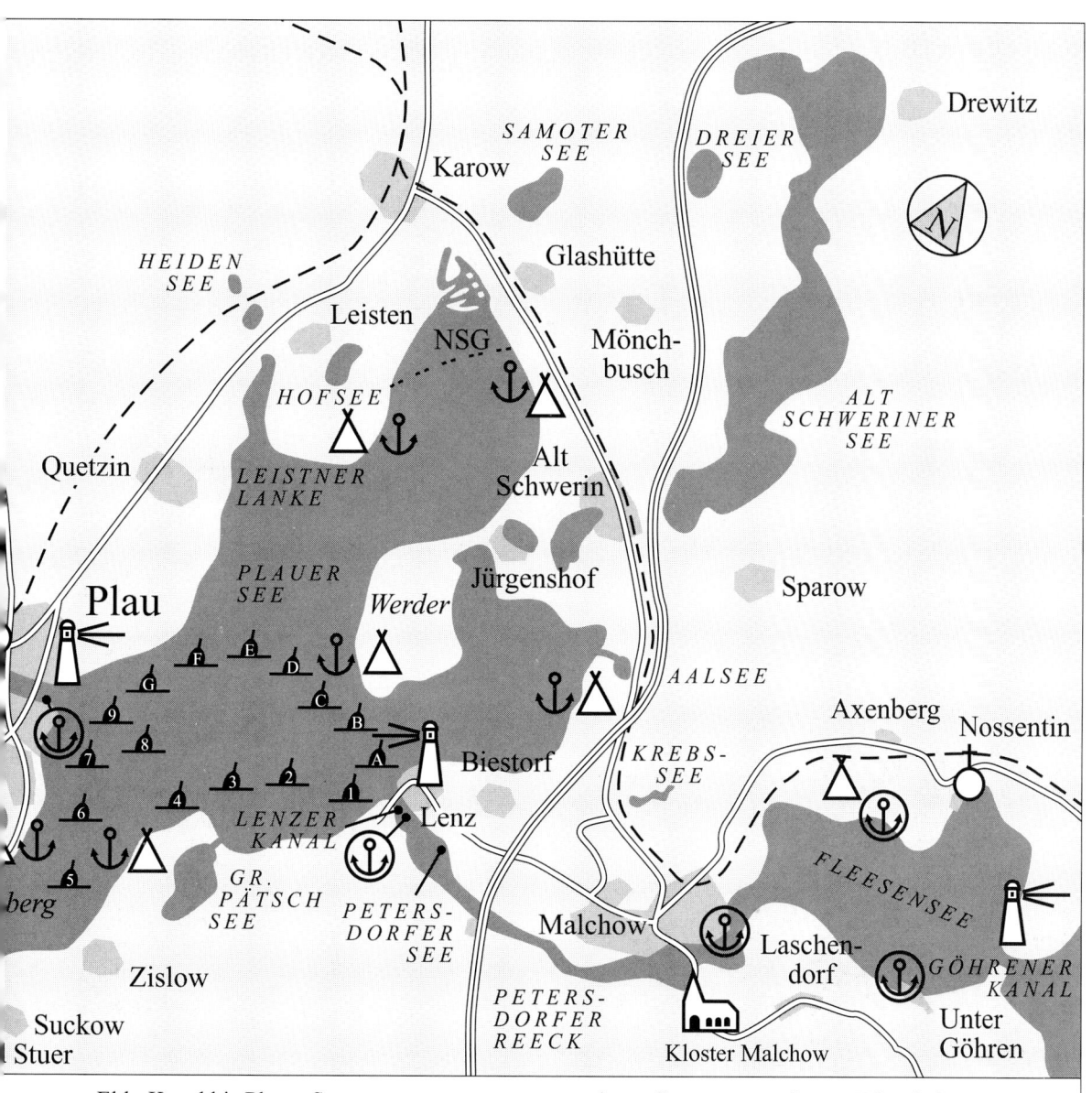

Elde-Kanal bis Plauer See.
Wer über die Müritz-Elde-Wasserstraße kommend zum Plauer See will, muß vorher die Schleuse in Plau passieren. Anschließend – nach Unterqueren der zwei Straßenbrücken im Zentrum des Ortes – erreicht man kurz vor dem Plauer See am Südufer des Kanals den Hafen des örtlichen Segelvereins. Obwohl der Plauer See 15 km lang und 6 km breit ist, gibt es an seinem Ufer keine weiteren Yachthäfen. Dafür laden etliche verträumte Buchten zum Ankern in freier Natur ein.

In Alt Schwerin (Nordufer) lohnt ein Besuch des Agrar-Museums. Nahe der Siedlung Lenz (Ostufer) liegt die Einfahrt in den Petersdorfer See, über den es weiter in Richtung Osten geht.

Plau: Blick auf die Altstadt (oben).
Bootshafen in Plau am Plauer See (unten).

Von Lenz zur Müritz

Von Lenz (Ostufer des Plauer Sees) gelangt man über den Fleesensee und den Kölpinsee zur Müritz, dem größten See Mecklenburgs. Die Entfernung von Lenz bis zur Südspitze der Müritz beträgt knapp 50 km. Dazwischen gibt es keine Schleusen. Die Fahrwassertiefe liegt bei 1,40 m. Lange Zeit bildete die alte Straßenbrücke in Malchow ein Schiffahrtshindernis. Die Durchfahrtshöhe beträgt bei Normalwasserstand 1,83 m. Der Drehmechanismus wurde inzwischen rekonstruiert. Ab 1991 soll sie dreimal täglich geöffnet werden.

Die Region mit ihren großen offenen Wasserflächen bildet das Zentrum der Mecklenburger Seenplatte. Es ist insbesondere ein Revier für Wassersportler mit größeren Booten, da die Dimension der Gewässer (Fleesensee 11 qkm, Kölpinsee 21 qkm und Müritz 117 qkm) viele Freiräume gewährt. Zugleich ist es ein einzigartiges Erholungsgebiet für Naturliebhaber.

Aufgrund wirtschaftlicher Unterentwicklung haben sich an den Seen und in den umliegenden Wäldern mehrere in Europa vom Aussterben bedrohte Tierarten in großer Population erhalten. So ist im Müritzgebiet heute die in Deutschland größte Siedlungsdichte des Fischadlers: Allein bei Waren nisten 12 Brutpaare. Ebenso sind hier noch Kraniche, Kormorane, Seeadler und andere seltene Vögel anzutreffen. Dies spricht für den Fischreichtum der Gewässer und für ein noch intaktes ökologisches Gleichgewicht.

Für Tierfreunde gibt es hier eine weitere Attraktion: Auf dem Damerower Werder, einer Halbinsel im Norden des Kölpinsees, leben Wisente in freier Natur. Die altweltlichen Wildrinder (die nächsten Verwandten sind die nordamerikanischen Bisons) waren in Mitteleuropa nahezu ausgerottet. Nach dem Zweiten Weltkrieg lebten nur noch wenige Tiere in den Urwäldern der polnischen Masuren. In Mecklenburg galten die Tiere seit mehr als 200 Jahren als ausgestorben. Um den Weltbestand zu retten, wagte man 1957 einen einmaligen Versuch und setzte ein Wisentpaar auf dem Damerower Werder (ca. 320 Hektar groß) aus. Zum Schutz der Tiere und der Bevölkerung wurde die schmale Verbindung zum Festland durch ein Gatter abgeriegelt. Aus dem Paar wurde binnen weniger Jahre eine Herde, die heute 35 Tiere zählt. Damit ist es gelungen, die Wisente vor dem Aussterben zu bewahren. Wer die seltenen Tiere sehen will, muß zu Fuß von Norden auf die Halbinsel gehen. Täglich um 10 Uhr wird in der Nähe des Gatters gefüttert. Ein Anlegen am Damerower Werder ist verboten!

Ein weiteres gesperrtes Gebiet liegt am Ostufer der Müritz. Hier befand sich das Jagdgebiet des DDR-Ministerrates. Der Vorteil der jahrzehntelangen Abschottung ist, daß dieser sumpfige Urwald mit vielen kleinen Teichen und Wasserläufen in seinem Urzustand erhalten geblieben ist. Jetzt, wo keine SED-Genossen mehr auf die Pirsch gehen, nutzen Naturschützer die Gunst der Stunde: das ehemalige Sperrgebiet bleibt weiter bestehen – allerdings als Müritz-Urwald, in dessen Öko-Gleichgewicht nicht eingegriffen werden soll. Das Anlegen ist hier ebenfalls verboten.

Auch an den anderen Ufern des hier beschriebenen Reviers sollten sich Besucher entsprechend umsichtig verhalten. Die einmalige Schönheit des Müritz-Gebietes zu erhalten ist nicht zuletzt auch eine Aufgabe der Wassersportler.

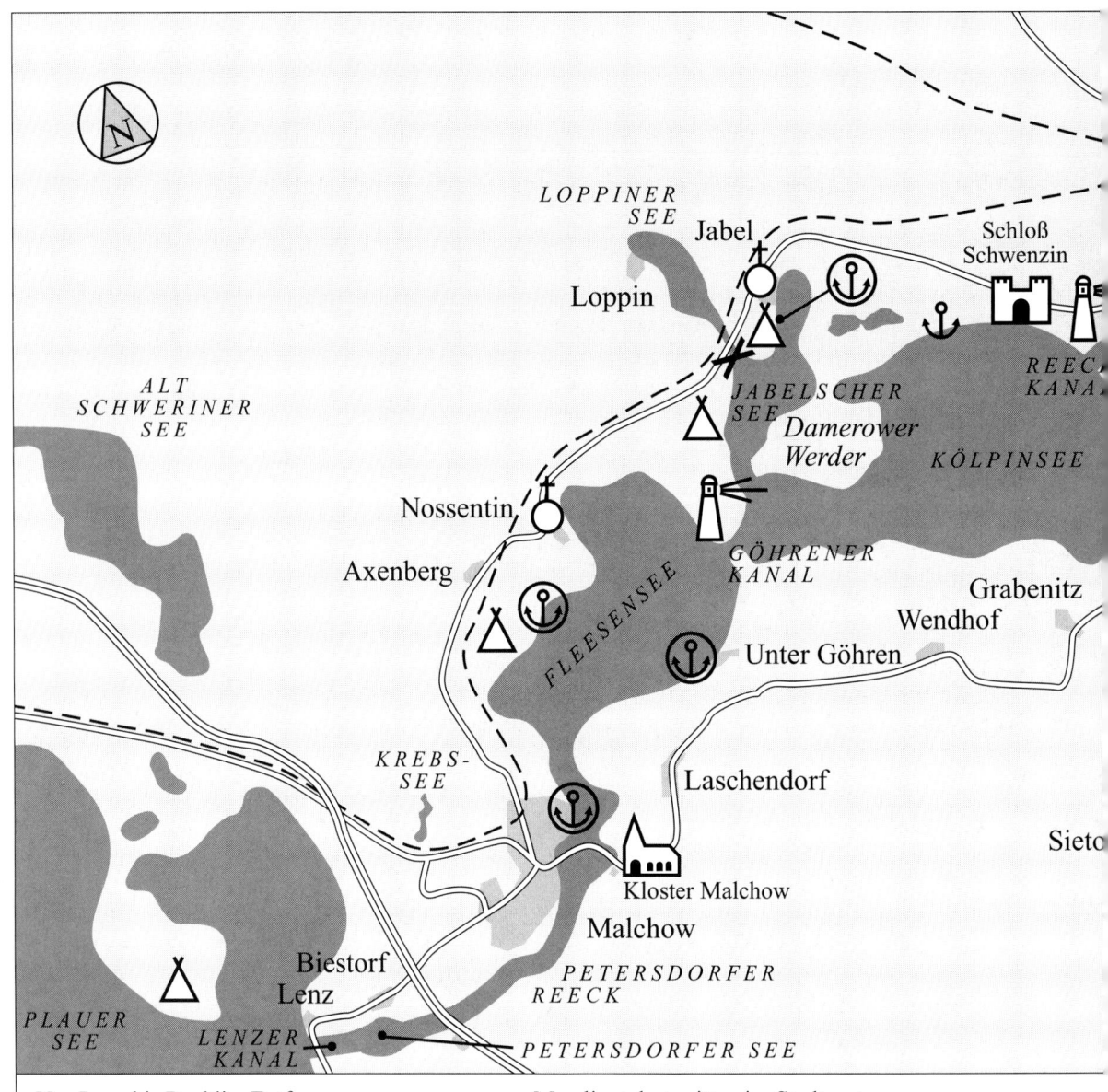

Von Lenz bis Rechlin. Entfernungen:
Lenz – Waren 28 km; Waren – Rechlin 19 km.
Vom Plauer See gelangt man über den Lenzer Ka-
nal in Richtung Müritz. Bei Sturm kann man in der
Kanaleinfahrt geschützt liegen. Der nächste grö-
ßere Ort in Richtung Osten ist Malchow. Wer Ein-
käufe erledigen will, kann vor oder hinter der
Drehbrücke festmachen.

Man liegt dort mitten im Stadtzentrum.
Von der Brücke bis zum Malchower Yachthafen
fährt man etwa 1 km in Richtung Norden. Am
Fleesensee gibt es keine Bootshäfen, nur je einen
kleinen Anleger bei Unter Göhren bzw. am Cam-
pingplatz.
Zum Kölpinsee gelangt man durch den Göhrener
Kanal. Gleich nach der Durchfahrt führt in Rich-

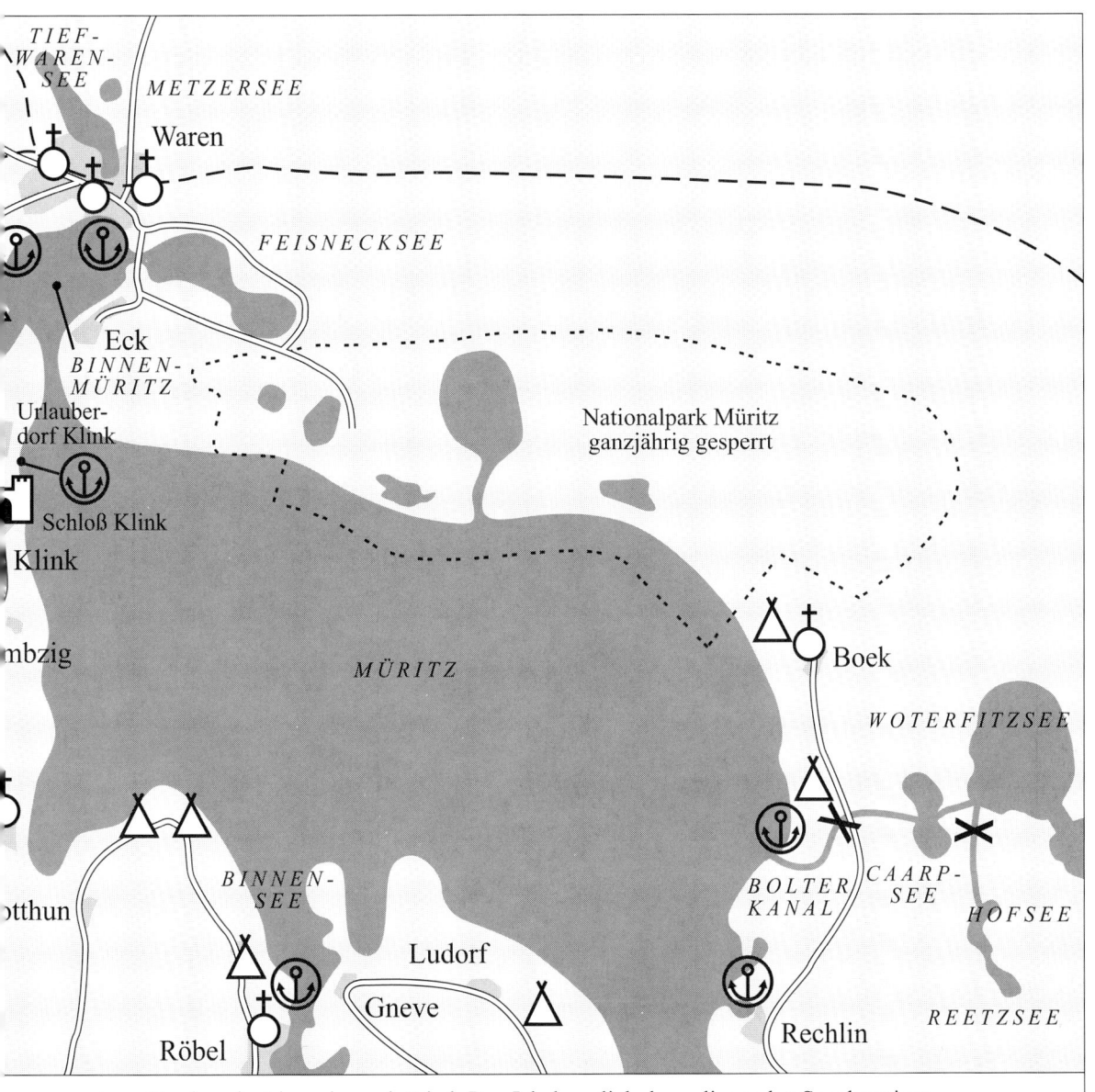

tung Norden ein Abzweig nach Jabel. Der Jabel-
sche See liegt zwar sehr idyllisch, ist aber
verkrautet und an der schmalen Einfahrt von hohen Bäumen weit überragt. Das Befahren mit großen Segelbooten ist dadurch erschwert.

Durch den Reeck-Kanal gelangt man auf die
Binnen-Müritz. Liegemöglichkeiten bestehen im
Stadthafen von Waren sowie bei den etwas west-
lich davor liegenden Segelvereinen.

Weitere Ausflugsziele für Bootstouristen auf der
Müritz sind das Schloß Klink, Röbel, Rechlin
und der Bolter Kanal. Letzterer ist ein herrlich im
Grünen gelegener Naturhafen, der an der ehemaligen Schleuse Bolter Mühle (jetzt zugeschüttet)
blind endet. Er gilt als schönster Liegeplatz an der
Müritz.

Einfahrt in den Lenzer Kanal bei Lenz (oben).
Liegeplätze an der Drehbrücke in Malchow (unten).

Wisente im Naturschutzgebiet Damerower Werder (Kölpinsee, oben).
Hafen Bolter Kanal an der Müritz (unten).

Die Kleinmecklenburger Seenplatte

Wenn es zwischen Elbe und Oder ein Wasserwandergebiet gibt, in dem man sich verirren kann, dann ist es die Kleinmecklenburger Seenplatte. Sie erstreckt sich in West-Ost-Richtung von der Müritz bis nach Lychen und hat eine Nord-Süd-Ausdehnung von Neustrelitz bis Rheinsberg. Kleinmecklenburger Seenplatte deshalb, weil hier im Vergleich zu den anderen Seen des Landes die Wasserflächen relativ klein sind.

Viele Seen gehen ineinander über und sind durch Kanäle kreuz und quer miteinander verbunden. Auf einer Fläche, die etwa so groß ist wie die Stadt Hamburg, liegen zusammenhängend rund 100 Gewässer, die man per Boot befahren kann. Würde man all die Seen, die beiderseits der schiffbaren Gewässer liegen, hinzu zählen, käme man auf über 300.

Entstanden ist diese einmalige Endmoränenlandschaft während der letzten Eiszeit vor etwa 16000 Jahren. Dabei bildeten sich zwei Arten von Seen: die Rinnenseen mit zum Teil sehr tiefem Wasser und die mehr kreisförmigen Flachseen. Heute sind die Gewässer von Mischwäldern umgeben. An einigen schmalen Rinnenseen neigen sich die hohen Bäume beiderseits so weit zum Wasser hin, daß man stellenweise durch einen grünen Tunnel fährt. Obwohl an den Seen etwa 40 kleine Campingplätze liegen, ist das Revier noch immer ein wenig erschlossenes Naturparadies.

Auf den Hauptschiffahrtswegen der Kleinmecklenburger Seenplatte ist die Mindestfahrwassertiefe mit 1,40 m angegeben. Vom südöstlichen Ende des Reviers, dem Stolpsee bei Fürstenberg, erfolgt der schiffbare Anschluß über die Märkischen Gewässer nach Berlin.

Aufgrund der labyrinthischen Vernetzung der Gewässer wurde auf den einzelnen Kartenseiten auf Entfernungsangaben verzichtet.

Schloß Rheinsberg am Grienericksee.

Der Schwarze See südlich von Mirow (oben).
Die „Hausbrücke" bei Ahrensberg über die Havel (unten).

189

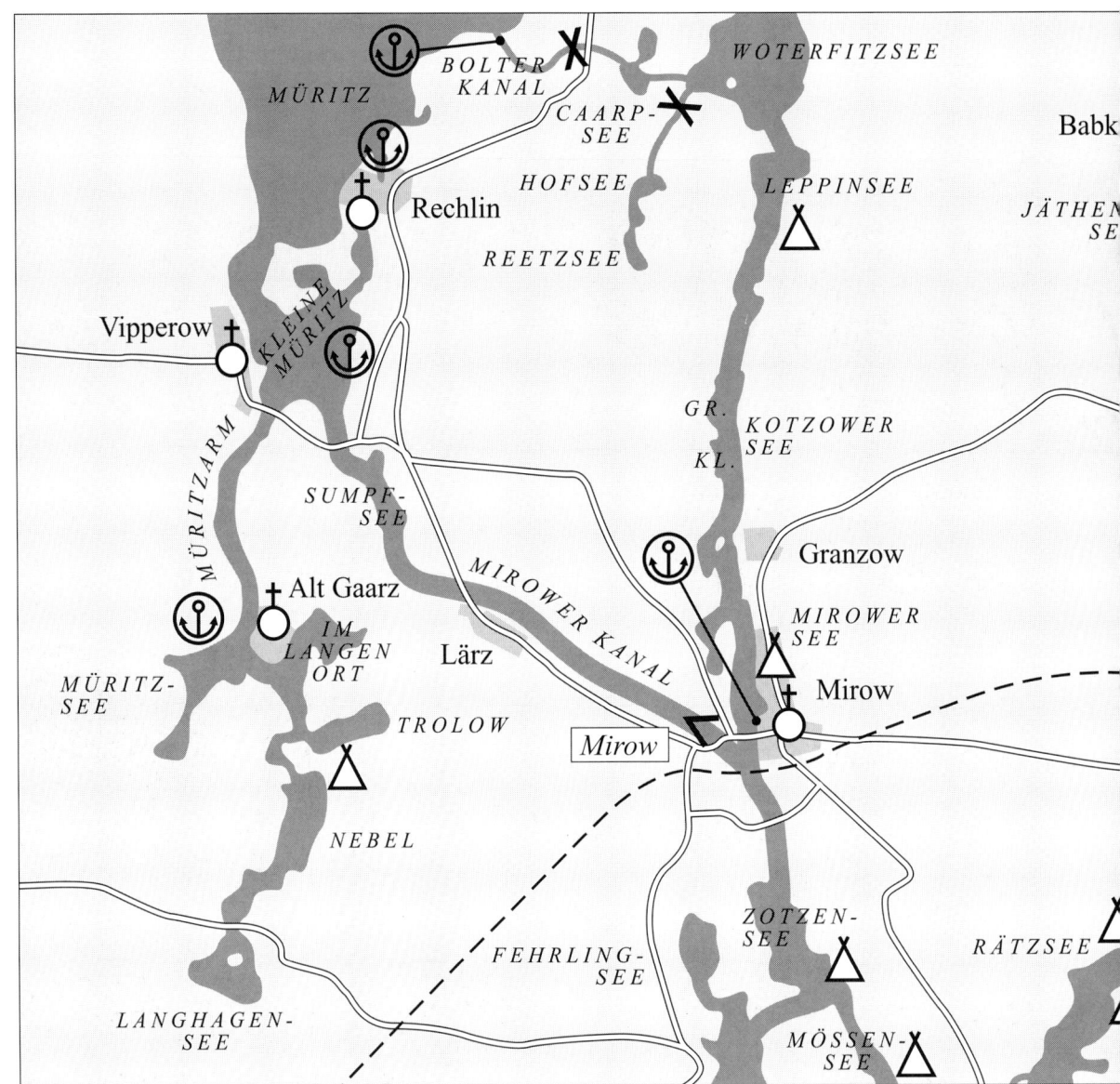

Gewässer um Mirow. Die Hauptschiffahrtsstraße von der Müritz nach Berlin führt durch den Mirower Kanal und dann südwärts durch den Zotzensee und den Mössensee. Liegemöglichkeiten in Mirow bestehen im kleinen alten Stadthafen neben der Schloßinsel. Unweit davon befindet sich der Steg des Segelvereins.

Als Bootsausflug ist eine Reise in Richtung Norden durch eine Kette schöner Waldseen zum Woterfitzsee zu empfehlen. Die Weiterfahrt durch den Bolter Kanal zur Müritz ist nur bedingt möglich, da die Schleuse Bolter Mühle zugeschüttet ist. Mittels einer vorhandenen Bootsschleppe können leichte Boote übergesetzt werden. Dann ist eine Rundreise über Müritz und Mirower Kanal zurück nach Mirow möglich.

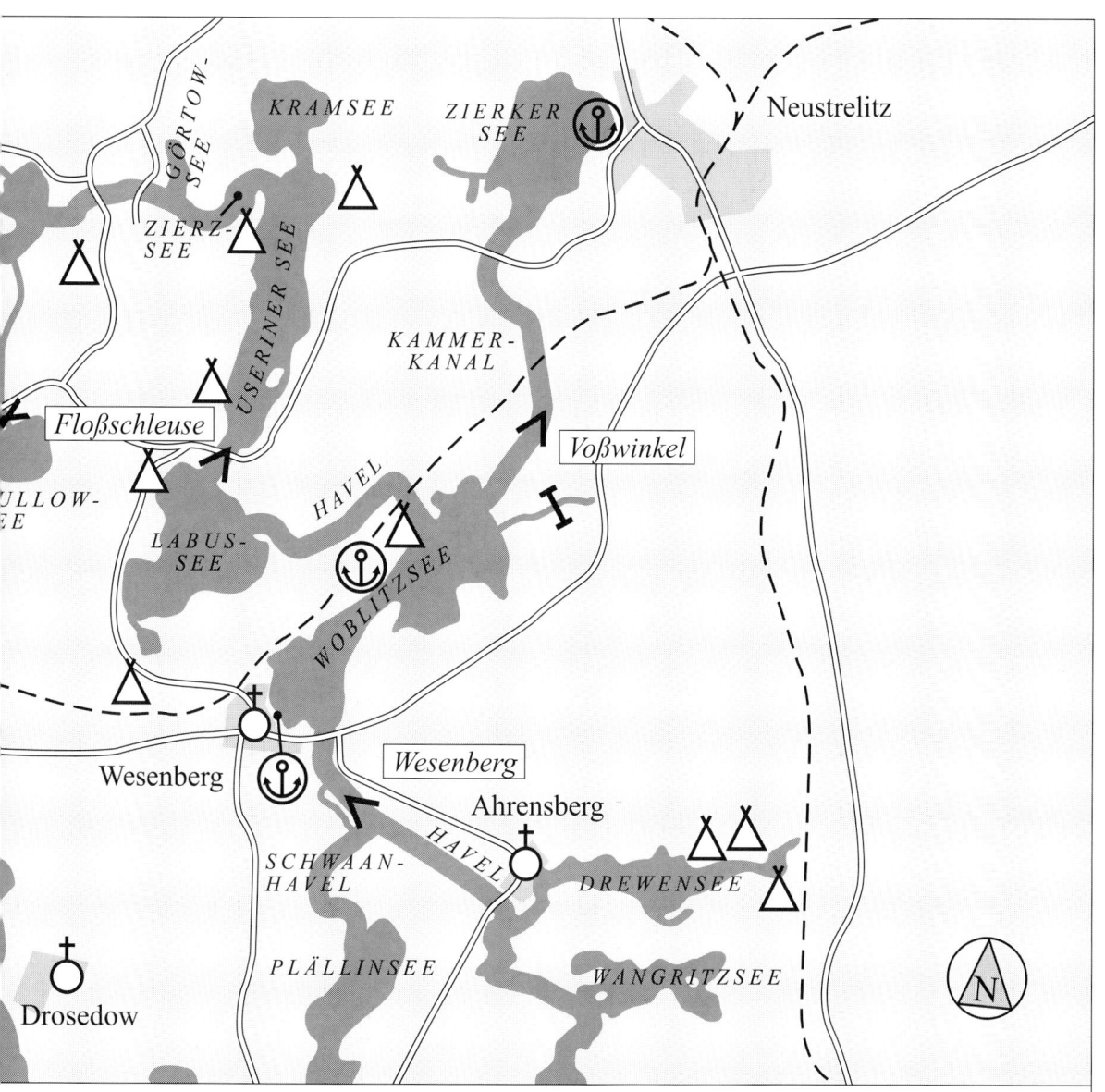

Gewässer um Wesenberg. Die Zufahrt erfolgt von Süden beim Abzweig Priepert (siehe übernächste Karte!) von der Wasserstraße Müritz – Berlin. Die Fahrt auf der oberen Havel nordwärts tangiert den Wangritzsee und den Drewensee und führt unter der schönen alten Hausbrücke bei Ahrensberg hindurch. Der Skipper sollte beachten, daß die Wassertiefe, je weiter er nördlich fährt, allmählich auf 1,20 m abnimmt.

In Wesenberg bestehen Liegemöglichkeiten im alten Kommunalhafen. Am nordöstlichen Ende des Woblitzsees hat ein Segelverein aus Neustrelitz sein Domizil, am Zeltplatz daneben kann ebenfalls festgemacht werden. Ab hier gabelt sich die Wasserstraße und endet im Zierker See bzw. im Jäthensee.

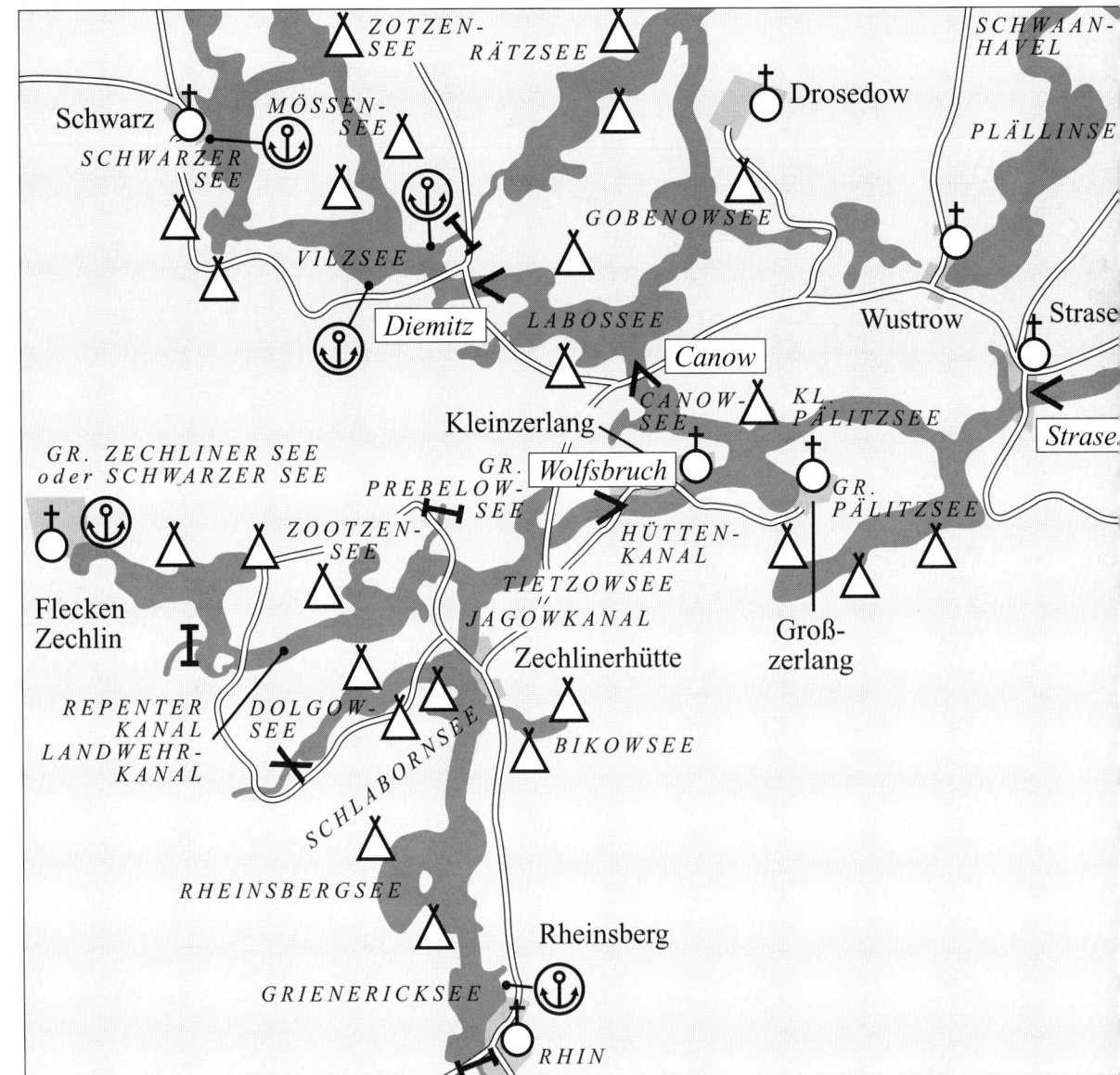

Gewässer nördlich von Rheinsberg. Die Wasserstraße Müritz – Berlin führt durch Zotzensee und Mössensee (im Nordwesten) nach Strasen (im Osten). Zwischen Canowsee und Kleinem Pälitzsee führt ein Abzweig, der Hüttenkanal, nach Südwesten und teilt sich im Tietzowsee. Die schiffbaren Gewässer enden im Flecken Zechlin im Westen bzw. Rheinsberg im Süden.

Rheinsberg ist eine hübsche Kleinstadt mit einem sehenswerten Schloß, umgeben von einem weitläufigen Park. Ab Rheinsberg fließt der Rhin südwärts zu den Märkischen Seen (siehe Abschnitt Ruppiner Seen!). Diese Strecke ist aber nur bedingt im Paddelboot befahrbar, ggf. mit Zuschußwasser vom Rheinsberger Wehr.

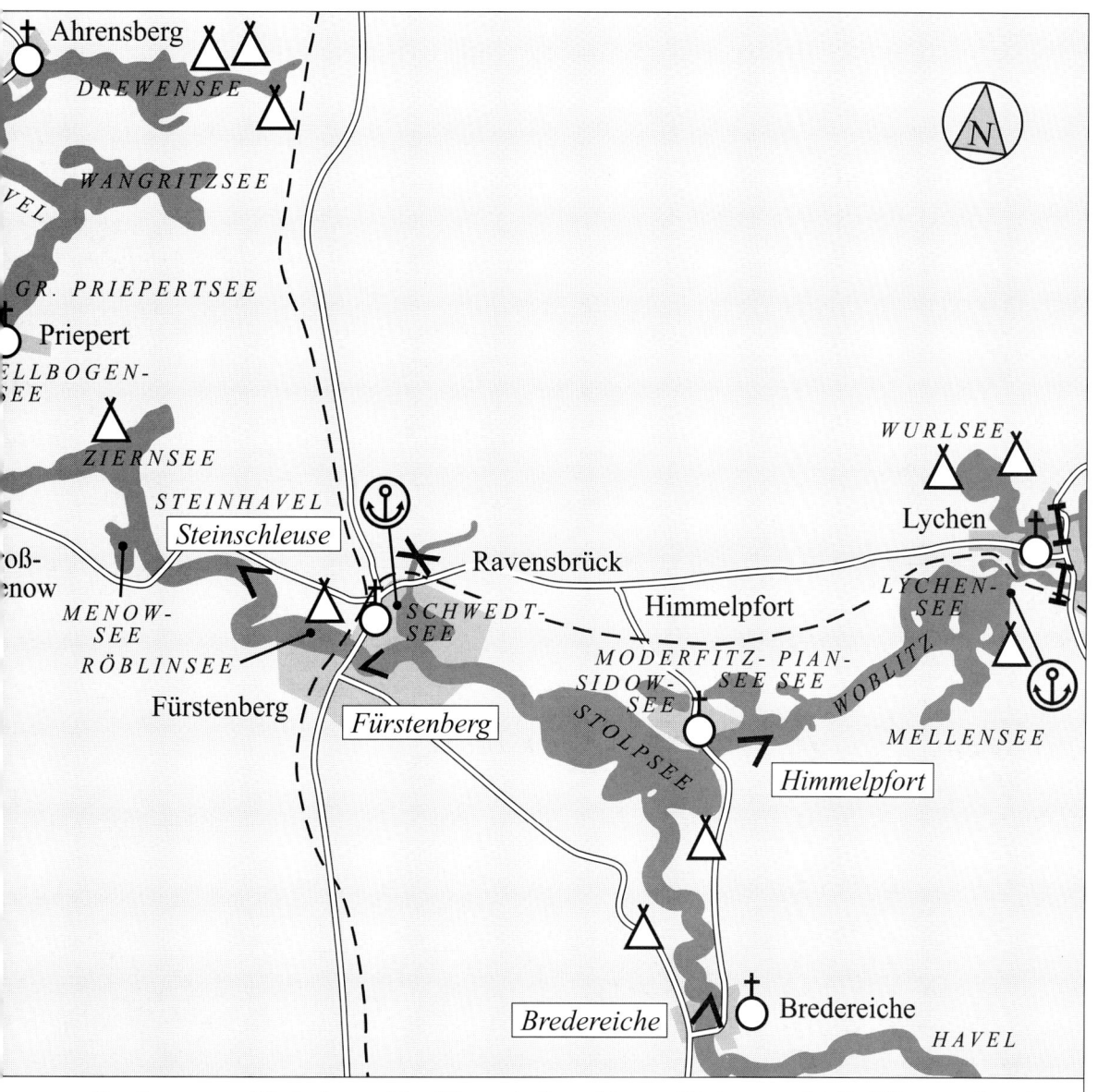

Gewässer um Fürstenberg. Die Wasserstraße Müritz - Berlin führt von Strasen über Fürstenberg und dann nach Süden zur Schleuse Bredereiche (ab hier beginnen die Märkischen Gewässer). Bci Priepert geht ein Abzweig nordwärts nach Wesenberg und Neustrelitz.

An allen Seen gibt es reichlich Liegemöglichkeiten in schönen Ankerbuchten. Aus Gründen der Ver- und Entsorgung ist die Nähe von Campingplätzen zu bevorzugen. Ein größerer Yachthafen ist in Fürstenberg.

In Richtung Osten ist eine Weiterfahrt bis zur Kleinstadt Lychen möglich. Am Ostufer des Sees befindet sich der Steg des kleinen örtlichen Segelvereins.

Vom Malchiner See zur Peene-Mündung

Wenige Kilometer nördlich von den schiffbar miteinander verbundenen Mecklenburger Seen (die keinen direkten Zugang zur Ostsee haben) liegt noch ein weiteres Wasserstraßensystem, das von der Peene gespeist wird. Es beginnt beim Malchiner See, setzt sich über den Kummerower See in Richtung Nordost fort und hat über die Peene einen schiffbaren Zugang zum Stettiner Haff und damit zur Ostsee. Dieses Revier wird Mecklenburger Schweiz genannt. Eine schiffbare Verbindung zu den anderen Mecklenburger Wasserstraßen besteht nicht.

Interessant ist die Mecklenburger Schweiz mit ihrem Ostsee-Anschluß unter anderem für Wassersportler aus Berlin, die seegehende Yachten in nicht allzu großer Entfernung (Berlin – Malchin: ca. 150 km) auf dem Kummerower See stationieren können.

Für einen Wochenendtörn bietet der idyllische See ausreichend Platz. Will man einen Seetörn machen, sind es nur knapp 100 km bis zum Haff. Die Peene ist ab Malchin als Schiffahrtsweg gut ausgebaut, hat eine Tauchtiefe von 2 m und keine Schleuse. Umgekehrt erlaubt diese Wasserstraße jenen Crews, die mit tiefgehenden Yachten vor der pommerschen Ostseeküste kreuzen, eine Zufahrt tief ins Binnenland hinein.

In Kummerow am Kummerower See.

194

Schloß Basedow am Malchiner See (oben).
Holzbrücke über den Dahmer Kanal bei Wendischhagen (unten).

195

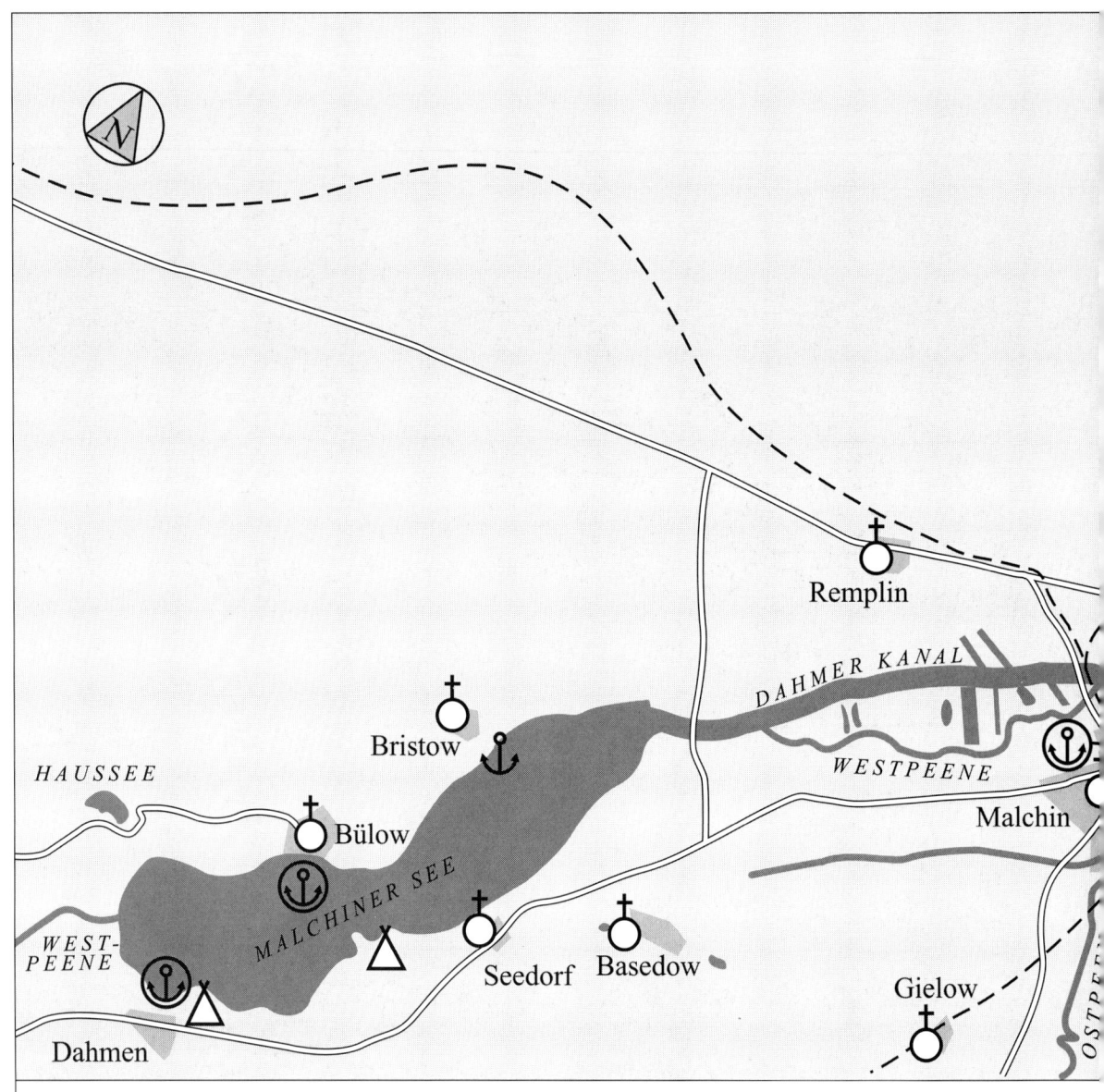

Dahmen bis Malchin.

Entfernung: 17 km.

Der von der Westpeene (nicht befahrbar) gespeiste Malchiner See ist sowohl von der Ausdehnung als auch von der Tiefe her zum Befahren mit größeren Yachten geeignet. Häfen gibt es nicht, lediglich einfache Stege in Bülow und Dahmen.

Der Dahmer Kanal, der bei Malchin den Anschluß an die schiffbare Peene herstellt, ist aufgrund seiner Tiefe (stellenweise 0,5 m) nur mit kleinen Booten befahrbar. Die Wegbrücke etwa 1 km östlich vom Malchiner See hat nur eine Durchfahrtshöhe von etwa 1,5 m. Unter der Malchiner Straßenbrücke ist 2 m Platz, unter der Eisenbahnbrücke 4 m. Achtung: Unter der Straßenbrücke liegt Bauschutt im Wasser!

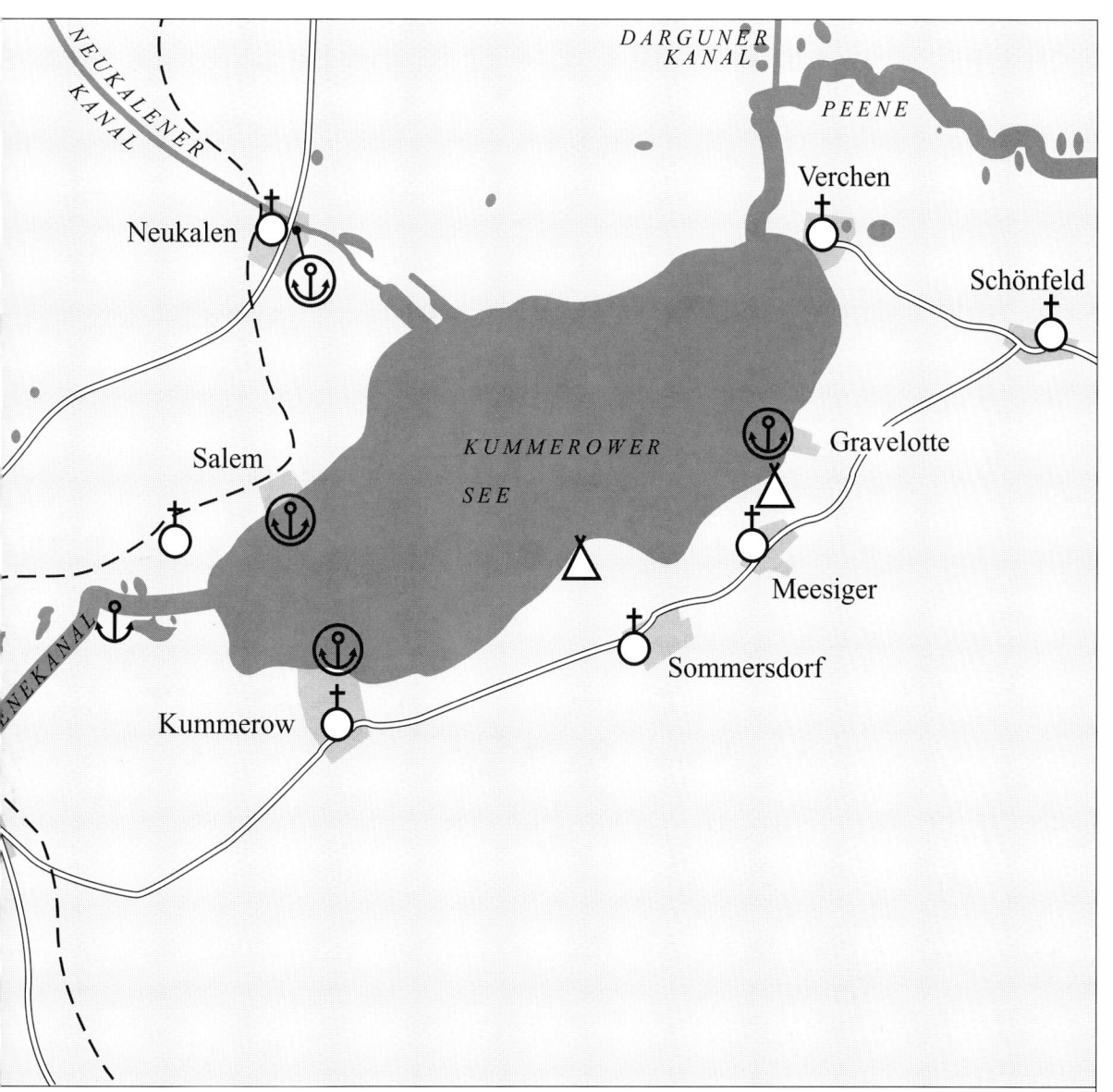

Von Malchin zum Kummerower See.
Länge Peenekanal bis See: 5 km, Länge Kummerower See: 9 km.
In Malchin beginnt die schiffbare Peene, die ab hier mit Yachten bis 2 m Tiefgang befahrbar ist. Im Ort gibt es einen kleinen Segelverein, erkennbar an den Bootshäusern am Kanalufer. Im gegenüber liegenden Wirtschaftshafen kann man per Kran Boote slippen.

Ein reizvoller Liegeplatz befindet sich am Peenekanal, etwa 3 km östlich von Malchin. Neben der Kneipe „Moorbauer" kann geankert bzw. festgemacht werden. Am Kummerower See existieren kleine Bootshäfen bei Kummerow (nur 0,5 m tief), Salem und Gravelotte. Im Hafen Neukalen ist Platz für größere Yachten.

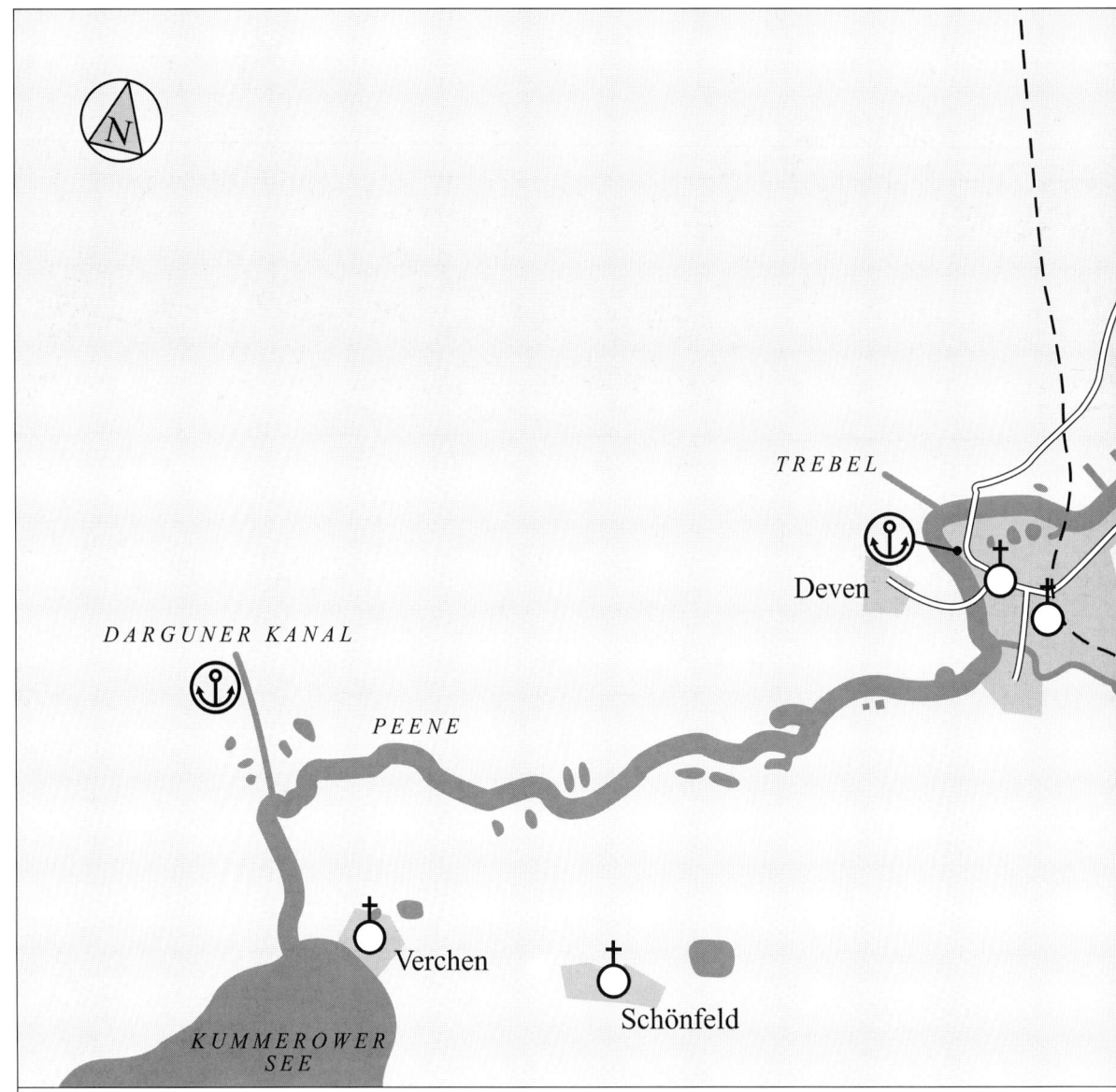

Vom Kummerower See bis Demmin.
Entfernung: 15 km.

Wenn man vom nördlichen Ende des Kummerower Sees etwa zwei Kilometer die Peene abwärts
gefahren ist, zweigt nach links der Darguner Kanal
ab. Er ist jedoch nicht bis Dargun ausgebaut,
sondern endet nach etwa zwei Kilometern blind.
Dort sind mehrere private Bootshäuser und Stege,
wo man zum Übernachten festmachen kann. Bis
Dargun ist es ein Fußweg von etwa 2,5 km. Der
nächste größere Ort an der Peene ist Demmin, eine
sehenswerte Stadt mit historischer Bebauung. Im
Demminer Kommunalhafen ist viel Platz auch für
größere Schiffe. Kleinere Boote können im örtlichen Segelverein festmachen.

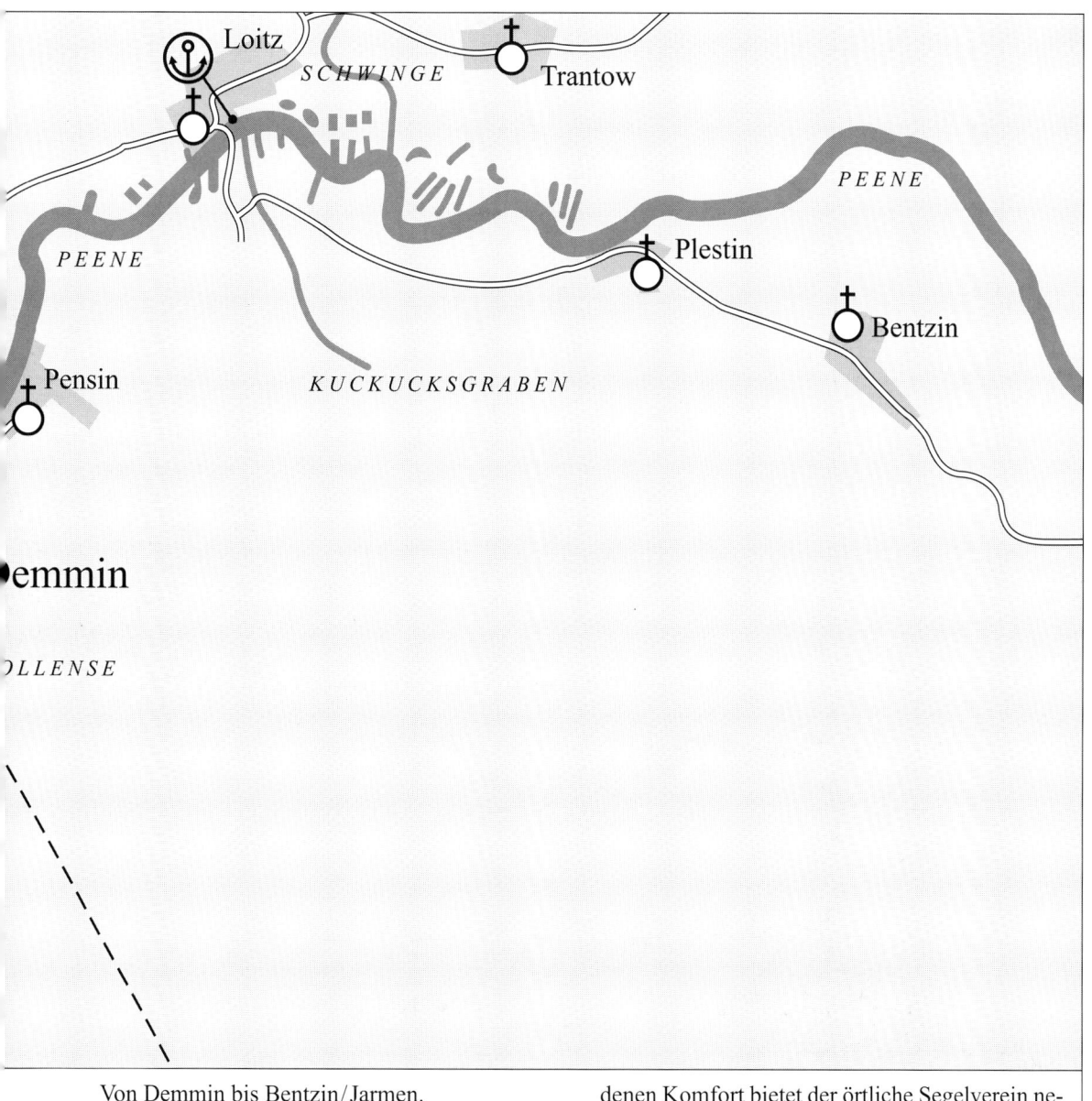

Von Demmin bis Bentzin/Jarmen.
Entfernung: 30 km.
Hinter Demmin windet sich die Peene durch eine landschaftlich reizvolle Niederung, umgeben von Wiesen und kleinen Wäldchen. Nach etwa 11 km erreicht man die Kleinstadt Loitz, wo im alten Kommunalhafen reichlich Liegeplätze vorhanden sind. Service gibt es hier allerdings nicht. Beschei-denen Komfort bietet der örtliche Segelverein neben der Badeanstalt. In Loitz lohnt eine Besichtigung der frühgotischen Stadtkirche St. Marien.

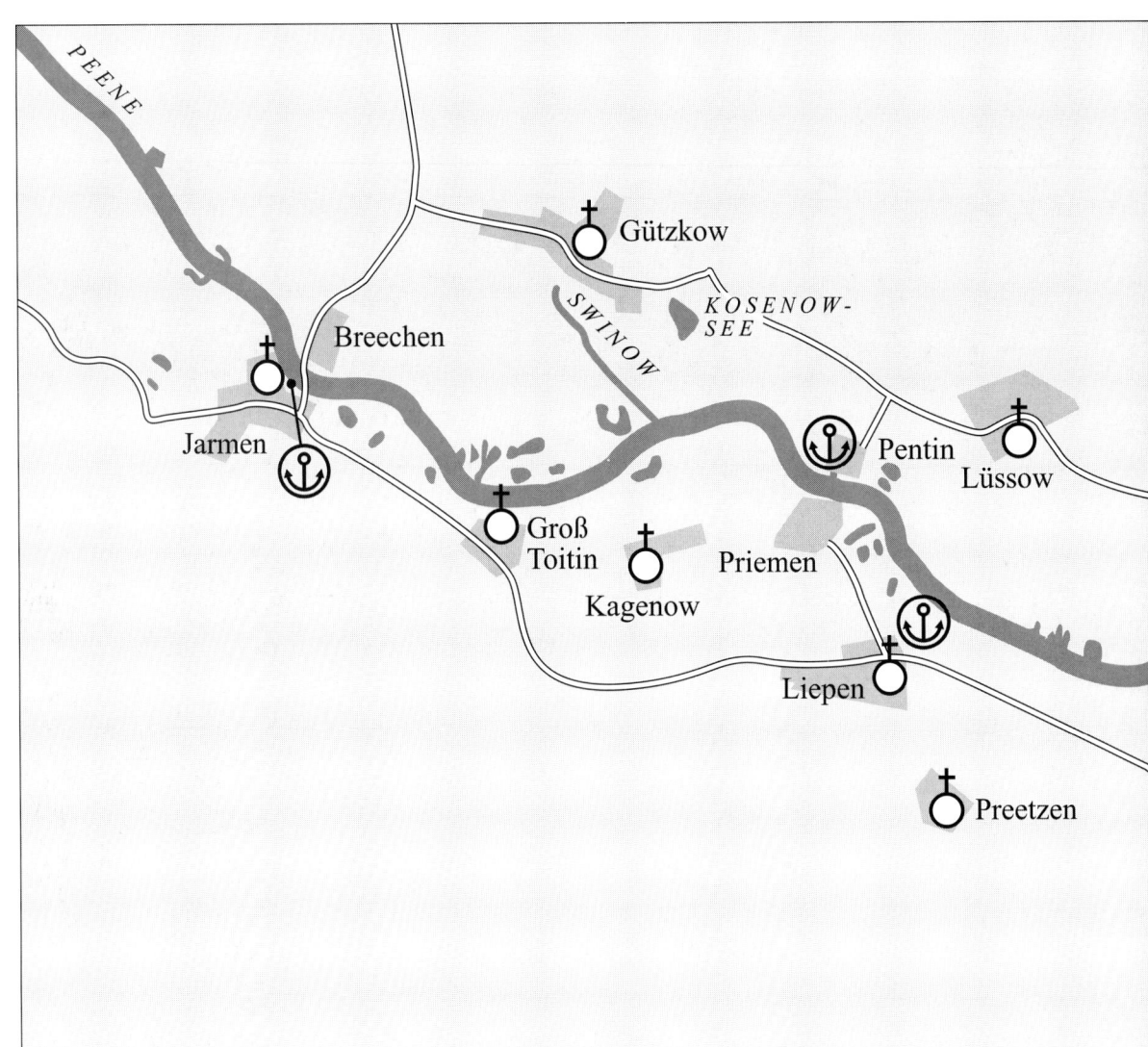

Von Bentzin/Jarmen bis Grüttow.
Entfernung: 17 km
In der Kleinstadt Jarmen existiert oberhalb der Brücke eine alte Schiffsanlegestelle, wo festgemacht werden kann. Hinter der Brücke liegen am rechten Flußufer mehrere Bootshäuser mit kleinen Stegen.
Nach 8 km Talfahrt mündet am linken Ufer das Flüßchen Swinow in die Peene. Kleinere Boote können etwa 1 km stromauf fahren, wo man neben den Bootshäusern von Gützkow sehr geschützt liegt. Fährt man die Peene weiter stromab, kommen noch zwei kleine Anleger in Höhe der Ortschaften Pentin (links) bzw. Liepen (rechts), die aber keinerlei Service bieten.

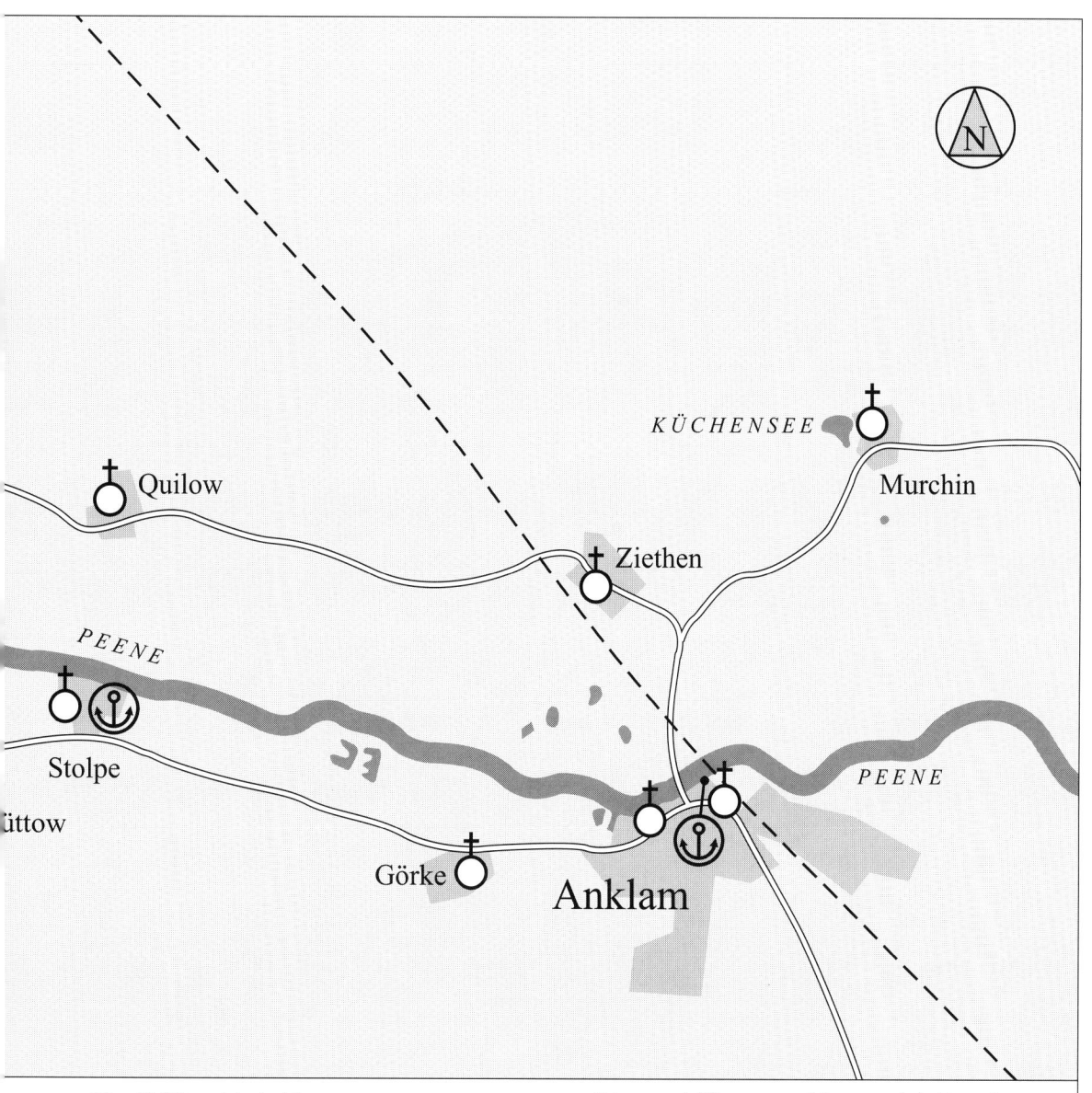

Von Grüttow bis Anklam.
Entfernung: 12 km.
In der Ortschaft Stolpe, die über eine Schiffsanlegestelle verfügt, können die Reste des Bene-
diktinerklosters aus dem Jahre 1153 besichtigt
werden. In Anklam befindet sich zwischen der
Straßenbrücke und der Eisenbahnbrücke ein großer Kommunalhafen, wo Fracht von Küsten- auf
Binnenschiffe umgeschlagen wird. Dort können
per Kran Yachten jeder Größe zu Wasser gelassen
werden.
Östlich der Eisenbahnbrücke liegt am rechten Ufer
ein kleiner, aber komfortabel ausgestatteter
Yachthafen. Sehenswürdigkeiten in Anklam: die
gotische Marienkirche sowie die Ruine der
Nikolaikirche.

Blick von der Kleinstadt Röbel am Ostufer der Müritz über den größten Binnensee Mecklenburgs.

Kleinmecklenburger Seenplatte: Der Schmidtsee (oben) und der Müritzarm (unten).

Malchiner See (oben) und Kummerower See (unten) haben über die Peene Anschluß zur Ostsee.

Am Tollensesee (oben) liegt Neubrandenburg mit seinen Wiekhäusern in der Stadtmauer (unten).

Oben: Der Kanal vom Scharmützelsee zum Großen Glubigsee. Die Dahme bei Bindow (unten).

Der Oder-Havel-Kanal führt über Oderberg (oben) nach Hohensaaten an der Oder (unten).

Bootshafen in Neuruppin am Ruppiner See (o.). Steganlage „Kinderland" am Werbellinsee (u.).

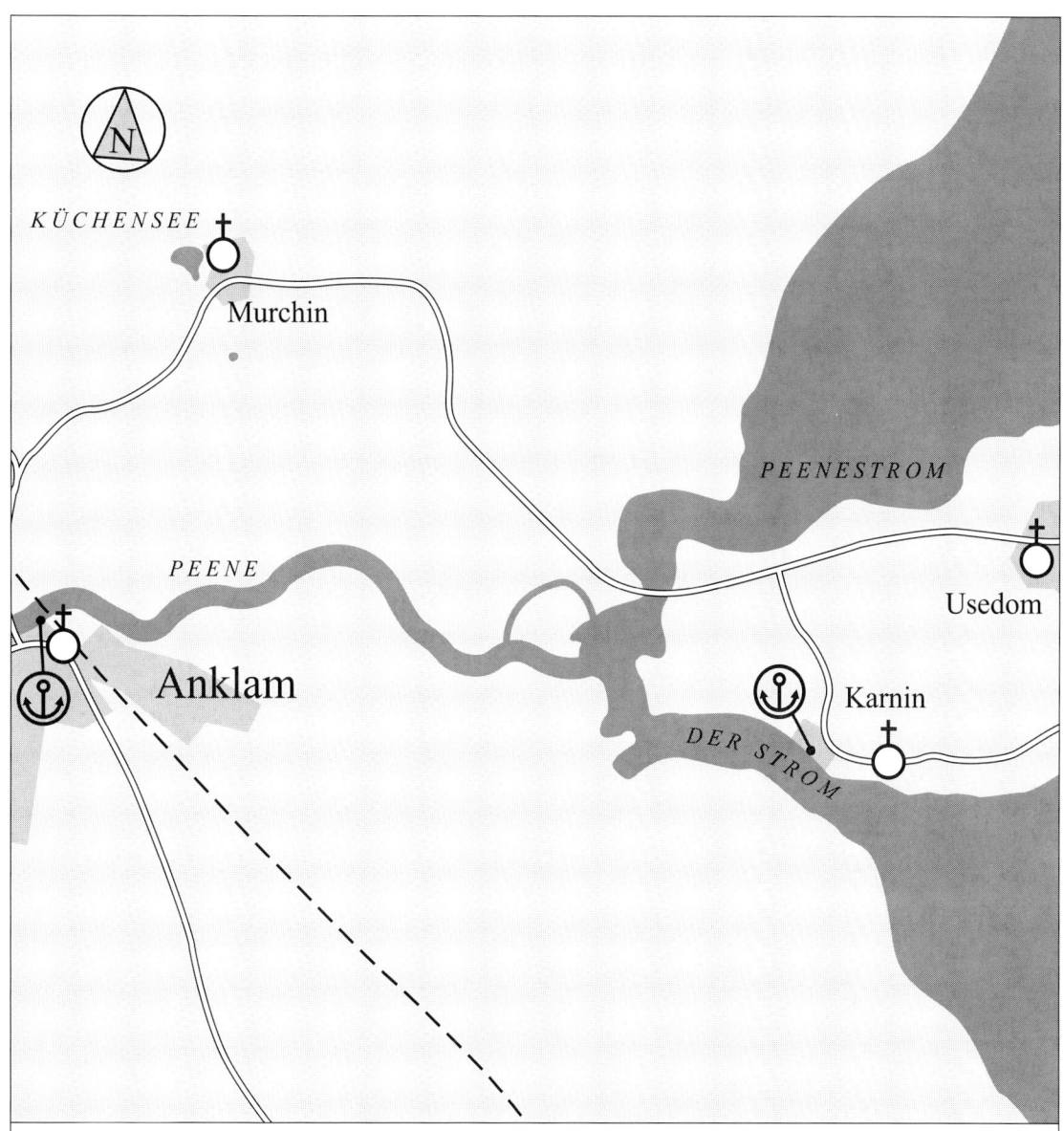

Von Anklam bis zur Peene-Mündung.
Entfernung: 9 km.
Östlich von Anklam beginnt das Mündungsdelta der Peene. Nur der Hauptarm ist befahrbar. In die Schilfwälder beidseitig des Flusses führen nur kleine morastige Wassergräben. Das gesamte Delta ist Naturschutzgebiet.
Der Fluß mündet in den Peenestrom, der die Insel Usedom vom Festland trennt. Es besteht die Möglichkeit, ab hier entweder nach Norden in den Greifswalder Bodden zu fahren oder südwärts zum Stettiner Haff. Hier sollte man nach Seekarten navigieren (vgl. Brandenburg, Hafenführer DDR, Edition Maritim). Der nächste erreichbare Hafen ist Karnin auf Usedom, wo zum Grenzübertritt nach Polen ausklariert werden kann.

Die Ücker von Torgelow nach Ueckermünde

Ganz im Osten Vorpommerns, in der Nähe der heutigen deutsch-polnischen Grenze, liegt ein kleines Binnenrevier, daß man auf dem Wasserwege vom Stettiner Haff aus erreicht: der schiffbare Unterlauf der Ücker. Der kleine Fluß wurde früher als natürliche Verkehrsader genutzt, über die die Orte Torgelow, Eggesin und Ueckermünde einen Zugang zur Ostsee hatten. Heute hat die Ücker kaum noch eine wirtschaftliche Bedeutung. Für Wassersportler, die an der pommerschen Grenze unterwegs sind, hat das Flüßchen durchaus seine Reize, kommt man doch auf ihm einige Kilometer landeinwärts durch die herrliche Niederung der Ueckermünder Heide. Unmittelbar an der Strecke liegt das schöne Städtchen Ueckermünde mit seinem historischen Stadtkern.

Vom Haff aus kommend ist es möglich, mit tiefgehenden Schiffen (maximal 3 m) auf der Ücker etwa 2,5 km weit flußauf bis ins Stadtzentrum von Ueckermünde zu fahren. Südlich der Brükke (Durchfahrtshöhe je nach Wasserstand um 1,50 m) ist das Gewässer noch etwa 7 km schiffbar ausgebaut und endet mit einem blinden Kanalstück kurz vor Eggesin.

Der alte Lauf der Ücker macht hier eine Biegung nach Südwesten und kann fortan noch mit kleinen Booten je nach Wasserstand stromauf befahren werden. Man erreicht auf diesem Weg nach etwa 8 km die Kleinstadt Torgelow. Weiter flußaufwärts ist die Ücker nicht mehr mit Motor- oder Segelbooten befahrbar, bestenfalls mit Paddelbooten, die an etlichen Hindernissen umgetragen werden müssen.

Yachthafen in Ueckermünde.

Von Torgelow nach Ueckermünde. Entfernung: 16 km. Auf dem oberen Abschnitt vom Torgelower Wehr bis zum Abzweig nach Eggesin ist die Ücker nur mit kleinen Sportbooten befahrbar. Es herrscht eine relativ starke Strömung. Ab Höhe Eggesin, wohin ein kleiner Stichkanal führt, ist der Fluß schiffbar ausgebaut. Ab hier ist die Strömung nicht mehr spürbar. Große seegehende Yachten können von der Straßenbrücke Ueckermünde (die ab 1991 wieder regelmäßig geöffnet werden soll) bis zur Mündung ins Stettiner Haff fahren. Auf diesem Abschnitt liegen am Westufer mehrere Yachthäfen. Im Stadthafen (direkt unterhalb der Brücke) kann kurzzeitig festgemacht werden.

Im alten Stadtkern von Ueckermünde können die Reste des Schlosses aus dem 16. Jh. besichtigt werden, wo heute unter anderem ein Heimatmuseum untergebracht ist.

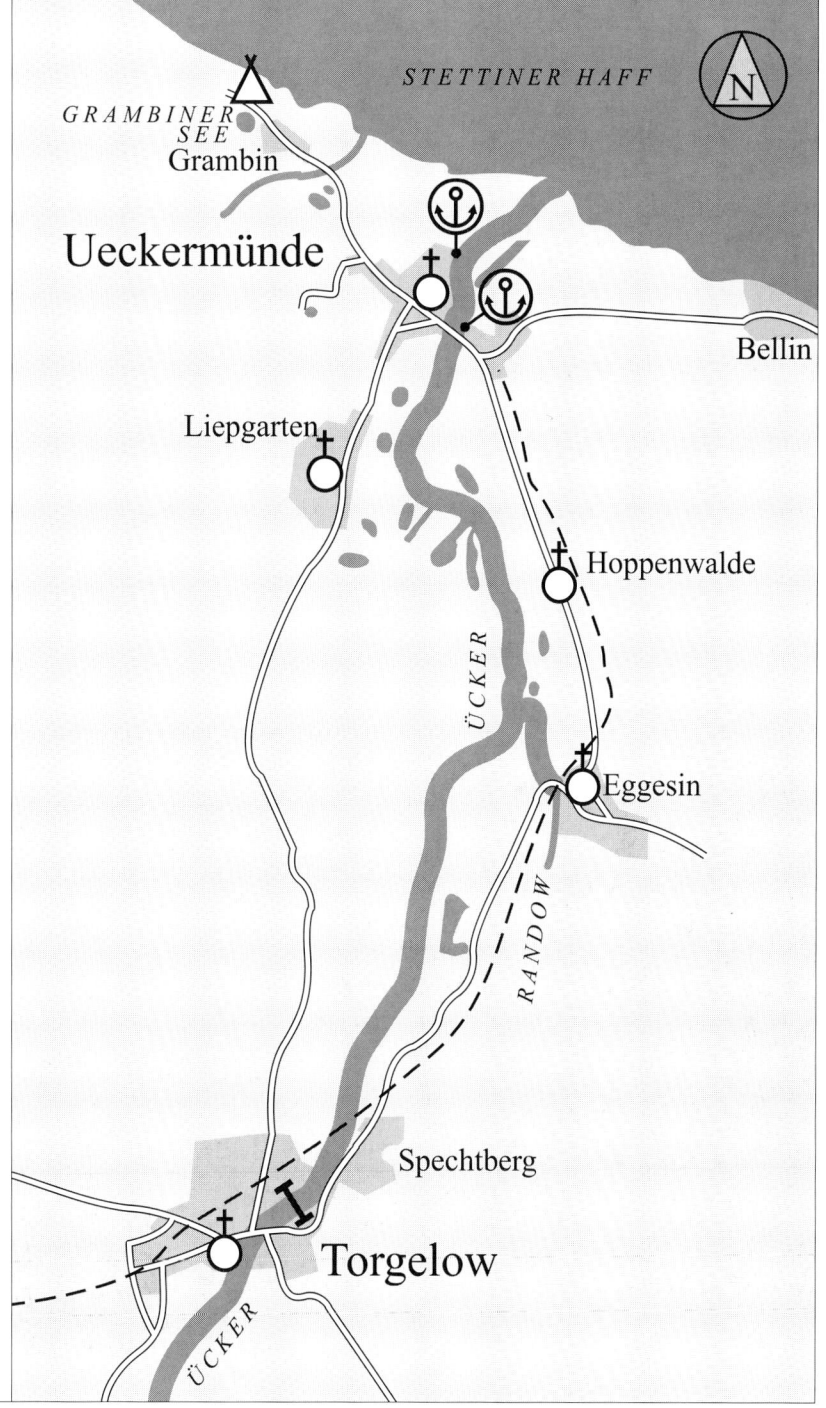

Der Tollensesee

Der vor den Toren Neubrandenburgs gelegene Tollensesee zählt zu den größten und schönsten Seen Mecklenburg-Vorpommerns. Für Wassersportler, die Ruhe, Abgeschiedenheit und die Nähe zur Natur suchen, ist er ein ideales Revier. Außer der ehemaligen Bezirkshauptstadt im Norden sind die Ufer des Tollensesee kaum bebaut. Man findet hier noch Natur pur: ringsum hohe Wälder und breite Schilfgürtel mit Brutplätzen seltener Wasservögel.

Daß der See noch immer touristisch wenig erschlossen ist, hat viel mit der Vorliebe des früheren DDR-Militärs für Sperrgebiete zu tun. Nahezu das gesamte Ostufer des Tollensesees mit den angrenzenden Wäldern war bis zur „Wende" im Herbst 1989 gesperrt, weil in dem Bereich die Armee ein Panzer-Reparaturwerk gern unentdeckt wissen wollte. In Neubrandenburg wußte aber jedes Kind, wo die russischen Tanks im Tollensesee auf Wasserdichtheit geprüft wurden. Die Neubrandenburger haben sich inzwischen selbst wieder Zugang zu den Wäldern am Ostufer verschafft.

Der elf Kilometer lange, drei Kilometer breite und durchschnittlich 17 m tiefe Tollensesee (er zählt zu den eiszeitlichen Rinnenseen) hat wegen seiner Abgeschiedenheit schon früher experimentierfreudige Militärs zu geheimen Spielereien angezogen. Die deutsche Wehrmacht baute 1939 im nördlichen Teil des Sees eine künstliche Insel aus Stahlbeton und nannte sie TVA – Torpedoversuchsanstalt. Fernab von jeder Marine-Basis wurden die häßlichsten Torpedo-Kreationen von Nord nach Süd durch den Tollensesee gejagt. Die Reste der TVA sind noch unweit der Stadt zu sehen.

Das dritte Geheimnis des Sees wird mehr Ur- und Frühgeschichtler interessieren und ist noch ungelüftet. Am südlichen Ende des Gewässers, genannt die Lieps, hatten die Slawenstämme der Redarier und der Tollenser auf einer Insel ihr Heiligtum Rhetra, umgeben von einer Festung. Um den Tatendrang von Amateur-Schatzsuchern zu dämmen und das Feuchtgebiet um die Lieps in seinem Ur-Zustand zu belassen, wurde der südliche Zipfel des Tollensesees zum Naturschutzgebiet erklärt. Es ist jedoch erlaubt, mit Sportbooten südwärts bis zur Mündung des Nonnenbachs zu fahren.

Der Tollensesee wird vom Nonnenbach gespeist und fließt über den Ölmühlenbach und die Tollense nach Norden in Richtung Peene ab. Diese kleinen Flüßchen sind mit Motor- und Segelbooten nicht befahrbar, allenfalls mit Paddelbooten, wobei zahlreiche Hindernisse umgangen werden müssen.

Neubrandenburg:
Wiekhaus in der Stadtmauer.

Liegeplätze in Neubrandenburg am Nordufer des Tollensesees (oben).
Der Nonnenbach am Südostufer des Tollensesees (unten).

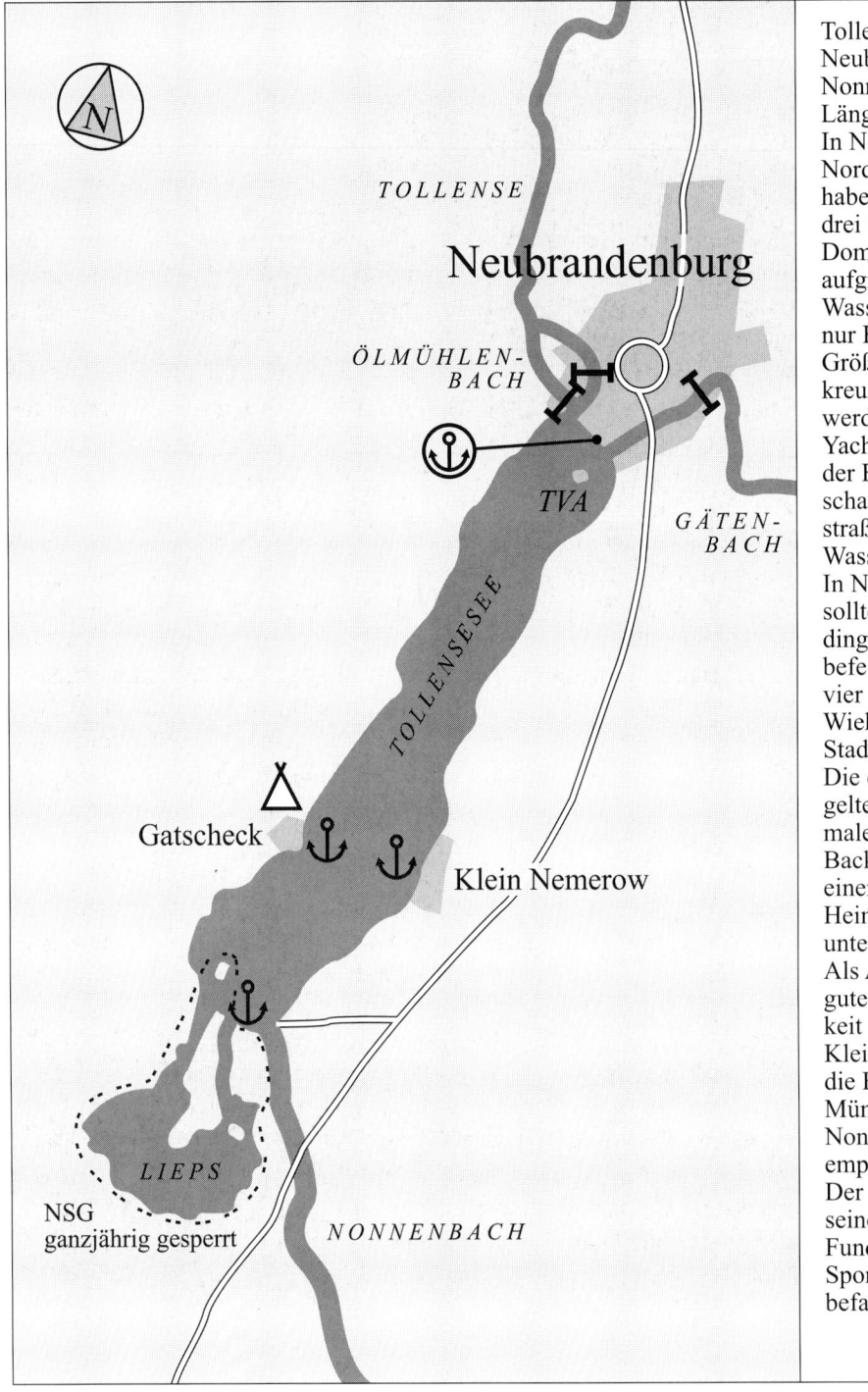

TOLLENSE

Neubrandenburg

*ÖLMÜHLEN-
BACH*

TVA

*GÄTEN-
BACH*

TOLLENSESEE

Gatscheck

Klein Nemerow

LIEPS

NSG
ganzjährig gesperrt

NONNENBACH

Tollensesee von Neubrandenburg bis Nonnenbach.
Länge: 11 km.
In Neubrandenburg am Nordufer des Sees haben nebeneinander drei Segelvereine ihr Domizil. Dort können aufgrund der geringen Wassertiefe um 0,5 m nur Boote bis zur Größe eines Jollenkreuzers geslippt werden. Größere Yachten kann man in der Fischereigenossenschaft in der Schillerstraße per Autokran zu Wasser lassen.
In Neubrandenburg sollte man sich unbedingt die alte Stadtbefestigung mit den vier Toren und den Wiekhäusern in der Stadtmauer ansehen. Die einzigartigen Tore gelten heute als Denkmale norddeutscher Backsteingotik. In einem Tor ist das Heimatmuseum untergebracht.
Als Ausflugsziele mit guter Ankermöglichkeit sind Gatscheck, Klein Nemerow und die Bucht vor der Mündung des Nonnenbachs zu empfehlen.
Der Teilsee Lieps mit seinen archäologischen Fundstätten darf mit Sportbooten nicht befahren werden.

Die Märkischen Seen

Ein in Europa einzigartiges Netz von Binnenwasserstraßen ist in und um Berlin zu finden. Die über 50 Seen, verbunden durch Flüsse und Kanäle, bilden ein ideales Revier für den Wassersport, der im Berliner Raum eine große Tradition hat. Bekannt ist dieses Gebiet unter dem Namen Märkische Seen.

Überwiegend wirtschaftliche Interessen waren es, die schon vor mehreren Jahrhunderten zum Ausbau des Berliner Wasserstraßensystems führten. Heute hat Berlin in Richtung Westen Zugang zur Elbe und damit zur Nordsee, in Richtung Osten bestehen zwei schiffbare Verbindungen zur Oder und zur Ostsee. In Richtung Süden kann man von Berlin über die Elbe bis zur Tschechoslowakei fahren. Und schließlich besteht in Richtung Norden ein Anschluß an die Mecklenburger Seenplatte. Zudem führen von den Hauptwasserwegen kleine Flüsse und Kanäle zu Seen in landschaftlich reizvoller Lage.

Seit dem Fall der Mauer im Herbst 1989 hat Berlin wieder ein geschlossenes Wasserstraßensystem. Durch den nunmehr grenzenlosen Bootsverkehr erleben die märkischen Wasserstraßen eine enorme Aufwertung, denn man kann heute auf den Gewässern rings um Berlin mit einem Boot einen mehrwöchigen abwechslungsreichen Urlaub verbringen.

Das gesamte märkische Revier hat eine West-Ost-Ausdehnung von über 200 km, in Nord-Süd-Richtung sind es rund 150 km. Die Länge der befahrbaren Wasserstraßen beträgt mehr als 500 km. Die Hauptwasserstraßen, die Berlin mit der Elbe (Elbe-Havel-Kanal) bzw. mit der Oder (Oder-Havel-Kanal) verbinden, haben eine Tauchtiefe von 2 m.

Der Oder-Spree-Kanal, der in Richtung Südosten nach Eisenhüttenstadt führt, ist mit Schiffen bis 1,85 m Tiefgang befahrbar. Von Berlin in Richtung Mecklenburg (Obere Havel-Wasserstraße) sollte der Tiefgang nicht mehr als 1,40 m betragen. Genauere Angaben dazu findet man bei der Beschreibung des jeweiligen Reviers.

Im Gegensatz zur Mecklenburger Seenplatte sind die Märkischen Seen rings um Berlin weitaus dichter besiedelt und touristisch erschlossen. Hier wurde schon vor der Jahrhundertwende Wassersport betrieben. Entsprechend eng ist die Folge von Bootshäfen, Campingplätzen, Ausflugsgaststätten und Feriensiedlungen. Diese Infrastruktur lockert sich erst auf, wenn man sich weiter von Berlin entfernt. An abgelegenen Gewässern – insbesondere im Südosten Berlins – findet man noch viel Natur.

Folgende Gebiete werden im Abschnitt „Die Märkischen Seen" beschrieben:
– Seen um Köpenick
– Oder-Spree-Kanal
– Königs Wusterhausen – Mellensee
– Königs Wusterhausen – Scharmützelsee
– Speisekanal – Schwielochsee – Spreewald
– Oder-Havel-Kanal
– Ruppiner Seen
– Liebenwalde – Fürstenberg
– Werbellinsee.

Obwohl nicht mehr zu den Märkischen Seen gehörend, wird zusätzlich der Schiffahrtsweg auf der Oder zur Ostsee (Polen-Transit) beschrieben:
– Hohensaaten – Stettin.

Geltow bei Potsdam (oben).
Vor Werder an der Havel (unten).

216

Seen um Köpenick

Das sehr dichte und weit verzweigte Netz von Wasserstraßen um den Stadtteil Berlin-Köpenick bildet einen der wichtigsten Knotenpunkte für den Boots- und Schiffsverkehr im Südosten von Berlin.

Hier muß im Sommer auf den Hauptfahrstraßen mit einer hohen Verkehrsdichte gerechnet werden. Dieser Knotenpunkt ist aber zugleich auch Ausgangspunkt für einen Törn in die landschaftlich schönen Gewässer südöstlich von Berlin.

Vom Berliner Stadtzentrum aus sind die Köpenicker Seen über die Spree, den Britzer Zweigkanal und den Teltowkanal erreichbar. Im Süden besteht über die Dahme Anschluß in Richtung Mellensee bzw. in Richtung Scharmützelsee. Dieser Wasserweg ist insbesondere für den Ausflugs- und Sportbootverkehr von Bedeutung.

Über den im Osten abgehenden Oder-Spree-Kanal erreicht man Frankfurt/Oder bzw. Eisenhüttenstadt und kommt weiter nach Polen.

Schließlich gabelt sich das Wasserstraßensystem im Nordosten noch einmal, wo man mehrere kleine Seen befahren kann.

Liegeplätze an der Bänke östlich vom Müggelsee.

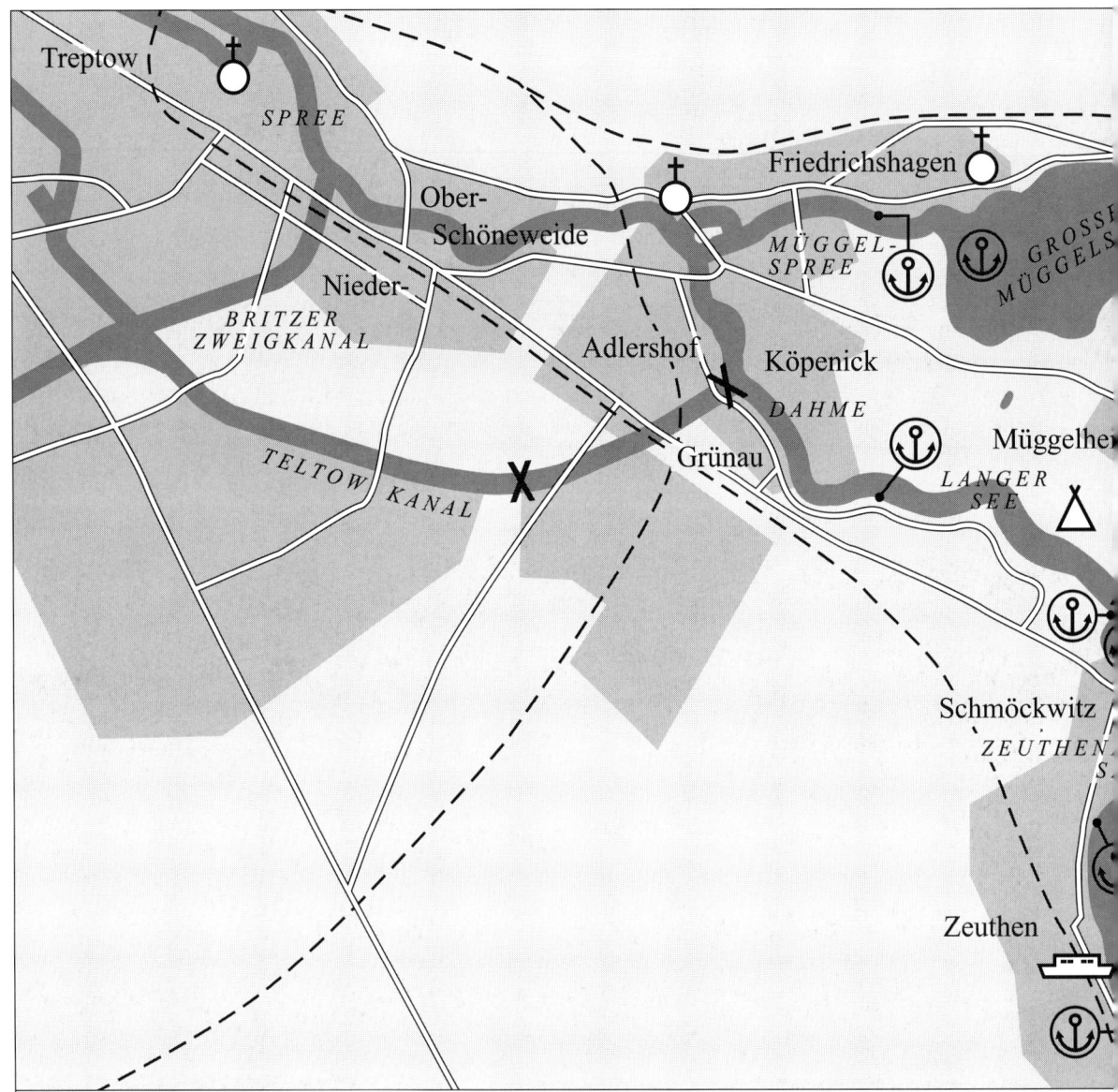

Spree von Treptow bis Köpenick.

Der Fluß ist gesäumt von einem dicht bebauten Stadtgebiet mit zahlreichen alten Industrieanlagen. In Höhe Baumschulenweg mündet von Süden der Britzer Zweigkanal in die Spree. Landschaftlich schön wird der Fluß erst östlich der Dahme-Mündung. Von dort sind es noch 4 km zum Großen Müggelsee. In Höhe Friedrichshagen (Nordufer) kann an einer kleinen Steganlage festgemacht werden.

Ein schöner Yachthafen mit gutem Service liegt gleich rechterhand, wenn man aus der Spree auf den Müggelsee fährt. Der Müggelsee ist für Motorboote allerdings gesperrt! Motorboote müssen den weiter südlich gelegenen Weg über die Dahme und den Langen See fahren.

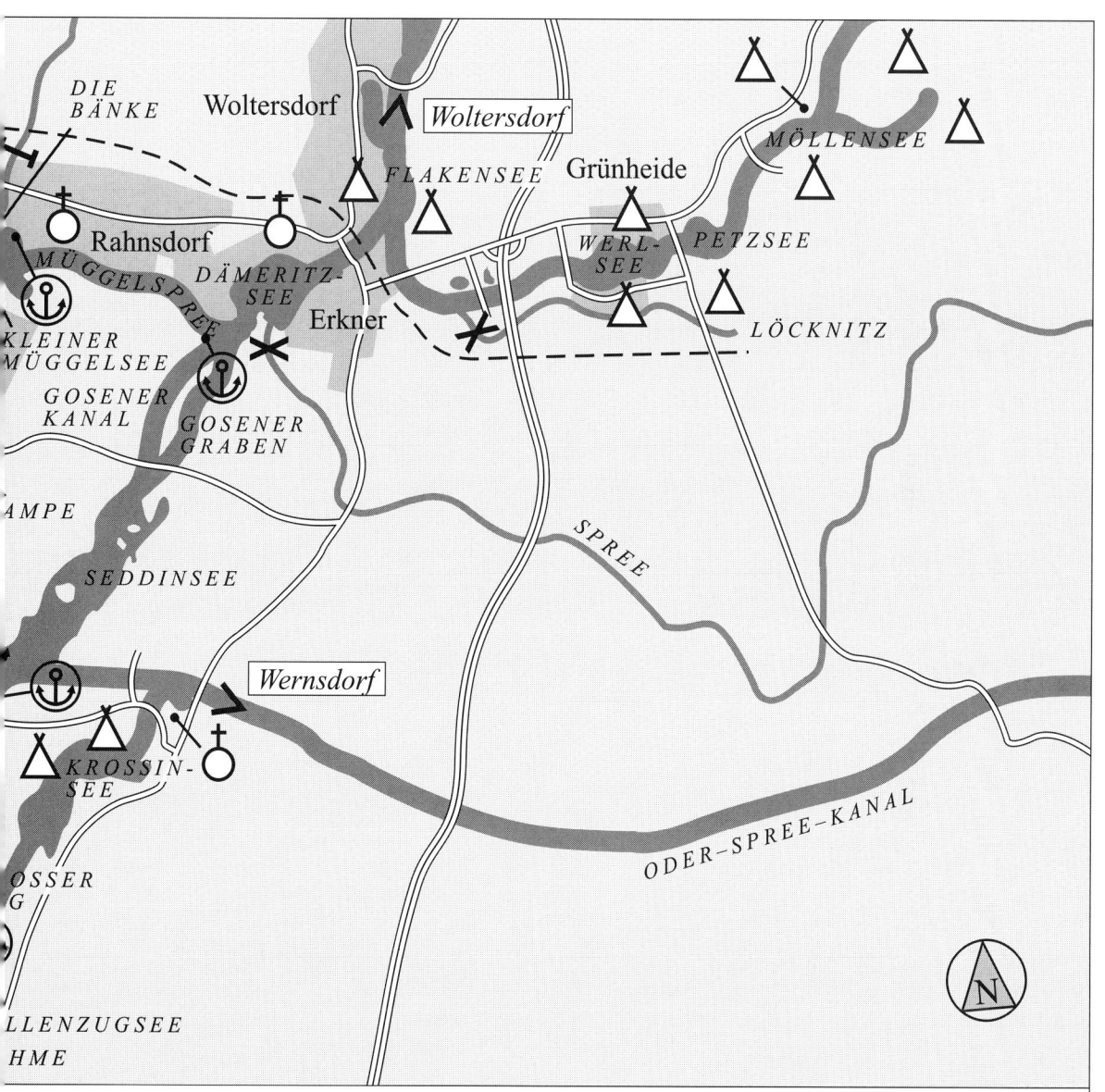

Östlich an den Großen Müggelsee schließt sich der Kleine Müggelsee an. Nördlich davon liegt die Bänke, ein kleines Gewässer mit einem idyllischen Bootshafen.

Vom östlichen Ende der Müggelspree kann man nordwärts zum Dämeritzsee (Stadtteil Erkner) fahren. Von dort erreicht man die schöne Seenkette bei Grünheide mit zahlreichen Campingplätzen bzw. die Seen nördlich von Woltersdorf, die wegen der alten Industrieanlagen aber weniger attraktiv sind. In Richtung Süden gelangt man über den Gosener Kanal zum Seddinsee. Kleine Sportboote unter 6 m Länge müssen den parallel verlaufenden Gosener Graben benutzen. Südlich vom Abzweig Oder-Spree-Kanal beginnt eines der schönsten Wassersportreviere Berlins.

Langer See (vom Müggelberg aus gesehen, oben).
Einfahrt vom Großen Müggelsee in die Spree (unten).

Der Oder-Spree-Kanal

Der im Seddinsee im Südosten Berlins beginnende Oder-Spree-Kanal (auch genannt: Spree-Oder-Wasserstraße) ist der südlichere von zwei direkten Schiffahrtswegen von Berlin zur Oder. Erste Kanal-Durchstiche zur Oder wurden in dieser Region bereits im 16. Jahrhundert vorgenommen, wobei weitgehend die natürlichen Wasserläufe mit einbezogen wurden. Der Oder-Spree-Kanal in seiner heutigen Form wurde 1891 in Betrieb genommen und im Laufe der letzten hundert Jahre mehrmals ausgebaut und begradigt.

Vom Seddinsee bis zur Einbindung in die Oder bei Eisenhüttenstadt (früher Fürstenberg) sind es etwa 86 km. Der gesamte Kanal hat eine Tauchtiefe von 1,85 m. Die Durchfahrtshöhen

Einfahrt in den Oder-Spree-Kanal bei Wernsdorf.

unter den Brücken betragen mindestens 4 m. Auf der Strecke liegen fünf Schleusen. In den Sommermonaten werden sie werktags von 6.00 bis 20.00 Uhr betrieben, an Sonn- und Feiertagen von 7.00 bis 19.00 Uhr.

Vor der Wende in der ehemaligen DDR haben die Ostberliner Seesegler ihre Yachten über den Oder-Spree-Kanal und dann oderabwärts in Richtung Ostsee transportiert.

Der heute übliche und wesentlich kürzere Weg über den Oder-Havel-Kanal nördlich von Berlin war für sie ausgeschlossen, weil niemand mit seinem Boot durch Westberlin fahren durfte. Aus diesem Grund dürfte es jetzt selbst in der Saison auf dem Oder-Spree-Kanal relativ ruhig zugehen.

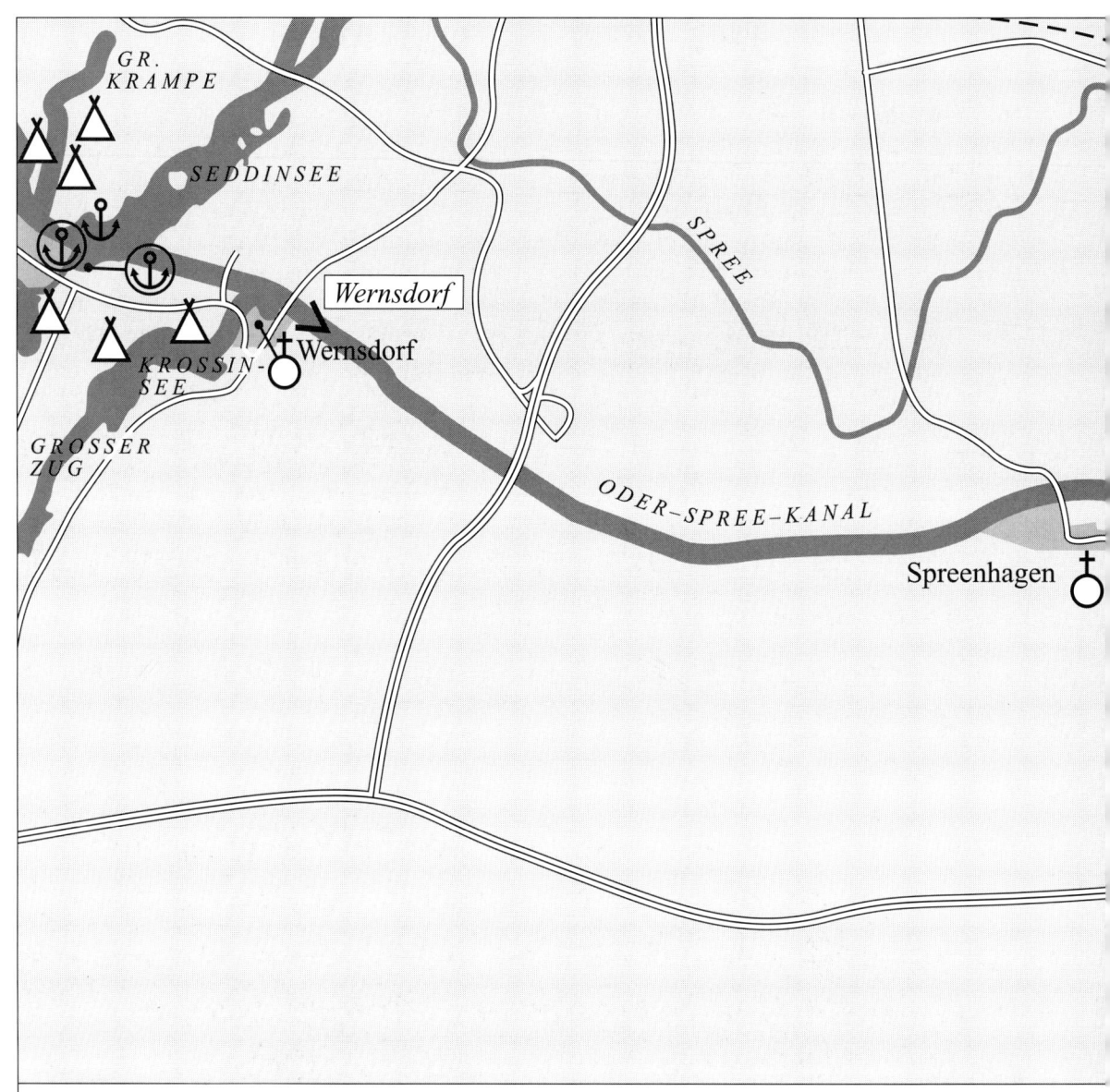

Vom Seddinsee bis Spreenhagen.
Entfernung: 15 km, Schleusen: 1.
Am südlichen Ende des Seddinsees liegt die nicht zu verfehlende Einfahrt in den Oder-Spree-Kanal. Nach etwa 2,5 km ist die Großschiffahrtsschleuse Wernsdorf erreicht. Vor der Schleuse kann kurzzeitig festgemacht werden. Man sollte sich ab hier auf eine längere Kanalfahrt einrichten, da bis Fürstenwalde kein Liegeplatz mehr kommt und das Festmachen am Kanalufer sogar stellenweise verboten ist.

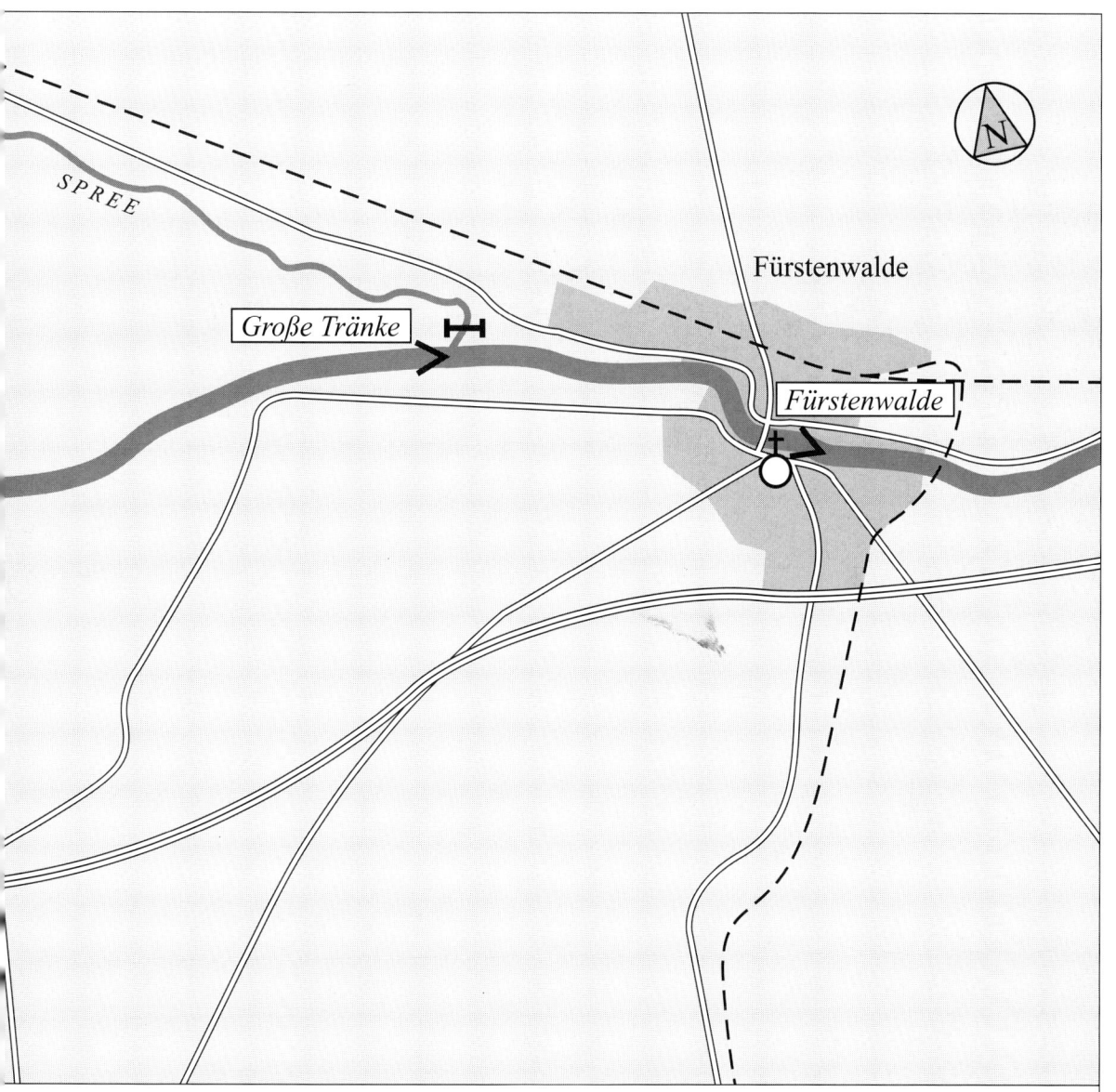

Von Spreenhagen bis Fürstenwalde.
Entfernung: 15 km. Schleusen: 2.

Nach etwa 9 km ist die Schleuse Große Tränke erreicht. Sie ist im Normalfall permanent geöffnet. Wenige Meter weiter fließt in Richtung Norden die Spree ab. Sie wird hier aber nach einer Biegung von einem Wehr aufgestaut und ist nur bis dahin befahrbar. Ab hier bis zur übernächsten Schleuse verläuft der Oder-Spree-Kanal im alten Flußbett der Spree.

Die Wasserstraße wird durch zahlreiche Windungen und Nebenarme abwechslungsreich und schön. Die Altwasserarme eignen sich gut als nächtliche Liegeplätze. In Fürstenwalde befinden sich am nördlichen Ufer Anlegestellen, auch hinter der Schleuse kann man festmachen.

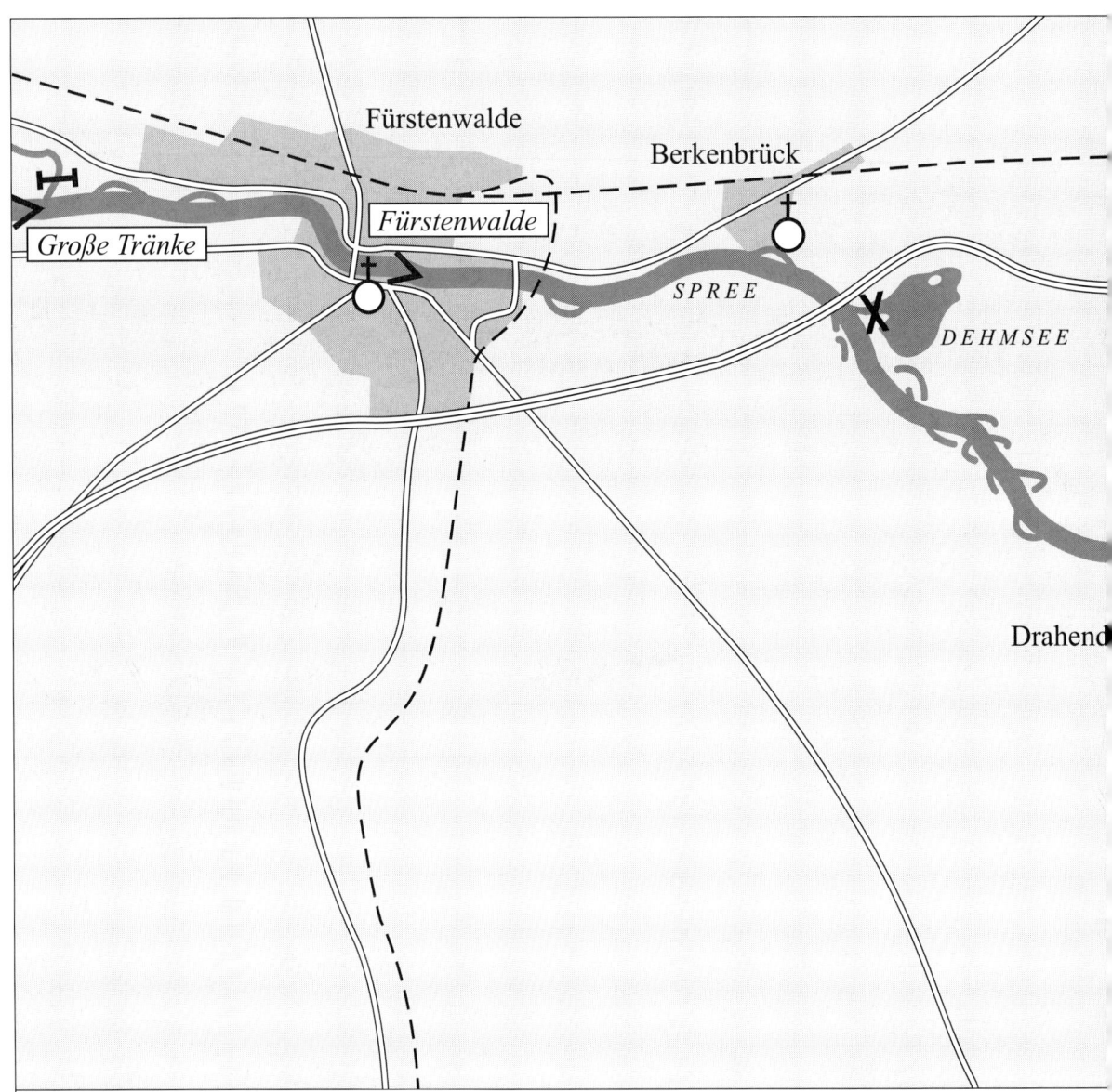

Fürstenwalde bis Mündung Drahendorfer Spree.
Entfernung: 14 km, Schleusen: 0.
Etwa 7 km östlich von Fürstenwalde kommt unmittelbar nach der Autobahnbrücke linkerhand die Einfahrt in den Dehmsee, der aber für Sportboote gesperrt ist. Nach weiteren 6 km mündet von Süden kommend die Drahendorfer Spree in den Kanal. Dieser alte Flußlauf ist nur mit kleinen Booten ohne nennenswerten Tiefgang befahrbar. Die Schleuse bei Drahendorf existiert nicht mehr. Die Boote müssen am Wehr umgetragen werden.

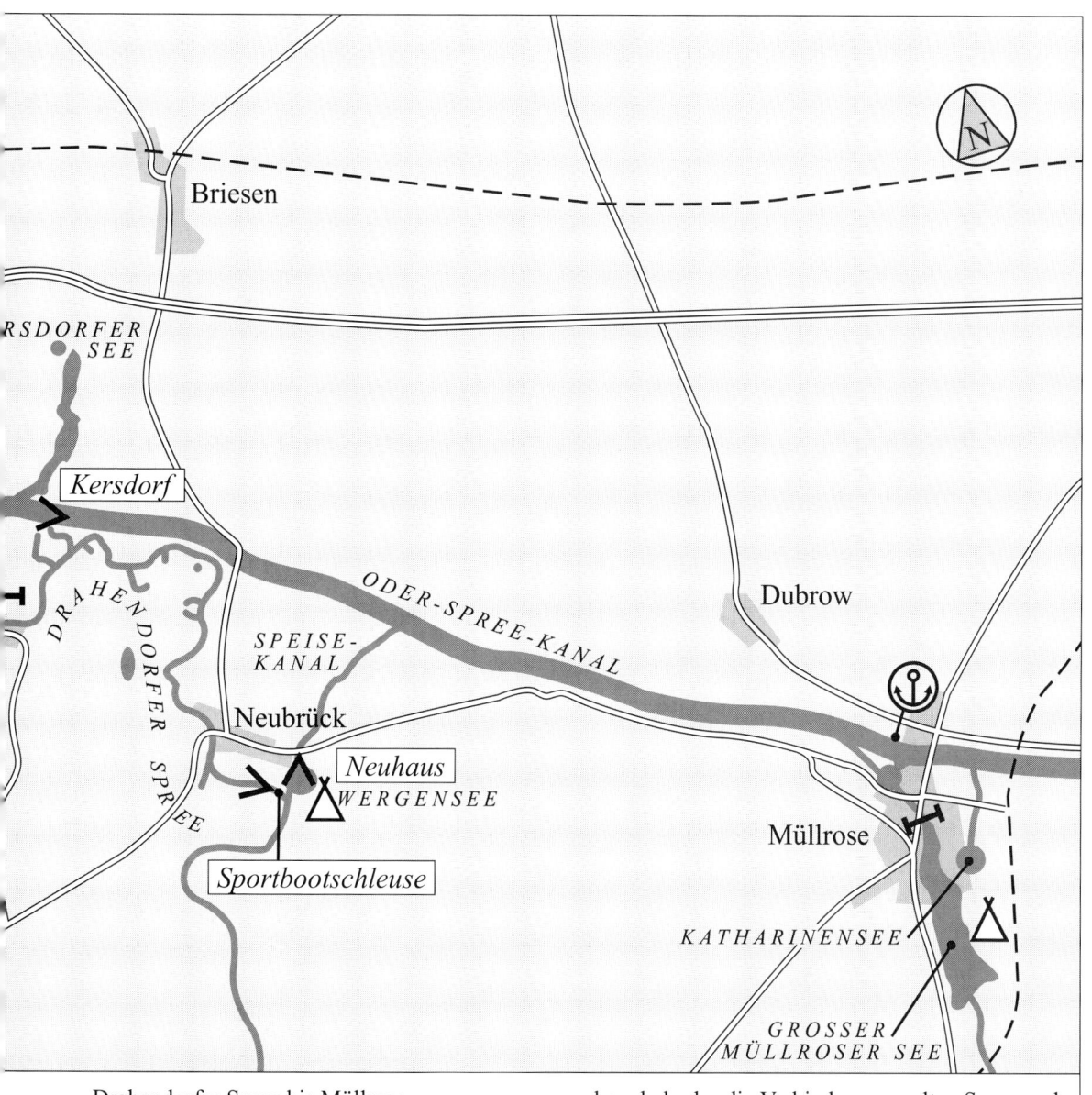

Drahendorfer Spree bis Müllrose.
Entfernung: 14 km, Schleusen: 1.
Etwa 1 km östlich von der Mündung der Drahendorfer Spree liegt die Schleuse Kersdorf. Der davor nach Norden abzweigende Kersdorfer See ist mit Sportbooten etwa bis zur Hälfte befahrbar. Nach weiteren sechs Kilometern auf dem Oder-Spree-Kanal zweigt in Richtung Süden der Speisekanal ab, der die Verbindung zur alten Spree und zum Schwielochsee herstellt. Am Oder-Spree-Kanal ist von hier an das Festmachen am Ufer streckenweise verboten.

Liegemöglichkeiten bestehen erst wieder in der Ortschaft Müllrose.

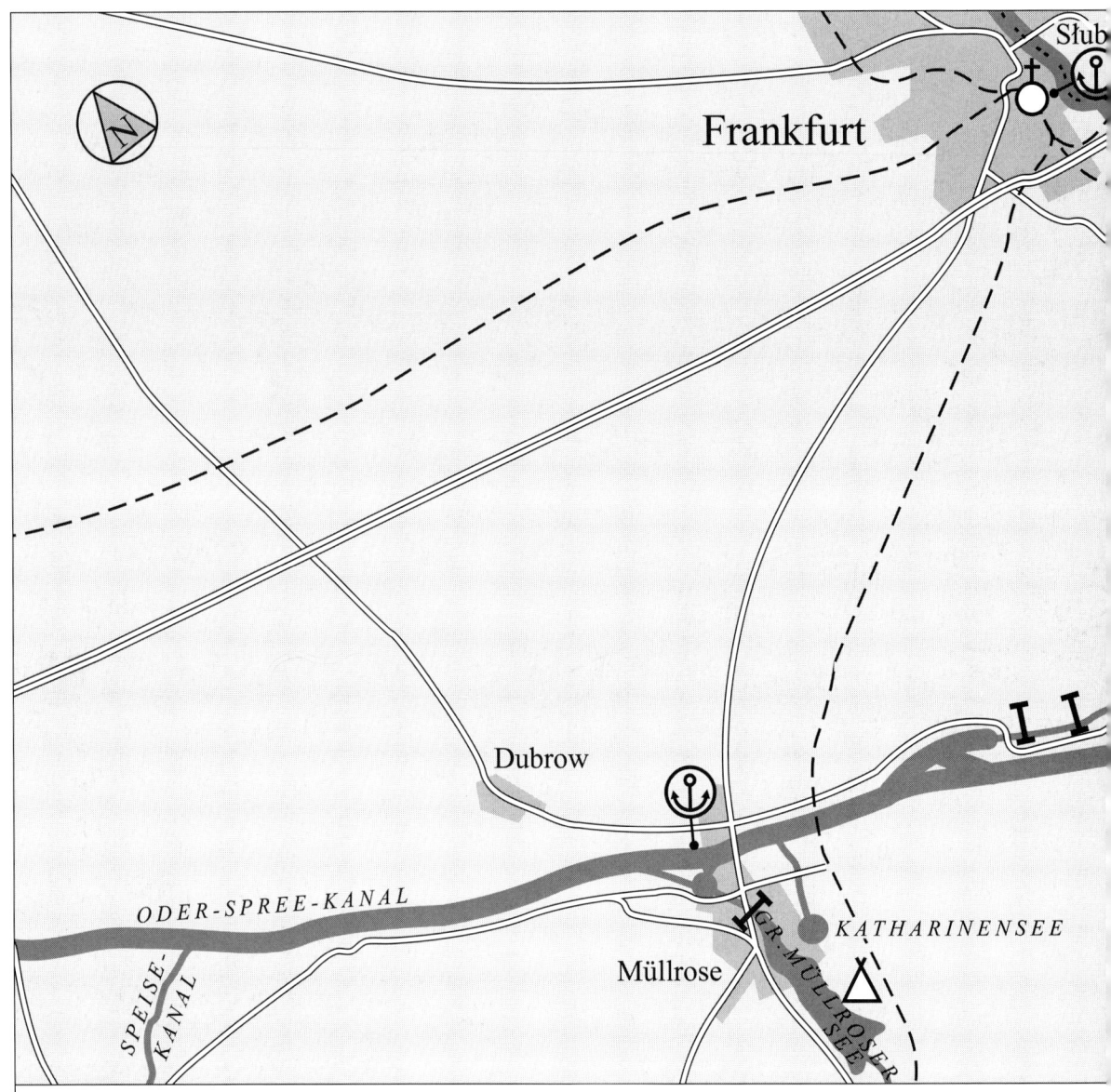

Von Müllrose bis Eisenhüttenstadt.
Entfernung: 28 km, Schleusen: 1.
Zwischen der Straßen- und der Eisenbahnbrücke in Müllrose führt ein 1,3 km langer Stichkanal zum Katharinensee. Das Gewässer ist aber nur mit Booten ohne nennenswerten Tiefgang befahrbar.

Etwa 2,5km östlich von Müllrose zweigt der Brieskowkanal vom Oder-Spree-Kanal ab und führt direkt nach Frankfurt/Oder. Diese Abkürzung kann nur von kleinen Ruder- oder Paddelbooten genutzt werden, die man an sechs Wehren und einer niedrigen Straßenbrücke umtragen müßte.

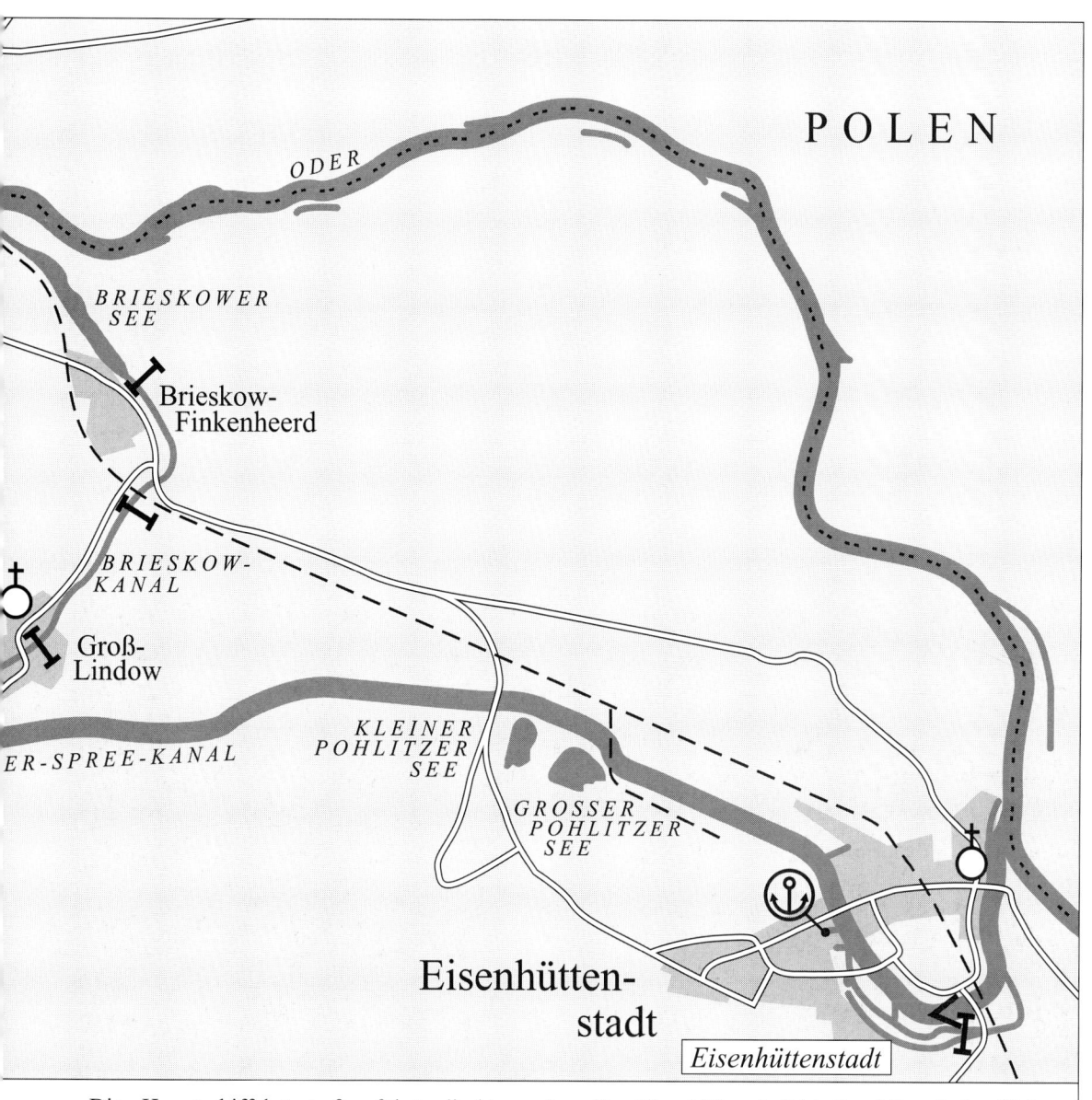

Die Hauptschiffahrtsstraße führt direkt nach Eisenhüttenstadt. Auf dem Weg dorthin existieren keine Liegeplätze mehr. Ein Festmachen ist erst wieder in Eisenhüttenstadt möglich, und zwar im alten Stadthafen, vor der Schleuse oder unmittelbar vor der Mündung in die Oder.

Von Eisenhüttenstadt bis Frankfurt sind es 31 km Talfahrt auf der Oder. Eine feste Tauchtiefe kann aufgrund des stark witterungsbedingten Wasserstandes nicht angegeben werden. Jedoch haben bisher Kielyachten mit 1,5 m Tiefgang diese Strecke auch in den Sommermonaten immer bewältigt.

Königs Wusterhausen – Mellensee

Im Berliner Stadtteil Königs Wusterhausen zweigt wenige Meter südlich von der Autobahnbrücke ein kleiner Kanal in Richtung Südwesten von der Dahme ab. Dieser Seitenarm, der Nottekanal, ist zwar nur noch einen Kilometer weit als Schiffahrtsstraße ausgebaut; mit kleinen Booten ist es aber möglich, weiter südwärts zu fahren.

Bei Mittenwalde teilt sich das Gewässer in zwei Arme. Die beiden südlichsten Zipfel, die man erreichen kann, sind der Mellensee bzw. der Motzener See. Es ist dies ein Revier für Boote mit wenig Tiefgang, da der Wasserstand im Nottekanal bei Niedrigwasser nur etwa 1 m beträgt.

Im Galluner Kanal, der zum Motzener See abzweigt, kann der Wasserstand sogar auf 0,6 m absinken. Die niedrigste Durchfahrt ist unter der Eisenbahnbrücke Telz, wo die lichte Höhe nur 1,10 m beträgt.

Über die beiden kleinen Kanäle hatten früher die Orte dieser Region einen Zugang zum Berliner Wasserstraßensystem. Sie dienten zum Transport von Baustoffen sowie zur Regulierung des Wasserstandes. Heute haben diese Wasserstraßen keine wirtschaftliche Bedeutung mehr.

Jollenkreuzer am Mellensee.

Königs Wusterhausen
bis Mellensee.
Entfernung: 22 km,
Schleusen: 3.
Südlich der Autobahn-
brücke zweigt der
Nottekanal von der
Dahme ab. In Mitten-
walde, einem kleinen
Ort mit schönen alten
Bürgerhäusern und
einer Kirche aus dem
14. Jahrhundert, gabelt
sich der Wasserweg. In
Richtung Südosten
führt der Galluner
Kanal zum Motzener
See (Entfernung:
4 km), der aber für
Motorboote gesperrt
ist.
In Richtung Südwesten
kommt man auf dem
Nottekanal durch
Zossen und dann weiter
bis zum hübschen
Ferienort Klausdorf am
Mellensee. Bei der
Einfahrt in den Mellen-
see beachte man die
Untiefe am westlichen
Ufer.

DAHME

Königs Wusterhausen

Königs Wusterhausen

Neue
Mühle

NOTTEKANAL

KRIMNICK-
SEE

KREBSSEE

Schenkendorf

ZÜLOW-
KANAL

Mittenwalde

Mittenwalde

Gallun

Telz

SCHÖN-
EICHER
PLAN

GALLUNER
KANAL

PIEROW-
SEE

MOTZENER
SEE

Motzen

NOTTEKANAL

Kallinchen

Zossen

Töpchin

Mellensee

Mellensee

MELLENSEE

Klausdorf

Königs Wusterhausen – Scharmützelsee

Das landschaftlich wohl schönste märkische Wassersportrevier liegt südöstlich von Berlin und erstreckt sich von Königs Wusterhausen bis zum Scharmützelsee. Etwa nach einem Drittel der Strecke führt ein Abzweig in Richtung Süden über eine Kette kleiner Gewässer bis Teupitz am gleichnamigen See. Insgesamt liegen in diesem Gebiet etwa 20 Seen, die auf dem Wasserweg erreichbar sind. Reizvoll ist die Region zugleich durch die schönen alten Mischwälder, die die Gewässer umgeben. Durch den etwas größeren Abstand von Berlin ist hier die Bebauung nicht mehr so dicht und hat eher ländlichen Charakter.

Die Hauptwasserstraße zum Scharmützelsee ist mit Yachten bis zu einem Tiefgang von 1,30 m befahrbar. Bei trockener Witterung kann der Wasserstand jedoch absinken. Zwischen Königs Wusterhausen und Prieros (Dahme Wasserstraße) liegt die lichte Höhe unter den Brücken bei 4,30 m.

Auf dem südlichen Abzweig in Richtung Teupitz (Teupitzer Wasserstraße) ist 4 m Platz unter den Brücken. Und zwischen Prieros und Scharmützelsee (Storkower Gewässer) liegt die niedrigste Durchfahrt bei 3 m.

Schleusenzeiten: Die Schleuse Neue Mühle (Dahme Wasserstraße) wird täglich von 6.00 bis 20.00 Uhr betrieben. Alle anderen Schleusen arbeiten werktags von 7.00 bis 19.00 Uhr sowie an Sonn- und Feiertagen von 8.00 bis 18.00 Uhr. Eine Ausnahme bildet lediglich die Kleine Schleuse zwischen dem Scharmützelsee und dem Großen Glubigsee, die ebenfalls Neue Mühle heißt. Sie funktioniert vollautomatisch nach einer elektrischen Schaltuhr. Folgende Betriebszeiten sind momentan eingestellt. 9.00 – 9.30, 11.00 – 11.30, 13.00 – 13.30, 15.30 – 16.00 und 18.00 – 18.30 Uhr.

Das gesamte Wasserstraßensystem besteht schon seit 300 Jahren. Heute hat die Frachtschiffahrt nur noch eine geringfügige Bedeutung. Es verkehren in diesem Gebiet fast ausschließlich Ausflugsschiffe und Sportboote.

Schleuse Neue Mühle
bei Königs Wusterhausen.

Die Dahme bei Bindow (oben).
Storkow am Storkower See (unten).

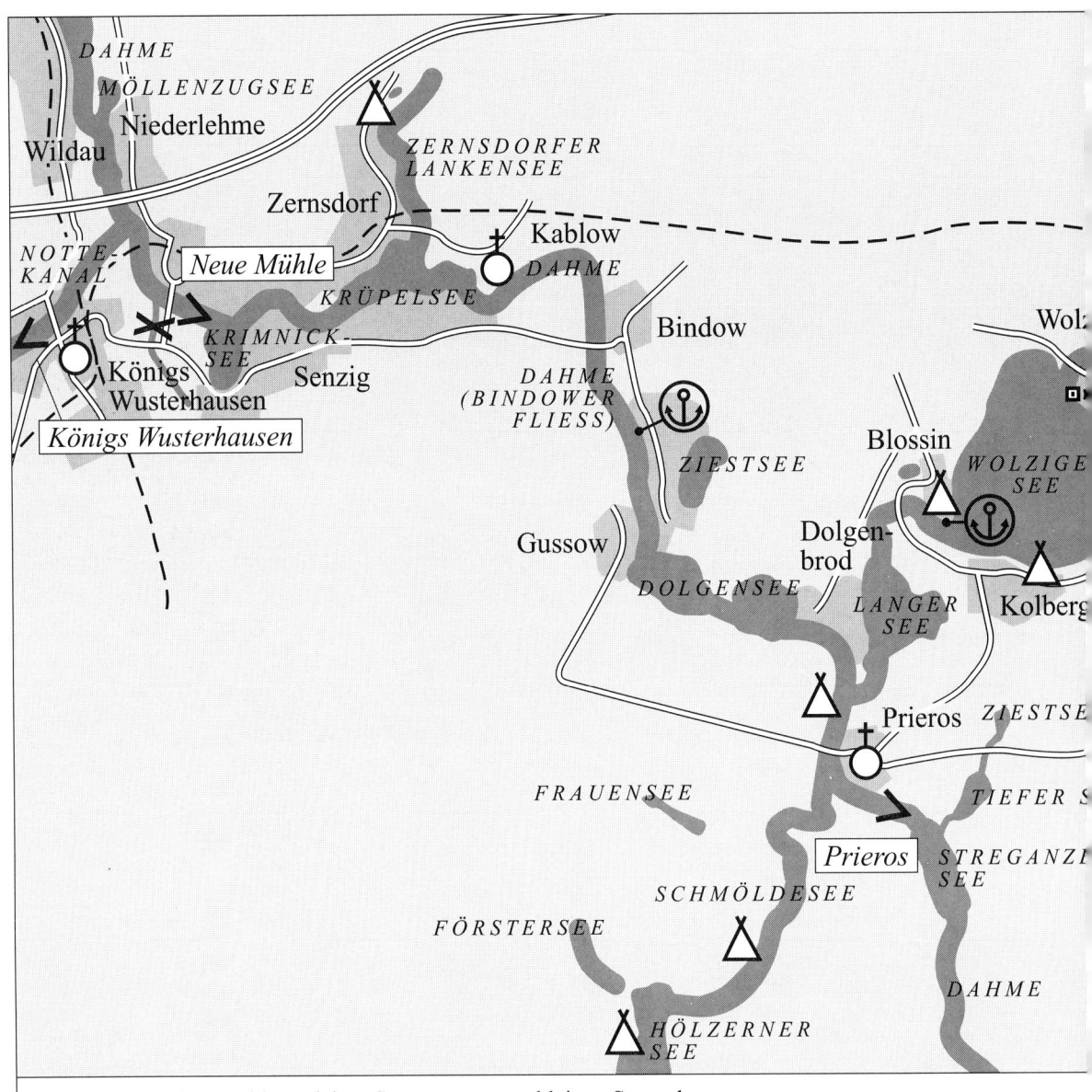

Königs Wusterhausen bis Wolziger See.
Entfernung: 19 km, Schleusen: 1.
Nach dem Unterqueren der Autobahnbrücke ist nach 2,5 km die Schleuse Neue Mühle erreicht. Danach fließt die Dahme ostwärts und verbreitert sich zum Krimnicksee und Krüpelsee. Die Ufer sind noch relativ dicht bebaut, und es gibt beidseitig viele Möglichkeiten zum Festmachen an kleinen Steganlagen.

Südlich von Gussow fließt die Dahme durch den Dolgensee; dieses Gewässer ist sehr flach, tiefgehende Yachten müssen sich an das betonnte Fahrwasser halten. Kurz vor Prieros zweigt in Richtung Osten der Lange See ab, über den man den Wolziger See erreicht. Vor der Ortschaft Blossin liegt das Wassersportzentrum Blossin mit

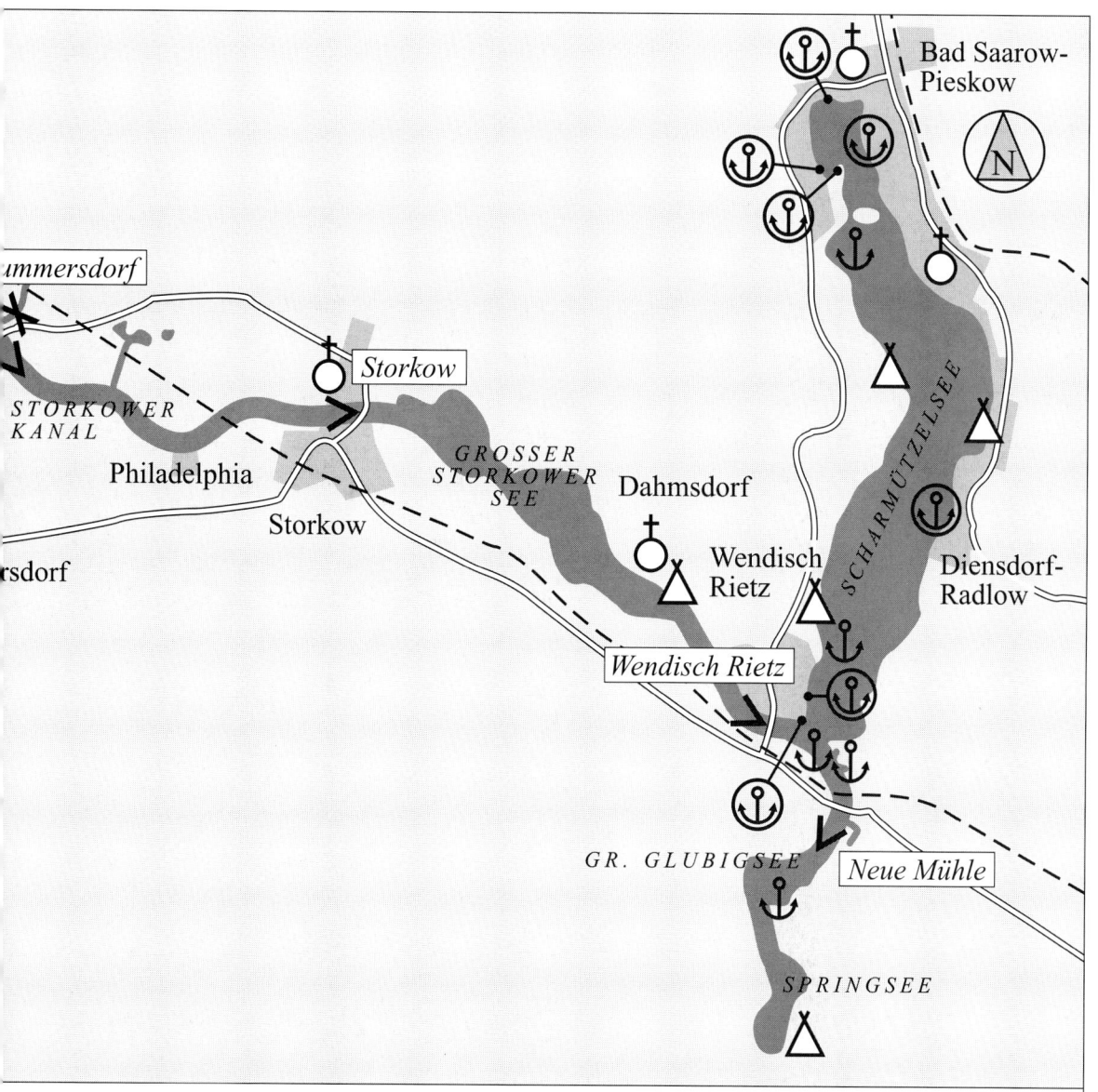

einem komfortablen Yachthafen.
Wolziger See bis Scharmützelsee.
Entfernung: 20 km, Schleusen: 3.
Östlich von Wolziger See ermöglicht der Stor-
kower Kanal die Anbindung zum Scharmützelsee.
Wer diese Strecke mit einer Kielyacht befahren
will, sollte sich an der Schleuse Kummersdorf
erkundigen, ob die Fahrwassertiefe ausreichend

ist. Gleich nach der Einfahrt in den Scharmützelsee
gibt es am Südufer desselben sehr gute Anker-
möglichkeiten sowie zwei Häfen am Jugend-
holungszentrum Wendisch-Rietz. Weitere Yachthäfen mit gutem Service im Nordteil des
Scharmützelsees. Eine Fahrt zu den südlich der
Schleuse Neue Mühle gelegenen Waldseen ist nur
mit Booten bis 0,60 m Tiefgang möglich.

Hafen Diensdorf, Ostufer Scharmützelsee (oben).
Schleuse zwischen Scharmützelsee und Glubigsee (unten).

Prieros bis Teupitz.
Entfernung: 20 km,
Schleusen: 0.
Nahe der Ortschaft
Prieros führt vom
Wasserweg zum
Scharmützelsee ein
Abzweig nach Süden
zum Teupitzer See.
Südlich von Prieros
zweigt davon noch
einmal die Dahme in
Richtung Südosten ab.
Eine Weiterfahrt
flußaufwärts mit
kleinen Booten ist
möglich, jedoch endet
der schiffbare Teil der
Dahme nach 15 km in
Märkisch Buchholz
(nicht mehr auf der
Karte).
Die Strecke von Prieros
bis Teupitz führt durch
eine Kette kleiner
Waldseen, die teilweise
verkrautet sind. Boote
mit mehr als 30 cm
Tiefgang sollten sich an
die Fahrrinne halten.
Zwischen Schwerin
und der vorgelagerten
Insel ist eine Durch-
fahrt nur mit abgestell-
tem Motor erlaubt.

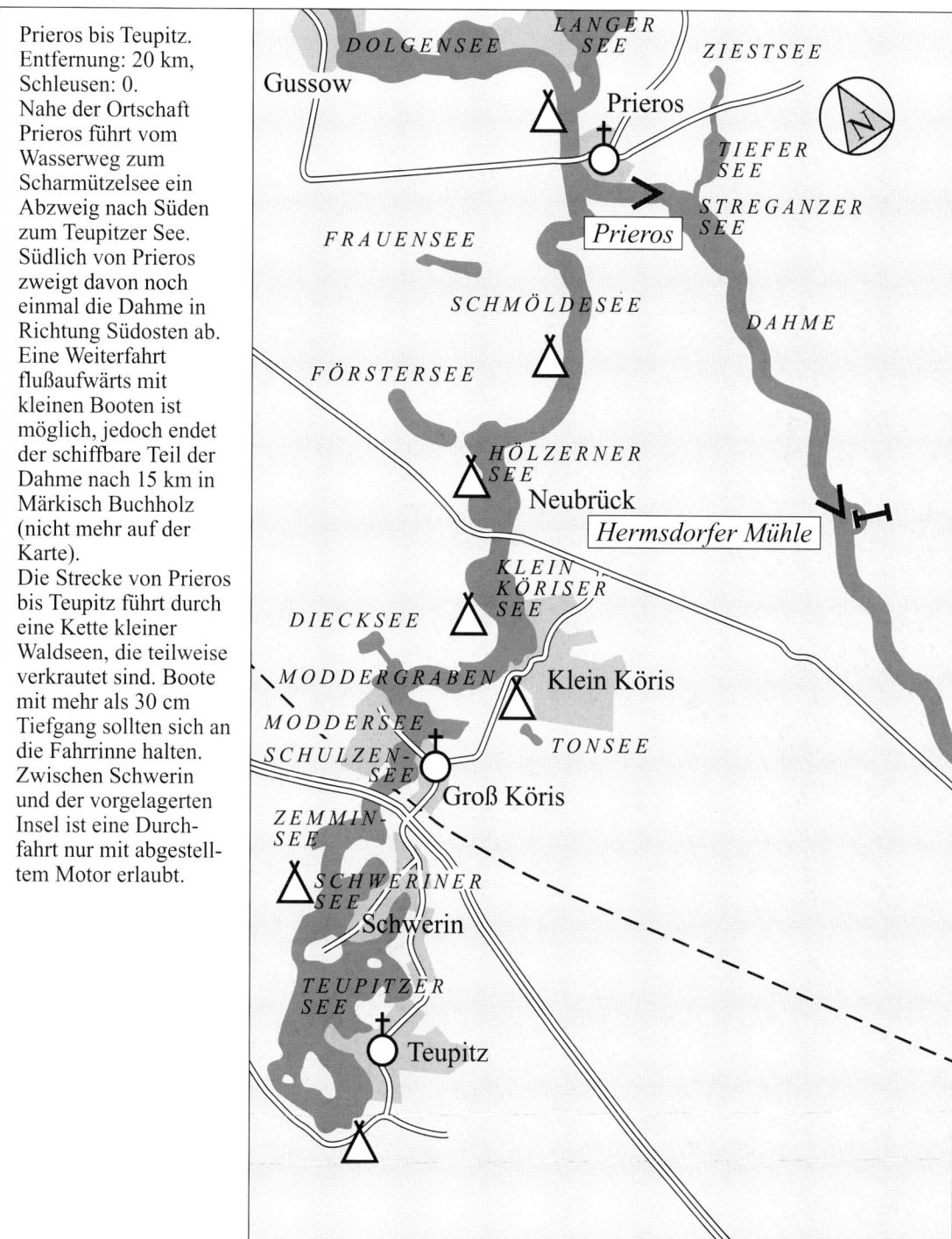

Anleger in Dorf-Saarow am nördlichen Scharmützelsee (oben).
Ankerbucht an der Südspitze des Scharmützelsees (unten).

Speisekanal – Schwielochsee – Spreewald

Im Südosten Berlins zweigt beim Kilometer 96,2 ein Nebenfahrwasser vom Oder-Spree-Kanal ab, das für all jene Wasserwanderer reizvoll ist, die Ruhe und die Nähe zur Natur suchen. Das gesamte Revier wird vom Oberlauf der Spree gespeist (auch Obere-Spree-Wasserstraße genannt) und besteht aus einer Folge von kanalisierten Flußstrecken und dazwischen liegenden Seen. Die Wasserstraße ist etwa 58 km schiffbar und endet am Wehr in Leibsch.

Die obere Spree wurde zwar schon seit Jahrhunderten zu Transportzwecken genutzt, schiffbar ausgebaut wurde sie aber erst zu Beginn unseres Jahrhunderts. Da nach dem Zweiten Weltkrieg das Transportaufkommen stark zurückgegangen ist, wurde der Wartungsaufwand auf das Notwendigste reduziert. Auf weiten Strecken beträgt heute die Fahrwassertiefe nur noch knapp 1 m. Die geringste Durchfahrtshöhe liegt bei 2 m. Die normalerweise geringe Strömung kann bei Hochwasser eine Geschwindigkeit von 1 m/sec erreichen.

Das Revier eignet sich ausgezeichnet zum Wasserwandern mit kleinen Sportbooten ohne nennenswerten Tiefgang. Trotz der Nähe zu Berlin geht es hier noch sehr ruhig zu. Nahezu die gesamte Wasserstraße wird von schönen alten Wäldern gesäumt.

Ab Leibsch, wo die Schiffahrtsstraße am Wehr zu Ende ist, kann man mit kleinen leichten Booten noch weiter durch den Unter-Spreewald bis Lübben fahren. Es ist außerordentlich reizvoll und mitunter etwas abenteuerlich, durch dieses Labyrinth von kleinen Wasserarmen zu schippern. Jedoch sollte das Boot so leicht handhabbar sein, daß man es an Wehren umtragen bzw. mittels Bootsschlepen (die fast überall vorhanden sind) über Hindernisse bewegen kann.

Am Schwielochsee.

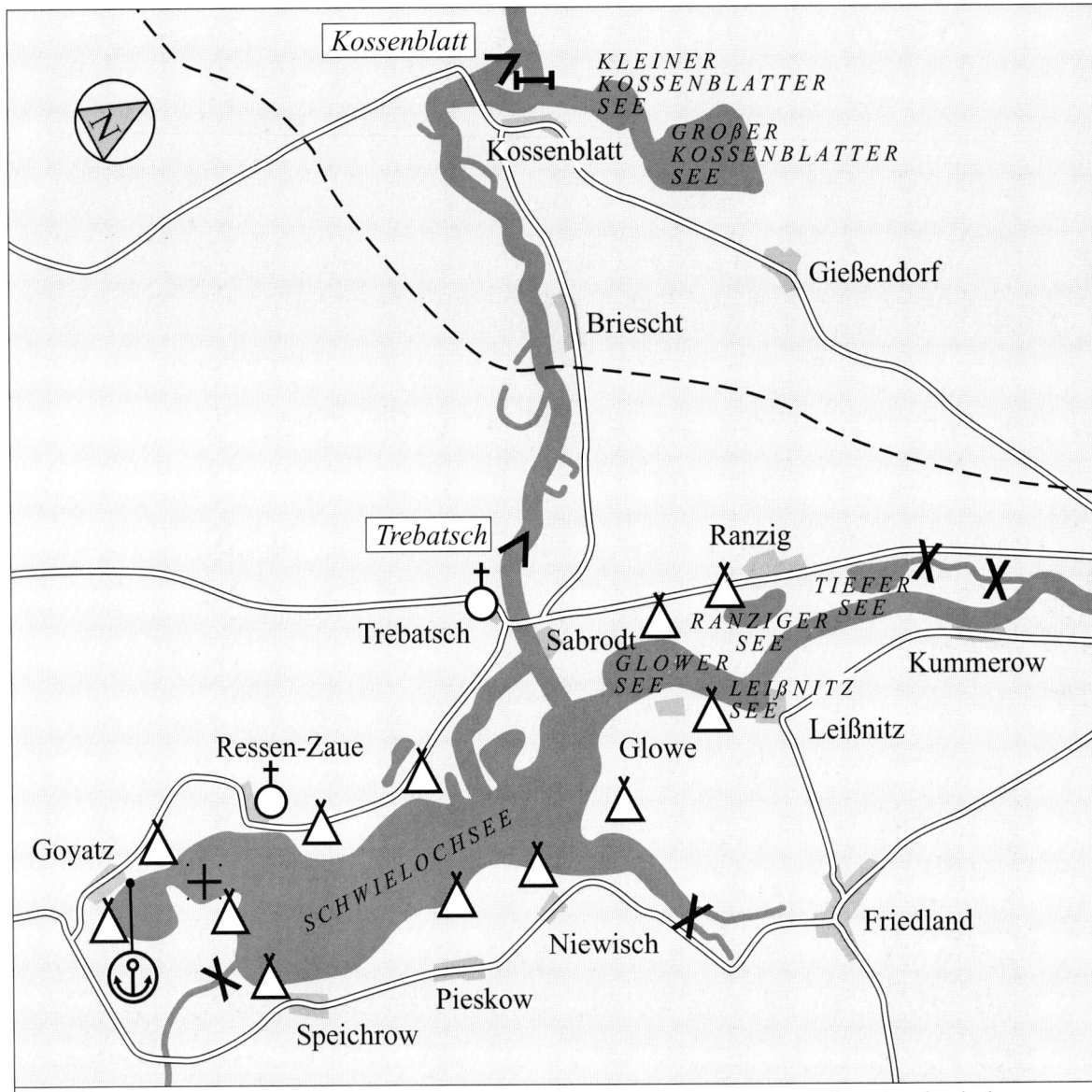

Abzweig vom Oder-Spree-Kanal bis Schleuse Kossenblatt.

Entfernung: 42 km, Schleusen: 3.

Der beim Kilometer 96,2 südlich vom Oder-Spree-Kanal abzweigende Speisekanal endet oberhalb der Schleuse Neuhaus. Eine Einfahrt in die hier westlich abzweigende Drahendorfer Spree (alter Lauf der Spree) ist über die Sportbootschleuse zwar möglich, jedoch endet die Fahrt durch den knapp 1 m tiefen Fluß nach etwa 11 km blind bei Drahendorf, weil dort keine Schleuse mehr, sondern nur ein Wehr existiert.

Die kanalisierte Spree windet sich in zahlreichen Biegungen bis Beeskow. Die vielerorts seitlich abgehenden Nebenarme enden meist blind, sind aber als Ankerplätze gut geeignet. In Beeskow

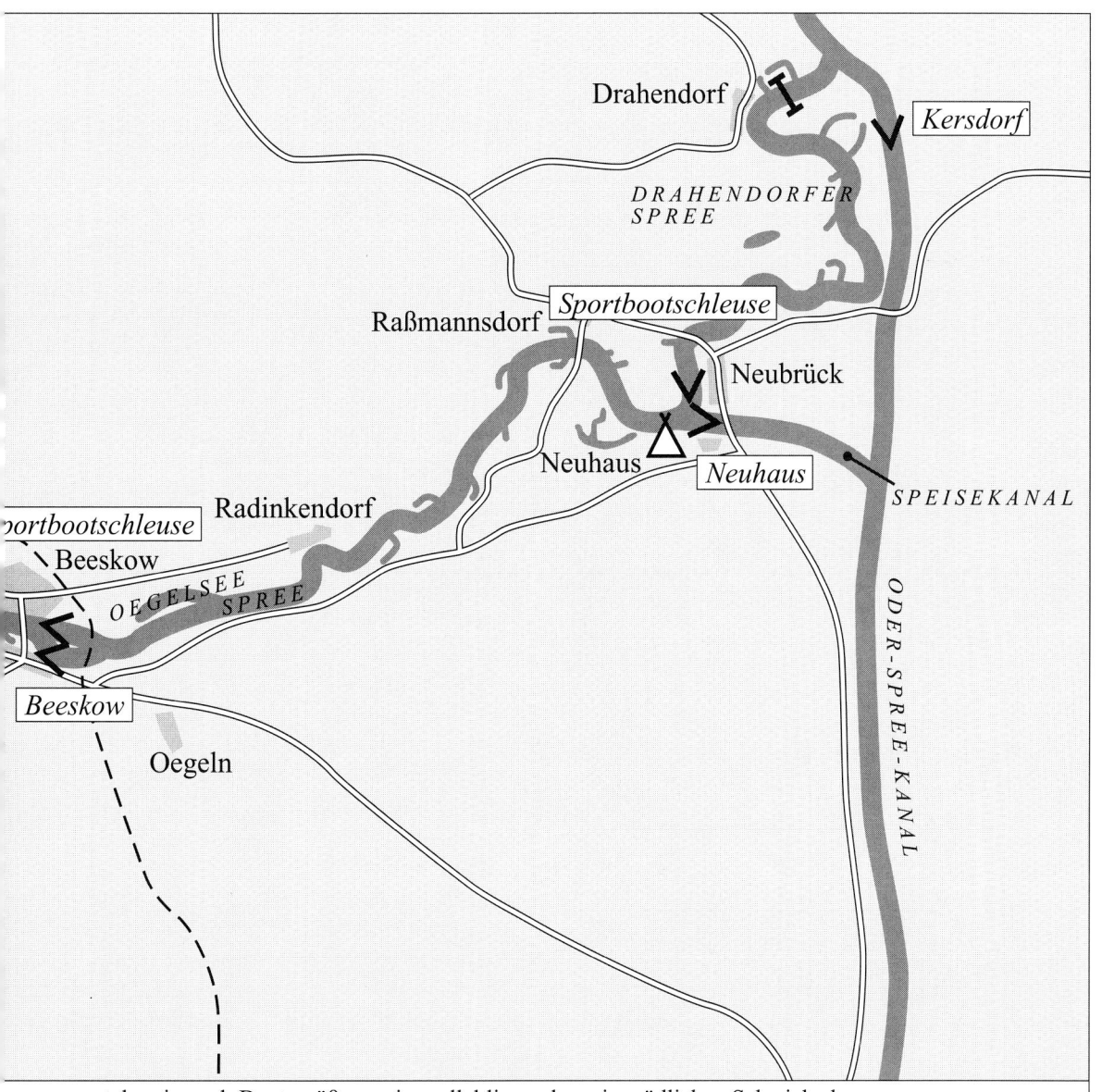

stehen je nach Bootsgröße zwei parallel liegende Schleusen zur Verfügung. Weiter aufwärts verbreitert sich die Spree seeartig und führt schließlich durch den Schwielochsee.

Am Seeufer bestehen zahlreiche Liegemöglichkeiten an Zeltplätzen. Einen größeren Boothafen gibt es in Goyatz im Süden. Man beachte die Unterwasser-Felsen (genannt Hungersteine) im südlichen Schwielochsee.

Wer weiter die Spree aufwärts fahren will, kann den Schwielochsee im Nordosten auf zwei Wegen verlassen und erreicht nach 14 km die Schleuse Kossenblatt.

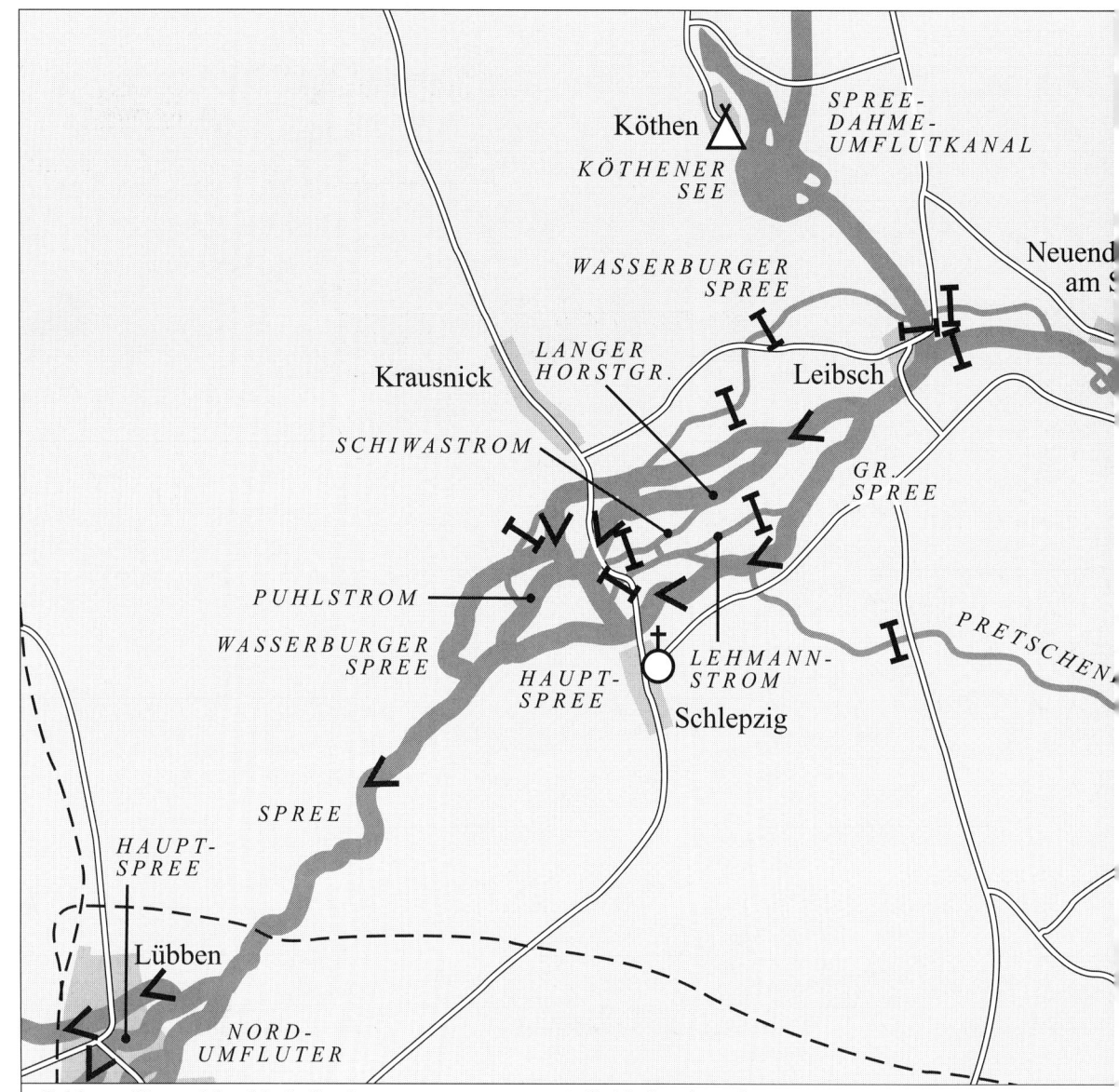

Schleuse Kossenblatt bis Leibsch.
Entfernung: 16 km, Schleusen: 2.
Oberhalb der Schleuse Kossenblatt zweigen von der Spree mehrere kleine Seen ab, diese sind jedoch so flach bzw. verkrautet, daß sie nicht befahrbar sind. Oberhalb der Schleuse Alt Schadow fließt die Spree durch den Neuendorfer See, wo an drei Campingplätzen gute Anker-möglichkeiten bestehen.

Die Obere-Spree-Wasserstraße endet am Wehr von Leibsch. Mit kleinen und leichten Sportbooten ist eine Weiterfahrt durch den Unter-Spreewald bis Lübben möglich. Die Boote können mit einer Schleppe am Wehr von Leibsch vorbei bugsiert werden. Wer weiterfahren will, sollte den Haupt-weg über Große Spree und Hauptspree benutzen,

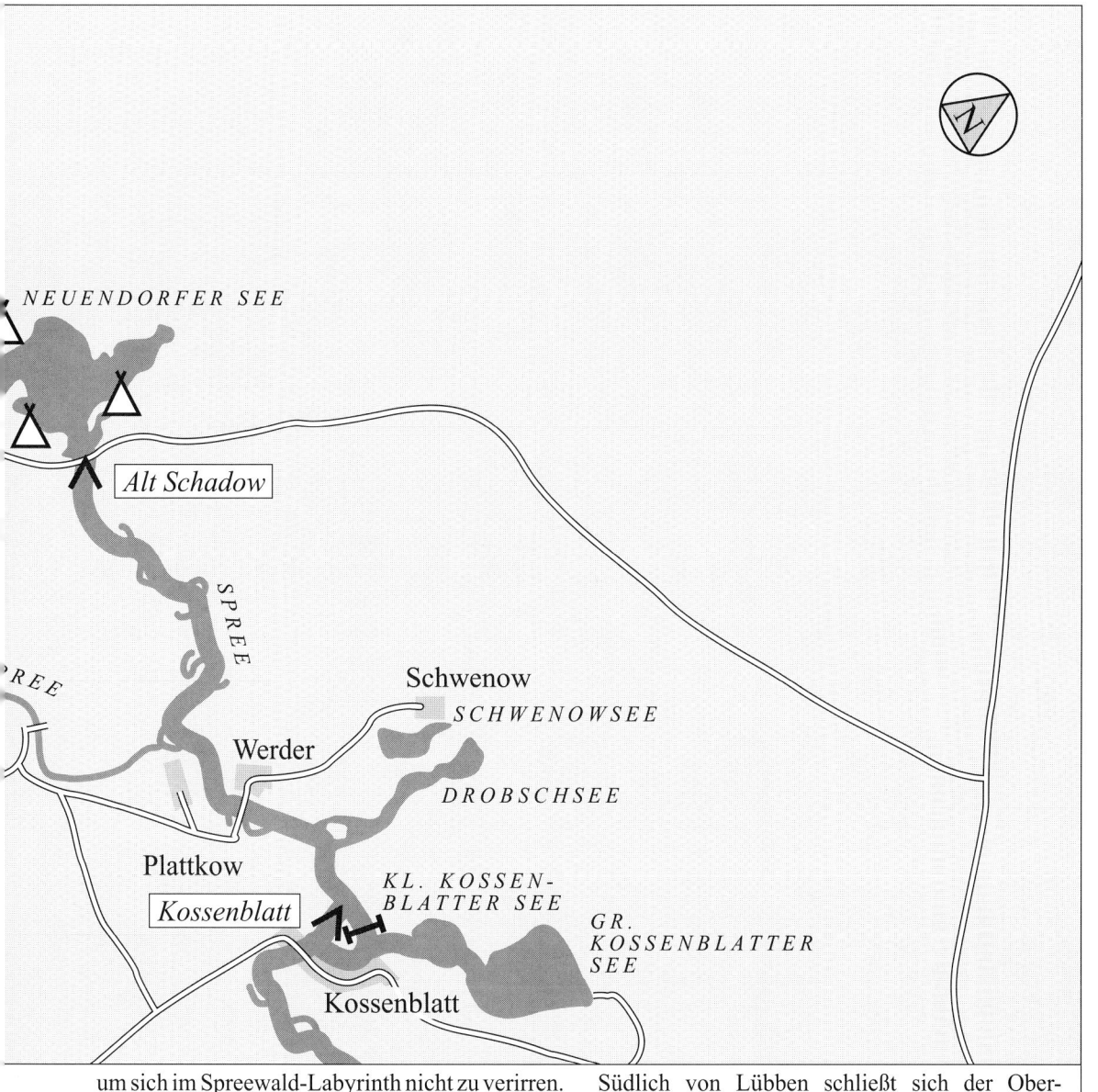

um sich im Spreewald-Labyrinth nicht zu verirren. Die auf der Strecke liegenden Schleusen sind meist selbst von Hand zu betätigen. Eine Gebrauchsanweisung ist angeschlagen. In Lübben bestehen Liegemöglichkeiten an der Hauptspree. In der Stadt lohnt sich ein Besuch des Renaissanceschlosses aus dem Jahre 1682 sowie der Paul Gerhardt-Kirche aus dem 15. Jahrhundert.

Südlich von Lübben schließt sich der Ober-Spreewald (nicht mehr auf der Karte) an. Dieses einzigartige Labyrinth von ungezählten Wasserarmen und Bächen auf engstem Raum, die über etwa 30 Schleusen und 50 Wehre reguliert werden, sollte man nur in Begleitung eines Revierkenners befahren.

Der Oder-Havel-Kanal

Schon im späten Mittelalter suchten Berliner Kaufleute nach einem schiffbaren Weg zur Ostsee. Nahe lag es, von Havel bzw. Spree einen Kanal zur nur etwa 80 km entfernten Oder zu graben. Doch ein Bergrücken in Höhe der heutigen Ortschaft Eberswalde-Finow, der die natürliche Wasserscheide bildet, stand buchstäblich im Wege.

Erst mit Erfindung der Kammerschleuse Mitte des 16. Jahrhunderts war es möglich, Höhenunterschiede zu überwinden und somit beide Stromsysteme zu verbinden. Der Brandenburgische Kurfürst Joachim Friedrich erteilte 1603 die Anweisung, einen Kanal von der Havel zur Oder zu graben, wobei das alte Urstromtal des Flüßchens Finow genutzt werden sollte. 1605 erfolgte der erste Spatenstich, und nach 15 Jahren Bauzeit war der Schiffahrtsweg zur Oder mit insgesamt elf hölzernen Schleusen fertig. Doch im Dreißigjährigen Krieg verfielen Kanal und Schleusen derart, daß danach das Flüßchen Finow wieder wie zuvor unreguliert zur Oder floß. Ein Jahrhundert lang sprach niemand mehr von dem so bedeutungsvollen Kanal, den es faktisch auch nicht mehr gab.

Erst Friedrich II. wollte seiner Residenzstadt wieder einen Zugang zum Meer verschaffen und ließ den vergessenen Finow-Kanal erneut schiffbar machen. 1746 segelte ein mit 100 Tonnen Salz beladenes Schiff von der Havel zur Oder. Der Weg zum Meer war frei.

Die Leistungsgrenze des damals am meisten befahrenen Kanals in Deutschland war um 1900 erreicht. Die Schleusenwärter arbeiteten schon rund um die Uhr. Damit die Verbindung Berlin – Stettin gegenüber Hamburg wettbewerbsfähig blieb, mußte eine Großschiffahrtsstraße her.

Am 14. Juni 1914 wurde der neue Oder-Havel-Kanal in seiner heutigen Linienführung für den Verkehr freigegeben. Im Gegensatz zum alten Finow-Kanal paßt sich der Großschiffahrtskanal nicht mehr mit vielen Schleusen und Windungen der Landschaft an, sondern verläuft schnurgerade. Der Abstieg zur 36 m tiefer gelegenen Oder erfolgte ursprünglich mit einer abenteuerlichen Schleusentreppe bei Niederfinow. Doch diese war schon von Anfang an der hohen Verkehrsbelastung nicht gewachsen und obendrein technisch nicht ausgereift. Wenige Jahre später begann man daher unmittelbar daneben mit dem Bau des damals größten Schiffshebewerkes der Welt. Am 21. März 1934 wurde es als größte Sensation im Wasserstraßenbau dem Verkehr übergeben. Obwohl längst ein technisches Denkmal, bewältigt das Schiffshebewerk Niederfinow heute noch den gesamten Schiffsverkehr zwischen Berlin und der Ostsee.

Durch die Grenzöffnung nach Polen im Januar 1990 hat der Oder-Havel-Kanal für die Sportschiffahrt von Berlin zur Ostsee enorm an Bedeutung gewonnen. Jetzt ist es möglich, von Berlin aus innerhalb von nur zwei Tagen die See zu erreichen. Bis zur Einmündung in die Oder sind es etwa 82 km, bis Stettin weitere 72. Die Mindestfahrwassertiefe beträgt bei Normalstau 2,30 m. Im größten Teil der Wasserstraße gibt es keine Strömung. Die Durchfahrtshöhen betragen knapp 4 m. Außer der Schleuse in Lehnitz muß das Schiffshebewerk Niederfinow passiert werden.

Geschleust wird in den Sommermonaten werktags von 6.00 bis 20.00 Uhr, sonn- und feiertags von 7.00 bis 19.00 Uhr.

Der Oder-Havel-Kanal zwischen Oderberg und Hohensaaten (oben).
Kloster Chorin bei Niederfinow (unten).

243

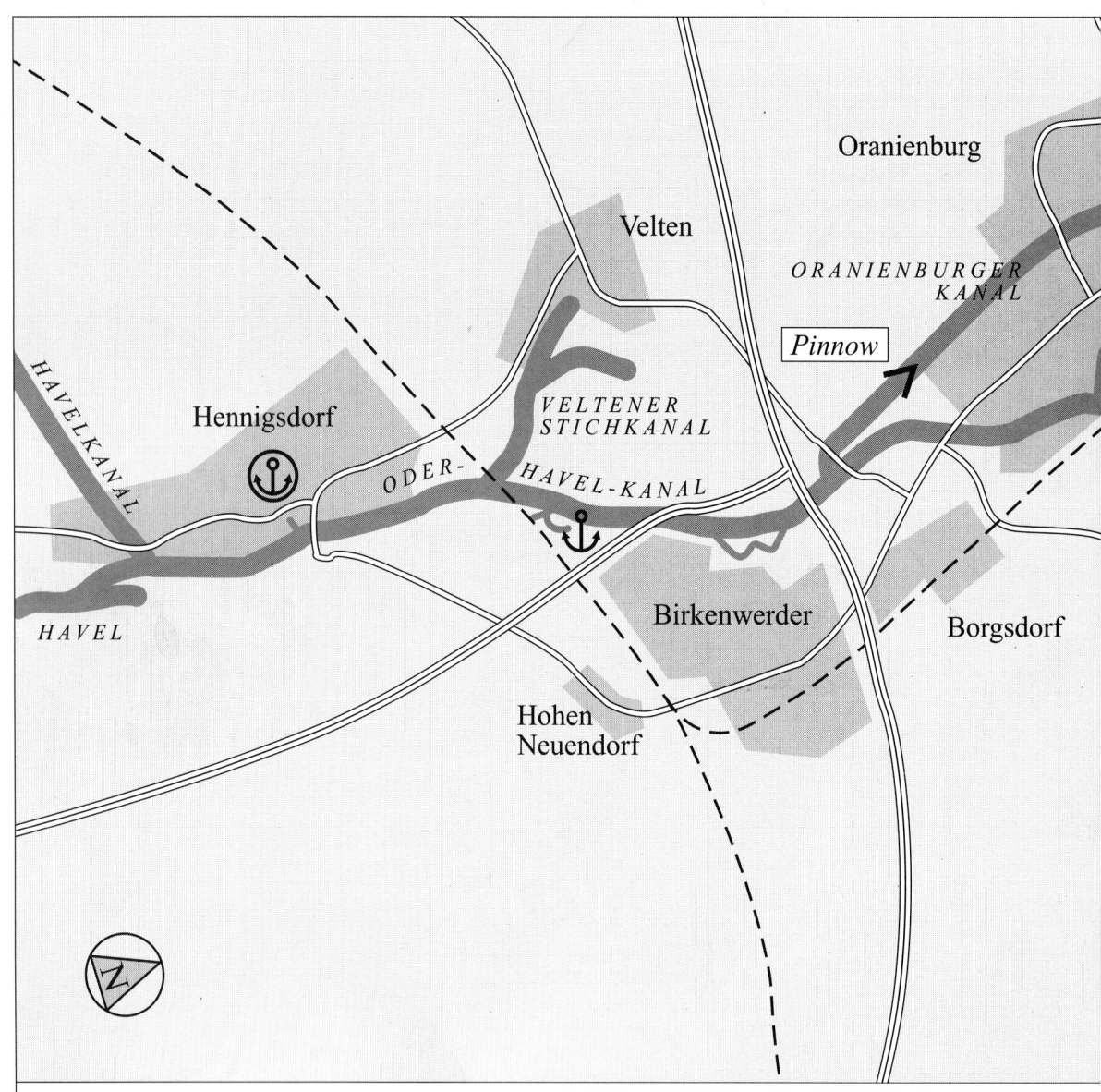

Hennigsdorf bis Abzweig Malzer Kanal.
Entfernung: 30 km, Schleusen: 1.
Bei Hennigsdorf (ehemaliger Wasserstraßen-Grenzübergang zur DDR) im Norden Berlins beginnt der Oder-Havel-Kanal. Zufahrten sind über die Havel möglich, ebenfalls über den Havelkanal, der 1952 zur Umschiffung Westberlins geschaffen wurde.

Südlich vor Birkenwerder bestehen am Ostufer Liegemöglichkeiten für Sportboote in einem alten Nebenarm. Nach der zweiten Autobahnbrücke (Berliner Ring) zweigt in Richtung Nordwesten der Oranienburger Kanal ab. Diese Wasserstraße führt zu den Ruppiner Seen (siehe Seite 255).
Die innerhalb von Oranienburg nach Westen abzweigende Havel endet nach knapp 4 km blind, da

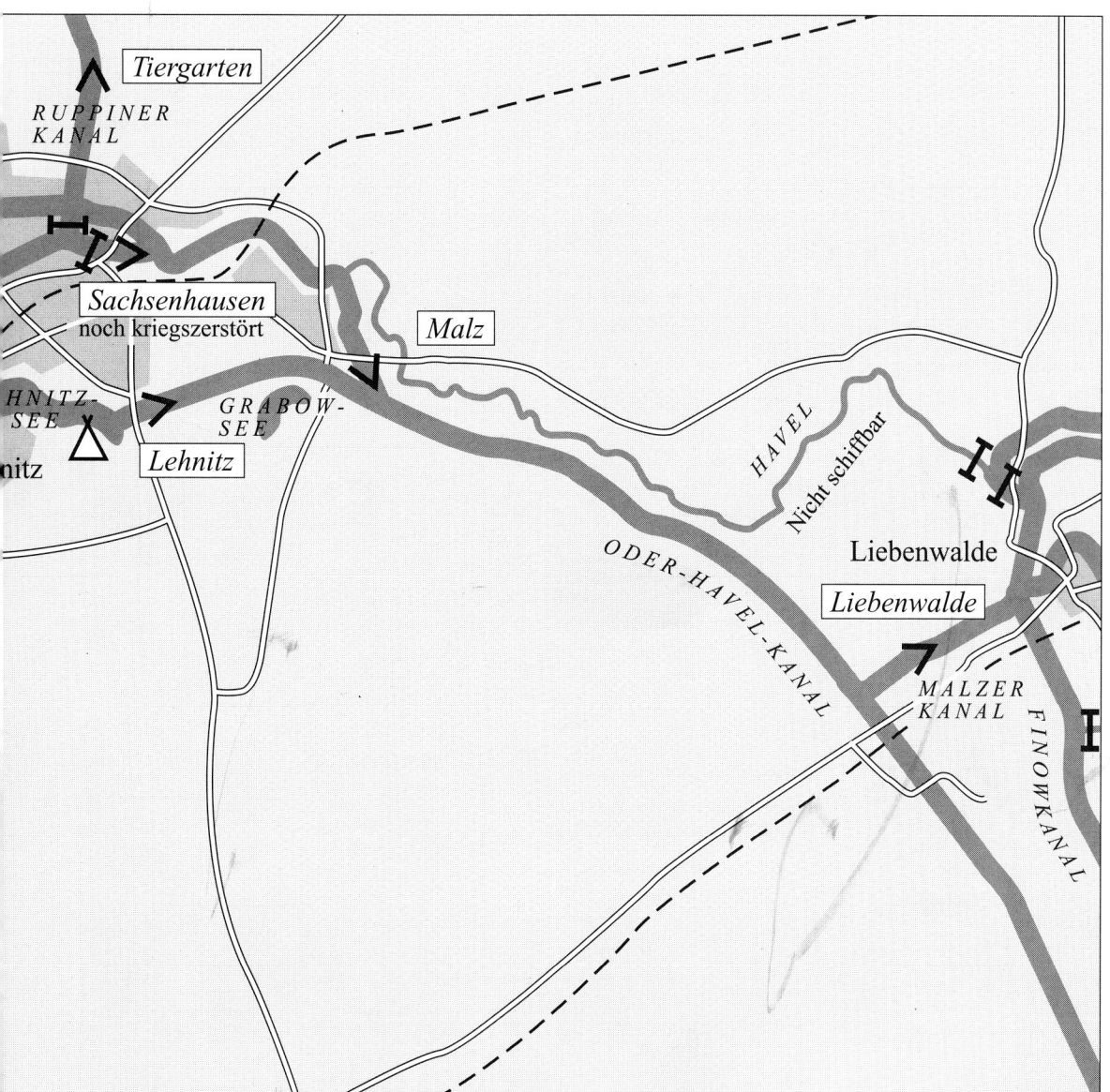

die Schleuse Sachsenhausen noch immer – kriegsbedingt – zerstört ist und die Durchfahrt zum Ruppiner Kanal ebenfalls nur aus einer wehrartigen Verbindung besteht.

Im Lehnitzsee bei Oranienburg bestehen auf beiden Seiten mehrere Liegemöglichkeiten für Sportboote. Die nördlich von Oranienburg liegende Schleuse Malz, über die theoretisch auch eine Zufahrt zu den Ruppiner Seen möglich wäre, ist außer Betrieb. In der Nähe der Ortschaft Liebenwalde zweigt der Malzer Kanal nach Norden vom Oder-Havel-Kanal ab. Diese Schiffahrtsstraße stellt die Verbindung zu den Mecklenburger Seen her.

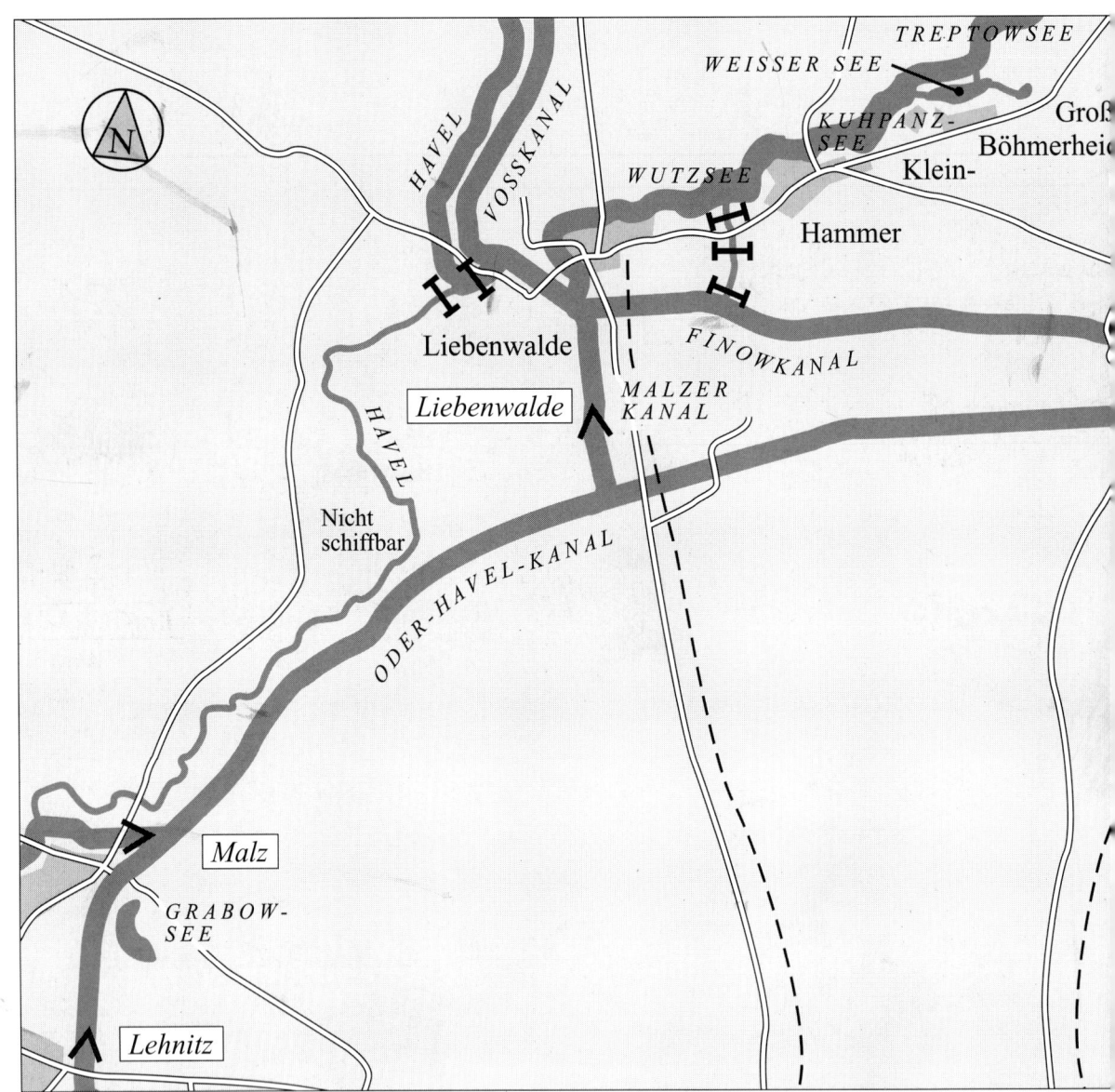

Abzweig Malzer Kanal bis Lichterfelde.
Entfernung: 24 km, Schleusen: 0.
Der schnurgerade verlaufene Großschiffahrtsweg kreuzt bei der Ortschaft Zerpenschleuse den alten Finowkanal. In Richtung Nordwesten ist der Finowkanal nicht mehr befahrbar, da es die Zerpenschleuse nicht mehr gibt. In Richtung Osten kann man den Finowkanal noch passieren und dadurch das Schiffshebewerk Niederfinow umfahren, wo anschließend beide Wasserstraßen wieder zusammengeführt werden.

Der alte Finowkanal ist mit Booten bis 1 m Tiefgang passierbar. Die zwölf Schleusen sind noch funktionstüchtig. Weil die Großschiffahrt seit einem halben Jahrhundert diesen Weg nicht mehr benutzt, hat üppiges Grün diese Wasserstraße

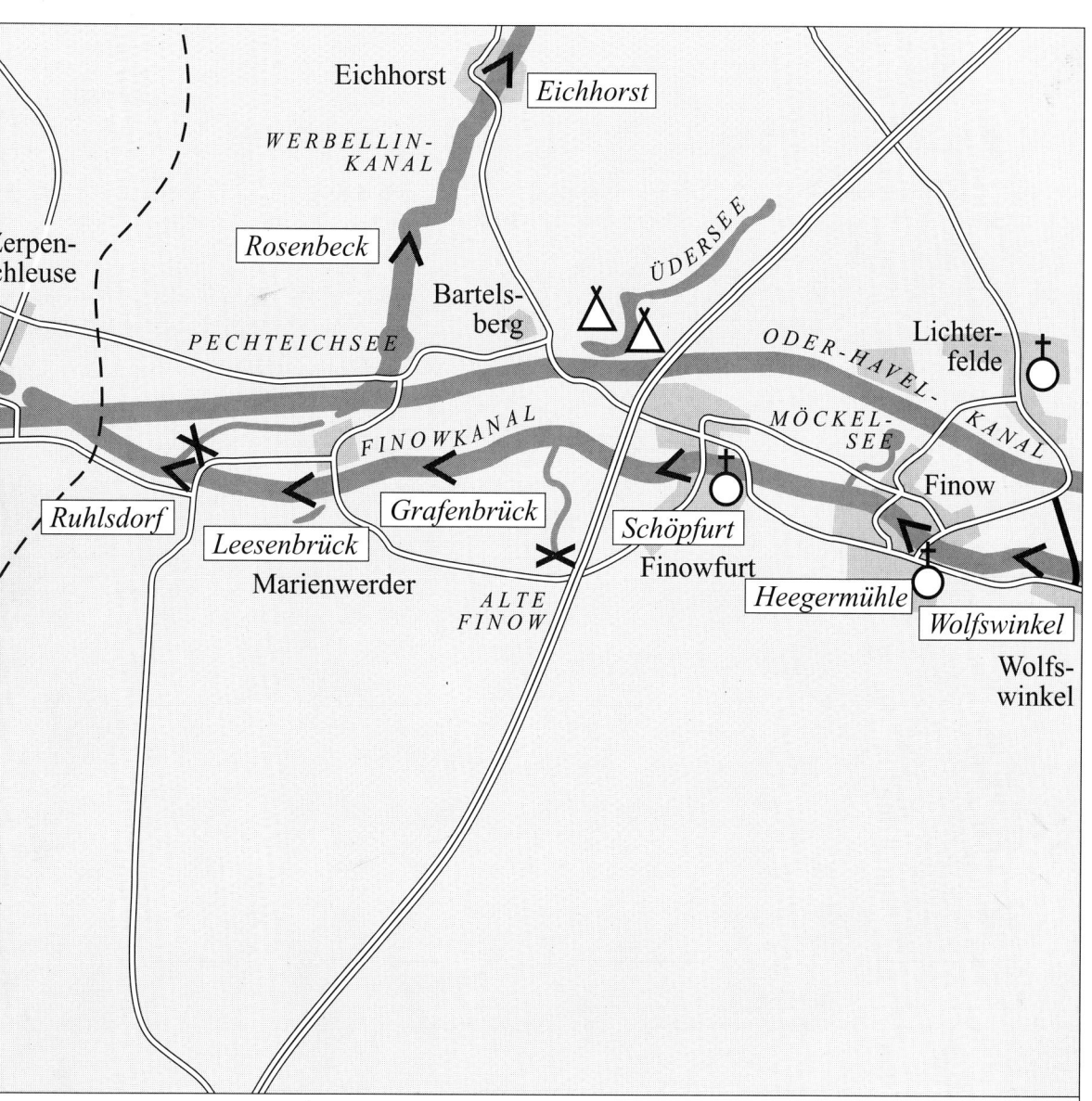

zurückerobert. Wenn man genügend Zeit hat, sollte man sich den Umweg durch den schönen, verwilderten Finowkanal gönnen.

4 km östlich von der Wasserstraßenkreuzung zweigt der Werbellinkanal in Richtung Norden vom Oder-Havel-Kanal ab. Der schiffbare Werbellinkanal führt zum Werbellinsee (siehe Seite 265).

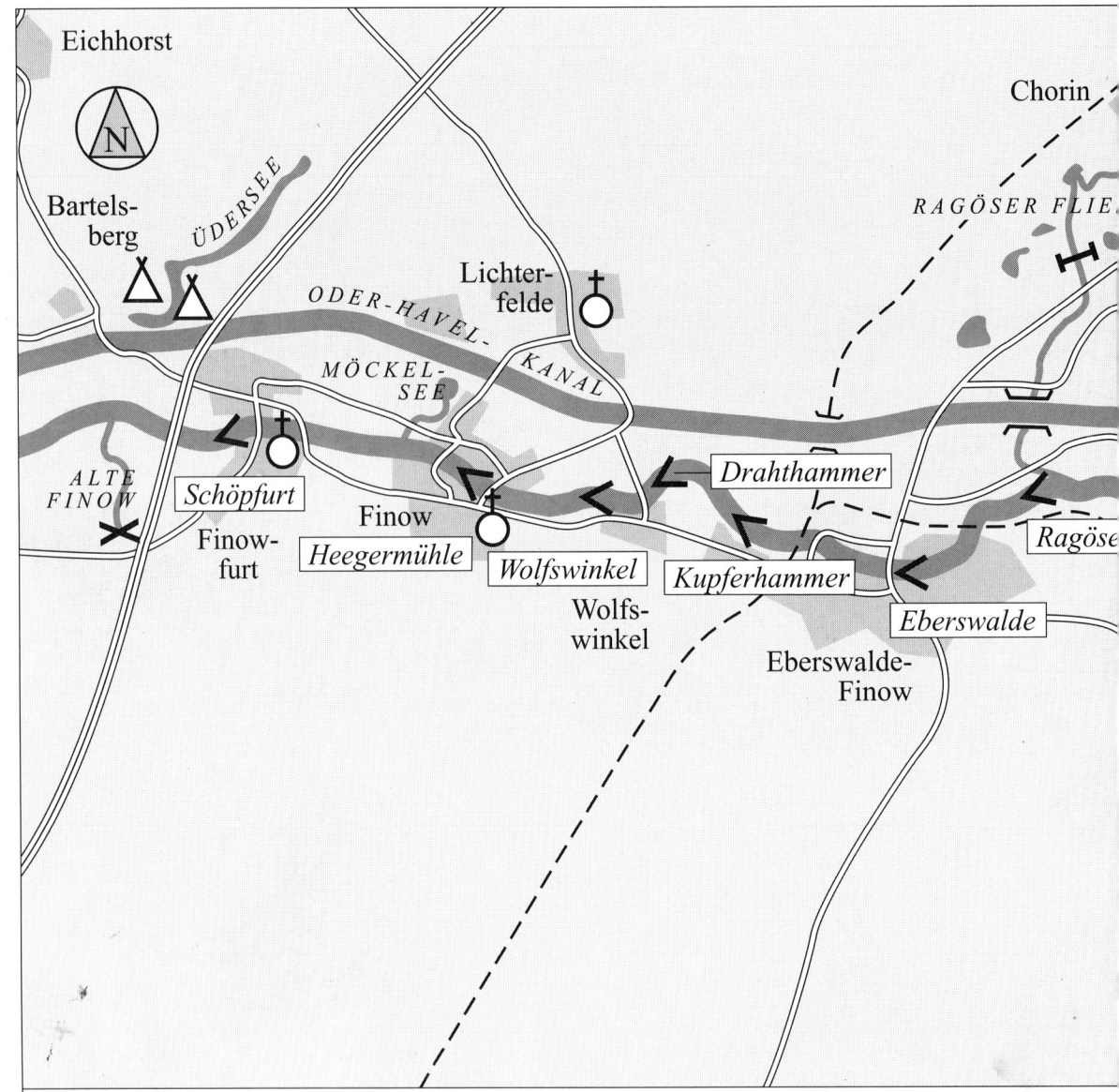

Lichterfelde bis Hohensaaten. Entfernung: 28 km, Schleusen: Schiffshebewerk Niederfinow.

Nach etwa 12 km ist die Einfahrt ins Schiffshebewerk Niederfinow erreicht. Kurz vorher zweigt nach links die Einfahrt zur alten Schleusentreppe ab, die jedoch nicht mehr in Betrieb ist. Der stillgelegte Stichkanal kann als zeitweiliger Liegeplatz benutzt werden. Von hier aus lohnt sich ein Ausflug zum nur fünf Kilometer entfernten Kloster Chorin aus dem Jahre 1273 – heute eine der schönsten und größten Klosterruinen in Deutschland.

Vor der Einfahrt ins Schiffshebewerk sollte man unbedingt dieses imposante technische Denkmal besichtigen (eine Beschreibung folgt am Ende dieses Abschnitts).

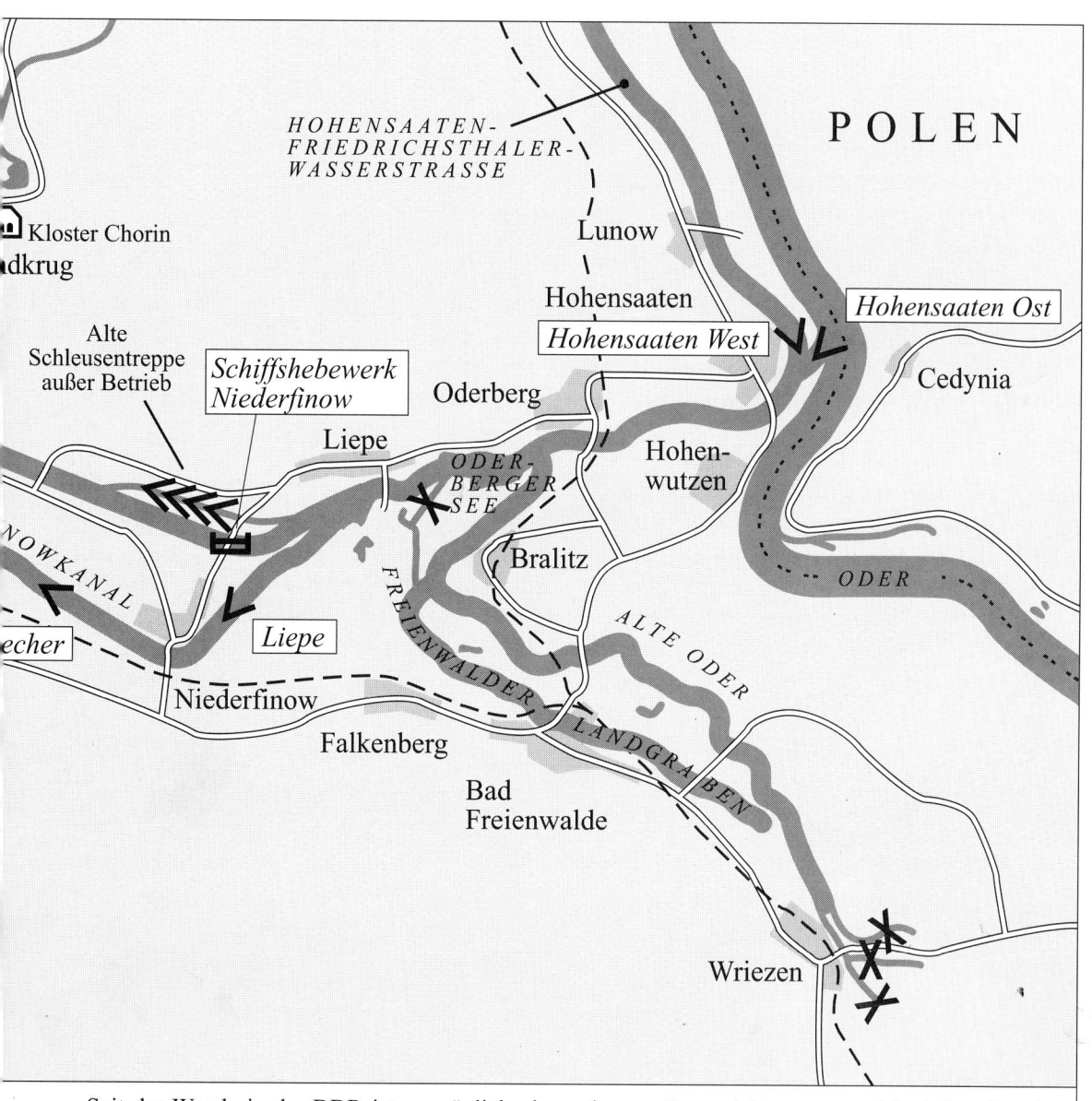

Seit der Wende in der DDR ist es möglich, das Hebewerk zu betreten und zu fotografieren. Von der im oberen Bereich umlaufenden Galerie kann man das Absenken der Schiffe am besten beobachten.

Unterhalb des Schiffshebewerkes werden Finowkanal und Oder-Havel-Kanal wieder zusammengeführt. Nach dem Überqueren des Oder-berger Sees sieht man am Nordufer die alte Handelsstadt Oderberg mit einem sehenswerten Schiffahrtsmuseum. In Hohensaaten erfolgt über die Ost-Schleuse die Einfahrt in die Oder (Ost-Oder). Über die West-Schleuse gelangt man in die parallel verlaufende Hohensaaten-Friedrichsthaler Wasserstraße.

Das Schiffshebewerk Niederfinow

Schon im preußischen Wasserstraßengesetz von 1905, in dem der Bau des Oder-Havel-Kanals fixiert wurde, war festgelegt, daß neben der Schleusentreppe in Niederfinow noch eine zweite Möglichkeit geschaffen werden müsse, um Schiffe absenken zu können. Die Verkehrsplaner sahen voraus, daß sich die abenteuerliche Schleusentreppe bei stark anwachsendem Schiffsverkehr zu einem Nadelöhr mit vielen technischen Problemen entwickeln würde.

Wie kompliziert die Aufgabenstellung war, eine stark befahrene Schiffahrtsstraße auf 36 m Tiefe abzusenken, ist schon daran erkennbar, daß mehr als zwei Jahrzehnte lang alle führenden deutschen Firmen mit kühnen Ideen um die Lösung des Problems wetteiferten. Auf dem Schreibtisch der Reichswasserstraßenverwaltung landeten die kuriosesten ingenieurtechnischen Ideen: von einer halbkreisförmigen Talfahrt in einer schwimmenden Trommel bis hin zu einer schwingenden Absenkung mit einem gigantischen Waagebalken. Doch schon die Modellversuche zeigten Unzulänglichkeiten hinsichtlich der Sicherheit.

Schließlich billigte die Verwaltung keinen Firmenentwurf, sondern skizzierte eine eigene Idee nach dem Prinzip einer senkrechten Naßförderung in einem stählernen Trog. Dementsprechend fertigte das Neubauamt Eberswalde einen Entwurf, der 1927 von der Akademie für Bauwesen gebilligt wurde.

Der Bau des damals weltgrößten Schiffshebewerkes erstreckte sich von 1927 bis 1934, wobei 760 000 Kubikmeter Erdreich bewegt und 13 800 Tonnen Stahl verbaut wurden. Die Gesamtkosten erreichten die damals astronomische Summe von über 27,5 Millionen Reichsmark. Das eigentliche Hebewerk ist 94 m lang, 27 m breit und 60 m hoch. Der Trog, in dem die Schiffe abgesenkt werden, ist 85 m lang, 12 m breit und hat eine Wassertiefe von 2,50 m. Mit Wasserfüllung wiegt er 4300 Tonnen!

Diese Abmessungen wurden gewählt, um ein 1000-Tonnen-Schiff sicher befördern zu können. Der Trog bewegt sich mit einer Geschwindigkeit von 12 cm/s ab- bzw. aufwärts. Die seitlich laufenden Gegengewichte (4300 Tonnen) sind mit dem Trog durch 256 Stahlseile von 52 mm Durchmesser verbunden. Ein Hub dauert 5 Minuten, die gesamte Schleusung einschließlich Ein- und Ausfahrt etwa 20 Minuten.

Jährlich passieren rund 13 000 Schiffe – vom Sportboot bis zum Eisbrecher – das Schiffshebewerk. Dabei werden etwa 2,3 Millionen Tonnen Güter befördert. Trotz hoher Personal-, Energie- und Instandhaltungskosten ist die Passage des Schiffshebewerkes für Sportboote kostenfrei.

Das Schiffshebewerk Niederfinow.

Die Ruppiner Seen

Im Nordwesten Berlins liegt ein zwar kleines, aber landschaftlich sehr reizvolles Wassersportrevier, genannt die Ruppiner Seen oder Ruppiner Schweiz. Durch die Nähe zur Hauptstadt empfiehlt sich die Gegend insbesondere für Wochenendausflüge ab Berlin.

Der Bau der schiffbaren Verbindung zwischen Berlin und den Ruppiner Seen begann im Jahre 1787 nach einem Großbrand, der Neuruppin binnen einer Nacht in Schutt und Asche legte. Mit der Wasserstraße sollten der Wiederaufbau und der wirtschaftliche Aufschwung der preußischen Kleinstadt beschleunigt werden. Heute hat das Kanalsystem kaum noch wirtschaftliche Bedeutung. Hier verkehren fast ausschließlich Ausflugsschiffe und Sportboote.

Zu den Ruppiner Seen kommt man auf eigenem Kiel über Oranienburg (siehe Oder-Havel-Kanal!) und den Ruppiner Kanal. Die insgesamt 72 km lange Wasserstraße hat eine Tiefe von etwa 1,40 m. Tiefgangsprobleme können lediglich in der Zufahrt auftreten, und zwar zwischen Schleuse Pinnow (Oranienburger Kanal) und Schleuse Tiergarten (Einfahrt in den Ruppiner Kanal). Bei trockener Witterung kann hier die Tiefe auf etwa 1,30 m absinken. Wer mit einem tiefer gehenden Boot in die Ruppiner Schweiz fahren will, sollte sich sicherheitshalber vorher telefonisch erkundigen. Auskünfte können unter folgenden Rufnummern eingeholt werden:

Wasserstraßenamt Zehdenick 2563, Strommeisterei Oranienburg 4348 oder Schleuse Pinnow 82230. Die Brückendurchfahrtshöhen auf der Hauptstrecke liegen bei 3 m.

Im nördlichen Teil der Wasserstraße ab Schleuse Altruppin bis zum Vielitzsee geht die Fahrwassertiefe auf etwa 1,10 m zurück. Strömung besteht im schiffbaren Teil der Ruppiner Seen nicht.

Im Norden der Ruppiner Schweiz existiert über den Rhin zwar eine Anbindung an die Mecklenburger Seen (bei Rheinsberg). Der sehr flache und steinige Fluß mit starker Strömung ist aber nicht schiffbar. Ein Befahren mit Paddelbooten, die mehrmals umgetragen werden müssen, ist schwierig, aber durchaus möglich. Gegebenenfalls sollte man sich mit Genehmigung der Rhin-Flußmeisterei in Neuruppin, Straße der Weltjugend 75, vom Wehr in Rheinsberg Zuschußwasser geben lassen.

Im südlichen Teil der Ruppiner Seen besteht über den Fehrbelliner Kanal noch eine schiffbare Verbindung bis zur Ortschaft Fehrbellin. Bei mittlerem Niedrigwasser ist der Kanal 1,30 m tief. Die geringste Brückendurchfahrtshöhe beträgt 3,50 m.

Auf den Ruppiner Gewässern gelten in den Sommermonaten folgende Schleusenzeiten: werktags von 7.00 bis 19.00 Uhr, sonn- und feiertags von 8.00 bis 18.00 Uhr.

Der Ruppiner See mit Anleger Neuruppin (oben).
Stadtkirche Neuruppin (unten).

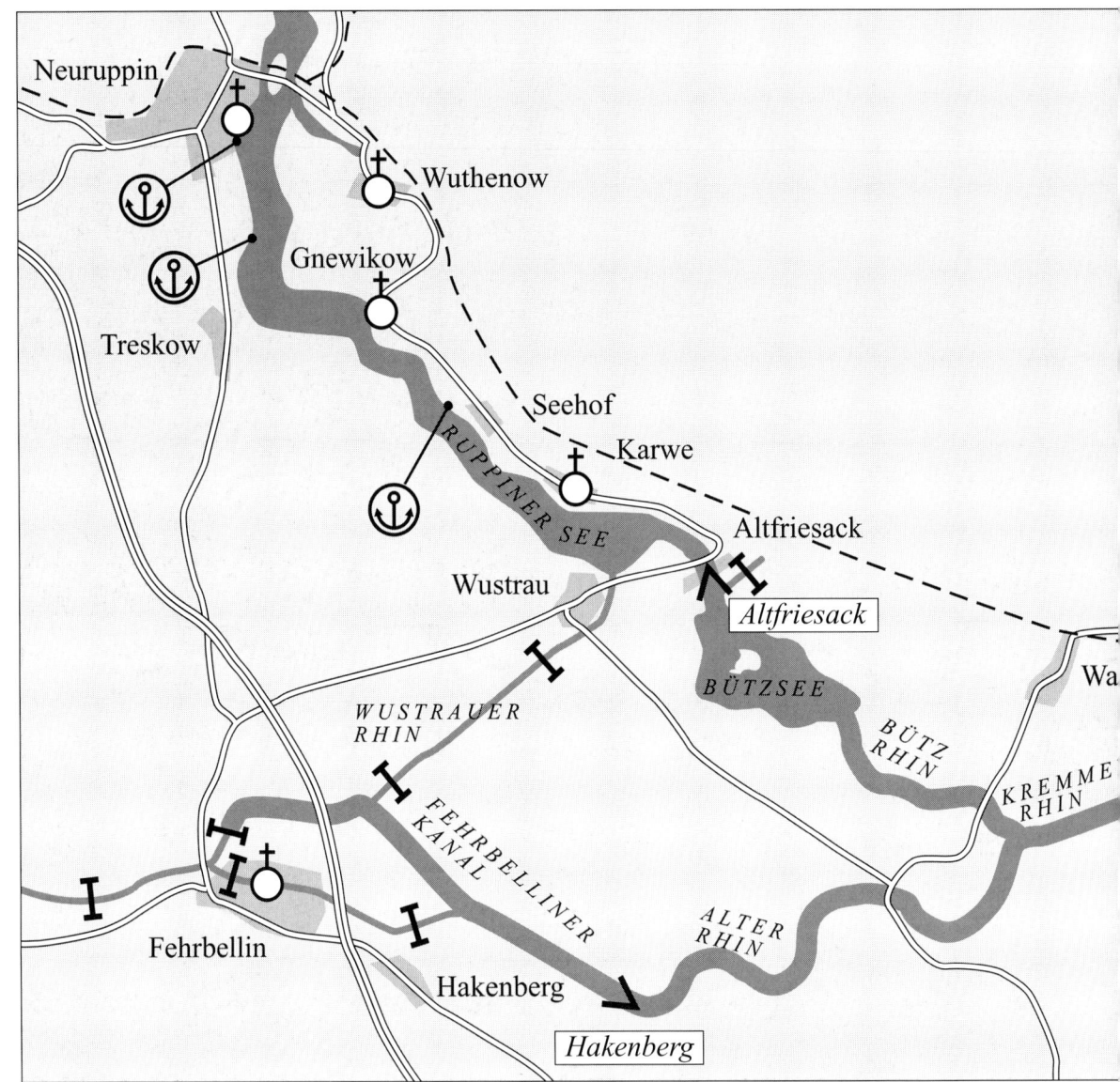

Schleuse Tiergarten (Oranienburg) bis
Neuruppin. Entfernung: 41 km, Schleusen: 3.
Am nordöstlichen Ende von Oranienburg (Tier-
gartensiedlung) beginnt der Ruppiner Kanal. Die
Reise führt durch den herrlichen Rhinluch, jene
Niederung, in der vor 200 Jahren der Torf für die
Berliner Öfen gestochen wurde. Die Kanalfahrt
endet im flachen Bützsee, durch den eine betonnte
Schiffahrtsrinne führt.
Hinter der 200 Jahre alten Schleuse Altfriesack –
sie gilt heute als technisches Denkmal – beginnt
der Ruppiner See. Am Ufer gibt es drei kleine
Bootshäfen, zudem hat jede Ortschaft noch ein
altes Bollwerk aus der Zeit der Kahnschiffahrt,

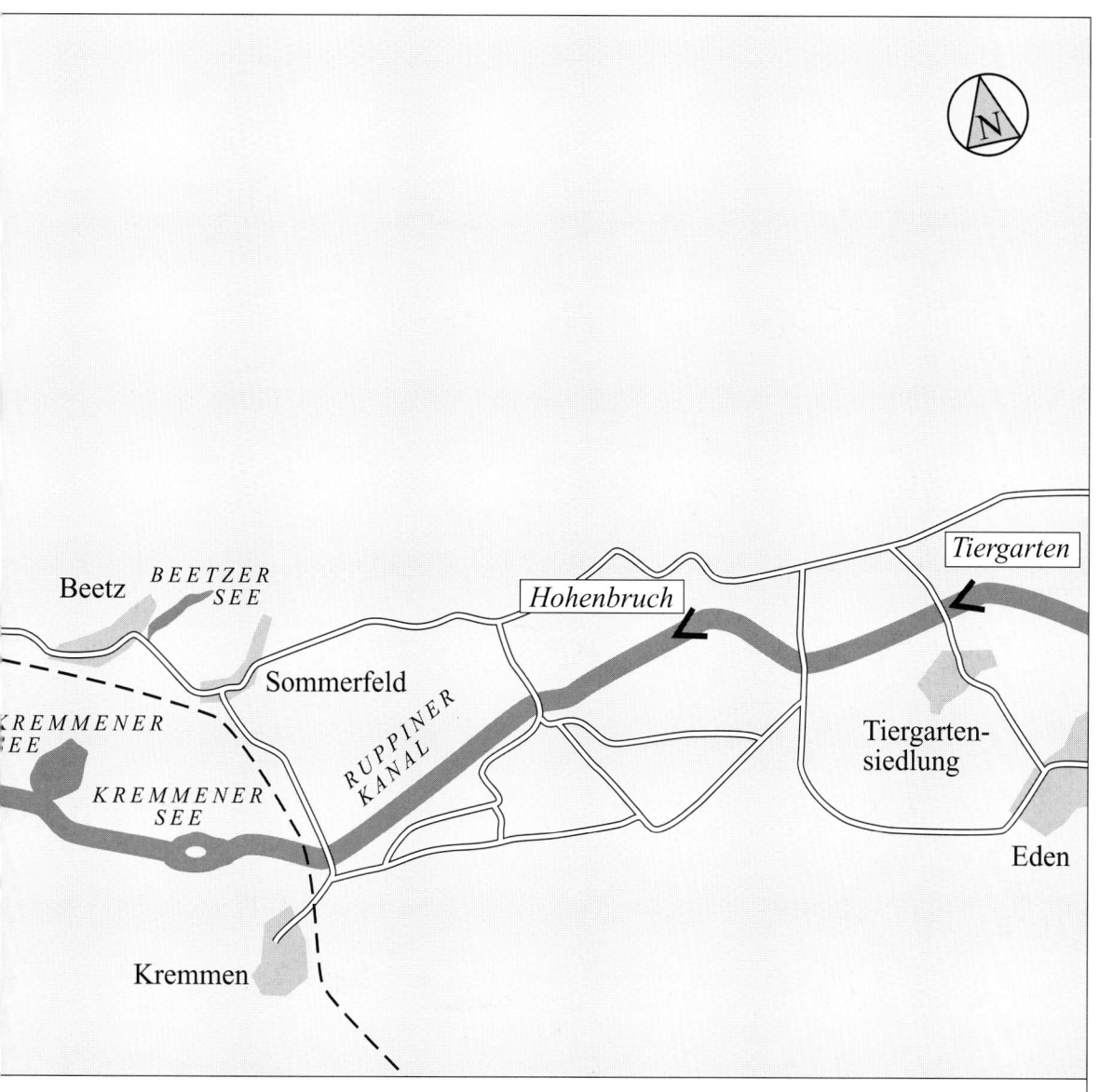

wo man festmachen kann.

Lohnenswert ist ein Besuch der preußischen Garnisons- und Beamtenstadt Neuruppin. Nach dem Großbrand von 1787 wurde sie nach streng geometrischen Gesichtspunkten wieder aufgebaut. Das Andenken an die zwei großen Söhne der Stadt – Friedrich Schinkel und Theodor Fontane – wird im Heimatmuseum gewahrt. Der herrliche Barockpark hinter dem Museum ist das Erstlingswerk des berühmten Gartenarchitekten Knobelsdorff.

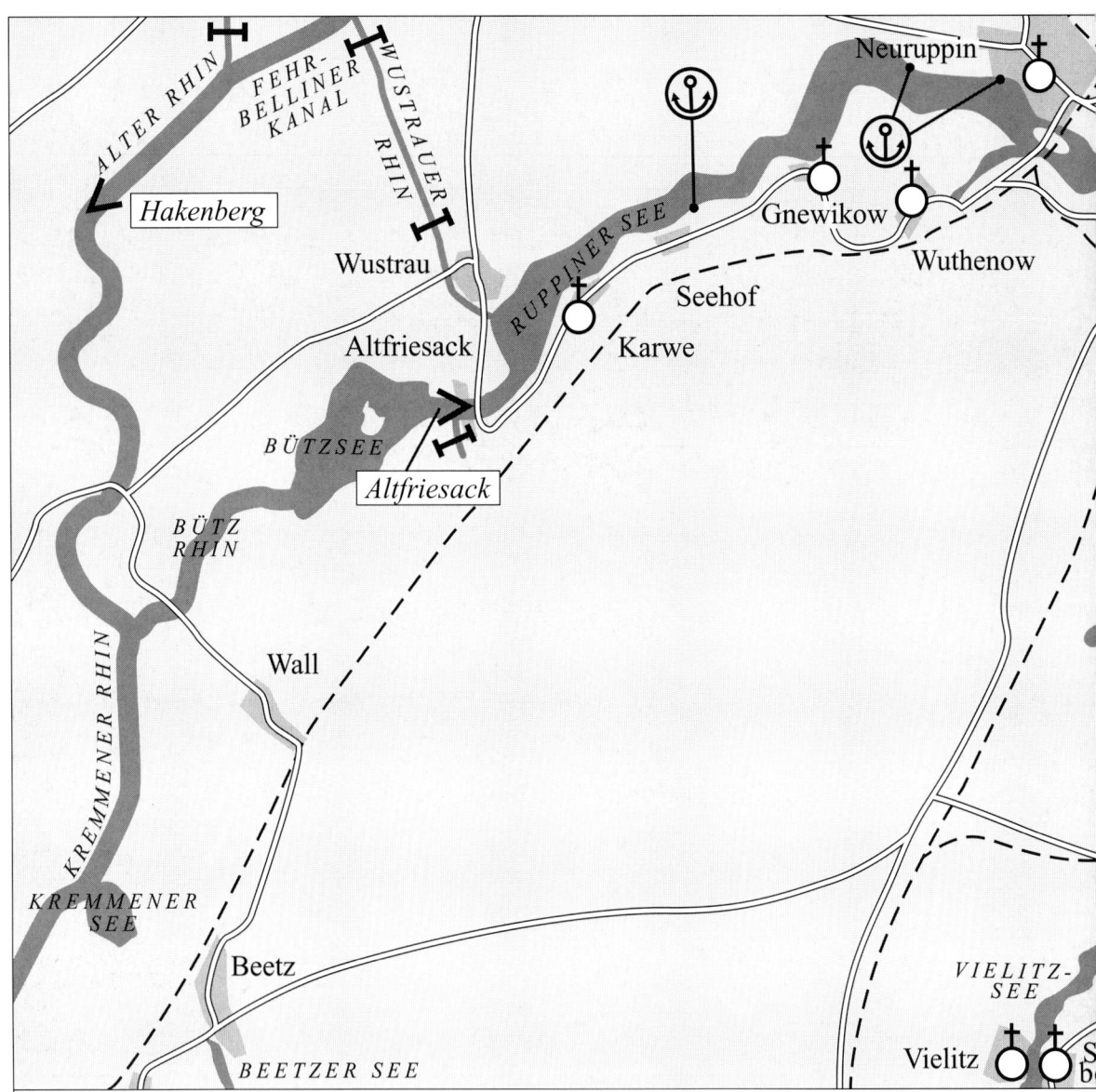

Von Neuruppin nach Vielitz.
Entfernung: 31 km, Schleusen: 1.
Unterquert man die Neuruppiner Eisenbahn-brücke, erreicht man nach 3 km die Ortschaft Alt-Ruppin. Hinter der Schleuse beginnt ein sehr schönes, von hohen Wäldern umgebenes Wasser-sportrevier, in dem selbst in der Hauptsaison wenig Bootsverkehr herrscht. Man fährt auf dem Flüßchen Rhin, das auf weiten Strecken seenartig verbreitert ist.

In der Ortschaft Stendenitz an der Einfahrt in den Zermützelsee lohnt ein Besuch des unmittelbar am Ufer gelegenen Waldmuseums. Vom Zermützel-see aus fahren wir auf dem Rhin in Richtung Süd-

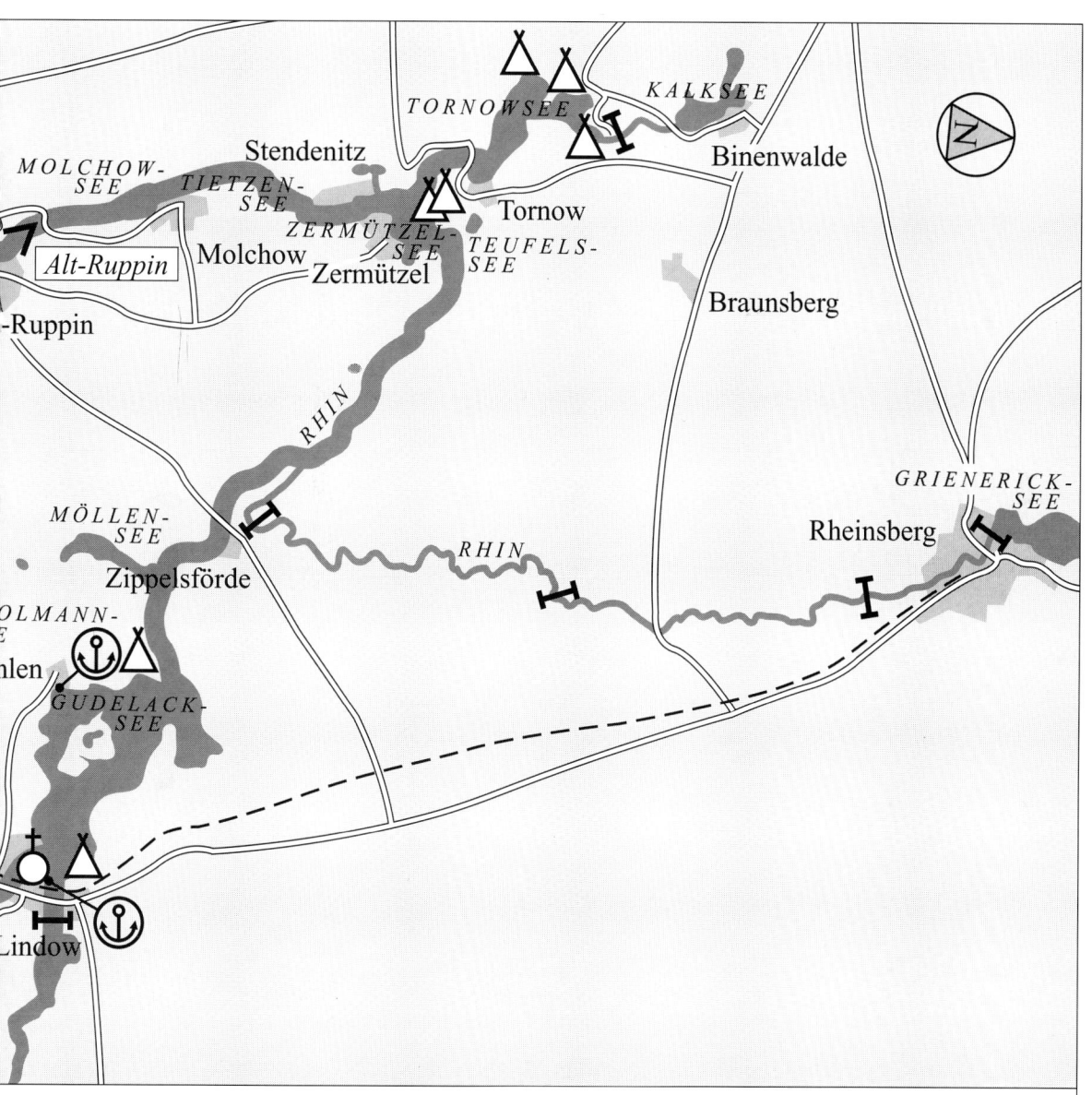

osten. Nach etwa 6 km führt der alte Lauf des Flusses nordwärts nach Rheinsberg. Dieses Strecke ist nur mühsam mit Paddelbooten befahrbar. Die Schiffahrtsstraße durch die Ruppiner Schweiz führt weiter in Richtung Osten zum Gudelacksee. Bei der Ortschaft Gühlen kann am Steg des Ferienheimes des ehemaligen DDR-Ministerrates festgemacht werden. Ein großer Yachthafen mit gutem Service existiert in Lindow.

Ab Lindow ist es noch möglich, in den Vielitzsee zu fahren. Bei der Ortschaft Vielitz endet die Schiffahrtsstraße.

*Schleuse Altfriesack zwischen Bützsee und Ruppiner See (oben).
Brücke über den Rhin zwischen Molchowsee und Tietzensee (unten).*

Liebenwalde – Fürstenberg

Südlich von Liebenwalde zweigt von der Groß-schiffahrtsstraße Oder-Havel-Kanal ein altes Wasserstraßensystem in Richtung Norden ab und stellt bei Fürstenberg den Anschluß an die Mecklenburger Seen her. Es ist dies die einzige direkte Verbindung zwischen Berlin und Mecklenburg. Die aus den Teilstücken Malzer Kanal, Voßkanal und Havel bestehende Strecke wird in ihrer Gesamtheit auch als Obere-Havel-Wasserstraße bezeichnet.

Die Schiffahrtsverbindung besteht schon seit dem 17. Jahrhundert, wobei stellenweise der ursprüngliche Lauf der oberen Havel genutzt wurde. Im 18. Jahrhundert wurde die Obere-Havel-Wasserstraße über Fürstenberg weiter bis Neustrelitz (Mecklenburg) verlängert.

In den Abschnitten Malzer Kanal und Voßkanal (also zwischen Liebenwalde und Zehdenick) beträgt die offizielle Tauchtiefe 1,60 m, nördlich von Zehdenick bis Fürstenberg sind es nur noch 1,40 m. Die niedrigsten Brückendurchfahrten betragen bei mittlerem Niedrigwasser 3,90 m. Bis Zehdenick verkehren noch Frachtschiffe, weiter nördlich nur noch Ausflugsschiffe und Sportboote.

Das Gefälle der in Richtung Norden rund 20 m ansteigenden Strecke wird durch sieben Schleusen überwunden. Die Strömung ist dadurch für den Bootsverkehr bedeutungslos. Geschleust wird in den Sommermonaten werktags von 6.00 bis 20.00, sonn- und feiertags von 7.00 bis 19.00 Uhr.

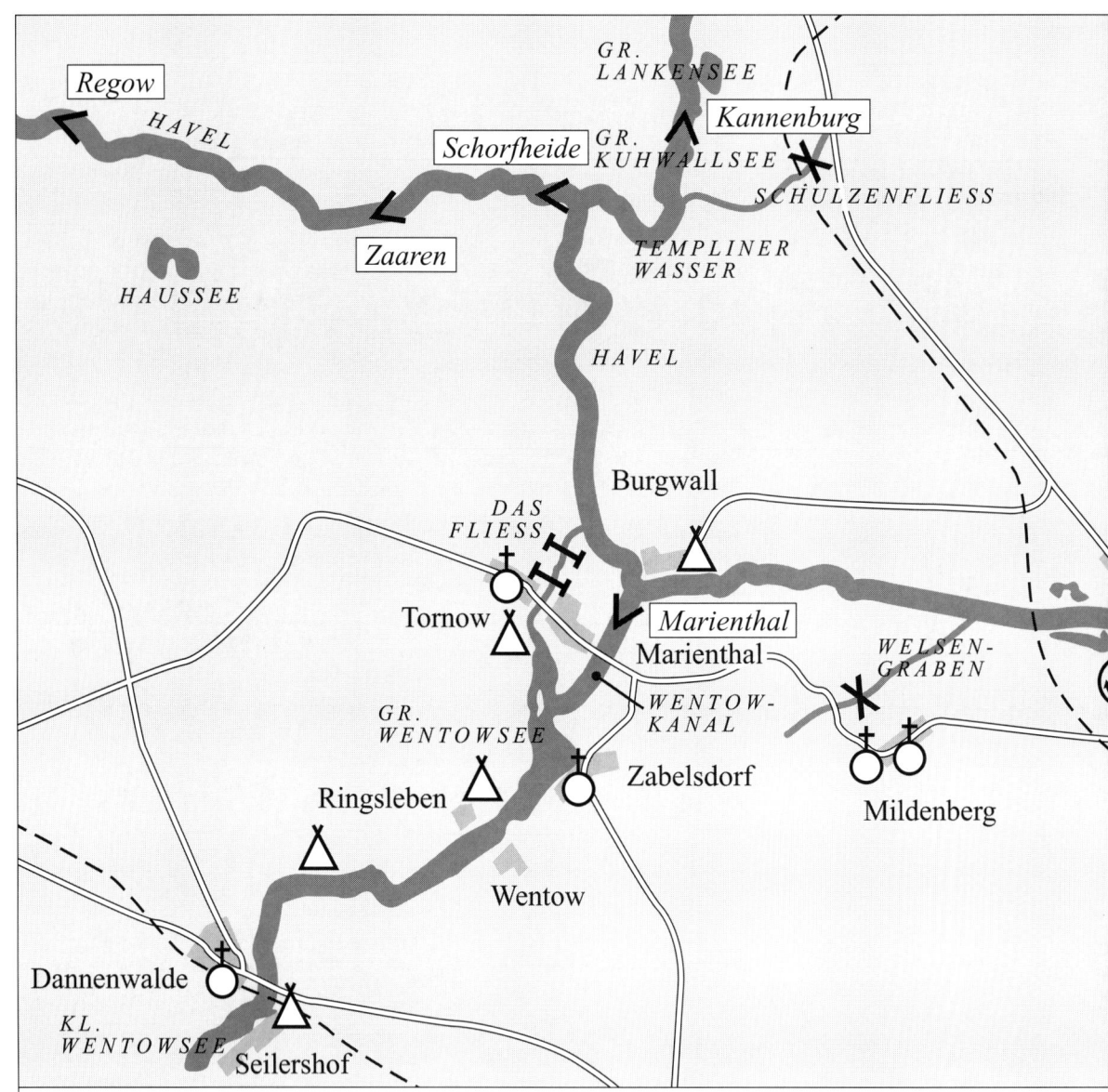

Liebenwalde bis Schleuse Schorfheide.
Entfernung: 34 km, Schleusen: 3.
Beim Kilometer 40,5 des Oder-Havel-Kanals zweigt der Malzer Kanal in Richtung Norden ab. Nach etwa einem Kilometer folgt die Schleuse Liebenwalde, nach weiteren zwei Kilometern die gleichnamige Ortschaft. An der Einfahrt des östlich abzweigenden alten Finowkanals liegt der Stadthafen mit Liegemöglichkeiten für Sportboote.

Ein Befahren des Finowkanals sowie des ebenfalls in Richtung Osten abzweigenden Fließes zu den Seen um Liebenwalde ist mit Yachten nicht möglich, lediglich mit kleineren Booten, die bei Hindernissen umgetragen werden können.

Nördlich von Liebenwalde folgt der Voßkanal;

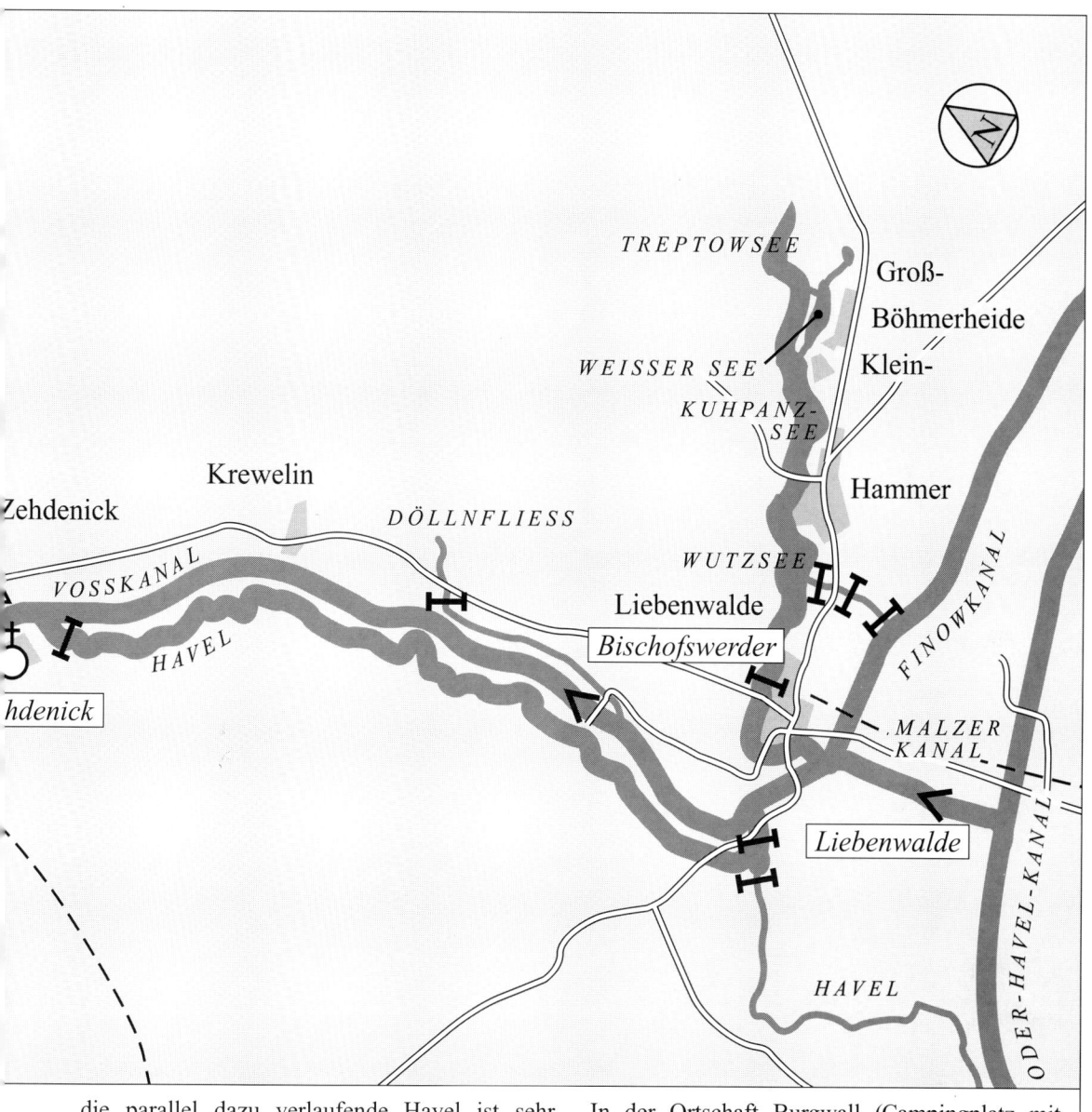

die parallel dazu verlaufende Havel ist sehr verkrautet und stellenweise nur 0,30 m tief. Ein Befahren mit Paddelbooten ist möglich.

In der alten Schifferstadt Zehdenick bestehen oberhalb der Schleuse am Westufer gute Liegemöglichkeiten in einem Sportboothafen. Die Sehenswürdigkeit des Ortes ist die Ruine des Zisterzienserklosters.

In der Ortschaft Burgwall (Campingplatz mit Anlegemöglichkeit) biegt in Richtung Westen der schiffbare Wentowkanal ab, der zu einer Kette von hübschen kleinen Waldseen mit zahlreichen Liegemöglichkeiten an Zeltplätzen führt. Das Hauptfahrwasser (die Havel) führt ab hier 7 km weit ostwärts zur Schleuse Schorfheide.

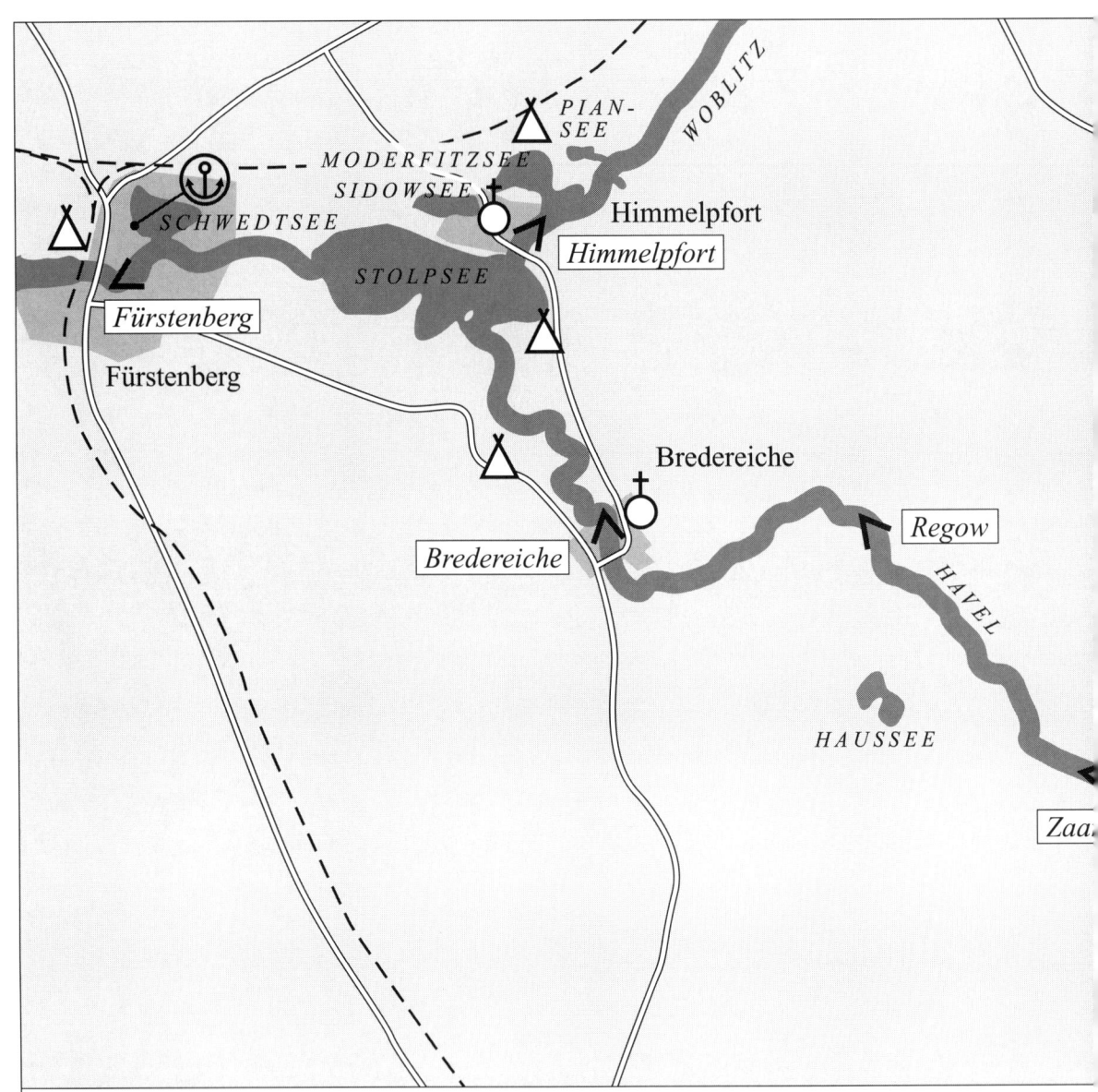

Schleuse Schorfheide bis Fürstenberg.
Entfernung: 28 km, Schleusen: 4.
Von der Schleuse Schorfheide windet sich das Hauptfahrwasser – die Havel – in zahlreichen Biegungen durch ein schönes Waldgebiet in Richtung Nordwesten. Yachthäfen gibt es am Flußlauf zwar nicht, jedoch laden zahlreiche lauschige Plätzchen am Ufer zum Übernachten ein.

Vor und hinter den Schleusen Zaaren, Regow und Bredereiche bestehen auch Möglichkeiten zum Festmachen.
Mit dem Stolpsee erreichen wir den südlichsten Ausläufer der Mecklenburger Seenplatte. Der nächste größere Bootshafen ist in Fürstenberg. Über die Fürstenberger Schleuse ist es möglich, weiter in Richtung Müritz zu fahren (siehe Ab-

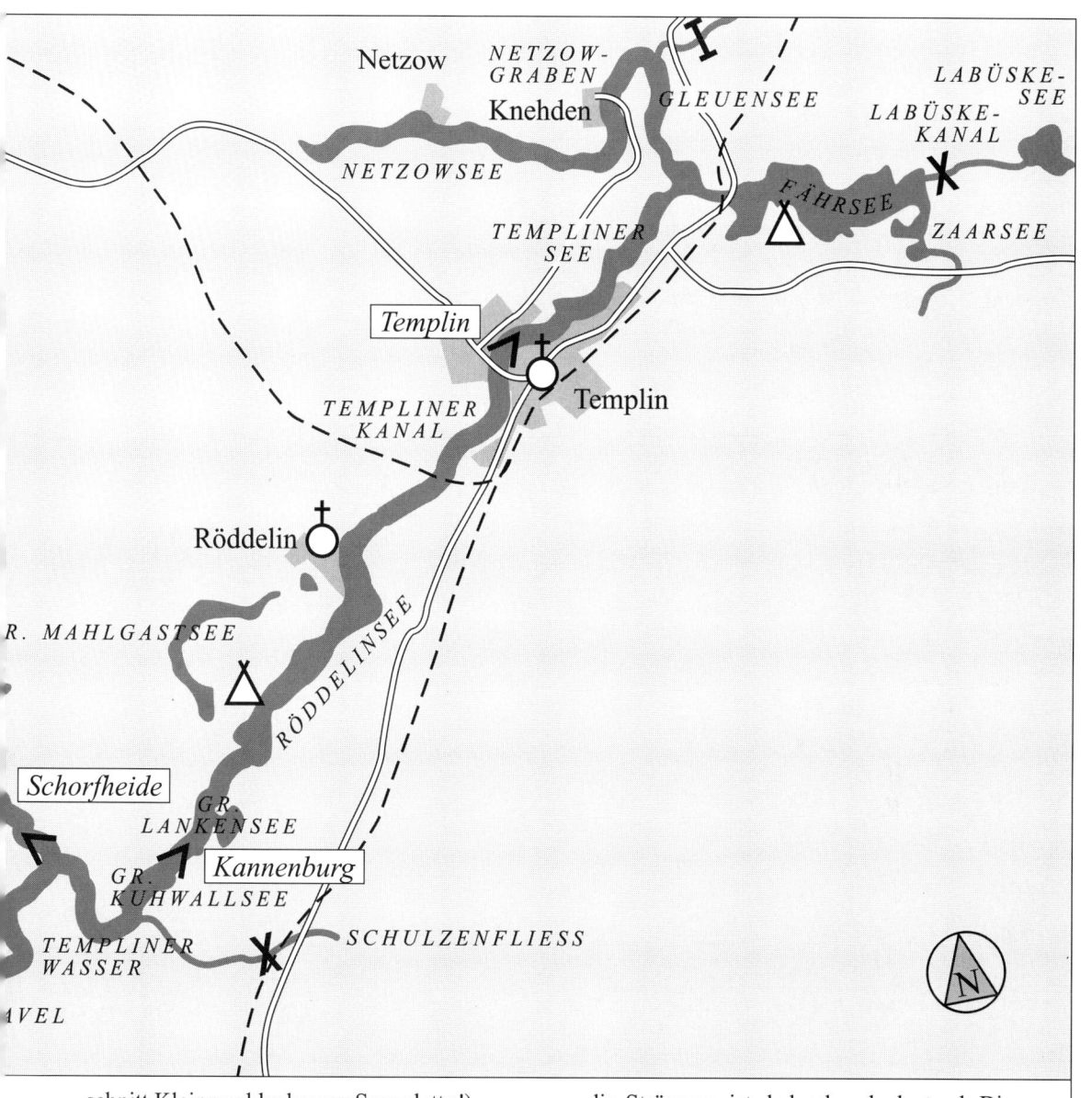

schnitt Kleinmecklenburger Seenplatte!).
Noch zu den Märkischen Seen gehört ein kleines
Ausflugsgebiet, das sich von der Schleuse Schorf-
heide über Templin bis zum Fährsee erstreckt: das
Templiner Gewässer. Es besteht aus einer Kette
von schmalen Seen, die schon im 18. Jahrhundert
durch Kanäle miteinander verbunden worden sind.
Das Gefälle wird durch zwei Schleusen reguliert,

die Strömung ist dadurch unbedeutend. Die geringste Wassertiefe liegt bei 1,30 m, die niedrigste
Durchfahrtshöhe beträgt 3,60 m. Die Schiff-
barkeit endet im Fährsee bzw. im Gleuensee. Die
Durchfahrt zum Netzowsee ist nur mit kleinen
Booten möglich, weil der Netzowgraben versandet
ist und Trümmer im Wasser liegen.

Der Werbellinsee

Der etwa 30 km nordöstlich von Berlin gelegene Werbellinsee wird aufgrund seiner günstigen geografischen Lage insbesondere von Berliner Skippern mit seegehenden Yachten geschätzt. Einerseits hat man das Boot direkt vor der Haustür, um auf einem großen und schön gelegenen Gewässer ausgiebige Wochenendtörns unternehmen zu können. Andererseits besteht vom Werbellinsee aus eine günstige schiffbare Anbindung über den Oder-Havel-Kanal zur Oder und damit zur Ostsee.

Die Zufahrt von der Großschiffahrtsstraße Oder-Havel-Kanal zum Werbellinsee erfolgt bei Stromkilometer 54,9. Der 7 km lange Werbellinkanal ist mit einem Tiefgang bis etwa 1,40 m passierbar. Zwischen den Schleusen Rosenbeck und Eichhorst läßt sich der Wasserstand in Grenzen variieren. Wer mit einer größeren Kielyacht zum Werbellinsee will, kann das mit den Schleusenwärtern absprechen und sich gegebenenfalls zusätzliches Wasser geben lassen. Der Werbellinsee selbst hat eine Ausdehnung von mehr als 10 km.

Schleuse Eichhorst am Werbellinkanal.

Werbellinkanal bis Nordende Werbellinsee. Entfernung: 17 km, Schleusen: 2.

Bei Stromkilometer 54,9 zweigt der Werbellinkanal in Richtung Norden vom Oder-Havel-Kanal ab. Das kleine Gewässer führt durch das dichte Waldgebiet der Schorfheide. Von beiden Ufern neigen sich alte Bäume weit über den Kanal.

Unmittelbar nach der Mündung in den Werbellinsee liegt linkerhand der gut ausgestattete Bootshafen des Segelvereins Finow. Gleich gegenüber, am sogenannten „Süßen Winkel", sind weitere Liegeplätze in Nachbarschaft des Campingplatzes.

Die größte Anlage für Wassersportler befindet sich vor der Ortschaft Altenhof. Etwa 2 km nördlich davon liegt am selben Seeufer das Ferienzentrum „Kinderland" (ehemals „Pionierrepublik") mit einer eigenen Steganlage, wo Gäste ebenfalls willkommen sind.

GRIMNITZSEE

Joachimsthal

WERBELLINSEE

Altenhof

Eichhorst
Eichhorst

Lichterfelde

ÜDERSEE

WERBELLINKANAL

ODER-HAVEL-KANAL

Rosenbeck

Bartelsberg

Schöpfurt

PECHTEICHSEE

Finowfurt

FINOWKANAL

Grafenbrück

Liegeplatz am Heim „Kinderland"/Ostufer Werbellinsee (oben).
Ankerbucht am Werbellinsee (unten).

Die Oder von Hohensaaten bis Stettin

Genau genommen gehört die Oder zwischen Hohensaaten und Stettin nur noch ein Stück zu den Märkischen Gewässern, denn ab Widuchowa (dt.: Fiddichow) beginnt Pommern. Dennoch wird die Strecke in diesem Abschnitt beschrieben, bildet sie doch die kürzeste schiffbare Verbindung von Berlin zur Ostsee.

Es ist dies sogar eine alte Handelsstraße. Denn schon zur Hansezeit wurden Güter von Stettin bis Oderberg verschifft und anschließend per Ochsenkarren in Richtung Berlin transportiert.

Die Schiffahrtsstraße besteht aus zwei parallelen Läufen: der Alten Oder, die in die West-Oder übergeht und der Oder (Ost-Oder). Nach dem Ausbau des Oder-Havel-Kanals zur Großschiffahrtsstraße wurde zwischen 1906 und 1914 die West-Oder zwischen Hohensaaten und Friedrichsthal kanalisiert und heißt seitdem Hohensaaten-Friedrichsthaler-Wasserstraße (HFW). Die Fahrwassertiefe beträgt bei mittle-

Einfahrt vom Oder-Havel-Kanal in die Ost-Oder durch die Schleuse Hohensaaten-Ost.

rem Niedrigwasser 2,0 m, die Brückendurchfahrten liegen über 5 m. Aufgrund der geringen Strömung (um 0,25 m/sec) bietet sich die HFW insbesondere zur Bergfahrt an.

Zur Talfahrt sollte man die Oder bevorzugen und deren starke Strömung ausnutzen. Strömungsgeschwindigkeit und Fahrwassertiefe sind sehr witterungsabhängig. Vor der Einfahrt in die Oder kann man sich an der Schleuse Hohensaaten-Ost danach erkundigen. Querfahrten zwischen den zwei Wasserstraßen bestehen in Schwedt, Gartz und Stettin. Aufgrund der starken Strömung sollte die Oder nur bei Tageslicht befahren werden!

Die Grenzkontrolle erfolgt auf beiden Wasserstraßen in Höhe des polnischen Dorfes Widuchowa (Fiddichow). Sollte jemand von Hohensaaten aus auf der Oder stromaufwärts fahren wollen, so muß er sich bei der Grenzkontrolle neben der Schleuse Hohensaaten-Ost melden.

Die Entfernung von Hohensaaten bis Stettin beträgt – egal welche Wasserstraße man benutzt – etwa 72 km.

267

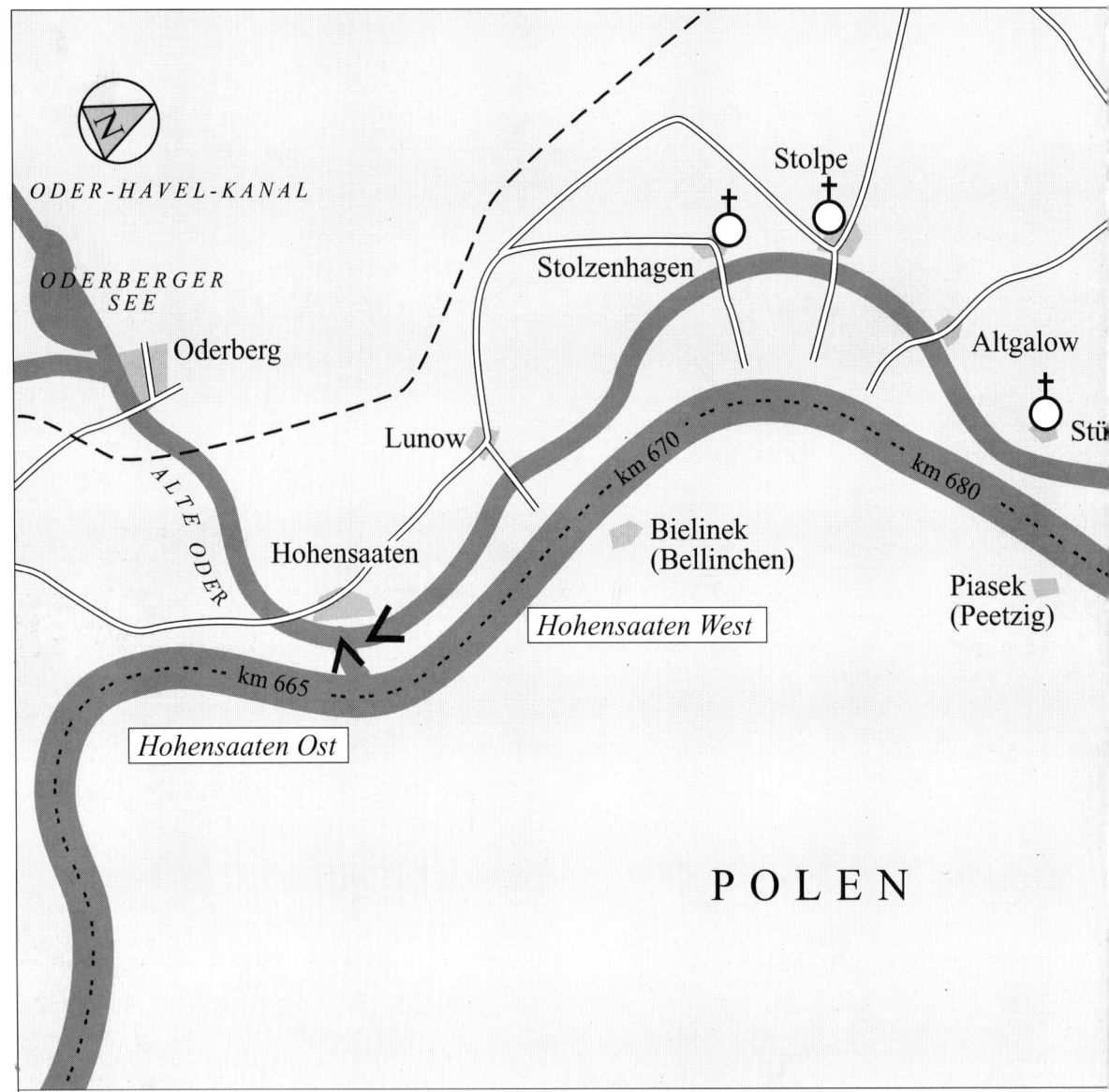

Hohensaaten bis Widuchowa.
Entfernung: 40 km.
Von Berlin aus kommend fährt man in Hohensaaten über die rechte Schleuse in die Oder (Ost-Oder), über die linke Schleuse in die Hohensaaten-Friedrichsthaler-Wasserstraße (HFW). Wer vor der Reise nach Polen noch Einkäufe erledigen will (bis zum Zentrum von Hohensaaten sind es nur wenige Minuten), sollte sich vor die Schleusen legen. Auf der folgenden Talfahrt bestehen auf weiten Strecken keine Sportboothäfen und auch nur wenige andere Liegemöglichkeiten. Wer über die HFW fährt, kann erst wieder in Schwedt festmachen.

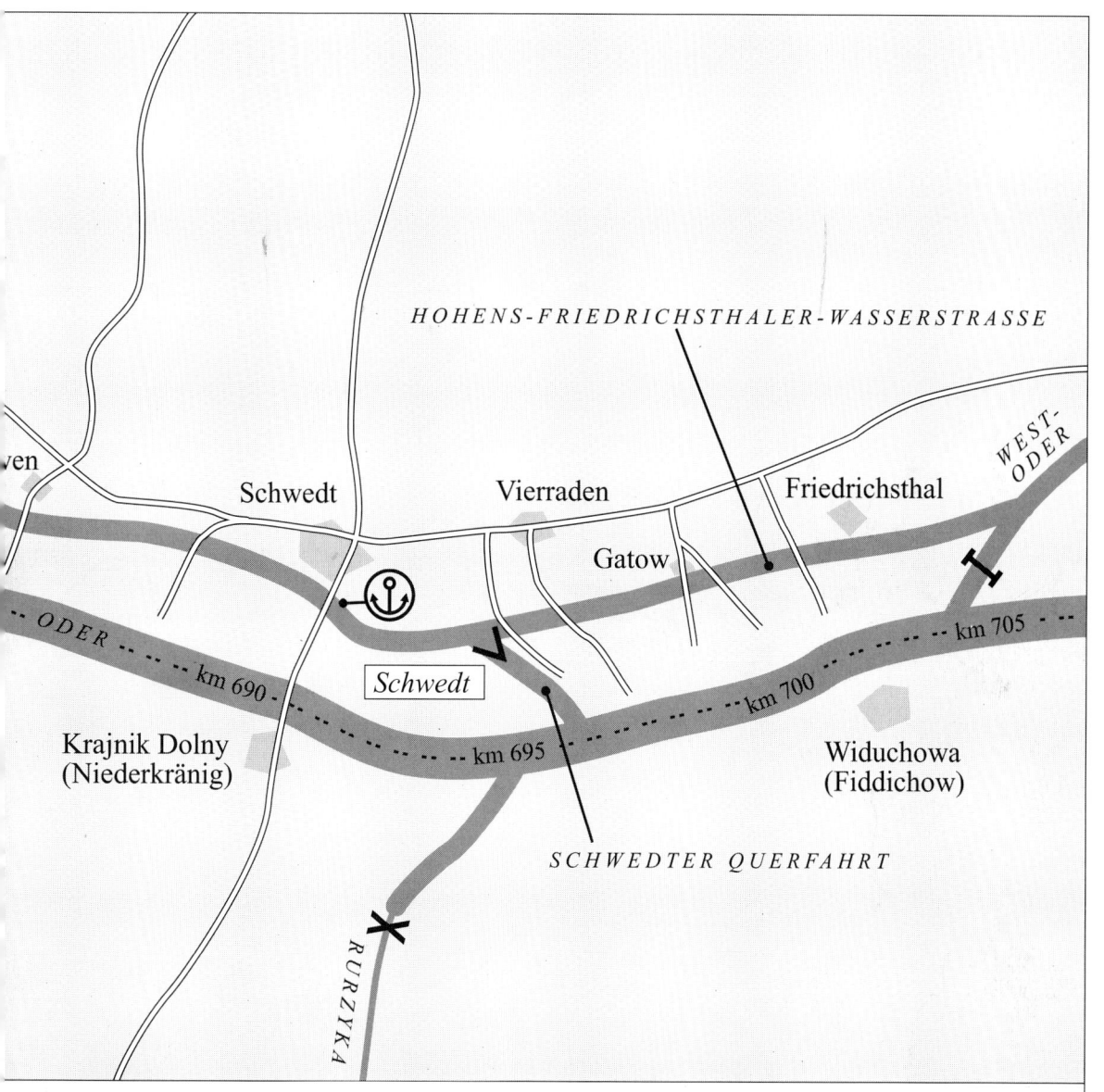

An der Oder befindet sich die nächste Liege-möglichkeit etwa 4 km nördlich von Krajnik Dolny (Niederkränig) in der Mündung des Flusses Rurzyka. Solange jedoch bei der Einreise nach Polen die Pflicht der Grenzkontrolle besteht, darf vor dem Einklarieren auf polnischer Seite nicht festgemacht werden. Der Grenzkontrollpunkt liegt in Höhe der Ortschaft Widuchowa (Fiddichow), und zwar zwischen Oder und HFW in der Nähe des Wehres, das beide Wasserstraßen verbindet.

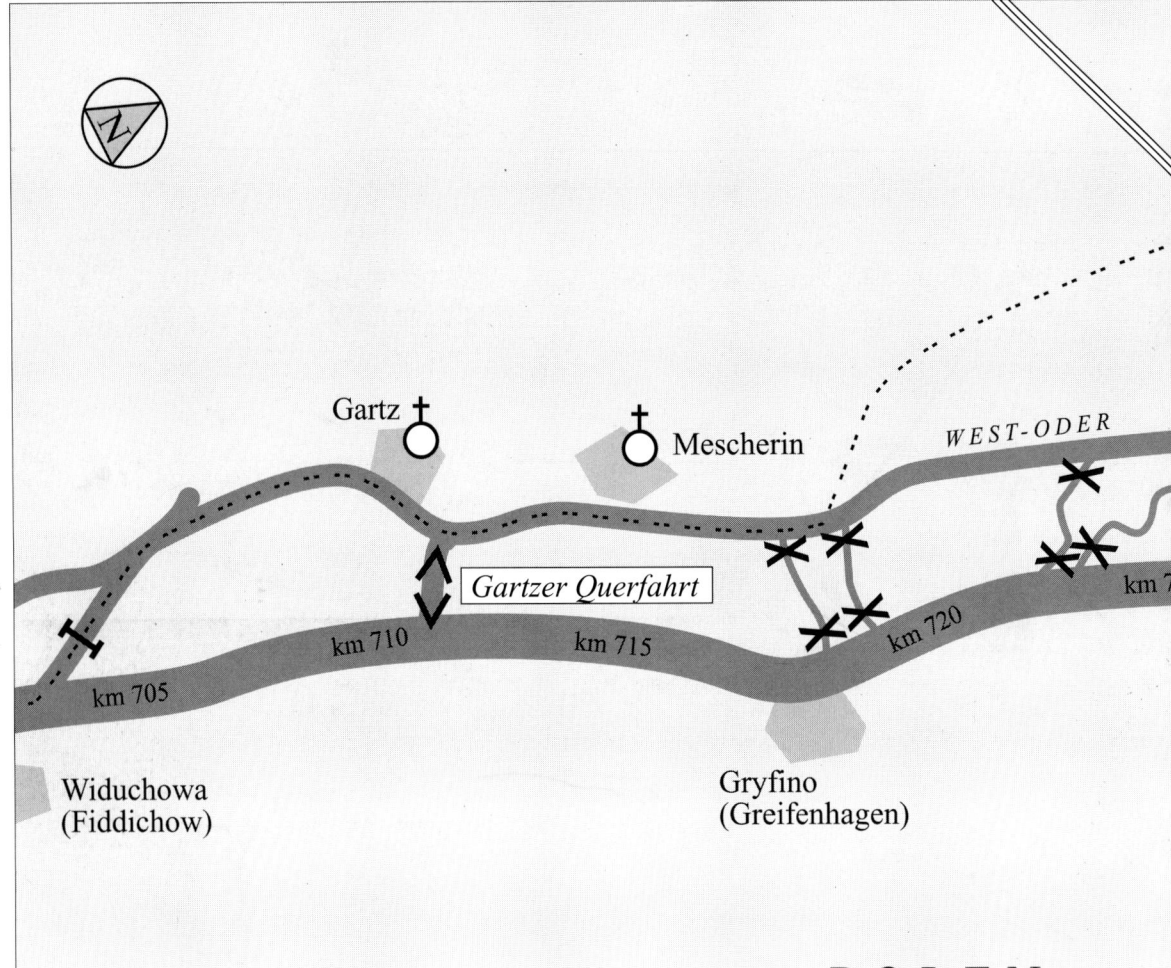

Gartz

Mescherin

Gartzer Querfahrt

km 705

km 710

km 715

km 720

km 7

WEST-ODER

Widuchowa
(Fiddichow)

Gryfino
(Greifenhagen)

POLEN

Von Widuchowa bis Stettin.
Entfernung: 32 km.
Nach der Grenzkontrolle am Wehr von Widuchowa darf an polnischer Seite festgemacht werden. Wer bisher auf der Hohensaaten-Friedrichsthaler-Wasserstraße fuhr, kann über die
Gartzer Querfahrt (zwei Schleusen) in die Oder
überwechseln. Ab hier ist die Strömung auf dem

Hauptarm nicht mehr so stark. Hinter Mescherin
gehört jetzt auch das westliche Ufer der beiden
Oder-Arme zu Polen, da die Grenze um Stettin
herum einen Bogen macht.
Nördlich der Autobahnbrücke besteht eine weitere
schiffbare Verbindung zwischen den zwei Fluß-
armen, diese bereits ohne Schleuse. Wer jetzt auf
der West-Oder weiterfährt, gelangt ins Zentrum

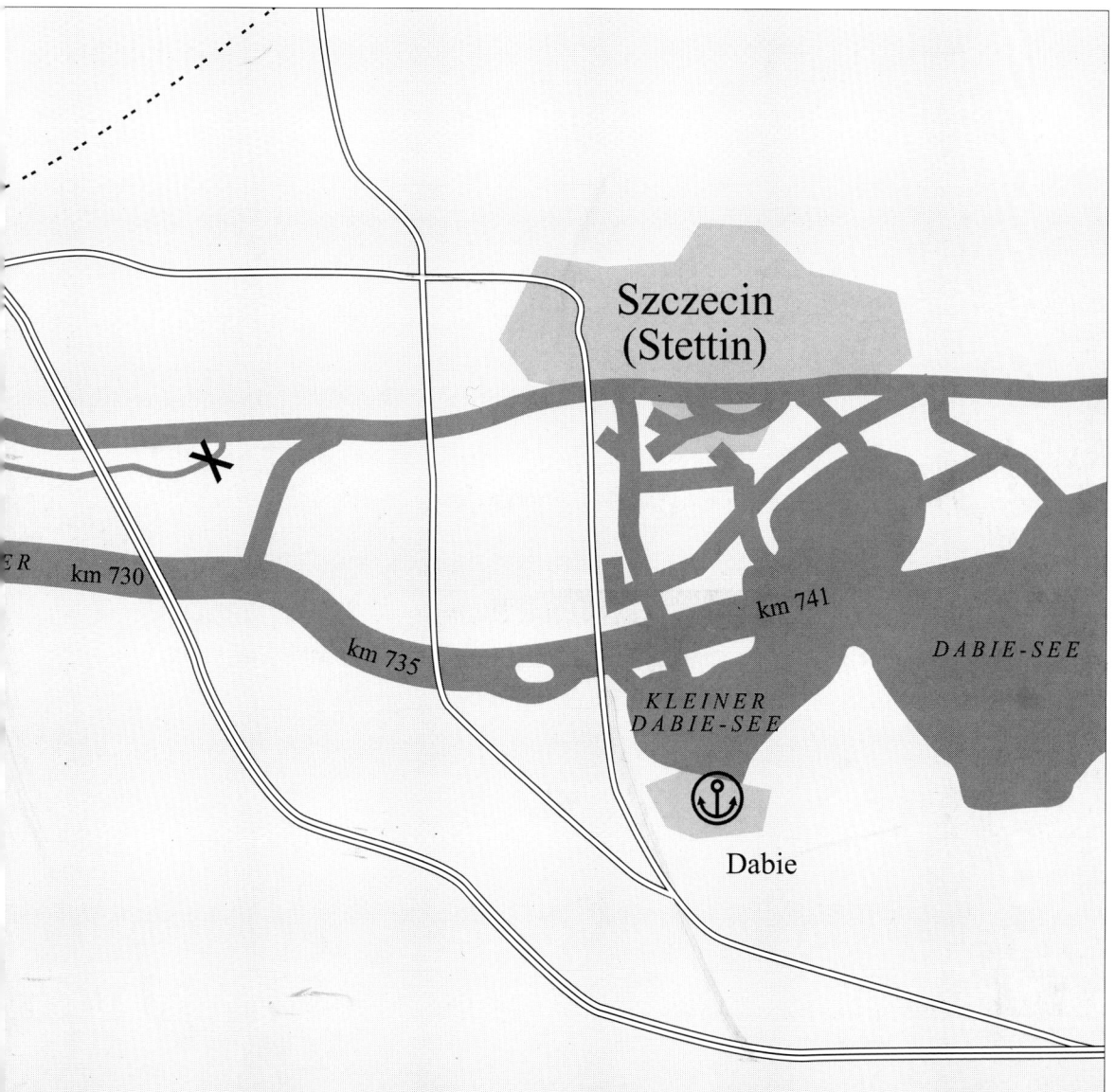

von Stettin mit etlichen Häfen, Werften und starkem Schiffsverkehr.

Fährt man auf dem Hauptarm der Oder (Ost-Oder) weiter, gelangt man in den Dabie-See. Am Südufer des Kleinen Dabie-Sees liegen fünf Yachthäfen dicht nebeneinander. Achtung: die südlichste der beiden Durchfahrten in den Kleinen Dabie-See neigt an der Einfahrt zur Versandung: eine etwa 0,6 m tiefe Sandbank reicht von Norden her weit in die Fahrrinne hinein.

Größere Yachten sollten sicherheitshalber die etwas nördlicher gelegene Durchfahrt zum Kleinen Dabie-See wählen. Dort ist die Fahrwassertiefe offiziell mit 2,0 m angegeben. Ab Stettin sollte nach amtlichen Seekarten navigiert werden.

Jürgen Straßburger
Die Berliner Gewässer
Havel, Spree und innerstädtische Kanäle

Es blieb zwar der „Berliner Luft" vorbehalten, den Duft der Stadt weltberühmt zu machen, doch was wäre die Berliner Luft ohne das Berliner Wasser! 182 Kilometer lang sind die Berliner Wasserstraßen. Davon liegen 114 Kilometer im ehemaligen Westteil der Stadt. 31 Quadratkilometer groß ist hier die nutzbare Wasserfläche. Das macht 6,4 Prozent der Gesamtfläche Westberlins. Mit diesen Dimensionen kann sich keine vergleichbare europäische Großstadt messen.

Daß wir in diesem Kapitel vornehmlich auf die Gewässer im Westen der Stadt eingehen und die innerstädtische Spree in Köpenick enden lassen, soll nun keineswegs die endgültig überwundene Teilung erneut aufleben lassen. Es gibt einen ganz sachlichen Grund: Um die sehr viel stärker zergliederten Gewässer im Ostteil der Stadt darzustellen, haben wir sie in die Streckenbeschreibungen der jeweiligen Binnenschifffahrtsstraßen integriert, zu denen sie gehören. Natürlich wäre das auch mit den Gewässern im Westteil der Stadt möglich gewesen. Aber einer solchen Systematisierung stehen vor allem die umfassenden Sonderbestimmungen im Wege, die auf den Gewässern und Wasserstraßen des ehemaligen Westberlin insbesondere auch für Sportboote gelten.

Wassersport: grenzenlos

Zentrum des Wassersports im westlichen Teil Berlins ist die Havel mit ihren Seen. Im äußersten Südwesten, der Stadtgrenze zwischen Potsdam und Berlin, treffen Potsdamer Havel und Sacrow-Paretzer-Kanal im Jungfernsee zusammen. Die Binnenschiffahrtsstraße heißt vom Jungfernsee bis hinauf zur Einmündung der Spree in Spandau weiter Untere Havel-Wasserstraße und ist bis dort 17 Kilometer lang.

Oberhalb der Spreemündung beginnt die Spandauer Havel, die bereits Teil der Havel-Oder-Wasserstraße ist. Sie führt am Tegeler See vorbei in den Nieder-Neuendorfer See und verläßt dort, bei km 10, das Berliner Stadtgebiet (siehe S. 287 und Anschluß Havel-Oder-Wasserstraße S. 244). Von hier geht's Richtung Oder, aber auch zu den Mecklenburgischen Gewässern weiter. Der ebenfalls beim Nieder-Neuendorfer See abzweigende Havelkanal führt in südwestlicher Richtung wieder zur Unteren Havel-Wasserstraße bei Paretz zurück (siehe Anschluß S. 165).

Wohl nur wenige Wassersportler Westberlins haben in den letzten 40 Jahren daran gedacht, in welch' einmaliges Wasserstraßennetz ihr Heimatrevier eingebunden ist: Schließlich endete jede Fahrt irgendwann an Grenztonnen, die nicht überfahren werden durften. Nur die vielen Berufsschiffe, die, wie beispielsweise am Jungfern- oder am Nieder-Neuendorfer See, immer wieder aus dem Jenseits der Grenze auftauchten, waren ein Signal dafür, daß es auch dahinter noch Wasser geben mußte. Kein Mensch hat nach dem Woher und Wohin gefragt und wohl auch nicht danach, wie denn wohl die Wasserstraße heißen mochte, von der die Schuber und Schlepper kamen.

So mögen es die Berliner komisch finden, wenn man jetzt ihre Havel zur Unteren Havel-Wasserstraße bzw. zur Oder-Havel-Wasserstraße macht, und Wannsee bzw. Tegeler See nur noch als Nebenfahrwasser eben dieser Wasserstraßen betrachtet. Aber Ortsfremden – und die sollen ja nun reichlich kommen – hilft's bei der Orientierung. Und auch die Berliner Wassersportler dürfen in neuen Dimensionen denken: Wassersport grenzenlos!

Haveltörn

Wie eigentlich präsentiert sich die Umgebung der Berliner Havel dem Skipper? Bis auf ganz wenige Ausnahmen sind die Ufer der Berliner Havelseen bewaldet. Selbst dort, wo die städtische Nobelbebauung sich ganz dicht an die Havel heranwagt (wie etwa auf der Insel Schwanenwerder oder an der Scharfen Lanke in Pichelsdorf), ertrinken die Villen und Eigentumswohnungen fast immer im Grün.
Auch die alten Havelsiedlungen wie Kladow oder Gatow sind vom Wasser aus als Ortschaften kaum auszumachen. Sie werden vom Baumbestand der Privatgrundstücke und der Schrebergärten versteckt: Das ist typisch für das Westufer der Havel. Am weniger besiedelten Ostufer liegen die großen Berliner Waldgebiete: Düppeler Forst, Grunewald, Jungfernheide und Tegeler Forst von Süden nach Norden.
Der besondere Reiz dieser ausgedehnten Wasser- und Waldlandschaft aber liegt wohl darin, daß die Waldungen nicht in der platten Ebene liegen, sondern sich über die sandigen Erhebungen der Haveldünen erstrecken: Während das Stadtzentrum von Berlin nur 34 Meter über dem Meeresspiegel liegt, erreichen die höchsten Havel-„Berge" rund 100 Meter: Schäfer-Berg im Düppeler Forst: 103 m; Havelberg im Grunewald: 97 m; und selbst am flacheren Westufer der Havel sind die Hellesberge in der Gatower Heide immer noch knapp 75 m hoch.
Bei der Fahrt von Süd nach Nord fallen zwei Strecken völlig aus dem Rahmen: Die Havel

zwischen Pichelsdorf und Spandauer Zitadelle deshalb, weil es hier, für die Havel ganz ungewohnt, wie auf einem Kanal zugeht. Und dann die Spandauer Havel von der Zitadelle bis zur Einfahrt in den Tegeler See: Auf diesem Stück dominiert die Industrie. Da ist man froh, wenn man den wieder herrlich von dunklem Wald umgebenen Tegeler- oder Niederneuendorfer See erreicht hat.
In unserer Streckenbeschreibung der Unteren Havel-Wasserstraße waren wir bereits bis zur Pfaueninsel vorgedrungen (siehe Seite 133). Doch schauen wir noch einmal etwas genauer hin und machen wir einen Haveltörn vom Südwesten bis zum Nordwesten Berlins, vom Jungfern- bis zum Nieder-Neuendorfer See. Wir benutzen dabei weiter die offizielle Kilometrierung der Binnenschiffahrtsstraßen.

Potsdamer Havel (Seite 284)

km 28,6 bis 29,7 LU: Das Südostufer des Jungfernsees direkt oberhalb der Glienicker Brücke ist ein beliebtes Ankergebiet. Man liegt direkt vor dem Volkspark Klein-Glienicke (Schloß), über den Helmuth v. Moltke 1841 schrieb: „Gewiß ist der Glienicker Park einer der schönsten Deutschlands. Es ist unglaublich, was die Kunst aus diesem dürren Boden zu machen gewußt hat."

Untere Havel-Wasserstraße (Seite 284/285)

km 16,4 RU: Heilandskirche Sacrow direkt am Havelufer; (1841/42 vom Schinkel-Schüler Ludwig Persius erbaut).
km 16,3 LU: Abzweig der Potsdamer Havel.
km 16,2 LU: Leuchtfeuer Krughorn (Fahrwasserenge).
km 15,9 LU: Moorlake, beliebte Ankerbucht.
km 15,3 RU: Leuchtfeuer Meedehorn (Fahrwasserenge).

km 15,3 LU: Hoch über der Havel liegt weithin sichtbar die Kirche Peter und Paul (1834 – 1837).

Sie entstand unter Friedrich Wilhelm III. als Miniaturausgabe der Leningrader Kathedrale St. Peter und Paul. Angeregt wurde der Bau von der Tochter des Königs, Charlotte. Sie hatte 1817 den Großfürsten Nikolaus, den späteren Zaren Nikolaus I. geheiratet und wurde zur Zarin Alexandra Fedorowna. Vom Wasser aus nicht sichtbar, liegt unweit der Kirche das Blockhaus Nikolskoe. Es wurde 1819 anläßlich eines Besuchs des russischen Herrscherpaares von Gardepionieren nach russischen Original- plänen erbaut. Das Blockhaus ist eine traditions- reiche Gaststätte. Nach dem Brand von 1986 wurde es 1987 originalgetreu wieder aufgebaut. Zwischen Meedehorn und Appelhorn trennt sich das Fahrwasser der Havel: Das Hauptfahrwasser führt nördlich um die Pfaueninsel herum, das Nebenfahrwasser südlich.

km 14,9 bis 13,2: Pfaueninsel. Sie ist eine der exotischsten Fleckchen Berlins und sicher die schönste Havelinsel überhaupt. 1794 bis 1797 ließ Friedrich Wilhelm II. von Baumeister Brendel an der Südwestspitze der Insel ein ro- mantisches Lustschloß bauen, das bei der An- steuerung von Süden her weithin sichtbar ist. Der bewußt im Ruinenstil errichtete Bau wirkt wie eine Hollywood-Filmkulisse. Im Inneren des Schlosses, heute Museum, dokumentiert die kostbare Ausstattung große Berliner und Potsdamer Handwerkskunst.

Die etwa 1 km² große Pfaueninsel ist eine Mi- schung aus englischem Park und tropischem Urwald. Für Sportboote gibt es keine Anlege- möglichkeiten: Zugang also nur mit der kleinen Fähre an der schmalsten Stelle des südlichen Nebenfahrwassers. Friedrich Wilhelm III. hatte es da besser: Für seine Fregatte „Royal Luise", ein Geschenk des englischen Königs, ließ er von Schinkel im Süden der Insel einen Fregatten-

Schuppen bauen, den man heute noch bewun- dern kann. Er liegt knapp oberhalb der Fähre im südlichen Nebenfahrwasser.

Achtung: Das Gebiet zwischen Haupt- und Nebenfahrwasser südwestlich der Pfaueninsel ist teilweise sehr flach. Bei der südlichen Durch- fahrt ist auf die Fähre zu achten, die im Sommer ununterbrochen im Einsatz ist. Neben dem Fähranleger liegt die Anlegestelle der Weißen Flotte: Im Sommer ist auch hier sehr viel Be- trieb!

km 13,8 LU: Parschenkessel. Diese Bucht im Nordwesten der Pfaueninsel ist ein beliebter Ankerplatz. Vorsicht bei der Ansteuerung, teil- weise untief.

km 12,6 LU: Insel Kälberwerder; schöne Anker- plätze zwischen der Nordspitze der Pfaueninsel und Kälberwerder.

km 12,0: Süd- und Norddurchfahrt der Pfauen- insel treffen wieder zusammen. Von hier steuert man in südöstlicher Richtung bereits den Wann- see an. Die betonnte Fahrrinne zwischen Gr. Tiefehorn und der Halbinsel Schwanenwerder ist fast 500 m breit. Die Breite der Seefläche beträgt allerdings fast 1 km. Doch südwestlich von Schwanenwerder wird es außerhalb der Fahrrinne rasch sehr flach!

Zunächst steuert man auf das berühmte „Strand- bad Wannsee" zu, angeblich Europas größtes Binnenfreibad. Erst am südlichen Ende des Strandbades hat man freien Blick über die gesamte Ausdehnung des Großen Wannsees. Süd- und Westufer des Großen Wannsee sind mit Sportboothäfen gespickt: Hier ist nicht nur der älteste Segelclub an der Havel, der 1881 gegrün- dete „Verein Seglerhaus am Wannsee" zu Hause, sondern auch der renommierte „Potsdamer Yachtclub".

Aber auch der motorisierte Wassersport ist hier mit eigenen Sportbootanlagen vertreten: Am Westufer: Motorboot-Club Berlin (unterhalb Strandbad Wannsee) und noch etwas weiter südlich: Wasserskiclub Berlin. Verläßt man im Südosten den Großen Wannsee in Richtung Kleiner Wannsee (dabei unterfährt man die Wannseebrücke), findet man dort den Hafen der Wassersportgemeinschaft Kleiner Wannsee.

Zurück auf die Havel:

km 11,2 RU: Vor Kladow liegt die kleine Insel Imchen. Sie steht unter Naturschutz, kann aber umfahren werden. Zwischen Insel und Festland die Steganlage der Wassersportfreunde Imchen.
km 10,6 LU: Leuchtfeuer Insel Schwanenwerder. Östlich davon liegen die Havelbuchten Klare Lanke und Große Steinlanke mit schönen Ankerplätzen. Das „Große Fenster" an der Steinlanke ist ein Zentrum der Windsurfer.
km 8,3 RU: Leuchtfeuer Insel Lindwerder. Die nördlich gelegene Lieper Bucht bietet wieder attraktive Ankerplätze.
km 7,1 LU: Hoch über der Havel auf dem Karlsberg steht der Grunewaldturm. 56 m hoch, zu Ehren Kaiser Wilhelm I. 1897 bis 1898 gebaut, bietet er einen einmaligen Rundblick über die Havellandschaft. Berliner Skipper lieben den viereckigen Turm aus einem anderen Grund: Immer, wenn man durch die sich gegenüberliegenden Turmfenster vom Wasser aus frei hindurchsehen kann, darf an Bord ein Schluck genommen werden. Auf kreuzenden Segelbooten wissen gute Skipper diese Situation mehrfach herbeizuführen ...
km 4,3 RU: Lanke-Werft. Bootstankstelle mit allen Kraftstoffarten.
km 4,0 LU/RU: Leuchtfeuer Pichelsdorfer Gemünd. Westlich des Gemünd liegt die Havelbucht Scharfe Lanke, östlich der Stößensee. Die Ufer beider Gewässer sind mit Sportbootanlagen und Bootshäusern gespickt. Unter anderem sind hier folgende Verbandsvereine zu finden (DMYV und/oder Motoryachtverband Berlin): Im Stößensee Motorbootclub Spandau,

in der Scharfen Lanke Wassersportverein Weinmeistergrund.
km 3,5 LU/RU: Pichelsee. Nachdem das schmale Gemünd passiert ist, verbreitert sich die Havel am Pichelssee erneut. Doch davon ist nicht viel zu merken: Die gesamte Wasseroberfläche beidseits der Fahrrinne ist mit Sportbootsstegen zugepflastert: Bootswerften, Motorenservice, Segelmacher etc.; hier findet man alles, was der Wassersportler braucht.
Clubanlagen: Motorbootclub Charlottenburg; Wassersportverein Gemünd.
km 1,5 RU: Bunkerboot Shell 5. Diesel, Mindestabnahme: 100 Liter. Anruf: UKW-Kanal 10.
km 0,0 LU: Mündung der Spree = km 0,0 der Spree-Oder-Wasserstraße und km 0,0 der Spandauer Havel (Havel-Oder-Wasserstraße).

**Havel-Oder-Wasserstraße
(Spandauer Havel, Seite 286/287)**

km 0,0: Beginn der Havel-Oder-Wasserstraße mit der Spandauer Havel. LU: Mündung der Spree-Oder-Wasserstraße.
km 0,6: Schleuse Spandau. Kammerlänge 67,2 m; Kammerbreite 10,0 m. Betriebszeiten:
1. März bis 30. April: täglich 6 bis 20 Uhr
1. Mai bis 30. September: täglich 6 bis 21 Uhr
1. Oktober bis 30. November: täglich 6 bis 20 Uhr
1. Dezember bis 28./29. Februar: täglich 7 bis 19 Uhr.
Direkt oberhalb der Schleuse liegt die Spandauer Zitadelle. Kurfürst Joachim II. ließ sie 1560 bis 1594 zum Schutz Berlins errichten. Besonders bekannt ist das älteste erhaltene Bauwerk der Zitadelle, der Juliusturm; er war von 1874 bis 1919 Aufbewahrungsort des Reichskriegsschatzes. 120 Millionen Mark in Gold waren im Turm gelagert.
km 1,0: Personenfähre. Oberhalb der Fähre wird das Fahrwasser der Havel wieder weiträumiger.

Liegeplätze findet man in der Havelausbuchtung „Krienicke" am Ostufer bei Haselhorst. Verbandsverein: Wassersportclub Grün-Silber-Orange.Das jetzt folgende Havelgebiet ist stark industriell geprägt.

km 1,5 bis 2,0 LU: Insel Eiswerder. Das Hauptfahrwasser bleibt westlich Eiswerder. Sportboote können auch die östliche Eiswerderbrücke unterqueren.

km 2,3 RU: Abzweigung Nordhafen. Liegeplätze für Sportboote.

km 2,5 RU: Insel Kleiner Wall: Auch Liebesinsel genannt.

km 3,4: Insel Großer Wall. Unterhalb der Insel LU: Zufahrt zum Berlin-Spandauer-Schiffahrtskanal (Hohenzollernkanal).

km 3,5 LU: Einfahrt Tegeler See südlich Valentinswerder/Maienwerder.

km 3,8 LU: Einfahrt Tegeler See nördlich Valentinswerder.

Örtliche Verkehrsbeschränkung: Boote mit Maschinenantrieb dürfen die Wasserflächen des Tegeler Sees zwischen

– den Inseln Maienwerder und Valentinswerder,
– den Inseln Valentinswerder und Baumwerder,
– den Inseln Baumwerder und Scharfenberg
– der Insel Reiswerder und dem Ostufer des Tegeler Sees nicht befahren!

Nach dem Wannsee ist der Tegeler See die zweite große Havel-„Bucht" Berlins. Und doch ist der Tegeler See ganz anders als der Wannsee oder die Untere Havel. Das liegt vor allem an der starken Zergliederung des Sees durch die insgesamt 7 Inseln. Über Tegel und den Tegeler See schrieb Wilhelm Freiherr von Humboldt (1767 – 1835): „In Tegel ist's sehr schön. Die Gegend hat in der Tat etwas Romantisches, und für eine hiesige ist sie überschön. Wie so oft stand ich, wie neulich, auf dem Weinberg und sah über das Feld und die Wiesen und den See und seine einzeln verstreuten Eilande hin. Sehnsucht dehnte dann meinen Busen aus."

Und tatsächlich ist es etwas Besonderes, den Tegeler See auf eigenem Kiel zu erobern: Das tiefe Grün, fast Blau des riesigen Tegeler Forstes, die sommerliche Lebendigkeit der Uferpromenade in Tegel, die unendliche Zahl der Boote auf dem See und der Bootsanlagen rundherum: ein wirkliches Zentrum des Berliner Wassersports.

Verbandsvereine am Tegeler See: Yachtclub 88 (am Großen Malchsee im äußersten Norden des Tegeler Sees); Motor-Yacht-Club Tegel (im Borsighafen vor Tegel); Wassersportverein Tegel Süd (Gänsewerder, südlich vom Borsighafen).

Runter vom See, zurück auf die Havel:

km 4,1: Personenfähre Hakenfelde-Tegelort.

km 4,2 LU: Sportboothafen Wasserfreunde Berlin (Tegelort). Knapp oberhalb liegt die Bootstankstelle Tegelort. Alle Kraftstoffarten, Trinkwasser.

km 4,5 RU: Sportbootanlage der Wannseeaten 1911.

km 4,6 RU: Aalemannkanal.

km 4,65: Fähre.

km 5,3 RU: Teufelskanal.

km 6,0 RU: Badestrand „Bürgerablage".

km 6,0 LU: Ortslage Konradshöhe.

km 6,5: Ab hier verlief früher die Grenze zwischen Berlin und der DDR mitten auf der Havel. Am Ostufer (Berlin) liegen bis hinauf nach Heiligensee weitere Sportbootanlagen.

km 9,0 bis 10,2: Nieder-Neuendorfer See.

km 10,45 RU: Abzweig des Havelkanals (Anschluß siehe Seite 165); Fortsetzung der Havel-Oder-Wasserstraße siehe Seite 244).

Innerstädtische Wasserstraßen

Neben der Havel ist die Spree die zweite große, natürliche Wasserstraße Berlins. Schiffahrt gab es auf beiden Gewässern schon lange vor der Berliner Stadtgründung. Aber die Schiffahrtsverhältnisse waren schwierig. Erst mit der Einführung von Kammerschleusen verbesserte sich die Situation. Um 1550 erhielt Spandau seine erste Havelschleuse, und die erste Berliner Spreeschleuse wurde gegen Ende des 16. Jahrhunderts gebaut. Sie lag im Köllnischen Stadtgraben, dem heutigen Spreekanal. Im eigentlichen Hauptarm der Spree lag damals der Mühlendamm.

Ständig wurde die Schleuse verändert und den wachsenden Ansprüchen der Schiffahrt angepaßt. 1694 wurde die erste massive Steinschleuse in Betrieb genommen. Dank der soliden Konstruktion hielt diese Schleuse 170 Jahre lang. Erst 1864 wurde sie durch eine neue, leistungsfähigere Schleuse ersetzt. Das war auch dringend nötig: Schon um 1820 war der Schiffsverkehr innerhalb Berlins so groß, das Schiffer an der Stadtschleuse sechs bis acht Tage auf die Durchfahrt warten mußten; um 1840 soll die Wartezeit bisweilen sogar mehrere Wochen betragen haben.

Es waren vor allem diese Probleme an der Stadtschleuse, die schließlich zum Bau des Landwehrkanals führten. Er wurde 1850 dem Verkehr übergeben und diente vor allem als Umgehung der Stadtschleuse.

Aber nicht nur die Stadtschleuse machte die Spreeschiffahrt problematisch: Bei den Schiffern gab es auch Unmut über den stark gewundenen Unterlauf der Spree. Und so wurde 1842/43 mehreren Privatunternehmern die Genehmigung erteilt, zwischen der Spree westlich des Stadtzentrums und der Havel oberhalb Spandaus einen Schiffahrtskanal zu bauen. 1859 wurde der Berlin-Spandauer Schiffahrtskanal eingeweiht.

Mit fast logischer Konsequenz ergab sich daraus die Forderung nach einer die nicht staugeregelten Spreeschleifen umgehenden, direkten Verbindung zwischen dem Berlin-Spandauer Schiffahrtskanal und dem Landwehrkanal. Auf diese Weise entstand kurz nach dem Berlin-Spandauer Schiffahrtskanal der Charlottenburger Verbindungskanal.

Trotz aller wasserbaulichen Aktivitäten: Die Spree blieb das Sorgenkind der Berliner Schiffahrt. Hierzu schreibt Hans-Joachim Uhlemann: „Neben den mißlichen Verhältnissen in der Unterspree gab es seitens der Schiffahrt noch einen weiteren Grund, der auf Veränderung drängte: Die beiden Schiffahrtsverbindungen zur Oberspree, Spree- und Landwehrkanal, ermöglichten nur Fahrzeugen bis zur Größe des späteren Odermaßes die Passage. Außerdem war ihre Leistungsfähigkeit zu dieser Zeit (um 1800) kaum noch ausreichend. Sollte Berlin nicht zu einem Nadelöhr im sich ständig verbessernden und erweiternden märkischen Wasserstraßennetz werden, so war der Bau einer Großschleuse unabdingbar geworden."

Vor diesem Hintergrund wurde 1879 die wohl bedeutendste wasserbauliche Maßnahme der letzten 100 Jahre im Berliner Raum auf den Weg gebracht: Die „Canalisierung der Unterspree von den Damm-Mühlen in Berlin bis Spandau". Neben umfangreichen Flußregulierungen wurden zwei neue Schleusen gebaut: Die Schleuse Charlottenburg und die Mühlendammschleuse im Berliner Stadtzentrum. Am 25. September 1894 waren alle Bauarbeiten abgeschlossen, und der „Großschiffahrtsweg durch Berlin" konnte eröffnet werden.

Unabhängig vom Ausbau der Spree und den anderen Berliner Wasserstraßen war schon im Jahre 1861 die Idee entwickelt worden, das Berliner Stadtgebiet mit einer südlichen Wasserstraße zu umgehen: Doch die Pläne blieben in der Schublade. Erst zu Beginn unseres Jahrhunderts wurden sie dann aber doch in die Tat umgesetzt: Im Dezember 1900 erfolgte im Schloßpark Babelsberg der erste Spatenstich für den Bau des Teltowkanals. Kaiser Wilhelm II. eröffnete den Kanal am 2. Juni 1906.

Zeitlich parallel dazu wurde der Rixdorfer Stichkanal gebaut (1902 bis 1905). Von 1912 bis 1914 wurde der Stichkanal dann bis zum Teltowkanal verlängert und heißt seitdem Neuköllner Schiffahrtskanal.

Zwischen 1935 und 1942 wurde die Spreestaustufe am Mühlendamm erneut umgebaut und eine neue Mühlendammschleuse errichtet.

Ein Nachkriegsprodukt ist der Westhafenkanal: Er verbindet die Spree oberhalb der Schleuse Charlottenburg mit dem Charlottenburger Verbindungskanal und über den Westhafen mit dem Berlin-Spandauer Schiffahrtskanal. Diese Verbindung wurde im August 1956 eröffnet.

Mit der Teilung Berlins verloren die innerstädtischen Wasserstraßen für die Sportschiffahrt ihre Bedeutung als Durchgangswege zwischen den großen Gewässern im westlichen und östlichen Teil der Stadt. Die Kanalfahrt blieb im wahrsten Wortsinn ein „begrenztes" Vergnügen. Nun aber kann wieder durchgestartet werden.

Die Insel Lindwerder in der Havel.

Die innerstädtischen Wasserstraßen von Nord nach Süd

Berlin-Spandauer Schiffahrtskanal

(teilweise auch als Hohenzollernkanal bezeichnet, S. 288/289).
Gesamtlänge: 12,2 km.
Endpunkte: Mündung in die Spandauer Havel bei km 3,5;
Abzweig aus der Spree-Oder-Wasserstraße bei km 14,5.
Geringste Brückendurchfahrtshöhe bei mittlerem Wasserstand: 4,7/4,3 m (Bogenbrücke); im Nebenfahrwasser „Alte Fahrt": 3,25 m.
Schleusen: Schleuse Plötzensee (km 7,45; zwei Kammern). Kammerlänge je 67,2 m, Kammerbreite je 10.0 m.
Betriebszeiten:
1. April bis 31. Oktober: täglich 6 bis 20 Uhr
1. November bis 31. März: täglich 7 bis 19 Uhr.
Tauchtiefe: Abhängig vom Wasserstand.

Westhafenkanal (Seite 288)

Gesamtlänge: 3,05 km.
Endpunkte: Mündung in die Spree-Oder-Wasserstraße bei km 6,5; Abzweig aus dem Berlin-Spandauer Schiffahrtskanal bei km 8,35.
Geringste Brückendurchfahrtshöhe bei mittlerem Wasserstand: 4,40/4,60 m (Bogenbrücke).
Schleusen: keine.
Maximal zulässiger Tiefgang: 2,00 m.

Charlottenburger Verbindungskanal (Seite 288)

Gesamtlänge: 1,65 km.
Endpunkte: Abzweig aus der Spree-Oder-Wasserstraße bei km 9,06; Mündung in den Westhafenkanal bei km 0,95.
Geringste Brückendurchfahrtshöhe bei mittlerem Wasserstand: 4,80 m.
Schleusen: keine.
Maximal zulässiger Tiefgang: 2,00 m.

Spree-Oder-Wasserstraße
(Seite 288/89, 292/93)

(Untere Spree von der Mündung in die Havel und Berliner Spree bis Altstadt Köpenick)

Gesamtlänge: 33,0 km (Anschluß siehe Spree-Oder-Wasserstraße.

Geringste Brückendurchfahrtshöhe bei mittlerem Wasserstand: 4,03 m.

Schleusen: Schleuse Charlottenburg (km 6,3; zwei Kammern)

Kammerlänge: 82,0 und 65,0 m;

Kammerbreite: je 10,0 m.

Betriebszeiten:

1. April bis 31. Oktober: täglich 6 bis 20 Uhr

1. November bis 31. März: täglich 7 bis 19 Uhr

Schleuse Mühlendamm (km 17,8; zwei Kammern).

Kammerlänge: je 140,0 m; Kammerbreite: je 12,0 m.

Betriebszeiten:

1. März bis 20. Dezember: täglich 6 bis 20 Uhr

21. Dezember bis 28./29. Februar: täglich 7 bis 18 Uhr.

Wichtiger Hinweis: Die Spree ist zur Zeit zwischen Marschallbrücke und Jannowitzbrücke für Sportboote gesperrt (km 10,75 bis 14,5). Bei Redaktionsschluß war nicht abzusehen, ob die Strecke für Sportboote in nächster Zeit wieder freigegeben wird. Die Strecke kann über den Landwehrkanal oder den Teltowkanal/Britzer Zweigkanal umfahren werden.

Tauchtiefe: Spandau bis Schleuse Charlottenburg: wasserstandsabhängig; Schleuse Charlottenburg bis Köpenick: 2,00 m.

Landwehrkanal (Seite 288/89)

Gesamtlänge: 10,7 km.

Endpunkte: Mündung in die Spree-Oder-Wasserstraße bei km 9,05; Abzweig aus der Spree-Oder-Wasserstraße bei km 21,2.

Geringste Brückendurchfahrtshöhe bei mittlerem Wasserstand: 3,30 m.

Schleusen:Unterschleuse (km 1,7)

Kammerlänge: 60,0 m; Torweite: 8,50 m;

Kammerbreite: 10,50 m.

Betriebszeiten:

1. April bis 1. Oktober: täglich 6 bis 20 Uhr.

1. November bis 31. März: werktags 7 bis 19 Uhr; sonn- und feiertags 7 bis 18 Uhr.

Oberschleuse (km 10,6)

Kammerlänge: 72,10 m; geringste Torweite: 8,50 m.

Kammerbreite: 19,70 m.

Betriebszeiten: 1. März bis 20. Dez.: werktags 6 bis 20 Uhr; sonn- und feiertags 7 bis 19 Uhr; 21. Dezember bis 28./29. Feburar: werktags 7 bis 19 Uhr; sonn- und feiertags 7 bis 18 Uhr.

Maximal zulässiger Tiefgang: 1,75 m (von km 0,0 bis Unterschleuse) sonst: 1,65.

Neuköllner Schiffahrtskanal (Seite 292)

Gesamtlänge: 4,1 km.

Endpunkte: Mündung in den Landwehrkanal bei km 9,5;

Abzweig aus dem Teltowkanal bei km 28,3.

Geringste Brückendurchfahrtshöhe bei mittlerem Wasserstand: 3,61 m.

Schleusen: Schleuse Neukölln (km 3,3)

Kammerlänge 71,0 m; Kammerbreite 8,6 m.

Betriebszeiten: April bis September: Mo - Sa: 6.30 bis 19 Uhr; sonn- und feiertags: 9 - 10 Uhr nach Voranmeldung. Tel.: (030) 68092067. Nur Sammelschleusungen ab sechs Booten.

Prinz-Friedrich-Leopold-Kanal
(auch Griebnitz-Kanal, Seite 284 u. 290)

Gesamtlänge: 3,9 km.

Endpunkte: Abzweig aus dem Teltowkanal (Grienitzsee) bei km 3,3; Mündung in den Großen Wannsee.

Geringste Brückendurchfahrtshöhe bei mittlerem Wasserstand: 5,03 m.

Schleusen: keine.

Maximal zulässiger Tiefgang: 1,30 m.

Teltowkanal/Britzer Zweigkanal
(Seiten 290–293)

Da das südöstliche Ende des Teltowkanals von km 34,0 bis zur Mündung in die Spree (km 37,8) ist, findet der Durchgangsverkehr über Teltowkanal/Britzer Zweigkanal statt. Wir stellen hier deshalb nur diese Verbindung vor:

Gesamtlänge: 31,7 km.

Endpunkte: Mündung in die Potsdamer Havel bei km 28,4; Abzweig aus der Spree-Oder-Wasserstraße km 26,4.

Geringste Brückendurchfahrtshöhe bei mittlerem Wasserstand: 4,40 m.

Schleusen:

Schleuse Kleinmachnow (km 8,3; drei Kammern)

Kammerlänge: 2 x 67,0 m; 1 x 85,0 m;

Kammerbreite: 2 x 10,0 m; 1 x 12,0 m.

Betriebszeiten:

1. März bis 20 Dezember: werktags 6 bis 20 Uhr; sonn- und feiertags: 7 bis 19 Uhr.

21. Dezember bis 28./29. Februar: werktags 7 bis 19 Uhr; sonn- und feiertags: 7 bis 18 Uhr.

Maximal zulässiger Tiefgang: 2,00 m; außer: Teltowkanal km 19,0 bis 34,1: Hier nur 1,75 m.

Segeln auf der Havel.

Binnenschiffahrtsrecht in Berlin (West)

Auf den Binnenwasserstraßen des ehemaligen Berlin (West) gilt neben der Binnenschiffahrtsstraßen-Ordnung die „Verordnung zur Anwendung und Ergänzung der Binnenschiffahrtsstraßen-Ordnung" vom 15. Juli 1988. Da diese „Anwendungs- und ErgänzungsVO" bei der Vereinigung Deutschlands nicht auf Berlin insgesamt ausgedehnt werden konnte, gilt im heutigen Bundesland Berlin zweierlei Schiffahrtsrecht: Im ehemaligen Ostberlin gilt nur die Binnenschiffahrtsstraßen-Ordnung einschließlich der durch den Einigungsvertrag für bestimmte Wasserstraßen übernommenen Sonderbestimmungen aus der ehemaligen „Binnenwasserstraßen-Verkehrsordnung" (BWVO) der DDR, nicht aber die „ErgänzungsVO" Westberlins.

Das hat neben unterschiedlichen Detailvorschriften auch zur Folge, daß z.B. die Höchstgeschwindigkeiten auf innerstädtischen Seen, soweit sie Teile von Binnenschiffahrtsstraßen sind, unterschiedlich geregelt sind. Der Bundesverkehrsminister wird vermutlich im Sommer 1991 eine Vereinheitlichung der Bestimmungen für Gesamt-Berlin anordnen.

S. 281: z.Zt. gültige Regelungen für West-Berlin.

Berliner Gewässer

	Wasserstraßen	Grenzen von – bis	Höchstgeschwindigkeit km/h
1	Havel-Oder-Wasserstraße	Valentinswerder km 3,5 – Kraftwerk Oberhavel km 5,5	12
		Kraftwerk Oberhavel km 5,5 – Nieder-Neuendorfer-See km 8,6	25
		Nieder-Neuendorfer-See ab km 8,6	7,5
2	Spandauer Havel	Spreemündung km 0 – Schleuse Spandau km 0,5	12
		Schleuse Spandau km 0,5 – Havel-Oder-Wasserstraße km 3,5	12
3	Tegeler See	Valentinswerder – Fähre Scharfenberg bzw. Reiswerder	12
		Fähre Scharfenberg bzw. Reiswerder – Tegeler Hafenbrücke	25
4	Untere Havel-Wasserstraße	Spreemündung km 0 – Südhafen km 2,0	12
		Südhafen km 2,0 – Pichelsdorfer Gemünd km 4,0	12
		Pichelsdorfer Gemünd km 4,0 – Glienicker Brücke	25
5	Glienicker Lake	Gewässer südlich der Glienicker Brücke im Bezirk Zehlendorf	12
6	Großer Wannsee	Schwanenwerder/Gr. Tiefehorn – Wannseebrücke	25
7	Hohenzollernkanal und Berlin-Spandauer Schiffahrtskanal einschließlich Alte Fahrt	Spandauer Havel – Schleuse Plötzensee km 7,5	12
		Schleuse Plötzensee km 7,5 – Seestraßenbrücke km 8,3	7,5
		Seestraßenbrücke km 8,3 – Nordhafen km 10,5	7,5
8	Spree	Untere Havel-Wasserstraße km 0 – Schleuse Charlottenburg km 6,4	12
		Schleuse Charlottenburg km 6,4 – Humboldthafen km 14,45	7,5
9	Charlottenburger Verbindungskanal	Spree – Westhafenkanal	7,5
10	Westhafenkanal	Schleuse Charlottenburg – Westhafen	7,5
11	Landwehrkanal	km 0 (Mündung in die Spree) – Unterschleuse km 1,7	7,5
		Unterschleuse km 1,7 – Oberschleuse km 10,6	7,5
12	Teltowkanal	Griebnitzsee km 0,6 – km 5,6 (ehem. Autobahnbrücke)	7,5
		km 11,3 (Teltowwerft) – km 19 (Hafen Steglitz)	7,5
		km 19 – km 34,1 (Rudow Ost) sowie Zufahrt zum Hafen Britz Ost	7,5
13	Britzer Zweigkanal	Hafen Britz Ost km 28,3 – km 29,5	7,5
14	Prinz-Friedrich-Leopold-Kanal	Griebnitzsee – Großer Wannsee	7,5
15	Alter Berlin-Spandauer Schiffahrtskanal	Abzweig von Hohenzollernkanal bei km 1,2 – km 0,75 Alter Berlin-Spandauer Schiffahrtskanal	7,5
		km 0,75 Alter Berlin-Spandauer Schiffahrtskanal – Einmündung in den Hohenzollernkanal km 3	7,5
16	Neuköllner Schiffahrtskanal	Landwehrkanal – Britzer Hafen-Steg	7,5

Anmerkung: Auf Gewässerabschnitten, auf denen eine Höchstgeschwindigkeit von 25 km/h gefahren werden darf, beträgt die Höchstgeschwindigkeit innerhalb des „ufernahen Schutzstreifens" (100 m) 7,5 km/h.

Registrierpflicht

Sportboote mit Antriebsmaschine und regelmäßigem Standort im Land Berlin (West) sind registrier- und kennzeichnungspflichtig.

Bootsführerschein

Im Bundesland Berlin (und das gilt nun für das neue Bundesland insgesamt) besteht Führerscheinpflicht (Sportbootführerschein-Binnen) für Motor- und Segelboote. Die im übrigen Bundesgebiet geltende Freigrenze für Antriebsmaschinen von weniger als 3,69 kW (5 PS) und für Segelboote gilt also in Berlin nicht.

Gästeregelung: Führer von Sportbooten mit Hauptwohnung im Geltungsbereich der Sportbootführerscheinverordnung-Binnen außerhalb des Landes Berlin fallen im Land Berlin während eines Aufenthaltes von nicht mehr als einem Jahr nicht unter diese Regelung. Für sie gilt auch in Berlin die im übrigen Bundesgebiet bestehende Bestimmung: Segeln ohne Führerschein; Führerscheinpflicht für Motorboote mit Antriebsmaschine von mehr als 3,68 kW (5 PS).

Fahrverbotszeiten für Motorboote

Nachtfahrverbot: Ganzjährig von 22 bis 5 Uhr. Wochenendfahrverbot: Mai bis September an jedem 1. und 3. Wochenende eines Monats zu folgenden Zeiten: Samstags 13 bis 19 Uhr und am darauffolgenden Sonntag von 9 bis 12 und 13 bis 18 Uhr.
Auf der Spree vor der ehemaligen Volkskammer (Palast der Republik) und dem Dom.

Die Pfaueninsel – die schönste der Havel-Inseln (o.). „Neu-Venedig" am Müggelsee (u.).

283

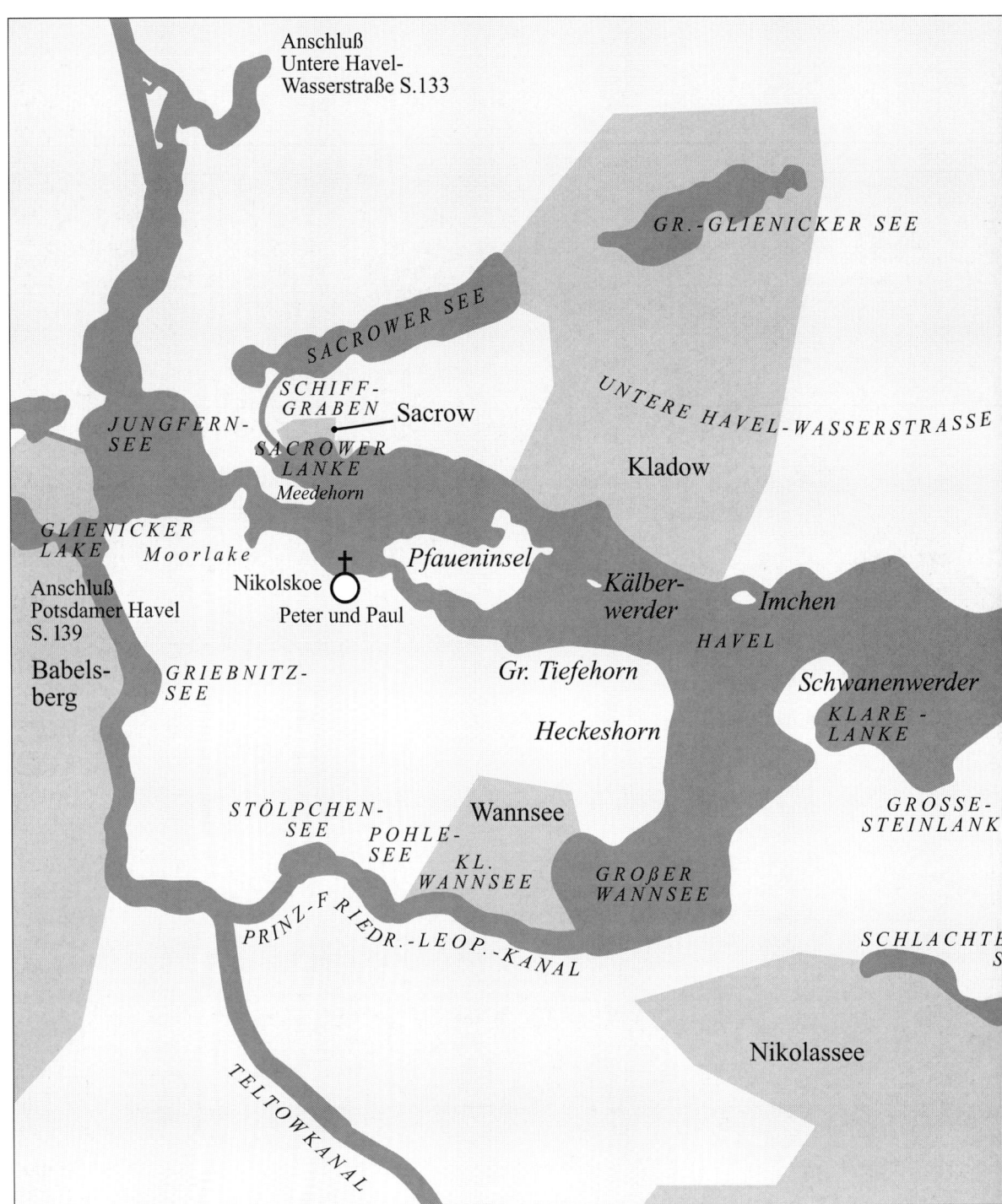

Anschluß
Untere Havel-
Wasserstraße S.133

GR.-GLIENICKER SEE

SACROWER SEE

UNTERE HAVEL-WASSERSTRASSE

SCHIFF-
GRABEN — Sacrow

JUNGFERN-
SEE

SACROWER
LANKE
Meedehorn

Kladow

GLIENICKER
LAKE   Moorlake

Nikolskoe

Peter und Paul

Pfaueninsel

Kälber-
werder

Imchen

HAVEL

Anschluß
Potsdamer Havel
S.139

Babels-
berg

GRIEBNITZ-
SEE

Gr. Tiefehorn

Heckeshorn

Schwanenwerder

KLARE -
LANKE

STÖLPCHEN-
SEE

POHLE-
SEE

Wannsee

KL.
WANNSEE

GROSSE-
STEINLANK

GROßER
WANNSEE

SCHLACHTE
S

PRINZ-FRIEDR.-LEOP.-KANAL

TELTOWKANAL

Nikolassee

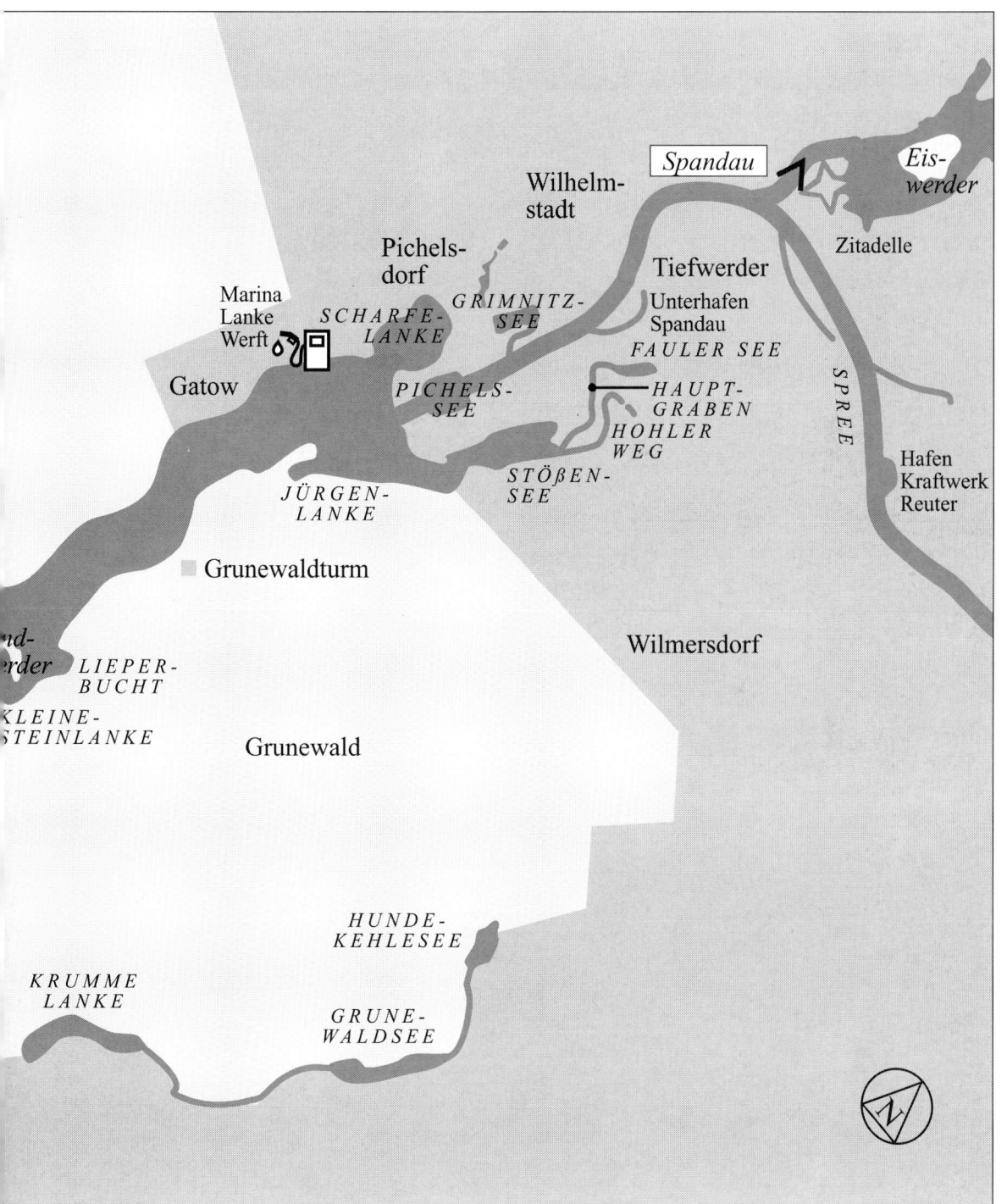

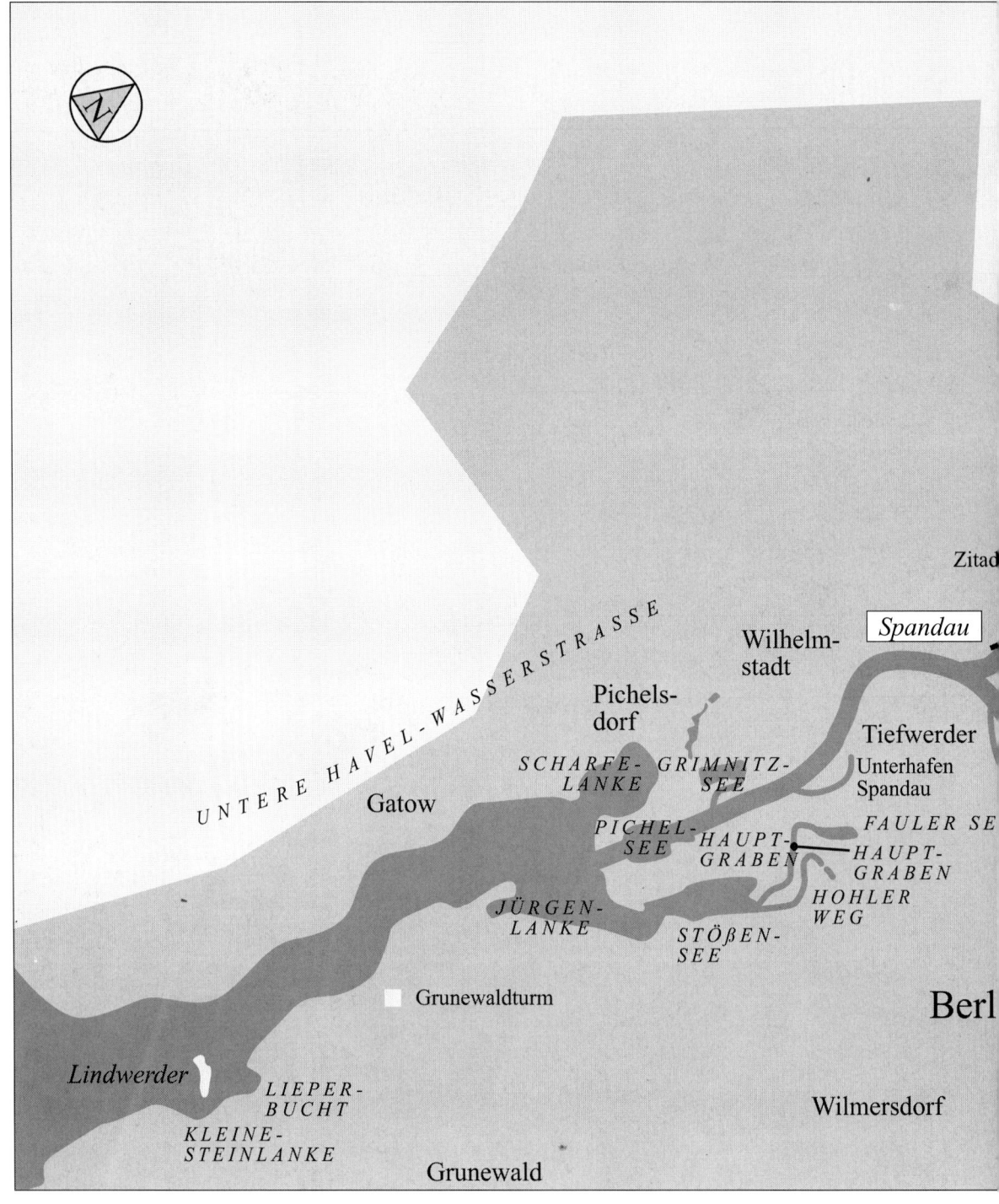

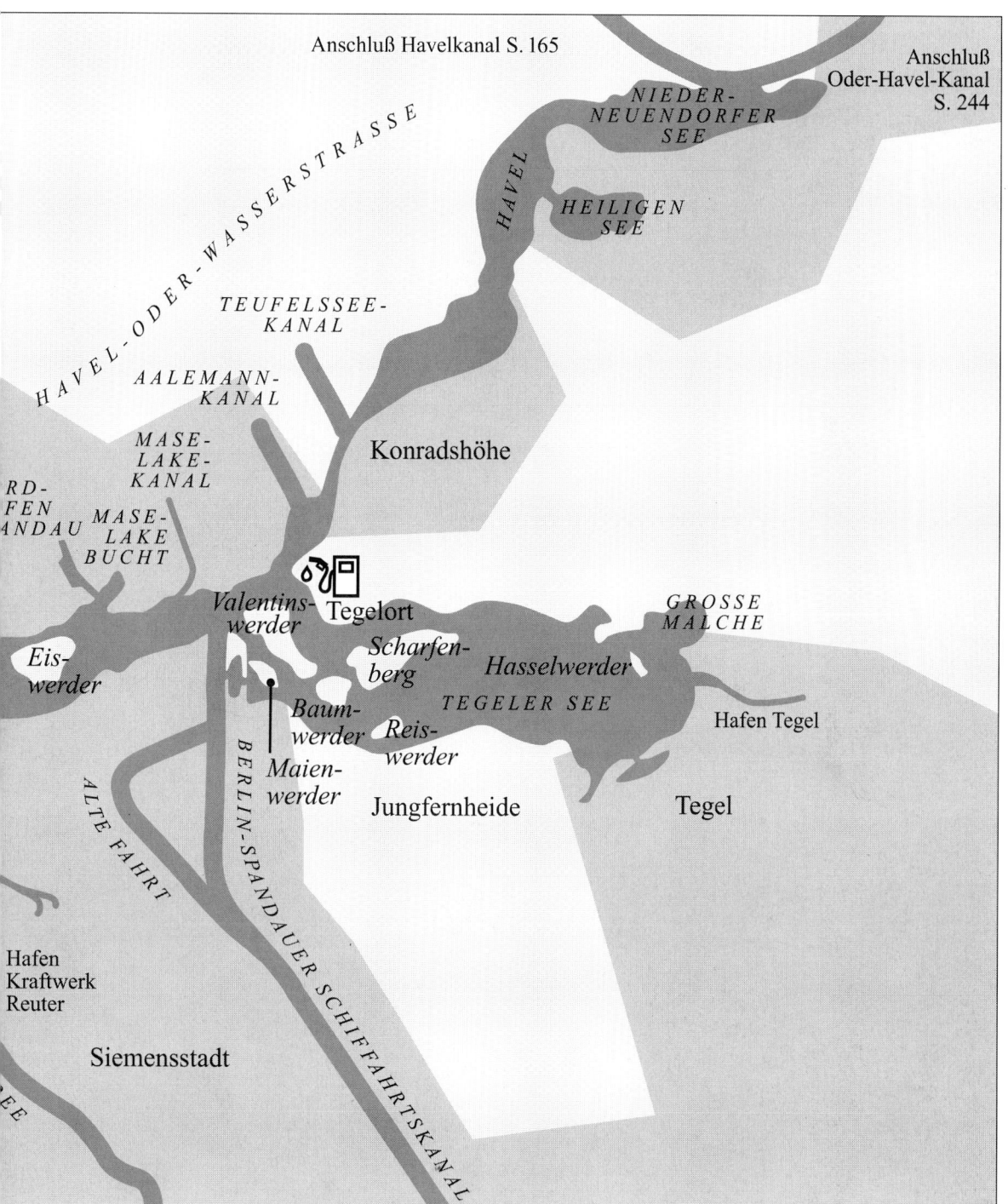

Anschluß Havelkanal S. 165

Anschluß
Oder-Havel-Kanal
S. 244

NIEDER-
NEUENDORFER
SEE

HAVEL

HEILIGEN
SEE

HAVEL-ODER-WASSERSTRASSE

TEUFELSSEE-
KANAL

AALEMANN-
KANAL

Konradshöhe

MASE-
LAKE-
KANAL

RD-
FEN
ANDAU

MASE-
LAKE-
BUCHT

Valentins-
werder

Tegelort

GROSSE
MALCHE

Eis-
werder

Scharfen-
berg

Hasselwerder

TEGELER SEE

Hafen Tegel

Baum-
werder

Reis-
werder

BERLIN-SPANDAUER SCHIFFAHRTSKANAL

Maien-
werder

Jungfernheide

Tegel

ALTE FAHRT

Hafen
Kraftwerk
Reuter

Siemensstadt

SEE

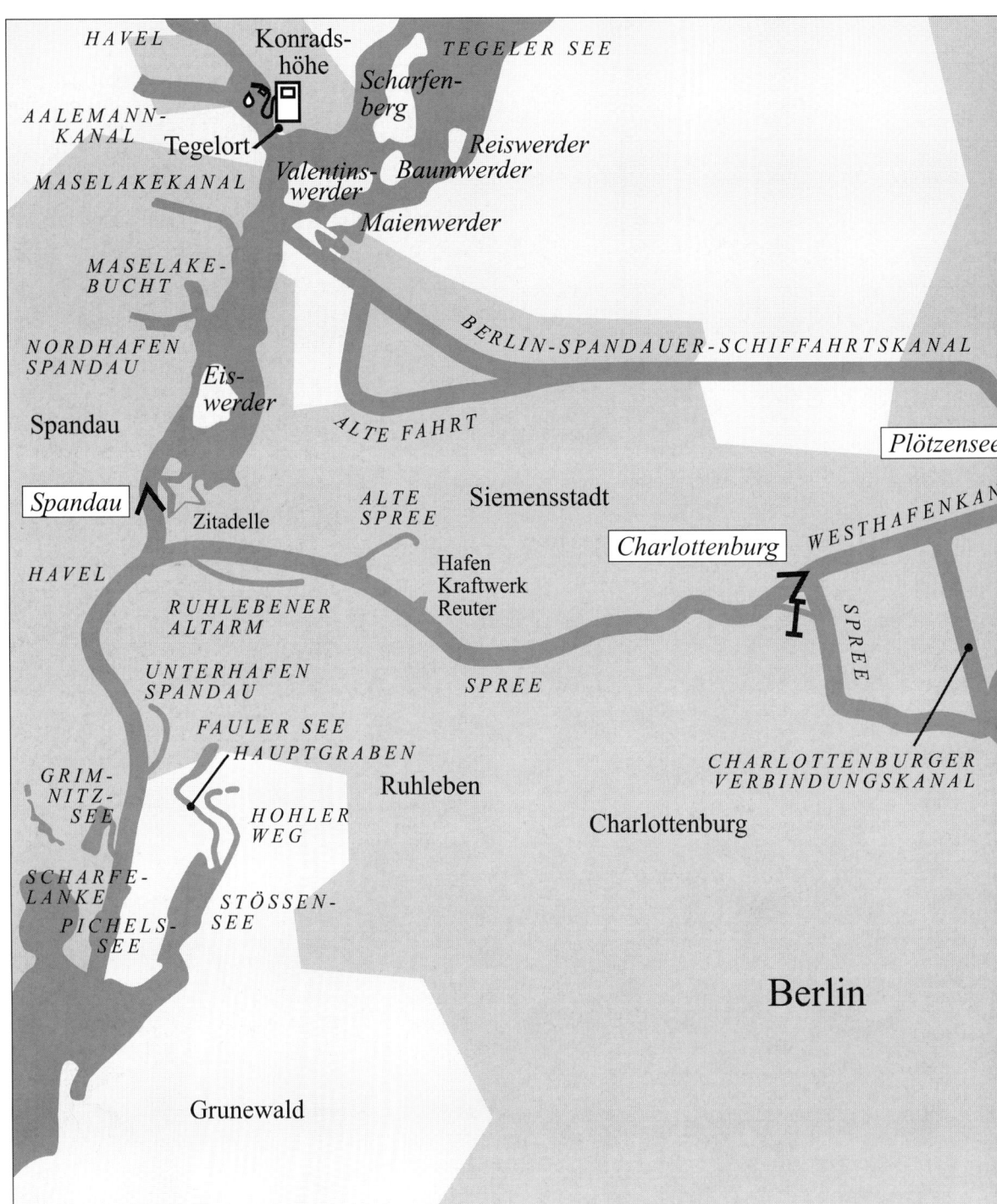

Wedding

LÖTZENSEE

Nordhafen

Prenzlauer Berg

Westhafen

BERLIN-SPANDAUER-
SCHIFFAHRTSKANAL

iergarten

SPREE

Humboldthafen

Berlin
Mitte

Mühlendammschleuse

Unterschleuse

Friedrichshain

SPREEKANAL

SPREE

LANDWEHRKANAL

Urbanhafen

Oberschleuse

LANDWEHR-
KANAL

Schöneberg

Kreuzberg

Treptow

NEUKÖLLNER
SCHIFFAHRTSKANAL

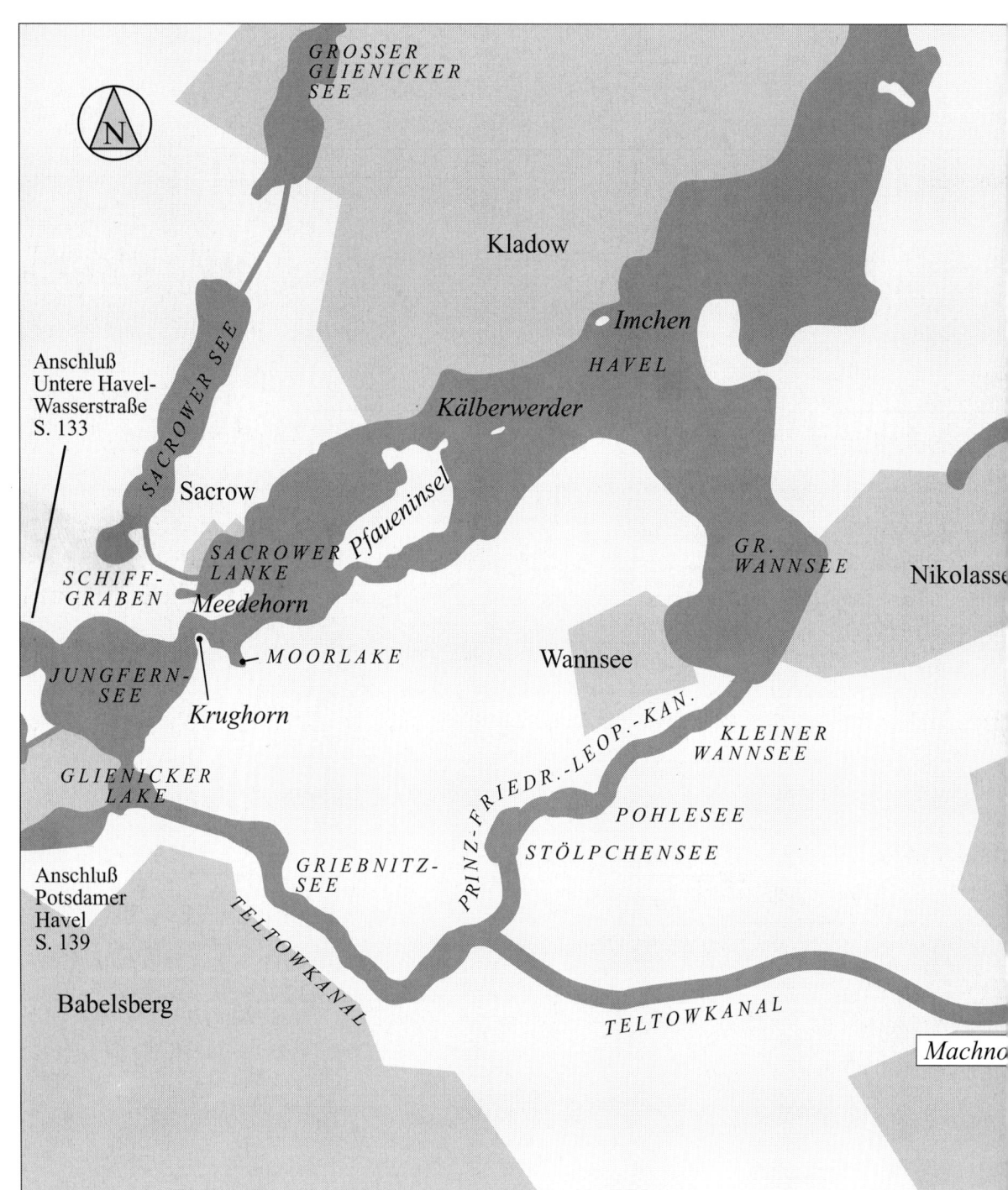

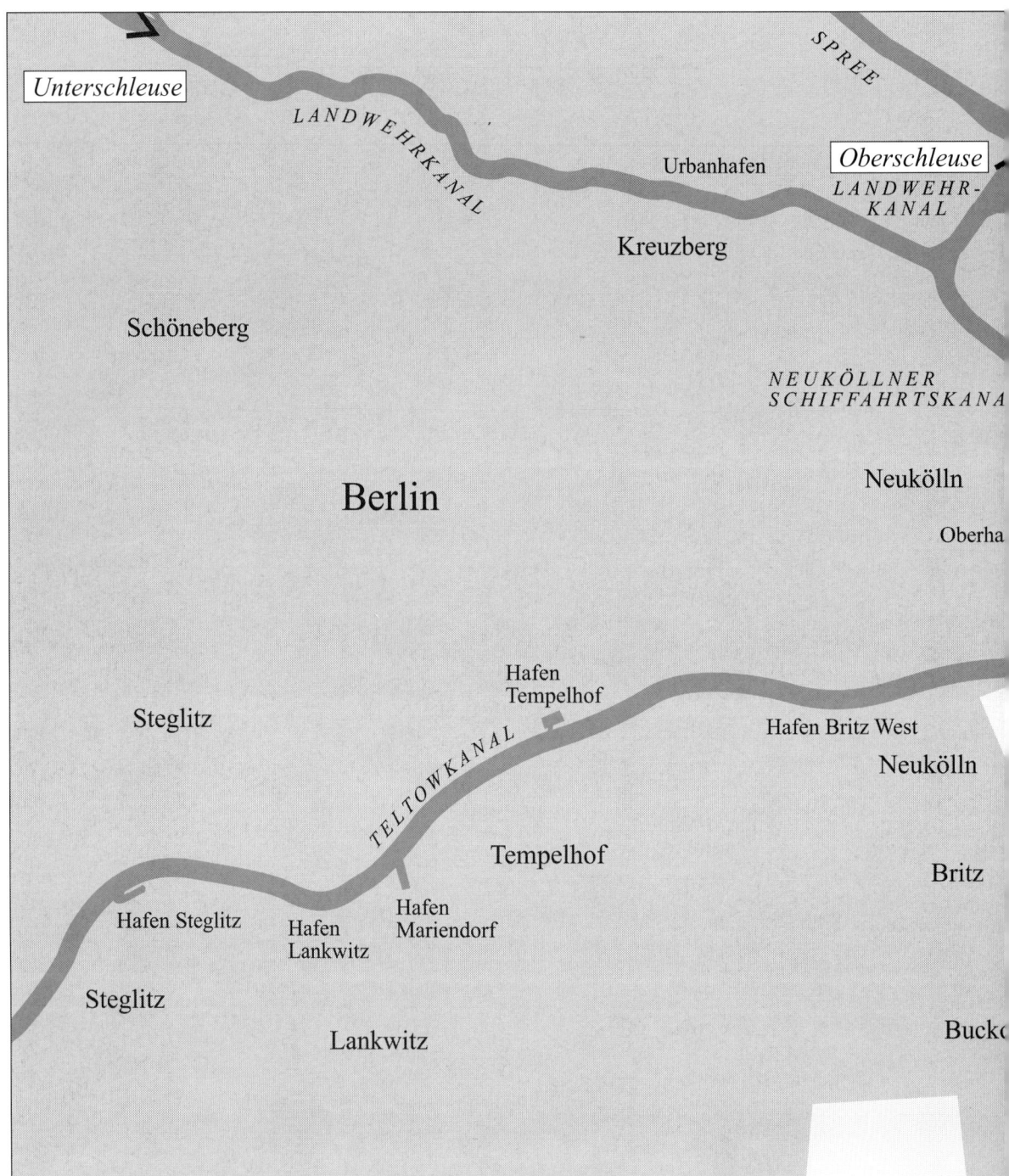

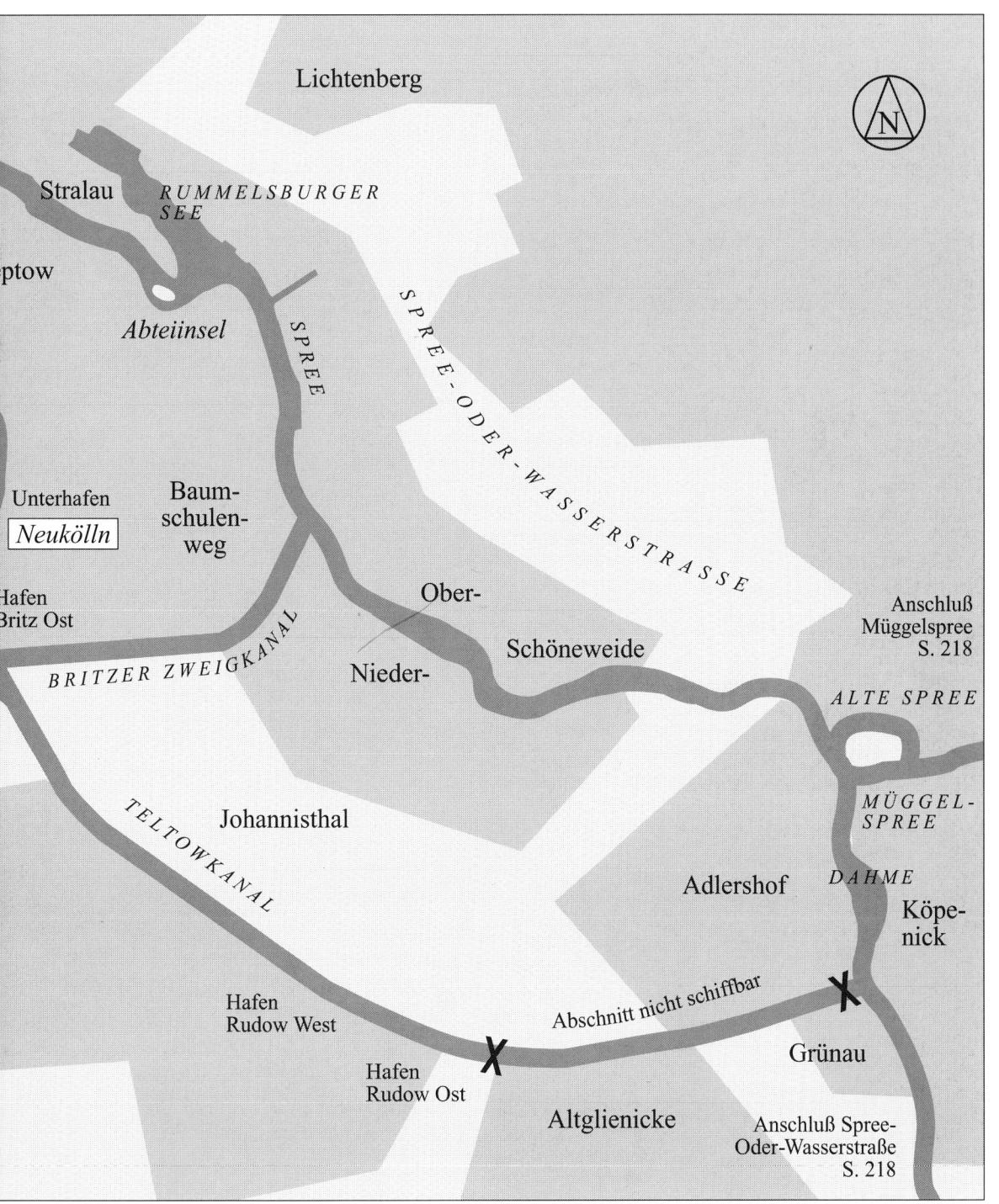

Michael Brandenburg
Hafenführer DDR
Von Travemünde bis Usedom
mit Rügen und den Boddengewässern

Die deutschen Ostseehäfen in der Mecklenburger und Wismarer Bucht, in den Boddengewässern mit Darß, Zingst, Hiddensee und Rügen, sowie in der Oderbucht mit Usedom werden in diesem Führer vorgestellt.

Wismar, Rostock, Stralsund, Greifswald, Wolgast, Ueckermünde sowie die vielen kleinen, verträumten Häfen an diesem reizvollen und abwechslungsreichen Küstenabschnitt werden anhand von Plänen und Fotos beschrieben.

224 Seiten, 68 Pläne, 85 Fotos, Format 15 x 21 cm, farbiger Einband;
ISBN 3-89225-203-3
− überall im Buchhandel erhältlich −

Michael Brandenburg
Ankerplätze Ostseeküste
Mecklenburg und Vorpommern

Das Ankern in den Gewässern Mecklenburgs und Vorpommerns bietet eine reizvolle Alternative abseits der oft überfüllten Häfen mit ihrem geschäftigen Treiben.
In diesem Führer werden über 150 der schönsten Ankerplätze in diesem Segelrevier vorgestellt: Die Wismarbucht und die Boddengewässer mit Darß und Zingst, Hiddensee und Rügen, Greifswalder Bodden und Achterwasser sowie Kleines Haff und Stettiner Haff.

176 Seiten, 50 Pläne, 57 Fotos, Format 15 x 21 cm, farbiger Einband;
ISBN 3-89225-205-X
− überall im Buchhandel erhältlich −